21世纪　　　　　　　　　　教材

公共管理学

PUBLIC ADMINISTRATION

第二版

主编　王德高

WUHAN UNIVERSITY PRESS

武汉大学出版社

21世纪经济学管理学系列教材

编委会

第二版前言

  本书自 2005 年出版发行以来，已重印多次，得到了读者们的广泛认同和赞誉，为许多科研机构和高等院校采用，也成为许多社会图书馆的馆藏图书。自本书出版以来，相关政策和法律出现了相当大的变化，出台了一系列新政策和法规；公共管理学术界的学者们辛勤耕耘，推出了新成果；公共管理实践出现了很多新做法。在具体采用中作者也陆续接到很多读者对该书提出的想法和宝贵建议，特别要感谢武汉大学财政税务系的同学们提出的许多具体的、细致的修改意见。基于公共管理的实践性和与时俱进的精神，主编对该书进行了修订。

  诚望读者一如既往地关注、关心本书，并把宝贵意见和建议及时传给我们，为将来的再次修订提供参考依据。谢谢！

王德高
2014 年春

前　　言

　　公共管理学是一门综合地运用管理学、政治学、经济学、法学、社会学、系统科学和政策分析学等科学方法研究公共管理组织和公共管理过程及其规律的科学。公共管理学是管理学科中的一个一级学科，是我国相关专业大学本科生、研究生教育以及党政干部培训的核心课程。公共管理硕士（MPA）、工商管理硕士（MBA）和法学硕士是美国文科职业研究生教育的三大支柱。改革开放以来，我国在部分高等院校中，先后设立了 MBA、MPA 和法学硕士三个专业的硕士点，到目前为止这三个专业都获得了长足的发展。

　　公共管理学的发展可以上溯近百年的历史，它是在公共行政学的基础上发展起来的，是公共行政学进一步扩展的结果。虽然公共管理学保留了公共行政学的主要内容，但是，它与公共行政学已经有了很大的不同，最主要的是将第三部门或非营利公共组织的管理活动纳入研究范围，从经济学的角度来研究公共管理或政府管理的效率等问题。

　　我国从 20 世纪 80 年代开始对公共行政和公共管理进行研究。公共管理学教材的编写则是近几年的事，由于时间不长，目前市面上的此类教材虽然有不少创新之处，但是共同的缺陷是专题式、不系统、还没有形成一个大家所公认的完整的、统一的知识体系，可以说，它尚处在一个百花齐放的阶段。本书的作者大多是具有博士或硕士学位的中青年教师，他们精力充沛、思想敏锐、能吃苦，在不太长的时间内收集和阅读了大量国内外有关的专著、教材和论文，写出了有一定质量的初稿，最后由主编逐章修改定稿。在该书的写作过程中，我们参阅了不少文献，将其主要部分附于书后，在此向这些文献的作者们诚挚致谢！

　　本书的主要特点和优点在于：第一，将党和国家近些年有关公共管理的重要文件内容纳入了教材之中。因为作者认为，这些文件精神是对公共管理理论和实践的重大发展。第二，构建了系统完整的知识体系。基本上涵盖了公共行政、公共管理、财政等相关专业教育所必需的主要知识。第三，吸收了国内外公共管理研究的最新成果。第四，反映了该领域研究的新方法、新经验、新变化和新趋势。第五，注重了理论联系实际。例如，该书中除介绍和阐述理论知识以外，还引入了公共管理中出现的或可能出现的诸多问题的纠正、防范和对策；公共管理的方法和技术；公共部门的绩效管理和监督等内容。其目的是刻意培养学生的能力，注重学科的应用性。

　　该书由主编王德高教授写出编写提纲，并负责修改、统稿和定稿工作。撰写人的具体分工是：前言：王德高；第一章：孙兴全；第二章：段永红；第三章：孙兴全；第四章：占广；第五章：叶洪涛；第六章：李剑波；第七章：江克忠；第八章：盛夏；第九章：张国胜；第十章：段永红；第十一章：王德高；第十二章：孙智君；第十三章：王德高；第十四章：王德高；第十五章：周兰。

　　该书是在武汉大学商学院和财政税务系的领导及关心下写成的，博士生导师卢洪友教授审阅了大纲，武汉大学出版社给予了大力支持，在此向他们表示衷心的感谢！由于公共管理学还是一门新的学科，而且作者学识有限，加之时间仓促，不足和疏漏之处在所难免，诚望专家和读者批评指正。

2004 年 10 月 18 日

目　　录

第一章 导 论

第一节 公共管理的概念和特点

一、公共管理的基本含义

20 世纪 70 年代以来，西方国家乃至整个世界发生了根本性的变化，新技术革命和经济全球化的迅猛发展，对社会经济生活产生了深刻的影响，同时，人们对政府及整个公共部门提出了新的要求。传统的、僵化的、等级制的公共行政模式在理论和实践上受到了质疑，新的公共管理也应运而生。

对于公共管理的定义，国内外学术界和政府部门并没有一个比较一致的看法。从公共管理的内涵来看，有的认为，公共管理的实质内涵是政策分析、财务管理、人力资源管理以及信息管理和外交关系等；有的则认为，公共管理更倾向于从效率、有效性和服务质量等方面来关注结果，它适应了分权式管理环境变化的需要，灵活地获得了替代直接管理的可行方案，并在公共部门内部和公共部门之间营造了竞争环境等。

在公共管理与公共行政的关系方面，学术界的争论也很大。综合起来，大致有三种观点：第一种观点属"等同论"，认为两者只有细微差别，没有本质差别。例如，美国当代著名行政学家梅戈特认为，两者没有本质区别，其差别只在于行政价值观上，公共行政注重的是效率，而公共管理除效率以外，还注重社会公正和平等。有人甚至认为公共管理在某种意义上是回归了公共行政。例如，瓦尔达尔斯基认为，将行政一词换成了管理一词，实际上是将传统的公共行政学在管理的名目下复活了。第二种观点属"分支论"，认为公共管理是公共行政的一个分支或一个部分。奥特等人认为，"它（公共管理）是一套实用的方法艺术和科学，适用于公共行政方案的设计与组织重组、政策与管理规划，通过预算制度进行的资源分配、财务管理、人力资源管理以及项目评估与审计。"梅雷厄姆等人还认为，公共管理是公共行政下面的一个低层次的技术性、操作性领域，公共管理只是解决公共行政中的管理和技术问题。第三种观点属"相互竞争论"，认为两者是相互竞争的模式，无论是在词义、理论基础和行为模式上都是不同的，"行政"的职能比"管理"的职能狭窄。①

我国学者对公共管理的研究还处于起步阶段，但人们对公共管理的理解也同样存在着较大差异。例如，有的认为"公共管理是指政府为促进社会发展，采取各种方式对涉及

---

① 王乐夫：《论公共行政与公共管理的区别与互动》，中国行政管理 2003 年（5）。

社会全体公众生活质量和共同利益的一系列活动进行调节控制的过程。"① 有的认为："公共管理学是一门研究公共组织（主要是政府）更有效地提供公共物品的学问。"② 还有的认为公共管理只限于政府工作的狭义管理（狭义的行政管理）。

以上观点，虽然不尽相同，但分别从不同的侧面对公共管理的基本内涵进行了各自的解释。但公共管理还应是一种适应市场经济的要求，寻求公私合作，政府和社会力量互动的一种管理模式。所以综合学术界的观点，我们认为：公共管理是指政府及其他公共部门，为了适应社会经济发展和满足公众的要求，对涉及公共利益的各种事务所实施的有效管理，这种管理强调适应外部环境变化，寻求政府与社会力量的互动，走向市场并向私营部门学习，注重管理效果与责任，强化政府的社会管理和公共服务职能。

二、公共管理的特点

公共管理不是对传统公共行政的简单否定，而是对公共行政的积极发展。这种发展突出地反映在政府为了适应社会经济技术的发展，适应公共部门所处环境的变化，对履行公共职能的理念、方式及管理过程等所作出的新的选择。公共管理特点所体现的新的管理理念主要是：

（一）全方位绩效管理

在传统的行政管理模式下，政府管理理念体现为单纯地追求效率；在公共管理模式下，政府应将效率与公平并重，并把提高管理与服务的社会利益、保持公共管理与服务的社会效益、保持公共管理的公正与平等放到突出的位置上。

公共管理强调绩效的突出作用，要求实行全方位的绩效管理。在绩效管理方面，胡德提出：第一，对绩效制定明确的标准并准确评估。"委以责任需要明确描述目标，提高效率需要牢牢盯住目标。"休斯进一步指出：虽然公共部门制定绩效标准并进行评估比私营部门要困难得多，但它还是能够实现这一目标的，绩效评估不仅"可以预先界定次年预期可达到的产出，随之还可以将其与本年度的年末实际结果进行比较。"③ 而且，还可以作为对员工奖惩的依据。第二，重视控制产出。过去，公共部门习惯于争取更多的投入，寻求本部门所支配的投入最大化，政府尽力控制预算，但对有关项目的实际执行方面的信息了解不多。公共管理强调"需要重视的产出是目标而非过程"，应根据所测定的绩效将资源分配到各个领域。第三，节约和合理利用资源。这包括在削减成本的同时，将资源配置给那些最有助于实现战略目标的计划。在控制投入方面，政府应更多地拥有相关信息，对公共部门的资源需求进行检查，少花钱，多办事。

（二）进行专业化管理并明确管理者的责任

胡德认为："委以责任的前提是对行为责任进行明确的区分。"④ 这就是说，首先要对越来越多的管理权限进行分割，让高层管理人员对公共组织进行"积极的、显著的、

① 张良等：《公共管理导论》，第 5 页，上海三联书店 1997 年版。

② 陈振明：《公共管理学》，中国人民大学出版社 1999 年版。

③ 欧文·E·休斯：《公共管理导论》，第 74 页，中国人民大学出版社 2001 年版。

④ 欧文·E·休斯：《公共管理导论》，第 72 页，中国人民大学出版社 2001 年版。

裁量性的控制"，明确谁是主管、谁承担责任，在此基础上，让部门领导担负起更多的责任。

（三）公共管理社会化

公共管理意味着打破传统的由政府垄断的行政管理方式，在行政体系内部以及政府向社会提供公共服务的领域内，更多地寻求公私合作、政府与社会力量互动的治理模式，营造良好的公共关系环境，并把管理主体扩大到非政府公共机构，承认和尊重公民的民主管理权利，运用授权、委托、代理等方式调动更多的公共机构和社会力量参与公共服务和管理。

（四）用企业精神改造政府

公共部门在较大程度上存在着效率低下、机构臃肿、缺乏活力等问题，并因此导致财政危机、信任危机等，所以，引入市场机制、向私营企业学习构成了公共管理的重要内容。这包括：公共部门要引入竞争机制，公共事务可以而且有必要通过合同、招标等市场手段完成，人员雇用及公职人员的报酬要具有与绩效挂钩的弹性。

（五）建立有限政府

现代社会政府只能是一种有限政府，而不是一种全能政府。政府的责任是与"公共"联系在一起的，即：行使公共权力，代表公共利益，提供公共服务，维护公共秩序，承担公共责任。这说明政府的责任是有限的，它不可能也不应该包揽过多的公共事务，同时政府的权力也必须受到法律的制约。政府既不能"失职"，也不能"越权"。

三、公共利益、公共物品、公共事务、公共权力与公共管理

（一）公共利益：公共管理的目标

公共管理的目标是实现社会公共利益。公共利益是一个与私人利益相对应的范畴。在这个意义上，公共利益往往被当成一种价值取向、一个抽象的或虚幻的概念。以公共利益为本位或者是以私人利益为本位，并没有告诉人们公共利益包括哪些内容，它只是阐明了利益的指向性。即使是在这种情况下，公共利益也具有一些基本的属性。

1. 公共利益的客观性

公共利益不是个人利益的叠加，但也不能理解为抽象的范畴。不管人们之间的利益关系如何，公共利益都是客观的。它之所以如此，是因为这些利益客观地影响着共同体整体的生存和发展，尽管它们可能并没有被共同体成员明确地意识到。

2. 公共利益的社会共享性

既然公共利益是共同利益，既然它影响着共同体所有成员或绝大多数成员，那么，它就应该具有社会共享性。这可以从两个层面来理解：第一，所谓社会性是指公共利益的相对普遍性或非特定性，即它不是特定的、部分人的利益；第二，所谓共享性既是指"共有性"，也是指"共同受益性"，并且这种受益不一定表现为直接的、明显的"正受益"，公共利益受到侵害也是对公共利益的潜在威胁。

上述对公共利益本质属性的阐述中可以看出，既然公共利益具有社会共享性，而且它具有相对普遍的影响力，那么确保公共利益的增进和公平分配就应当是公共管理的根本目的。站在公众的立场上，公共利益是现实的。它表现为公众对公共物品的多层次、多样

化、整体性的利益需求。这些需求与公众个人对私人物品的需求不同。后者可以通过在市场中进行自由选择、自主决定而得到实现；而前者则需要通过集体行动、有组织的供给方式才能得到满足。毫无疑问，政府是最大的、有组织的供给主体，这由政府传统的公共责任所决定。但仅仅有公共责任并不能确保公共利益的实现，政府的能力和绩效状况是最终的决定性因素。

公共管理运动的兴起是对传统政府理论和传统公共行政理论的批判。批判的焦点在于政府组织的低效率并不能有效地满足公众的需求。即使将这个相对普遍的现实忽略不计，人们也应当承认政府能力的有限性。基于这两大前提，必然要求公众寻求政府以外的社会力量。从西方 20 世纪 70 年代以来的公共行政改革实践来看，基本上都倾向于放手让非政府组织和私营部门参与公共物品的供给。改革的成功经验都贯穿着"政府不必是唯一提供者"的多元化主体信念。

（二）公共物品：公共利益的物质表现形式

公共利益并不是完全虚幻的概念。公共物品（包括公共服务）是公共利益主要的现实的物质表现形式。我们一般认为，"公共物品是指非竞争性和非排他性的货物。非竞争性是指一个使用者对该物品的消费并不减少它对其他使用者的供应。非排他性是使用者不能被排斥在对该物品的消费之外"。① 如果将非排他性看做是源于产权而派生出来的一个特性的话，那么，它在形式上保证了公共物品"共有"的性质。而非竞争性则从实际上保证了公共物品可以是"共同受益"的。这决定了公共物品是公共利益的物质表现形式；进而，公共物品的现实性决定了公共利益也是现实的而非抽象的。

需要特别指出的是，公共物品的这种特征往往被公众误解，即公共物品往往被理解为共同体所有成员的利益。不能否认这样的公共物品的确存在，但不能借此认为所有的公共物品都应该具有这种特征。共同体所有成员的利益事实上是通过多层次、多样化的公共物品来实现的。

从纵向上来说，我们可以根据共同体利益的层次性来界定公共物品的层次性：（1）全球性或国际性公共物品。例如，世界和平、一种可持续的全球环境、一个统一的世界商品及服务市场和基本知识等。（2）全国性公共物品。例如，提供宪法、法律等制度，国家安全和防务，发展初等教育，进行基础设施建设，跨地区的公共设施（比如道路）等。（3）地方性公共物品。例如，地方基础设施（比如城市道路）、垃圾处理、街道照明、警察保安等。（4）社区性公共物品。例如，社区绿化与环境、社区治安、社区基础设施等。

从横向上来说，同一层次的公共物品不是单一的，而是多样化的：（1）基础性的公共物品，主要是指基础设施类的公共工程。（2）管制性的公共物品，如宪法、法律等制度以及国家安全或地方治安。（3）保障性公共物品，如社会保障、疾病防治。（4）服务性公共物品，如公共交通、医疗卫生保健等服务性公共项目。

由此可见，公共物品的层次性和多样化实际上代表着公共利益的层次性和多样化。在这个意义上，公共利益就不是一个抽象的概念，而是一个现实的概念了。这是现代公共管

----

① 世界银行：《变革世界中的政府—1997 年世界发展报告》，第 26 页，中国财政经济出版社 1997 年版。

理探讨公共服务的供给模式，从而确保公共利益的有效增进和公平分配的基础。

（三）公共事务：公共管理的客体

公共事务是相对私人事务而言的，目前人们对公共事务比较普遍的理解是，以公共物品的提供作为界定公共事务的主要依据，可以对公共事务作如下界定：公共事务是指那些涉及全社会成员的公共利益、满足其共同需要、关系其整体利益的一系列活动，以及这些活动的最终结果。社会性、公益性、非营利性及规模性是其最主要的特征。而公共管理正是以公共事务作为其主要管理对象的。

（四）公共权力：实现公共管理的前提

所谓公共权力，是指公共机构处理公共事务的权力。这里的公共机构主要是指政府和其他非政府公共部门。公共权力是人类社会发展到一定阶段的产物，是与国家政府的出现紧密联系在一起的。作为行使公共权力的主体，政府是凌驾于社会之上的公共机构。一方面，公共机构的出现，预示着社会成员分化为管理者和被管理者，以一部分人对另一部分人的控制作为存在的条件；另一方面，从事控制和管理职能的公共机构及其人员，必须承担起维护社会生活的基本秩序、调节社会成员和不同群体的利益冲突，以及控制社会秩序和社会生活方式的发展方向等职能，这就使公共权力的行使成为必要。任何具有公共管理职能的机构，如果离开公共权力的行使和运用，就不可能履行公共管理的职能。

需要指出，近年来，随着政府职能的转变，管理方式的更新以及权力的下放，政府把大量的执行性的公共管理职责从政府转移出来，由一些准公共部门、甚至是私人部门来承担，从这个意义上来说，目前所说的公共权力与传统的公共权力相比，已发生了明显的变化。

第二节　公共管理的产生和发展

公共行政的发展有一个漫长的历史过程，它的出现和兴起与国家、政府同步。欧文·E·休斯把公共行政模式的发展分为三个阶段：早期的行政；19 世纪的改革和传统的公共行政；新公共管理。早期的行政最早可追溯到古埃及。从 19 世纪末起，自公共行政诞生以来的 100 多年里，它一直是政府管理的主要形式。从 20 世纪 70 年代到 80 年代，一场声势浩大的新公共管理改革运动，又使一种具有新特色的公共管理模式凸显于世。

一、早期的公共行政

行政发端于何时？可以说自从有了国家和政府，就有行政。格拉登指出："行政或者说事务管理，只是所有社会活动的中间因素。"[①] 公认的行政系统出现在古埃及，主要是为了尼罗河一年一度的洪水、管理灌溉和建造金字塔；在中国汉代，一些皇帝根据儒家学说管理国家；古希腊、罗马等"行政的"帝国由中央根据规则和程序对国家进行控制。虽然一些具体的行政形式很早就出现了，但通常所说的"传统的公共行政模式"直到 19世纪末才产生。

---

①　转引自欧文·E·休斯：《公共管理导论》，第 28 页，中国人民大学出版社 2001 年版。

休斯认为："早期行政系统是'个人性质的'即以国王或大臣等某个特定的个人为基础，而不是非人格化的，即以合法性为基础并忠于组织和国家。"① 这种行政模式以个人关系为基础，公共事务的操作者忠诚于某个亲戚。早期的行政模式常常导致谋求个人权力、贪污和滥用职权，想做官的人往往求助于裙带关系或花钱买官。毫无疑问，这种行政模式无法保障官员们能称职。

休斯还描述了在 19 世纪大部分时间里，美国存在着的"政党分赃制"，即一个新的政党选举获胜后，从高层到基层每一个职位都被获胜方指定的人占据。这种体制效率低，效能差。"当政府的决策、经费和选票都成为可供谈判的商品时，政府实际上成为了一种私人企业，公民们无从知道政府的立场。"

早期行政形式的内在问题，最终引起了 19 世纪末发生的变化，产生了与传统形式有关的变革。

二、传统的公共行政模式

传统的公共行政模式是在 19 世纪末、20 世纪初，随着一些国家工业化的完成而建立起来的，距今已有上百年的历史。从 19 世纪中后期开始，部分国家行政模式逐渐从早期的行政向传统的公共行政转化。这个转化过程最早可以追溯到 19 世纪中期的英国。1854 年，诺思科特—特里维报告建议政府雇员"任职前确定适当的考试"来进行选拔，选拔中取消庇护制度，取而代之的方法是，在一个中央委员会的监督下，通过公平的竞争性考试进行招聘。同时，该报告还提出：依据功绩晋升；对公职人员进行重组分工，使其分别从事脑力工作和机械性工作。这一报告标志着公共服务以功绩制为基础的任命制度的开始和庇护制度的逐渐衰落，标志着传统的公共行政模式的产生。英国的这些改革对美国及其他国家的观念也产生了影响，行政模式开始在更广泛的范围里进行着改革。

休斯认为，传统的公共管理模式与早期行政模式相比，可以通过韦伯官僚制模式来理解两者的主要差别和前者的进步性。两者最大的不同是："韦伯官僚制模式用以各种规定为基础的非人格化制度取代了人格化的行政，组织及其规定比组织中的任何人更重要，官僚体系在其自身的运行中以及在对其客户如何行事方面必须是非人格化的。"② 传统的公共行政模式的主要特点是：层次分明，权力集中，政府员工分工细致，任务简单，按照相对固定的行政程序处理公务，循规而行，并在行为方式上体现出韦伯所说的非人格化。

三、公共管理模式

传统的公共行政模式只能适应工业时代的政府进行事务管理的要求。从 20 世纪 60 年代以来，这种模式受到了严峻的挑战，引来了诸多的批评。特别是在 20 世纪的最后 25 年里，伴随着全球化、信息化、市场化以及知识经济时代的来临，西方各国进入了公共部门管理尤其是政府管理改革的时代。无论是英美、欧洲大陆国家，还是在地球另一边的澳大利亚、新西兰和日本，都相继掀起了政府改革的浪潮（在转轨国家、新兴工业国家和大

---

① 转引自欧文·E·休斯：《公共管理导论》，第 28 页，中国人民大学出版社 2001 年版。
② 转引自欧文·E·休斯：《公共管理导论》，第 33 页，中国人民大学出版社 2001 年版。

部分发展中国家也出现了同样的改革趋势）。尽管西方各国政府改革的起因、议程、战略、策略以及改革的范围、规模、力度有所不同，但都具有一个相同或相似的基本取向，这就是以采用商业管理的理论、方法及技术，引入市场竞争机制，提出以提高公共管理水平及公共服务质量为特征的"管理主义"或"新公共管理"纲领。走向一种"新公共管理"的实践模式，成为当代西方政府改革的最基本的趋势。

　　新公共管理运动的兴起有多方面的原因。首先，经济和政治因素在将改革提上议事日程中起决定性的作用。20世纪70年代石油危机之后的经济衰退，导致西方各国高额的财政赤字，福利国家不堪重负并面临一系列新的社会与政治问题，这是引发政府改革的直接原因。按照奥斯本和盖布勒在《改革政府》一书中的说法，解决财政赤字问题从原则上说有三种办法：一是限制开支和公共任务的终结；二是增加收入尤其是税收；三是用较少的开支来实现公共使命，即"少花钱，多办事"。只有第三条途径才是现实的可供选择的出路，"新公共管理"改革所选择的正是这条道路。

　　其次，经济全球化的出现是当代西方政府改革的一个推动力。全球化趋势加强了各个西方国家对本国经济竞争力的高度重视，政府能力是一个国家综合国力和竞争力的一种主导性因素，政府如何引导和调控国民经济运作，参与国际经济竞争，促进经济发展，自然成为人们关注的焦点。经济全球化对政府的公共管理提出了更高的要求。经合组织把政府改革当作其成员国在国际市场上进行有效竞争的一个重要途径。该组织认为，顺应经济的全球化和保持国际竞争力的内在需要，为公共部门改革提供了新的强大动力；处理国际问题不再是传统的涉外部门的专门职责，而是所有政府部门以及地方政府都必须具有跟踪、理解和处理国际问题的能力；经济资源的稀缺和为避免不稳定而保持经济竞争力，是推动现有公共部门改革的重要因素。

　　再次，新技术革命尤其是信息革命是当代西方政府改革的一种催化剂。信息技术的快速发展为建立起灵活、高效、透明的政府创造了可能性。信息时代的来临以及"数字化生存"方式要求政府对迅速变化着的经济作出反应；它打破了长期以来政府对公共信息的垄断；新的通信技术以及接触政府信息的便利使公民和社会团体更容易参与公共管理活动。这要求对政府组织及其运作过程作出变革与调整。

　　最后，传统的官僚体制（科层制）的失效和商业管理模式的示范性影响是当代西方"新公共管理"运动兴起的另一个动因。

第三节　公共管理学的创立和完善

　　休斯认为，行政是同国家、政府相伴而生的。一旦有了行政，必将产生一定的行政思想。休斯在他的著作中指出，中国早在汉代就有用儒家学说治理国家的行政思想，而在古埃及和欧洲也有不同水准的行政思想。不过，比较成熟的行政思想应发端于美国的伍德罗·威尔逊和欧洲的马科斯·韦伯的官僚制理论。公共管理学就是在传统的行政理论基础上适应新形势而发展起来的。

一、作为传统的公共行政模式两大理论支柱的官僚制理论、政治控制理论与对传统公共行政模式的批评

（一）官僚制理论

传统的公共行政模式最重要的理论基础是韦伯的官僚制理论。韦伯认为有三种类型的权威。一是魅力型，即一个非凡的领导人的吸引力；二是传统型，即依靠传统势力和宗教色彩的信仰等形成的权威；三是理性，即法律型。韦伯根据理性即法律型的权威的思想，确定现代官僚体系的六项原则：（1）固定和法定的管辖原则，一般是根据法律和行政规章发号施令。权威来自于法律和根据法律制定的有关规定。（2）公职等级制和权力等级化原则，这表现为上级与下级之间稳定有效的制度，较低职位受到较高职位的监督。理性或法规的权威或权力是由个人在等级制中所占的职位而不是由任何个人维持的。（3）现代公职管理建立在保存书面文件（档案）的基础之上。公共部门的官员、物质设备和档案构成了一个个公共行政机构，而官员必须将公共事务与私人事务、公共经费和设备与私人财产分开。组织的存在与其职员的私人生活是相分离的。它是完全非人格化的。（4）公职管理的现代化原则表明行政是一种专业化的职业，它不是任何人都可以完成的事情，通常以全面而专门的训练为先决条件。（5）当公职发展到一定完善程度时，官方活动要求官员完全发挥工作能力。也就是说，官僚制下的行政工作是一种全职工作，而不像以前那样是一种次要活动。（6）公职管理遵循一般规定，它们总是在不同程度上是稳定的、全面的并且是可以学习的。

（二）政治与行政二分法下的政治控制理论

伍德罗·威尔逊在1886年就提出：应将政治与行政严格分开；应将政策与行政任务严格分开。他认为，政党分赃制的弊病是将行政问题和政治问题联系在一起而产生的。如果行政人员过多地只以一种政治方式行事，无论是由于任命他们的过程还是由于他们继续在政党组织中扮演原有的角色，均可产生贪污腐化，也肯定会出现独断专行的决策。政治领域（制定政策）与行政领域（执行政策）的分离可减少许多政党分赃制的弊病。威尔逊的行政独立的思想具有广泛的影响。在议会中，存在着把政策与行政分离的类似目标。在这种行政模式中，政治控制有三个方面的内容。这里以"威斯敏斯（英国议会所在地）制度"为例。该制度的三个方面分别是：其一，说明责任和负有责任的关系较为清楚。一个部门或机构有两种基本的作用：向政治领导提出有关制定、检查和执行政策的建议；管理其资源，以便政策得以执行。根据法律，每一个公务员通过该部门的等级制结构对上级负责，最终对人民负责。其二，政策问题（属于政治官员的政治领域）和行政问题（留给公务员）之间有严格的区分。其三，行政被认为是中立的，即任何决策或政策不与个人相关；在政党意义上来讲，行政又是无党派的。公务员发挥最大能力为来自任何党派的部长服务，即非人格化地、客观地履行公务。

（三）对传统的公共行政模式的批评

传统的公共行政模式的管理较之于以前的管理无疑有很大的进步，但其不足之处也是非常明显的，缺乏效率、管理上的"低能"、行动迟缓和牺牲创新是其通病。自20世纪70年代以来，这种行政模式在大多数发达国家受到了非难。问题主要有以下三个：

第一，"政治控制模式既不充分也不符合逻辑。"① 当代公共管理理论认为，传统的行政模式无法反映出现代公共服务所承担的广泛的、管理的以及政策制定的角色。它体现的是一种消极的控制形式，不是致力于为提高效率而提供激励，而是着眼于怎样避免犯错误。其"非政治化"的努力意味着对公共服务的政治意义的否认。公务员也承担重要的管理角色，这种角色比单纯的行政或按指令办事要重要得多。所以，"传统的行政模式必须依赖于一个无法成立且长久以来都被人们认为是不能实施的理论，这说明该模式肯定存在一些问题。"②

第二，韦伯提出的官僚制理论能提供技术效率的观点也得不到人们的广泛认同，与此相关，官僚制还可能产生非民主化趋势等社会问题。官僚制理论还面临着两个特别的问题：其一，官僚制与民主的关系存在问题，由于官僚制的理性形式、不透明性、组织僵化以及等级制的特性，使得它不可避免地会与民主制发生冲突；其二，人们不再把官僚制看做是特别有效率的组织形式。有人认为，官僚制造就了随波逐流的非创新人士，鼓励行政管理者避免风险而非主动承担责任，并且会造成稀缺资源的浪费。韦伯视官僚制为"理想类型"，但这种组织形态也因其制造惰性、缺乏进取精神、中庸和无效率而遭到批评。

第三，"保守的市场经济学家"，特别是公共选择学派对传统的行政模式也提出了尖锐的批评，他们认为官僚制的思想背离了自由，而且与市场作用相比效率太低，他们极力主张采取以缩减政府规模为目标的政策。这些理论者主要提出了两个观点：首先，他们认为政府官僚制大大限制了个人自由，应以"选择"为名削减政府的权力。这一观点本身引发了缩减政府及其官僚制规模的要求，因为自由优于奴役，而消费者的选择比官僚制的命令更为可取；其次，与上述观点相联系，市场经济学家认为官僚制的模式无法像市场一样提供同等的激励和报酬结构，市场过程比官僚制模式更有效率。按照公共选择学派的观点，政党和官僚组织也是有私利的"理性人"，依据标准的理性行为原则，假设官僚制组织立志于通过其等级制的组织结构来强化自身的权力、声望、安全性以及收入而非推动组织目标的实现。韦伯模式是建立在官僚组织（本质上是非利益取向的）、且能够具有"服务于国家"等崇高的信念的理想化的假设基础之上的，因而官僚组织按照韦伯设想的行为模式行事的动机是不合逻辑的。公共选择理论认为，个人利益驱使下的官僚组织的产出并不完全符合组织的最大利益。尼斯卡宁认为，官僚个人利益会导致机构预算最大化，因为官僚获取更多的预算对其有好处，这些好处包括他能有更多的下属、得到更大的权力和在组织中居于更高的地位等。另外，官僚制组织与市场是截然对立的两种组织形式，竞争、消费者权益及消费者选择性降低，这些在官僚行政模式理论中根本视而不见。

总之，传统公共行政模式的两大理论支柱都无法解释政府的现实情况。随着传统公共行政模式被公共管理模式逐渐取代，公共管理理论也应运而生，并不断走向成熟。

二、新公共管理运动为公共管理学科的发展提供了巨大需求

正如本章第二节所述：第二次世界大战后，西方各国政府采用凯恩斯主义的主张，对

---

① 欧文·E·休斯：《公共管理导论》，第45页，中国人民大学出版社2001年版。
② 欧文·E·休斯：《公共管理导论》，第47页，中国人民大学出版社2001年版。

社会经济生活实施全面的干预，其结果导致了以高失业率、高通货膨胀率、低增长率为特征的滞胀现象的出现，政府管理危机四伏，政府扩张、机构臃肿、效率低下、政策失效，从而引发了 20 世纪 70 年代到 80 年代西方政府改革的浪潮。传统的公共行政学理论和新公共行政学理论都无法解释政府管理所面临的这些新问题，政府管理急需新的理论指导。与此同时，20 世纪 70 年代以后的西方社会科学从分化、初步融合，开始大步走向整体化，跨学科、交叉综合研究成为社会科学研究的主要趋向，各种与政策管理密切相关的学科取得了长足的发展，从而为政府管理研究提供了新的理论依据和方法。正是在政府改革的必要性和理论建设的可能性下，从 20 世纪后期起，美国等一些国家先后开展了公共管理的改革运动，这场改革一直延续到今天，使公共部门在运转方面发生了惊人的变化。这些管理方法有不同的名称：管理主义、新公共管理、以市场为基础的公共行政、企业型政府等。

公共管理的出现，必然要使公共部门进行新的实践，同时也要接受新的理论指导。这种全新的公共管理模式，在理论和具体方案方面都应有本质的创新。因为它不只是对公共部门进行改革，它还表现为要求公共部门转换机制并改变其与政府和社会的关系。

新的公共管理模式对理论的巨大需求是多方面的。比如，传统公共行政模式黯然失色的原因是什么？新的公共管理模式对传统模式的基本原理和信念提出了哪些新的挑战？如何评估和应对新的模式可能产生的某些问题和风险？公共管理模式对政府雇员有什么要求？政府如何向私营部门学习以提高其效率？公共部门能否广泛地、不加辨别地采用私营部门的方法？公共部门如何才能合理地利用市场的功能？诸如此类的问题，说明公共管理理论建设是时代发展的要求，其发展空间也是巨大的。

此外，公共管理或新公共管理在西方各国日趋流行的同时，也遭受到许多批评和指责，对这些批评有必要在理论上加以思考和澄清。新公共管理无视公共部门与私营部门的根本差别，盲目采用私营部门的管理方法，但两者在根本目标上并不相同，前者是提供公共服务，后者则以营利为最终目的；新公共管理用经济学的眼光看待公共服务的供给，把政府与公众的关系完全等同于供方与顾客的市场关系，这是不适当的；新公共管理强调对产出或绩效目标进行精确的界定、测量和评估，但政府的许多服务项目，其产出、成本以及绩效都是难以量化的，因而也就难以准确地测量和评估；新公共管理主张公共部门私有化，实际上是放弃政府公共服务职能，逃避提供社会福利的责任。公共管理学在理论上尚未成熟，在实践上也面临着许多问题，这都要求加强对当代西方政府和其他公共部门管理的研究。

三、公共管理教育的发展为公共管理学科的兴起和发展做了充分的理论准备

早在 1924 年，美国就有大学开设了公共管理硕士教育（MPA）。此后，公共管理教育在欧美一些发达国家相继进行，迄今已逾半个多世纪。尤其是第二次世界大战以来，随着社会经济的不断发展和科学技术的进步，各种社会问题日益增多，情况愈加复杂，政府的职能面临着前所未有的挑战，这要求公共管理工作日益科学化、专业化。因此，对政府官员及非政府公共机构管理人员的专业素质要求越来越高，从而促进了公共管理教育的蓬勃发展。

作为一门独立的学科，公共管理学在我国仅仅是从 1997 年研究生培养专业调整后才正式设立的，所以它还是一门相当年轻的学科。如今，它下辖行政管理、社会医学与卫生事业管理、教育经济管理、社会保障和土地资源管理等 5 大二级学科。为了培养适合新时代需要的高素质的公共管理专业人才，国务院学位委员会已经于 1999 年 5 月决定在我国开展公共管理硕士（MPA）专业学位教育。虽然目前我国公共管理教育发展还不够，而且正面临向更具交叉性的公共管理学科模式转换的艰巨任务，但经过 20 年的努力，公共管理学的教学和研究都已获得了长足的发展。

公共管理教育为公共管理学科的兴起作了充分的理论准备，它给公共管理学的内涵带来了重大变化。

四、日趋完善的公共管理学的一些显著特征

公共管理运动迅速传播到西方乃至世界各国，成为当代公共管理实践的新趋势。20世纪 80 年代以后，西方各国的政府改革的自由化、市场化、社会化取向，在相当程度上体现了这种公共管理学理论的基本精神。公共管理学具有如下几个特征：

第一，公共管理学是一种广泛而综合的知识框架。它突破了传统行政学的学科界限，把当代经济学、管理学（组织与管理理论）、政策分析、政治学和社会学等学科的相关知识和方法融合到公共管理的研究之中。例如，从新自由主义经济学中汲取营养，将经济人假说、市场竞争、成本—收益分析等理论当做自己的理论和方法。又如，从当代工商管理学中，将绩效管理、组织发展、人力资源开发、顾客至上、合同雇用制、绩效工资制等理论、方法和技术运用于公共部门管理的理论与实践。

第二，公共管理学拓展了政府管理研究的领域。它在保留传统公共行政学以及新公共管理学的传统主题基础上，在研究领域和主题上有重大突破和创新。新公共管理学的中心问题是"提供公共利益和服务时，除了拓宽和完善官僚机构之外，其他机构也可以提供所有这些职能"，并围绕公共利益这一核心来展开对"公共机构与公共部门经济效益之间关系"问题的研究。随着研究领域的拓展，一批富有生命力的新学科如公共政策学、公共事务学等也涌现了出来。

第三，公共管理学更多地从经济学的途径来研究公共管理或政府管理问题。传统公共行政学主要以政治学为主要研究途径，公共管理学则主要以经济学和管理学为主要研究途径。因此，公共管理学又被称为"企业化政府"、"市场导向的公共行政学"或"以经济学为基础的新政策管理理论"。

第四，公共管理学提供了新的公共管理模式。它在处理公共管理实践尤其是政府与市场、政府与企业、政府与社会的关系时，提供了一套不同于传统行政学的新思路，这一新思路可以概括为以下几个倾向：提供公共服务的机构宁小勿大；提供公共服务的结构，宁要多元，不要单一的无所不包的供给方式（即宁可存在不同提供者之间的相互竞争，并让使用者对提供者运用控制手段，如美国的校董事会）；宁可向使用者收费（或至少是指定了用途的税收），也不把普通税金用来资助不具有公共利益的公共事业；宁把私人企业或独立企业而不是把官僚体制作为提供服务的工具。

经合组织（OECD）1995 年度公共管理发展报告《转变中的管理》则把公共管理学

的特征简要归纳为：（1）提供灵活性；（2）保证绩效控制责任制；（3）发展竞争和选择；（4）改善人力资源管理；（5）优化信息技术；（6）改善管理质量；（7）加强中央指导职能。公共管理学提供了和传统行政学不同的新思路。

当然，如前面所述，作为一种尚在发展之中的新理论，公共管理学本身仍存在很多难题：尚未形成成熟的理论框架和模式；忽视了公共部门管理与私人部门管理、政治与市场过程的差别；过分依赖于经济学途径，片面强调对产出和绩效进行精确的计算，顾客至上、绩效管理等主张面临着许多理论和实践的问题。因此，公共管理学运动受到了各种批评。例如，人们批评公共部门私有化的主张，实际上是试图放弃政府的公共服务职能；滥用经济学方法，是经济学的帝国主义；片面依靠企业管理学，它推崇绩效管理、目标管理，是一种"新泰勒主义"。公共管理学虽然在理论上尚未成熟，在实践上也面临着许多问题，但它在客观上对当代西方政府管理的研究与实践产生了深远的影响。

第四节　公共管理学的研究对象和内容

在本章的第一节中，我们分析了公共管理的基本内涵及其与公共利益、公共物品、公共事务、公共权力的关系。在此基础上，我们可以把公共管理学理解为一门研究公共部门对公共事务进行管理的过程及其规律的科学，它主要是研究公共部门如何高效率地行使公共权力，管理公共事务，为社会提供公共服务和公共产品，实现公共利益的科学。所以，公共管理学的研究对象是"公共事务的管理过程及其规律"。

公共管理学的研究范围和内容是什么？任何管理活动都必须具备管理主体、管理对象、管理目标、管理职能和方法以及管理环境这五个基本要素。作为人类管理活动的一个独特领域，公共管理的主体是公共部门，它既包括作为"纯粹的"公共部门的政府组织，又包括作为"准"公共部门的第三部门；公共管理对象是公共事务，公共管理的目的是维护公共利益，促进社会的协调发展，为公众提供各种服务；管理职能有经济管理职能、社会管理职能和公共服务职能；公共管理方法是指公共管理主体在公共管理过程中，为提高管理效能和实现管理目标所采取的方式、手段或途径的总称；管理环境是指对公共管理产生影响的各种外部要素。所以，公共管理学的范围和内容主要有：公共部门的研究；公共管理过程的研究；公共管理一般方法的研究；公共管理外部环境的研究等。

一、公共部门的确立、界定、组织结构、功能及其运作方式

公共部门既包括作为"纯粹的"公共部门的政府组织，又包括作为"准"公共部门的第三部门，因此，公共管理学不仅要研究政府组织的管理问题，而且也要研究作为第三部门的公益企业组织、公益事业组织、非政府公共机构的管理问题。第三部门之所以被归入公共部门，其主要原因在于：其一，第三部门主要是一些从事公益事业的组织，其生产、活动的基本目标具有公益性，即为公共利益服务，这与政府组织即"纯粹的"公共部门的目标是一致的；其二，第三部门市场化程度较低或非市场化，其生产、活动的内容和方式往往由政府控制或实行必要的行政管制，因此，它与政府组织存在着十分密切的关系，甚至被当做政府组织用来实现其目标的一个重要工具；其三，第三部门为社会提供的

产品也往往是一种公共物品或"准"公共物品，这与政府为社会所提供的物品是一致的，至少基本上是一致的；其四，第三部门的投资主体或提供资源的主体也主要是政府。当然，在现代市场经济条件下，某些第三部门也应向私人资本开放，允许私人资本进入某些第三部门，这毫无疑问是对的，甚至是一种趋势。但私人资本在这些领域的投资不可能是完全市场化的，它必须受政府的高度控制，其产品或服务价格必须接受政府的行政管制；其五，第三部门的"非营利性"与政府组织以"公共利益"作为行为价值取向的目标或原则是一致的，即都是以一种"公益人"而非"经济人"的身份出现的。从这个意义上来说，第三部门很难被归入私人企业部门或竞争性工商部门，同时，因为它不属于"纯粹的"公共部门，所以将它称之为"准"公共部门是合理的。

　　政府组织的管理问题与第三部门的管理问题共同构成公共管理学的研究范围。从上述关于公共管理学的研究范围的观点来看，公共管理学与目前我国学术界所公认的行政管理学至少在研究范围上存在着明显的区别。从目前我国的实际状况来看，行政管理学的研究范围仅仅是政府组织自身的管理以及政府组织对社会公共事务的管理。至于第三部门的管理问题，即公益企业组织、公益事业组织、非政府公共机构的管理问题，则在行政管理学的研究范围的视野之外。一方面，仅就研究范围而言，行政管理学与公共管理学有共同的方面。无论是行政管理学还是公共管理学都必须研究"纯粹的"公共部门即政府组织的管理问题，把探讨政府组织如何高效率地运用公共资源为社会提供更有效的公共服务或提供更多的公共产品作为自己的重要研究内容。因此，政府部门的组织问题、领导问题、决策问题、执行问题、监督问题及其管理过程中的规律性问题，既是行政管理学关注的重要问题，也是公共管理学关注的重要问题。

　　另一方面，公共管理学的研究范围也有不同于行政管理的方面。第一，公共管理学的研究领域不仅仅是作为"纯粹的"公共部门的政府组织的管理及其规律问题，而且还应包括作为"准"公共部门的第三部门的管理及其规律性问题。第二，公共管理学所研究的是"纯粹的"公共部门与"准"公共部门管理过程中共有的规律性问题。"纯粹的"公共部门和"准"公共部门既然都是公共部门，因此，它们除了具有各自特殊的管理方式和管理规律以外，还应有共同的管理方式和管理规律，因此，研究各种公共部门所共有的管理方式和管理规律才是公共管理学的任务。由此看来，公共管理学的研究对象是全部公共部门所共有的管理方式与管理规律。第三，公共管理学所关注的是公共部门如何高效率地利用现有公共资源为社会提供更多的公共服务和公共产品，它在研究"纯粹的"公共部门即政府组织时，也是把政府组织当成一个为社会提供公共服务和公共产品的机构。公共管理学研究的重点是如何把政府机构自身管理好，以便更有效地为社会提供公共服务和公共产品。

二、公共管理过程

　　从公共管理的过程来看，公共管理学的内容包括公共问题的确立、公共政策的制定、公共项目的选择、公共资源的组织、协调和控制、公共物品的合理利用与监督、以及为社会成员提供各种服务等。所以，可以把公共管理过程概括为问题、政策、项目、资源、服务这五个方面，与此相对应，公共管理学也要对这五个方面加以研究。

（一）研究社会共同性问题的确认和解决过程

公共管理中的"问题"只限于政府职责范围内的社会共同问题，如生存环境问题、交通问题、社会秩序问题、资源合理利用问题、弱势群体的保护问题等。这些问题都属于公共领域内的共同性问题，关系到大多数社会成员的切身利益和生活质量，因此，必须由政府制定相应的公共政策，采取相应的措施加以解决。由此可见，社会共同性问题的确认和解决，是公共管理的重要内容之一。

（二）研究公共政策的制定与实施过程

这里所说的公共政策是指政府为实现公共利益而制定的行为准则和措施。公共政策的制定与实施之所以成为公共管理的主要内容之一，是因为任何一项公共政策的制定与实施，总是与政府所要解决的社会问题紧密地联系在一起的。政府的重要职责之一，就是要针对公共管理中的问题，按照一定的程序和方法，制定出解决这些社会问题的公共政策，从而促进社会协调发展，推动社会进步。

（三）研究公共项目的确认、制定、实施、验收、评估、反馈过程

公共项目是指公共管理机构依据一定的公共政策而采取的具体行动，是把公共政策具体化的过程。公共管理的一项重要任务就是把有关政策变为现实，从这个意义上讲，公共项目是直观的管理行为。一般来说，公共项目都直接关系到人们的生活环境和生活质量，因此，公共项目的确认和对公共项目的有效管理，都直接关系到公共政策的实现。为了加强对公共项目的管理，不仅要注意项目预算、质量、结果等各个具体环节，而且要有严格的实施项目的组织保障，要建立相应的责任机制，从而使公共项目的确认、制定、实施、验收、评估、反馈形成一套严格规范的管理制度。只有这样，才能保证公共项目能真正地发挥作用。

（四）研究公共资源的界定及有效配置和使用

公共管理中的公共资源是指一定社区的人们共同拥有的有形资产和无形资产，这些资源在名义上是每个人都可以享有的，但实际上任何人都不可能完整地占有它。公共资源主要包括：自然资源、公共产品、公共信息、公有企业和人力资源等。

自然资源是土地、矿产、水资源、森林资源等，它是社会赖以存在和发展的自然性物质条件。公共产品是指一定社区内人们都可以享用和受益的劳动产品——公共设施、公共物品的总称，它包括能源、道路、公园等。公共信息是指一定社区的全体成员共有的和可以享用的各种精神产品，如经济信息、科技成果、文化产品等。公有企业主要是指国家投资兴办的国有企业。公共管理中的人力资源是指一定社区共有的人力资源的开发和利用。公共管理学的一个重要任务就是研究上述各种公共资源范围的界定，并合理配置和使用这些资源，以增进社会公共利益。

（五）研究如何高效率地向社会提供更多的公共服务

公共服务涉及的内容十分广泛，如教育、福利、公共秩序、环境保护等。在公共管理中，公共机构为社会提供各种服务是其管理中的极为重要的一个部分。公共管理学当然也要研究公共部门如何高效率地向社会提供更多的公共服务。

三、公共管理一般方法

公共管理学还要研究公共管理的一般方法问题。所谓公共管理方法，是指公共管理主

体在公共管理过程中，为提高管理功效和实现管理目标所采取的方式、手段或途径的总称。公共管理方法是实现公共管理职能的手段，是公共管理目标实现的途径。根据方法对于过程的作用和公共管理模式的定义，公共管理方法研究主要有三大问题：一是公共管理如何干预公共管理对象和过程；二是公共管理如何服务社会公众；三是如何处理政府和非政府组织之间的关系。

（一）公共管理的干预方法

公共管理的干预方法是指公共管理主体运用行政方法、经济方法和法律方法对公共管理对象和过程施加适度影响的方法。所谓行政方法是指公共管理主体运用指示、命令、规定等法律以外的规范性文件对公共管理对象和过程施加控制的方法。在这里，公共管理学主要需要回答以下一些问题：行政方法适用于哪些情况？行政方法有效性的条件是什么？如何保证行政方法有效推行并符合法律的要求等。

经济方法是指公共管理主体运用经济杠杆，对各种不同的经济利益关系的公共管理对象和过程施加控制的方法。公共管理学同样要回答经济方法的适用范围、经济方法有效性的条件，经济方法有效推行的理论依据和合法性等问题，还要综合评估经济方法的效果。

法律方法是指公共管理主体依据法律、法规等规范性文件对管理过程施加控制的方法。如何依法管理并保证严格执法是公共管理学要探讨的一个重要方面。

（二）公共管理的服务方法

公共管理的服务方法是指行政机关通过公共管理指导（即不具有强制力的行政行为）对行为人的行为进行调节、引导，以实现公共管理目标的方法。公共管理学要揭示公共管理指导的特点，并研究公共管理指导的制度设计和制度实施。

（三）政府与非政府公共部门关系的处理方法

公共管理内容十分广泛，涉及各方面的社会公共事务。因此，公共管理必须借助非政府公共部门参与而不能由政府独家承担，这既是建立有限政府的需要，也是提高公共管理效率和质量的需要。公共管理学要研究政府与非政府公共部门共同参与公共管理的过程，寻找两者之间关系的处理方法，并通过这些方法使公共管理各主体之间建立起协调的关系。根据有关研究和实践，两者之间关系的处理方法一般有公共管理合同、公共管理授权、公共管理委托等。如何有效地运用这些方法实现公共管理目标，也要进行具体研究。

四、公共管理外部环境

所谓公共管理的外部环境，主要是指在公共部门之外的、对公共部门及其管理活动产生影响和作用的各种外部要素的集合，如政治、经济、文化和人口因素等。公共部门是一个开放性的系统，它必定要与外部环境相互影响，也必须对整个外部环境作出反应，并在与外部环境的作用中得到发展。因此，全面考察公共管理部门及其外部管理活动的外部环境，研究外部环境的影响和作用，是十分必要的。

第五节 公共管理学的理论基础与研究方法

一、公共管理学的理论基础

公共管理学的理论基础的积累经历了一个相当长的发展过程,公共行政学建立之前,人类就对公共管理积累了一些经验。19 世纪,韦伯的官僚制理论和泰勒的科学管理理论对公共管理学均产生了重要的影响。此后又有许多学者和学术流派都不同程度地对公共管理学的发展作出了贡献。不过,对公共管理学产生更直接影响的理论,主要是 20 世纪中叶以来的新制度经济学、新管理主义、重塑政府理论等。

（一）公共选择理论

公共选择理论是由著名经济学家布坎南于 20 世纪 60 年代创立的,它是新制度经济学的重要支柱之一。所谓公共选择,就是通过集体行动和政治过程来界定资源在公共物品中的分配,是一种用非市场方式解决公共问题的行为过程。公共选择是相对于分散的个人选择而言的,后者是指具有经济理性的个人或厂商出于对自身利益的追求,对经济活动的收益和成本进行分析,作出利益最大化选择;而前者提示了政府如何通过公共政策的形成、制定和向社会提供公共产品的方式、方法及过程。

公共选择理论有一个基本的假设,就是经济理性人假设——所有的人,包括政治家和官僚都是按照成本收益理性计算来追求个体收益最大化,人人都有利己主义倾向。同时,公共选择理论还认为,与经济市场相对应,人们在生活中还存在一个政治市场。与市场公平交易不同,政治存在着政治权威,在政治权威下的政治家和官僚的个人选择,可能导致政治腐败,诱发权力寻租。因此,经济理性人的自利行为在政治权威制度下,会导致与公共利益相悖的严重后果,这就是政府失败。例如,公共决策失误、政府工作效率低下、政府职能和机构膨胀、政府权力的滥用以及政府官员寻租活动等。

为了解决政府失败问题,公共选择理论提出了对政府改革的思路:限制国家权力的增长,在公共部门恢复自由竞争,提高官僚体制的效率,推进社会民主和宪政改革;减少福利国家的浪费、实行财政货币制度改革、减少政府对市场的干预,政府选择只有在市场选择无法解决问题的前提下才可以进行。

公共选择理论通过对政府和政治过程的分析,主张减少政府职能,缩小政府规模,在公共管理中引入市场机制,恢复自由放任政策等。所有这些,对处理政府与市场的关系、推动政府改革、制约政府腐败等都产生了广泛的影响。

（二）委托代理理论和"委托代理问题"

委托代理理论是新制度经济学的重要组成部分。这种理论把人类的经济、社会生活和政治生活看做是一系列委托代理关系,并通过合同、协议的形式,把委托人和代理人的关系固定下来。在现代经济生活中,委托代理关系普遍存在,由这种关系得出的委托代理模型已被推广到许多领域的经济分析中。委托代理模型揭示的委托代理问题就是委托代理关系中的代理人通过隐藏信息和行动（各种形式的欺诈或隐蔽的违背委托人意志的行为）来侵蚀和损害委托人利益以达到自身效用的一种活动。

委托代理问题发生的前提有三个①：一是委托代理双方风险分布的不均等性。委托人是一个风险中的利润最大化者，代理人是一个风险规避者，前者几乎承担了所有风险，后者相当于得到了委托人提供的保险。这样，代理人放任自己且不承担代理事项风险的可能性在理论上是无法排除的；二是委托代理双方目标的歧异性。两者的目标函数是各自独立的，双方的目标在一定程度上是互不相容的，这意味着代理人可能为追求自身效用而根据自己偏好选择行动，"附带地"或故意地损害委托人的利益；三是委托代理双方信息占有的不对称性。如果委托人能觉察和评判代理人的一切行为，则委托代理问题能通过完全性契约加以约束。但问题是委托代理双方的信息是不对称的：一方面是双方的客观条件不对等，代理标的或事项是由代理方实际支配着，大量的"基于支配的信息"往往是委托人无法取得的；另一方面是双方的主观条件不对等，即委托人不如代理人专业化。这都为代理人向委托人隐藏信息和行动提供了条件。

公共管理活动原本就是一种接受委托的代理人的活动。因为公共管理的对象是公共事务，而公共管理部门及其具体行为人却是具有私利的团体和个人，而且近年来在新公共管理运动中兴起的委托、承包、合同、代理等公共管理形式，也是委托代理关系在公共管理中的普遍化，所以委托代理理论对公共管理行为具有极强的解释力。在委托代理理论中，人们关注的主要有以下几个问题：其一，作为公共利益代理人的公共部门的官员的选择；其二，对这些官员的激励和约束；其三，要挑选出合格的代理人并对代理人进行有效的激励和约束，必须收集到足够的代理人的私人信息，所以对公共部门官员及其行为的信息显示和传递也是人们关注的一个焦点；其四，要做好以上三个方面的工作，都得依赖于良好的制度环境，因为在一个良好的制度环境中，公共部门官员的各种败德行为被发现和惩罚的概率很高，这就有利于人们形成诚实守信的自觉性；在相反的情况下，各种不当的代理行为收益高而风险小，这实际上会鼓励这些代理人的败德行为，而且，败德行为屡屡得逞会诱使"好人"也干"坏事"，形成一种"劣币驱逐良币"的恶劣机制。

（三）寻租理论

寻租理论的思想最早萌芽于图洛克的一篇论文中。但是，它作为一个理论概念是到1974 年才在克鲁格的研究中正式提出的。② 在此后的十多年中，寻租理论得到了长足的发展，其影响力已遍及经济学的各个分支，也对公共管理学提供了新的研究思路。寻租理论从一个全新的角度对传统的经济理论提出了挑战，他把经济的研究视野从生产性的寻利活动——生产性的增进社会福利的活动扩展到了非生产性的寻租活动——非生产性的对既得利益进行维护或再分配的活动，并把人们追求新增经济利益的行为和追求既得非经济利益的行为区分开来。它把政府行为本身也市场化了，从而把腐败行为纳入了经济学的研究范围，也使人们对政府失败现象有了更全面、更深入的认识。

寻租理论认为，如果人们追求的是既得的社会经济利益，其活动就变成寻租了。按照此观点，偷盗抢劫是最原始的寻租活动，而在现代社会中，更为"高级"的寻租方式则

---

① 罗斯·格斯纳里：《阿罗-德布鲁范式：涉及时间与信息的讨论》，载《契约经济学》，（中译本）第 15~38 页，经济科学出版社 1998 年版。

② 刘东主编：《微观经济学新论》第八章《寻租理论》，南京大学出版社 1998 年版。

是利用行政、法律手段来维护既得经济利益或对既得经济利益进行再分配。例如，官员们进行贪污受贿，搞权钱交易，社会上的强势利益集团通过游说、收买官员、在决策部门安插代理人等方式主导制定对本集团有利的政策。这些都是寻租活动的具体形式。寻租是人类社会的"负和游戏"，是一场社会整体利益的损失大于利得的竞争。这是因为：第一，寻租造成了经济资源配置的扭曲，阻止了更有效的生产方式的实施；第二，它本身是白白耗费了社会经济资源，使本来可以用于生产性活动的资源用在了这些对社会无益的活动上；第三，这些活动还会导致其他形式的寻租活动或"避租"活动，前者是指政府官员为了得到这种"租"而展开追求行政权力的浪费性竞争，后者是指利益受到他人寻租活动威胁的企业、集团或个人也会采取逃避这些损失的活动，从而又进一步浪费了社会经济资源。

在寻租理论提出以后，不少学者就注意到，在公共管理活动中，政府乃至其他公共管理部门在寻租活动中未必只扮演一个被利用的角色。一些学者提出了"政治创租"和"抽租"的概念。前者是指政府政客利用行政干预的办法来增加私人企业的利润，人为创"租"，诱使私人企业把向他们"进贡"作为得到这种租的条件；后者是指政府官员故意提出某项会使私人企业出让部分既得利益与政府官员分享的主意。

还有的学者指出，在公共管理这个层次，寻租活动具有恶性循环的趋势。由于寻租的存在破坏了市场竞争的公平性，因此人们对市场竞争的公平性和效率发生了根本性的怀疑，他们会转而寻求政府干预来弥补收入分配不公平的现象。这样反而提供了更多的寻租、避租机会。

什么样的公共管理才能减少寻租活动及其造成的资源浪费呢？寻租理论说明，首先，要建立"有限政府"，限制公共权力的范围，减少寻租滋生的场所；其次，要完善产权制度，政府的作用在于界定和维护产权，并打击旨在侵蚀他人产权的寻租活动；最后，要通过在公共领域加强民主表决的力度来决定社会财富的再分配，防止公权的私人垄断。

（四）博弈论中的纳什均衡

博弈论最早由德国数学家莱布尼茨于1970年提出，并逐步发展成为经济分析的重要工具。博弈论是研究在一定的竞争或交易关系中，当竞争或交易参与者的个人利益无法由当事人完全掌握，而只能由竞争或交易关系中的"局中人"共同决定时，个人为了取胜或者说实现利益最大化而采取的一种数学理论和方法。它包括合作博弈和非合作博弈。前者是假设存在一种制度，其对局中人之间的任何协议都有约束力；后者则不存在这种制度，即若给定其他局中人打算按协议行动，局中人将为追求自身的最大利益也将按该协议行动。纳什均衡指的就是非合作均衡状态。在这种状态中，若其他人不改变策略，任何人都只有惟一的"占优策略"——无论是其他局中人作何选择，自己的该项选择都是对自己最为有利的策略，任何偏离这个"占优策略"的选择都不能增加自己的利益。当任何局中人的选择恰好都是"占优策略"时形成的结局被称做是"纳什均衡"。

博弈论大师视经济社会问题如棋局，常常寓深刻道理于游戏之中。例如，"囚徒的困境"就是说明纳什均衡的极好例证。警方将两个同案犯人隔离，分别关在不同的房间进行审讯。警方说："由于你们的犯罪已有确凿的证据，所以可以判你们1年刑期。但是，我可以和你做个交易。如果你单独坦白罪行，我只判你3个月的监禁，但你的同伙要被判

10 年刑。如果你拒不坦白，而被同伙检举，那么你就将被判 10 年刑，他只被判 3 个月的监禁。但是，如果你们两人都坦白交代，那么，你们都要被判 5 年刑。"这两个囚徒该怎么办呢？他们面临着两难的选择——坦白或抵赖。显然最好的策略是双方都抵赖，其结果是大家都只被判 1 年刑。但是由于两人处于隔离的情况下无法串供，所以，按照经济理性原则，每一个人都是从利己的目的出发，他们选择坦白交代才是各自的占优策略。因为坦白交代可以期望得到很短的监禁——3 个月，但前提是同伙抵赖，显然要比自己抵赖要坐10 年牢好。这种策略是损人利己的策略。不仅如此，坦白还有更多的好处。如果对方坦白了而自己抵赖了，那自己就得坐 10 年牢。太不划算了！因此，在这种情况下还是应该选择坦白交代，即使两人同时坦白，至多也只被判 5 年，总比被判 10 年好吧。所以，对任何一位局中人，合理的选择是坦白，因为对方抵赖时，他选择坦白是占优策略（判 3 个月，而对方要判 10 年），而对方坦白，他的占优策略也是坦白（被判 5 年，他要是抵赖则判 10 年），结果，各自从自己的占优策略出发，原本对双方都有利的策略（抵赖）和结局（被判 1 年刑）就不会出现。这样两人都选择坦白的策略以及因此被判 5 年的结局被称为"纳什均衡"，也叫非合作均衡。因为，每一方在选择策略时都没有"共谋"（串供），他们只是选择对自己最有利的策略，而不考虑社会福利或任何其他对手的利益。也就是说，这种策略组合由所有局中人（也称当事人、参与者）的最佳策略组合构成。没有人会主动改变自己的策略以便使自己获得更大利益。

"囚徒的困境"有着广泛而深刻的意义。个人理性与集体理性发生冲突以后，各人追求利己行为而导致的最终结局是一个"纳什均衡"，这也是对所有人都不利的结局。因此，从"纳什均衡"中我们还可以悟出一条真理：合作是有利的"利己策略"。但它必须符合以下定律：按照你愿意别人对你的方式来对别人，但只有他们也按同样方式行事才行。也就是古语说的"己所不欲勿施于人"。但是，其前提是人所不欲勿施于我。"纳什均衡"是一种非合作博弈均衡，在现实中非合作的情况要比合作情况普遍。

从"纳什均衡"的普遍意义中我们可以深刻领悟司空见惯的经济、社会、政治、国防、管理和日常生活中的博弈现象。因此，博弈论在公共管理理论研究和实践中都具有广泛的前景。公共管理学是研究政府和其他公共部门对公共事务的管理的科学，它的研究涉及到人与人之间、社会集团与社会集团之间相互合作、交易、竞争等问题，而在一个社会中每个人、每个集团、每个阶层都有自己利益之所在，都有最大化自身利益的内在动力。而公共管理是要追求公共利益的最大化，并保证公共产品生产和供给的效率。因此，公共管理部门及其官员也应该用博弈论的观点来考察公共政策的制定和实施，考虑"上有政策，下有对策"的情况下应该选择的策略。

（五）管理主义

新公共管理还以管理主义即私营企业管理理论和方法作为自己的理论基础之一。管理主义是泰勒创立的科学管理思想的发展。这种理论强调要从私营管理方法即管理主义中汲取营养。管理主义在这里的应用是把私人部门的管理手段引入公共部门，强调直接的职业管理、明确的绩效标准和评估标准、根据结果进行管理，以及更晚些时候所提出的接近消费者——公民的观念。新公共管理认为，私营部门许多管理方式和手段都可被公共部门借用。例如，私营部门的组织形式能灵活地适应环境；而不是韦伯所说的僵化的科层制；对产出和结果的高度重视（对私营部门来说，产出就意味着利润，而在高度竞争的市场环境中，要获取利润就必须给顾客提供高质量的服务，同时尽可能地降低成本），而不是只管投入，不重产出；在人事管理上实现灵活的合同雇佣制和绩效工资制，而不是一经录用、永久任职。总之，新公共管理认为，那些已经和正在被私营部门成功运用着的管理方法，如绩效管理、目标管理、组织发展、人力资源开发等并非为私营部门所独有，它们完全可以运用到公共部门的管理中。

（六）重塑政府理论

重塑政府理论是西方国家，特别是美国在行政改革上确立起来的一种理论，其内容相当广泛。这种理论认为，作为适应工业时代的官僚主义体制，已经不适应信息社会的要求，新的企业化政府的治理模式正在出现。对现有的官僚主义政府只有用一种新的原则加以改造，才能使其摆脱困境。

重塑政府理论最关键的口号是用具备企业家精神的政府来代替受统治结构支配的官僚政府，以具备企业家精神的政府来推动服务提供者之间的竞争。戴维·奥斯本、特德·盖布勒在《企业精神如何改革着公共部门改革政府》（或译《重塑政府》）一书提出的"企业化政府"模式（即"新公共管理"模式）是一种单一模式，这个模式包含如下十大基本原则或基本内容①：（1）起催化作用的政府：掌舵而不是划桨；（2）社区拥有的政府：授权而不是服务；（3）竞争性政府：把竞争机制注入到提供服务中去；（4）有使命的政府：改变照章办事的组织；（5）讲究效果的政府：按效果而不是按投入拨款；（6）受顾客驱使的政府：满足顾客的需要，而不是官僚政治需要；（7）有事业心的政府：有收益而不浪费；（8）有预见的政府：预防而不是治疗；（9）分权的政府：从等级制到参与和协作；（10）以市场为导向的政府：通过市场力量进行变革。这十大原则构成《改革政府》前十章的标题。奥斯本和盖布勒在书中对这十个原则进行了详细的论证，并在最后一章（第十一章）中加以汇总。该书成了1993年开始的美国"重塑政府"改革的理论基础。

当然，上述理论只是重塑政府理论中比较具有代表性的。纵观重塑政府理论的主要观点，它不仅主张政府要改变传统的政府观念，而且还要重新界定政府在社会中的职责、权限，转变政府的整个运行机制，从而使政府转变为"企业型政府"。这些观念都关心竞争、市场、消费者以及结果，公共部门围绕这些主题的转变就是脱离统治政治的、更小的政府，而另一个方面则是更多的治理。

（七）有限政府理论

有限政府是指在政府失败、市场失灵和公民社会自主发展的综合需求的基础上建立起来的政府。它并不是一个弱政府或低效的政府，恰恰相反，追求政府的有限性是期望利用政府的能力以低成本来满足社会对公共物品的需要。正是在这个意义上，可以归纳出有限政府的核心内涵：有限政府既要提高服务质量又要降低成本，其目的在于追求高效性；有限政府的功能是执行国家意志，实施国家权力机关制定的法律规范，其本质是依法行政；

---

① ［美］戴维·奥斯本，特德·盖布勒：《改革政府：企业精神如何改革着公共部门》，上海译文出版社1996年版。

有限政府是受到一定监督的民主政府，它必须倾听民众呼声，鼓励民众参与政府行为的过程并在合理的授权范围内活动。

追求效率的最大化成为有限政府的根本目标。然而，行政效率体现在公共行政的各个环节、各个层次上，它是一项综合指标，必然受到组织内外错综复杂的因素的影响。我们一般可以从三个方面来评判有限政府的高效性：政府的规模是不是得到适度的控制；政府的职能范围是否有科学的界定；政府机构的人员是否确保精明能干。

二、公共管理学的研究方法

公共管理学的研究方法是指在一定的理论基础的指导下，研究公共管理问题的过程中所采取的角度、手段、措施、步骤的总称。公共管理学作为一门科学，其研究方法有很多，但从总体上可分为两个层面，即基本研究方法和具体研究方法。

（一）基本研究方法

一门学科的基本研究方法是指研究者对研究对象所持有的总的哲学观点和在这样的哲学原理指导下观察、分析、处理问题的一般方法。马克思辩证唯物主义和历史唯物主义作为科学的指南，同样是管理学的一般研究方法。公共管理学必须以马克思主义哲学为指导，以公共管理实践为基础，坚持理论联系实际、一切从实际出发，结合中国国情和发展的现实，防止脱离实际的倾向，防止机械地、静止地、孤立地研究问题的倾向。为此，必须遵循以下几个基本方法：

调查研究法。这就是要深入实际，对客观事物进行观察，详细占有各种材料，并对这些材料进行科学加工处理，从而认识和掌握客观事物的本质及其发展规律。公共事务的复杂性、广泛性决定了公共管理部门及其管理方法的多样性、层次性、复杂性，因此，只有深入到公共管理的实际中，认真观察，细致了解，收集到完整、准确、真实的信息资料，才可能把握公共管理的一般规律。

科学分析法。马克思主义认识论告诉我们，人们对客观世界的认识过程包括感性认识和理性认识两个阶段，认识是在实践基础上从感性认识发展到理性认识的。人们为了完成从感性认识到理性认识的飞跃，形成正确的认识，了解事物的本质和规律性，首先需要掌握十分丰富的感性材料，其次就是要用科学的分析方法对感性材料进行加工分析，这个过程是一个去粗取精、去伪存真、由此及彼、由表及里的过程。关于这些科学方法的具体说明，将在具体研究方法中作一些介绍。

（二）具体研究方法

1. 实证分析和规范分析

公共管理学是一门理论与实践紧密结合的科学。它可以通过对公共部门管理公共事务的具体过程的分析，来揭示公共部门的运作规律、公共事务的发展规律、公共管理本身的一般规律。在这样的一门科学中进行实证分析和规范分析都是十分必要的。

所谓实证分析，就是指与事实相符的分析，主要回答事物本身"是什么"：分析事物的历史和现实存在，即过去是什么、目前又是怎样，在这种分析中应该超脱或排斥一切价值判断，只研究事物本身的规律，并根据这些规律来分析和预测事物将来的变化趋势，即推断"将来怎么样"。实证分析的目的不是描述"应该怎样"，而是历史和现实"实际怎么样"和将来"可能怎么样"。它要确认事实本身，研究经济本身的客观规律与内在逻辑，指出事物变量之间的因果关系。它不仅要能够反映或解释已经观察到的事实，还要能够对将来会出现的情况作出正确的分析与预测。总之，实证分析是一门客观科学。

规范分析要解决的问题是"应该怎么样"，并力图按照特定的价值判断调整或改变现实。这里讲的价值是指对一种事物是好还是坏的社会评价。规范分析正是以一定的价值基础，提出某些标准作为分析处理问题的指南、树立一定的理论前提、制定经济政策的依据，并研究如何才能符合这些标准。价值判断作为一种社会伦理学范畴，具有强烈的阶级性和主观性，会因为个人的经济地位、生活环境的不同而不同。规范分析的目的是要说明事物本身是否符合某种价值判断，或对社会有什么意义，从而为私人或政府实现某种目标提供有效的行动方针和政策处方。它所涉及的问题不是有关事物之间是否存在某种因果关系，而是应该如何去行动。

实证分析与规范分析并不是绝对地互相排斥的。后者要以前者为基础，而前者也离不开后者的指导。一般来说，越是具体的问题，实证分析的成分越多；而越是高层次、带有决策性的问题，越具有规范性。即使是最彻底的实证分析，也不可避免地带有以效率为准绳的价值判断，至于个人研究问题和方法的选择，实际上也涉及到研究者个人的价值判断问题。

公共管理学研究需要把两种方法紧密结合起来。通过实证分析，能提供公共管理的效率、公平及社会福利的增加和损失情况，能比较分析各种公共管理手段、各个公共部门的绩效，能发现各种公共资源的配置和使用效率的高低；而规范分析则可以给处理公平与效率的关系、公共管理部门在市场经济中的作用的定位等问题以明确的答案。

2. 系统分析方法

系统是指由若干相互作用、相互依存的部分组合而成的具有特定功能的有机整体。系统论认为客观世界是由大大小小、形形色色的系统构成的。任何系统都有一定的功能，系统功能是各个要素发挥作用的结果。

系统论或系统分析法是通过分析系统的构成要素、功能及其与外部环境的关系来提示系统的特征及其运行规律的理论。在现代系统论中，人们认为组织是一个人造的开放性系统，它具有所有人造系统的基本特征：（1）集合性。一个组织系统是由许多相互区别的要素组成的。（2）相关性。集合而成的各要素存在着有机的内在联系。基本要素之间互相影响、互相依存，它们的相互作用决定了组织的绩效。（3）目的性。组织是一个有着明确目标和任务的系统。组织战略则是该组织存在和发展的目的。（4）整体性。"整体大于各要素之和"。而正是由于组织的整体性，才使得任务与工作流程、组织结构、人力资源系统和组织文化有机地结合在一起，发挥着更大的效用。（5）环境适应性。

公共组织作为一个开放性系统，它受到了来自组织外部和内部两个方面变革压力的影响。一方面，组织受到其外部环境的强烈影响。经济、自然资源、技术、政策等外部环境的变化将促使组织变革；另一方面，组织内部环境中的力量也能引起变革。例如，低生产率、严重缺勤、主人翁意识淡薄等现象都是向管理部门发出必须进行变革的信号。在组织系统中，一方面的变化，必将牵涉到其他方面的变化。组织变革是一项系统工程，成功的变革离不开系统论。

在公共管理中，这种分析方法不把公共部门及其运作、管理看做一个孤立的现象，而是把它作为一个组织系统来看待，认为这一组织系统与系统外部存在物质、能量、信息的交换关系，它们相互依存、相互制约。所以研究公共管理不能孤立地进行，要从整体性、全局性、相关性方面来分析问题，还要重视公共部门与外部环境关系的研究。

3. 成本收益分析方法

成本收益分析法又称交易费用分析法。在交易费用为正的世界上，经济人的基本行为准则就是行为的预期收益不小于预期成本。这是经济人决定采取行为的边际条件：边际收益=边际成本。经济人的行为就是成本收益分析的结果。

公共管理中的成本收益分析是根据边际分析原理，将公共组织为公众服务和提供公共产品的过程中所投入的人财物力及政治代价等（成本）与公共产品和服务的生产效率、政治收益（收益）进行比较。因此，在成本收益分析过程中，首先要尽可能地统计出真实的资源投入、考虑到各种可能的政治代价以及产出后果；然后广泛采用定量分析的方法比较收益和成本，以此明确一项公共管理活动是否符合收益不小于成本的原则。

此外，公共管理学还有演绎与归纳方法、博弈分析方法（见本节）、制度分析方法、比较分析方法、心理分析方法等。限于篇幅不在此做一一介绍。

小 结

公共管理是 20 世纪后期兴起的一门新学科。根据国内外学者的看法，我们把公共管理定义为：政府及其他公共部门，为了适应社会经济发展和满足公众的要求，对涉及公共利益的各种事务所实施的有效管理，这种管理强调适应外部环境变化，寻求政府与社会力量的互动，走向市场并向私营部门学习，注重管理效果与责任，强化政府的社会管理和公共服务职能。公共管理不是对传统公共行政的简单否定，而是对公共行政的积极发展。这种发展突出地反映在政府为了适应社会经济技术的发展，适应公共部门所处环境的变化，对履行公共职能的理念、方式及管理过程等所作出的新选择。公共管理的特点主要体现在：全方位的绩效管理；强调公共管理的专业化并明确管理者的责任；公共管理社会化；用企业精神改造政府；建立有限政府。公共管理的主体是政府及非政府公共组织，管理对象是公共事务，管理目标是实现公共利益，而公共利益的物质载体是公共产品和公共服务，要使公共管理能够推行，又必须以公共权力作为保证。

公共行政的发展有一个漫长的历史过程，它的出现和兴起与国家、政府同步。公共管理学的产生和发展，一方面，是传统的公共行政理论和传统公共行政模式的两大理论支柱——官僚制理论和政治控制理论都无法解释政府的现实情况，因而，新公共管理运动对新的公共管理理论产生了巨大需求。另一方面，公共管理教育的发展也为公共管理作了较充分的理论准备。在此基础上，公共管理学得到了发展并日趋成熟。

公共管理学是一门研究公共部门对公共事务进行管理的过程及其规律的科学，它主要是研究公共部门如何高效率地行使公共权力，管理公共事务，为社会提供公共服务和公共产品，实现公共利益的科学。所以，公共管理学的研究对象是"公共事务的管理过程及其规律"。其研究范围则包括：公共管理主体的确立、界定及其运作方式；公共管理过程；公共管理一般方法；公共管理外部环境。

　　公共管理理论和方法有很多，本章重点介绍了公共选择理论、委托代理理论、寻租理论、博弈理论、管理主义、重塑政府理论和有限政府理论等公共管理学的基础理论；同时也介绍了公共管理学研究的一般方法——调查研究方法和科学分析方法，公共管理学研究的具体方法——实证分析和规范分析、系统分析方法、成本收益分析方法等。

重 点 名 词

公共管理　公共事务　公共利益　公共权力　公共管理学　官僚制理论　有限政府

复习思考题

1. 简述公共管理的特点。
2. 简述新公共管理运动产生和发展的原因。
3. 公共管理学有哪些全新的特点？
4. 简述公共管理学的研究内容。
5. 委托代理问题产生的一般原因是什么？它对公共管理活动有哪些启发意义？
6. 用实证分析与规范分析方法来分析一项公共管理活动。

第二章　公共组织

第一节　公共组织的定义、构成要素和类型

一、公共组织的定义

组织是指一切由相互依赖和相互作用的各个部分所构成的、具有一定功能的有机整体。

组织的形成是人类社会普遍存在的现象。从原始社会开始，人们为了生存与繁衍，为了改造自然和改造社会，有意或无意结合起来，凭着群体的力量去实现个体所不能达到的目标，这就形成了组织，如氏族、部落，后来的国家、政党、军队，以及社会上的各种社团、企业、学校、医院等都属于组织的范畴。可以说，组织是人类社会活动最基本的形式。

公共组织是组织的一种。公共组织的含义和特征主要体现在"公共"上。从广义上来看，凡是不以营利为目的、管理社会公共事务、服务于社会大众的，以协调和提高社会公共利益为目的的组织就是公共组织，它既包括政府组织，也包括介于私人组织和纯粹的公共组织之间的第三部门组织，如收费的服务机构、私人的非营利组织等。从狭义上来看，公共组织是指行使行政权力以达到公共目的、实现公共利益的组织，即政府组织。

二、公共组织的构成要素

公共组织是一个完整的体系，这种体系是由若干个要素构成的，主要包括：

1. 组织目标。组织目标是公共组织赖以建立和存在的基础，组织如果失去了目标，那它就失去了存在的价值和依据。组织目标是组织活动的方向，是组织奋力争取所希望达到的最后结果。公共组织的目标从任务的角度可以分为组织工作目标和组织建设目标；从目标分解的角度可以分为总目标和分目标；从职责关系的角度可以分为整体目标、部门目标、单位目标和个人目标；从时间角度可以分为长期目标、中期目标和短期目标等。

2. 组织人员。人是组织的灵魂，组织的各种资源要由人来驾驭，组织运行的各个环节要靠人去推动，组织的目标要靠人去实现。如果没有合格的高素质的人员，没有完整的合理的人员结构，公共组织就不可能有效运转。因此，必须保证有源源不断的合格人才补充到组织队伍里来。

3. 物质要素。物质要素包括经费、设备、办公场所和办公用品等公共组织实施公

共管理活动所必不可少的条件和资源。它以实物形态体现出组织的存在，并标志着组织的规模和实力。物质要素是公共组织完成各种工作任务，实现公共管理目标的基本保证。

4. 职能范围。职能范围是根据组织目标对公共组织应承担的任务、应尽的职责所做的总体规定。它确定了公共组织行使职权的活动范围，是决定赋予公共组织何种权力责任、机构设置的根本依据。公共组织的职能范围是做好公共管理工作、提高组织效能的重要前提。

5. 机构设置。机构设置是根据组织目标、职能范围在公共组织内部进行部门分工和单位划分的结果。组织本身就是人们相互协作的结果和表现，这种协作正是建立在工作分配或分工的基础上的。机构设置是沿着纵向和横向两个方向逐步分解为各个层级和各个部门的。

6. 职位设置。职位设置是在机构设置的基础上，依据实际部门的职能需要，进一步将职责明确分配到各个工作岗位的结果。这就把组织目标、工作任务、职权具体落实到了各个岗位上。如果把公共组织假设为一个活的有机体，那么，各种机构是它的器官，各职位则是它的最小构成单位——细胞。

7. 权责关系。权责关系是公共组织内部围绕着权力分配与职责划分而形成的一套制度化的工作关系。它是公共组织内部指挥系统、运行程序、各种机构和职位之间地位、作用及内在联系的具体表现，是公共组织高效运行的重要保证，权责不明必然造成组织内部的混乱。公共组织的权责关系的确立是与机构和职位设置同时进行的。

8. 规章制度。规章制度是机构部门单位用正式文件或书面形式明确规定组织目标、职能任务、内部分工、工作程序、职位的权责关系和活动方式的一种规范化手段。它具有强制约束力，需要组织成员共同遵守和执行。规章制度从根本上保证了公共组织的整体性、有序性、稳定性及其成员的组织性和纪律性，是形成组织整体效能的基础。

9. 团体意识。团体意识是通过机关人员对组织目标的认同、感情交流和思想沟通形成的集体意识。在公共组织中团体意识十分重要，它可以使机关人员密切合作、协同一致地实现组织目标。如果组织没有形成团体意识，其内部必然人心涣散，不能形成强有力的组织体系。

三、公共组织的类型

现代社会是一个高度组织化的社会，公共组织是公共事务的管理者和公共服务的提供者。能否建立起科学合理的公共组织，是保证公共管理活动能否顺利进行的重要前提。公共组织本身是一个极为复杂的组织系统，依据不同的标准可以划分出不同的类型。对于公共组织的分类，厦门大学陈振明教授的分类比较具有借鉴意义。他认为，公共事务管理指向的是多元的利益关系，仅靠说服、动员等手段难以达到目标，事实上更多的公共事务管理是依靠公共权力的强制性来完成的。因此，以公共组织所拥有权力的强制性的大小来划分公共组织，相对其他标准而言，更能揭示公共组织的本质特征。按此标准，公共组织可分为以下三种类型：

1. 强制型公共组织。这类公共组织主要是指政府部门。强制型公共组织的主要特点之一就是根据宪法和法律的授权，依靠公共权力对公共事务实行强制性管理。它对某一事务作出裁决，有关组织和个人必须遵守，否则将受到惩罚。例如，企业组织的登记与注销必须接受工商管理部门的管理，纳税人必须接受税务管理部门的管理，逃避管理必将受到处罚。

2. 半强制型公共组织。在市场经济条件下，政府管理是"有限管理"，即在"市场失灵"的一定范围内实施管理。这类公共组织在实施管理时更多地依靠市场手段而不是行政手段，它们的管理行为对当事人有一定的强制性，要求当事人遵守。但是，这类公共组织的强制性在一定程度上是可对抗的，当事人也可拒绝裁决。这类公共组织的典型是各种形式的仲裁委员会，在通常情况下，委员会的裁定要求当事方遵守。但若当事人对裁决结果持异议，他不一定要照章执行，而是可以向法院起诉，法院裁定才是最终的裁定。此外，消费者权益保障委员会、各种行业协会等也是现实生活中人们常接触到的半强制型公共组织。

3. 非强制型公共组织。除上述两类公共组织以外，还有一类公共组织不仅数量多，而且同时承担着重要的公共事务管理任务。这类公共组织的最大特点是非强制性和服务性，其中多数是非营利的组织或第三部门。非强制型公共组织主要是各种院校、社区学校、研究所、基金会、医疗保健机构、文化和科学技术团体、各种咨询服务机构等。

第二节 公共组织环境

公共组织环境是公共组织外部所有能够直接或间接对组织存在与发展产生影响的因素的总和。公共组织只有不断地与其环境进行能量、信息交换，把投入转变为产出，才能生存和发展。弗莱蒙特·E·卡斯特在《组织与管理：系统方法与权变方法》中指出：由于社会变得越来越复杂，动态性越来越大，组织就需要对环境力量给予更多的关注。

一、公共组织环境与行政生态学

对公共组织环境进行研究的直接源头来自于生态学。1947年，美国哈佛大学高斯教授发表了《政府的生态学》，他以生态学的理论和方法研究行政现象，强调结合外界客观环境因素及作用来研究国家行政管理。1961年，美国夏威夷大学东西方文化研究中心教授利格斯出版了《行政生态学》一书，他根据社会制度在功能方面的分化程度，把行政系统分为三种类型，即与农业社会环境相适应的"融合型"行政模式，与从农业社会向工业社会过渡的社会环境相适应的"棱柱型"行政模式，与现代工业社会环境相适应的"衍射型"行政模式。在行政生态学的研究中，公共组织如同处在生物圈中的人一样，既受生态环境影响，同时又影响生态环境。

按照现代组织理论，组织环境可分为一般环境和具体环境。一般环境是指对一切社会组织都产生作用的各种因素，主要包括政治、法律、经济、科技、教育、文化、人口、自然资源、社会，它决定着组织功能、结构和运行。具体环境则直接影响个别组织，它是指那些与具体组织过程相关的特殊环境因素。

二、公共组织环境的内容

（一）政治环境

政治环境主要包括政治体制、政治权力、国家结构、政党制度、公共政策、政治变革等方面。它们对公共组织的影响表现在：政治体制确定了公共组织在社会政治生活中的地位和作用；政治权力划分赋予了公共组织或多或少的影响力和约束性，并勾勒出不同组织之间的政治关系；国家结构形式决定了各类公共组织的活动范围；政党制度使部分公共组织能够以强有力的集体行动参与公共决策；公共政策是组织政治活动的结果，也是公共组织施加影响的工具，公共政策为公共组织之间、公共组织与其他组织之间提供了相互影响、进行妥协和解的通道；政治变革引起公共组织结构、功能、整体的变化。

（二）经济环境

经济环境主要包括经济体制、经济利益、经济实力、产业结构等方面。它们对公共组织的影响表现在：经济体制决定了公共组织的行为方式，与计划经济相比，在市场经济条件下行政组织干预社会的范围会有所收缩；经济利益决定公共组织目标，不同组织都以维护自身经济利益为根本目的，因而介入社会生产链的公共组织更侧重于效率目标，介入社会分配链的公共组织更侧重于公平目标；经济实力为公共组织提供了权力来源，经济实力越强，组织对公共决策的影响就越大；产业结构影响着公共组织的发展，产业结构的调整会带来资源与财富的重新分配，因而产生新的公共利益和领域，迫使公共组织进行结构的重建或目标的重塑。

（三）文化环境

相对于政治环境和经济环境而言，文化环境对公共组织的影响较迟缓，但它的作用时间比较长。文化环境主要包括认知水平、价值观、意识形态、行为规范、道德传统等方面。它们对公共组织的影响表现在：认知水平决定了公共组织对公共问题的认识和处理方式；价值观决定了公共组织对待社会事务的态度；意识形态则使公共组织的政治、经济利益目标更加鲜明；行为规范左右着公共组织以合法合理的方式与其他组织进行交流沟通；道德传统使公共组织不依靠外在强制力就自觉地规范自己的行为。

（四）技术环境

技术环境主要包括经验技术、实体技术和知识技术等方面。不同的技术支持着不同类型的组织，当今的信息技术正从多个方面影响着公共组织，具体表现在：信息技术的应用使组织最低层与最高层之间可及时、方便地进行信息交流，从而不再需要过多的管理层级，使得集权化层级结构让位于扁平化结构；信息技术以及其他新技术的应用使组织过程缩短，组织效率提高，适应能力增强；计算机网络的出现使公共组织管理方式发生了变化，科层制的上级控制管理正逐步转向下级自我管理，质量小组、自发工作小组以及以项目为导向的组织日渐增多。

此外，公共舆论环境也是影响公共组织的一个因素。大众传播媒介的普及导致了所谓的"鱼缸效应"——公共组织的活动就像鱼缸中的金鱼一样无时无刻不在受到公众的审视和评判。大众传播媒介不仅揭露政治丑闻，而且时刻揭露公共部门中的浪费、低效率和不良行为，而且，这种揭露会通过电视等媒体迅速传遍千家万户。面对大众传播媒介日益增强的监督作用，公共组织只能不断调整、完善自己。

第三节　公共组织的结构和体制

一、公共组织的结构

公共组织的结构是指公共组织各组成要素之间的排列组合方式，即构成公共组织的各部门、各职位以及各层次之间为管理公共事务而形成的关系体系。如果把行政组织比拟为活的有机体，那么组织结构就是其"骨骼"系统。

科学合理的组织结构，能保证公共组织内的各个构成要素包括人力、物力、财力等有一个最佳的使用效率。公共组织的结构包括纵向结构和横向结构两个方面。

（一）公共组织的纵向结构

公共组织的纵向结构，又称结构的层级化。它是指公共组织内部按上下隶属层次关系而形成的一种等级结构。它的权力和职责从最高层向最低层沿直线分布。每一层级有自己的管辖范围、职责和权力，因而，其所处的层级愈高，其管辖范围、职责和权力也愈大。它要求下级必须服从上级，听从上级的指挥、领导和命令。组织的信息沟通是通过逐级传递的方式实现的。

公共组织纵向结构的关键是确立各层级之间的隶属关系。要确定这一关系，就需要处理好管理层次和管理幅度这两个问题。管理层次是指公共组织中的层级数目，也称管理层级。按层级组建的公共组织，被划分为若干层次，形成一个等级分明的金字塔结构，处在塔尖的高层通过一个等级垂直链控制着整个公共组织体系。一般来讲，纵向结构的等级层次可以划分为高层、中层、基层三个基本层次。高层是组织的战略决策层，负责制定整个组织的目标、计划和政策，决定组织的大政方针，对整个组织起神经中枢作用。中层是组织的协调层，它在高层的领导下，制定所辖范围内的活动计划，将组织的整体任务和总体目标分解为许多具体方案、任务和目标，在整个组织中发挥承上启下、沟通高层和基层之间联系的作用。基层是组织的作业层，主要进行组织的业务操作。三个层次之间的协调一致是整个组织系统正常运行的重要条件。公共组织不同，其内部管理层次的多少也就不同，但一定要使所设置的管理层次的数目适当，层次过多或过少都会降低公共组织的运作效率。

管理幅度，又称控制幅度或控制跨度，指的是一个主管所能直接、有效地控制的下属的数目。管理幅度的大小既受主管人员精力和能力的限制，又受组织的性质、技术、工作特点以及管理对象能力和素质等因素的制约。管理幅度小，管理者对每一个下属部门、单位以及人员的直接领导作用就大；反之，管理幅度大，管理者对下级每一个下属部门、单位或人员的注意力和控制力就会减弱，所发挥的直接领导作用就小。

管理幅度与管理层次之间有密切联系。在一个特定的组织内部，这两者之间成反比关系。管理幅度增大，管理层次就会减少；反之，管理幅度缩小，管理层次就会增多。管理层次多，幅度小，公共组织就是尖型结构的；管理层次少，幅度大，公共组织就是扁平结构的。尖型结构是一种集权的结构，其优点是指挥链条严密，管理权力集中，分工明确，控制严格，便于整体协调和统一领导，缺点是上级管理者多，信息传播时间长，上级的决策意图容易走样，中下层部门或人员的自主性也难以发挥，影响其工作的积极性和创造性。扁平结构则是一种分权的结构，其优点是上级管理者少，信息传递快，上层的决策意图不易走样，下级部门和人员的决策范围广，有较大的自主性，缺点是上级的直接领导作用减弱，上下级之间协调性较差。在现实中，一个公共组织的结构往往不是纯粹的尖型或扁平的，而是综合型的，即组织中某些层次的机构管理幅度大，某些层次的机构管理幅度小。

（二）公共组织的横向结构

公共组织的横向结构又称部门结构，是指公共组织中处于同一等级的各组成部门之间的平衡分工、相互合作与协商的关系模式。横向结构的形成是由于管理工作的日益复杂、公共组织的日趋庞大所造成的，为提高公共组织运作效率，不得不分设单位，分工管理。

公共组织的横向结构，可以按不同的标准进行划分，主要有：

1. 按区域划分。它是指按照管辖区域的界限划分公共组织，如我国省、市、县各级政府的划分。这种方法有利于某一区域内部事物的协调统一，也可以提高各地区部门的积极性，但其缺点是重复性机构增多，容易产生地方主义和区域部门权力膨胀、条块分割等弊端。

2. 按管理职能划分。它是指按照职能的界限把工作性质相同的业务划归给一个部门管理，如我国国务院根据职能划分的部门有计划部门、劳动人事部门、财政部门、司法部门等。这是目前应用最广泛的一种划分公共组织的方法。它的优点是能较好地体现专业化分工的组织原则，可以做到事权专一，职责明确，力量集中，有利于提高各部门的运作效率和工作人员的专业技术水平。缺点是容易形成本位主义。

3. 按行业和产品划分。它是指按照行业和产品的不同来划分公共组织，如我国各级政府中的经济部委，按这种方法设置水利部、农业部、信息产业部等。这种方法的优点是有利于发挥专业技术力量的业务特长，缺点是会造成机构的重叠设置，不利于整个公共组织系统的宏观协调。

以上各种划分并不是绝对的，各种方法均有利弊。在具体划分的过程中，可以相互结合起来使用，力求使公共组织的横向结构划分日趋合理化和科学化。

二、公共组织体制

公共组织体制是指公共组织结构中各层级、各部门之间关系法律化、制度化的表现形式，它是发挥公共组织整体效能的关键环节。公共组织体制主要有以下几种形式：

1. 首长制与委员会制。这是依据公共组织最高决策人数的不同来划分的组织体制。

首长制又称独任制、一任制，是指一个公共组织的最高决策权力和责任赋予首长一人单独承担的组织体制。其特征是，公共组织中的最高决策权归属于一位首长，由其发号施令，组织内其他核心成员只是首长的参谋或助手，仅起到咨询和建议作用。美国的总统制是首长制的典型。首长制的优点是事权集中、责任明确、决策迅速、效率较高，避免相互推诿，减少不必要的冲突，易于保密。其缺点是：首长一人知识、经验、精力有限，决策和处理问题可能欠周全，而且一人独揽大权，缺少监督制约机制，易导致独断专行。

委员会制，又称合议制，是指公共组织决策和管理权力由两人以上组成的委员会共同行使，按少数服从多数的原则集体决定、共同负责的组织体制。瑞士联邦政府是委员会制的典型。委员会制的优点是：可以集思广益，考虑问题较周详，便于彼此监督，防止专断和营私舞弊。其缺点是：责任不明，易于争功诿过；决策犹疑，行动迟缓，效率低下。

由于首长制和委员会制各有其优缺点，在实际运用中应视具体情况而定。一般来说，凡涉及决策、立法、咨询、协调等事务的，宜采用委员会制。凡涉及执行性、速决性、技术性、事务性工作的宜采用首长制，做到"任事宜专其责，议事当广其谋"。

2. 集权制与分权制。这是依据公共组织上下级职权的大小来划分的组织体制。

集权制是指公共组织的一切事务的决定权力集中于上级，下级处于被动受控地位，凡事都依据上级命令或秉承上级指示办理的组织体制。集权制的优点是政令统一，标准一致，力量集中，指挥灵便，可以防止地方分裂。其缺点是上级权力过于集中，易导致独断专行；下级无权决定问题，主动性和积极性受到挫伤，往往消极待命。

分权制是指公共组织中的下级机构在其管辖范围内有较大的自主权，上级机构对下级机构权限范围内决定的事项不予干涉的组织体制。分权制的优点是便于激发下级的工作热情，达到分工合作、分层负责的目的，使公共组织更富有弹性，能发挥组织的整体效能。其缺点是如果过度分权，易导致下级机构各行其是，各自为政，政令难以统一，甚至导致各部门另立门户、分庭抗礼的恶果。

集权制与分权制各有利弊，在具体运用时，不能把集权搞成极权，也不能把分权搞成分裂，要力求把握一个适当的"度"，以充分调动上下级机构的积极性。

3. 完整制与分离制。这是依据同一层次上的各部门所受上级指挥和控制的不同来划分的组织体制。

完整制又称集约制、一元统属制，是指同一层次的各部门受同一上级机构或同一首长的统一指挥、控制与监督的组织体制。完整制的优点是事权集中，具有统筹全局的计划与领导；责任明确，不易推诿拖延，可以消除各部门间的权力冲突和工作重叠，便于加强合作，提高效率并节省经费开支。其缺点是缺乏权力制衡，容易导致独断专行，养成官僚作风，而且上级权力过大容易使下级机构丧失主动性和积极性，养成懒惰作风和依赖心理。

分离制又称独立制、多元统属制，是指同一层级的各部门受两个以上的首长或上级机构的指挥、控制与监督的组织体制。分离制的优点是权力分散，相互牵制，防止专断擅权；各单位相互竞争，有利于提高工作效率。其缺点是各自为政，政出多门，责任不明，相互推诿与扯皮。

当今社会，分离制在公共组织中已很少见，而完整制则运用广泛。

4. 层级制与职能制。这是依据公共组织内部各机构的职权性质和范围来划分的组织体制。

层级制又称分级制、直线制、科层制，是指将公共组织体系进行纵向划分，每个层级的工作性质相同，各自对其上一层级负责，但管辖范围从上到下依次缩小的组织体制。例如，我国从中央到地方分为国务院、省（自治区、直辖市）、市（州）、县、乡（镇）五个层级。层级制的优点是结构较为简单，事权集中，责任分明，联系简捷，决策迅速，政令统一，效率较高。其缺点是结构呆板，缺乏弹性，无法适应复杂的环境变化，各层级管辖事务过多，主管在组织活动内容日益复杂化时难以胜任。

职能制又称分职制、分部制、幕僚制，是指在公共组织中按照不同的工作性质，从横向上平行地划分出若干部门，每个部门所管辖的业务性质不同，但管辖范围大致相同的组织体制。例如，我国国务院分设若干部委，它们的工作性质不同，但权力行使的范围均遍及全国。职能制的优点是各部门业务专一，职责明确，有利于提高效率。其缺点是缺乏合作精神，各自为政，协调困难，部门林立，难以形成组织合力。

现实中没有单纯的层级制或单纯的职能制，往往是两者结合并用，形成直线职能制。直线职能制以层级制为基础，首先按管理范围划分组织的层级体系，然后按业务性质在每一层级内分设若干部门，形成职能体系，从而使指挥层级与专业技术职能体系相互配合，相互促进，充分发挥公共组织的整体效能。

5. 矩阵组织体制。这是一种新的组织体制，又称项目组织体制或专案组织体制，它是为完成某项特殊任务从不同的职能部门中抽调人员组成临时性工作组织的体制。矩阵组织体制由纵横两套管理系统组成，一套是纵向的职能系统，另一套是为完成某项特定任务而组成的横向管理系统。横向系统之中，专门项目小组或委员会的成员都来自各职能部门，待任务完成后，他们仍回到原来部门。实际上，组织成员处在双重领导下，即一方面受成员自身所在机构的首长的领导，另一方面受专门项目小组管理者的领导。这种组织体制的优点是能够广泛灵活地集中必要的人才资源和其他资源，而又不破坏原有的组织结构。其缺点是由于实行双重领导而容易指挥不统一，导致争权夺利或相互推诿。矩阵组织体制比较适合于那些工作内容变动频繁、每项工作的完成需要众多技术知识的组织，也可作为一般组织中安排临时性工作任务的补充结构形式。美国的阿波罗登月计划就是矩阵组织体制的典型。

第四节　公共组织体制改革

任何组织都不可能是一个封闭的系统，它时时刻刻要同外部环境进行物质和能量的交换。环境的变化决定了组织也必然要不断地发生变化，以便不断地适应外部环境。"以不变应万变"的组织是没有生命力的。公共组织也不例外，也是一个不断与其环境发生作用的开放系统，面对组织环境变化，公共组织必然要进行变革。

一、公共组织的变革

公共组织变革不是一个自发适应的过程，而是一个有组织有计划的过程。公共组织变革的目的是为了：（1）通过合适的革新措施，增进组织效能，提高组织解决自身问题的能力；（2）增加成员对外界和组织问题的识别能力与解决问题的能力，使组织能随外界环境的变迁而保持组织功能的正常运作。

组织变革的过程主要包括：（1）对危机的感知，即组织成员意识到组织变革的必要性；（2）变革方向的确定，即通过分析环境变化，确定组织变革的目标与方案；（3）变革，即实施变革方案；（4）监督调整，即根据变革进程调整相关措施，并将变革成果固定下来，实现新行为模式的"内在化"。

二、当代国外政府改革的主要内容

当代国外政府改革的概况不大相同，改革的内容、手段和方式各异，但归纳起来有如下主要内容：

（一）政府职能优化

当代各国尤其是西方发达国家的政府改革的重点之一是政府职能的调整和优化，即首先明确政府应该干什么、不应该干什么的问题。职能调整会有增有减，但在现实情况下，各国普遍面临的问题是政府职能扩张和规模膨胀，因而改革的侧重点应放在政府职能的减少上。具体来说，改革有如下内容：

1. 非国有化。非国有化即公有企业和公用事业的产权转移或私有化。它是西方盛行的全面私有化的主要内容之一。非国有化的原因很多，但从政府角度来看，这样做的益处有：（1）减少了政府的管理职能和责任；（2）减少了政府雇员人数并缓解了由此产生的管理困难；（3）私有化后企业能够在资本市场上获得资金来改善生产条件，改变了过去对政府投资的依赖；（4）出售企业增加了财政收入，减少了政府的财政赤字。

2. 自由化。自由化主要表现为放松规制，包括社会规制、市场管制、保护产业的规制等。改革的重点是放松对市场的管制，这是因为政府在管制市场的活动中暴露出许多问题。例如，有关机构之间职能重叠而又缺乏协调，所制定的规则、标准等不尽一致；管制机构虽独立于立法和行政机关之外，但易受管制对象集团的压力影响，有的甚至会为其所左右；管制导致市场价格扭曲，限制了竞争等。放松管制在20世纪80年代盛行于西方主要国家，"市场和竞争就是最好的管制"成了流行的口号。

3. 压缩式管理。这是为了应付财政困难而采取的新的管理策略，它所涉及的主要是政府的社会服务职能。其具体措施包括：公共项目系统排序，分清主次，拨款时区别对待；中止效率和效益不佳的社会项目，解散相应机构，遣散有关人员；逐步实行公共服务使用者付费制度，节省公共开支等。

总之，政府职能优化的核心是放手政策，只有对那些不该管的事放手不管，才能集中财力和精力把该管的事管好。

（二）公共服务社会化

公共服务社会化在实践中主要采取以下几种形式：

1. 政府业务合同出租，即把政府的一些工作任务推向市场。私营企业的竞争获胜者与政府主管部门签订合同，前者完成任务并达到合同规定的标准，后者支付合同约定的报酬。自20世纪70年代以来，出租浪潮席卷西方各国，这一时期政府业务出租的内容包括环保、公用设施维护、消防和救护服务、选民登记、犯人的监护管理、决策咨询与政策设计、公共项目的论证与规划、政策效力评价、项目影响评价、公共组织绩效评估等方面。

2. 以私补公，打破政府垄断，即用政策优惠等手段鼓励和吸引私人资本投入到原来由政府包揽的事业中，如中小学教育、社会保险、退休保障、廉价住宅建设、医疗服务等领域，以弥补政府财务和服务能力的不足。

3. 建立政府部门与私营企业的伙伴关系。有固定且正式伙伴关系的，公司履行政府所要求的特定的管理职能，政府合作部门则在土地征用等方面给予其"伙伴"以某种形式的优惠。非固定的伙伴关系，则采取核发许可证时提出一些附加条件等形式，要求私营公司提供特定的社会服务。

4. 公共服务社区化。例如，鼓励各社区建立公益事业，如养老院、残疾人福利中心等；政府机构如社会工作部门、警察局出面组织邻里互助、街道联防等，以改进社会服务或控制犯罪活动。

公共服务社会化提出了一个在维持一定职能和服务水平的前提下实现政府机构和人员削减的有效途径。此外，提高工作效率、降低财政支出、利用市场对公共机构形成竞争压力，也是各国政府热衷于公共服务社会化的重要原因。

（三）政府部门内部的管理体制改革

政府部门内部的管理体制改革包括组织机构改革、权责关系的调整、人事制度的改革、管理方法和技术改革等方面，其目的是提高政府工作效率、效益和服务质量。当代改革的最显著特征是公共行政中的管理主义倾向，即引进私营部门的管理人员和管理理论、原则、方法、技术来"重塑"政府。具体来说，改革包括以下主要方面：

1. 利用信息技术革命新成果，建立完善的行政管理信息系统。这包括决策支持信息和管理信息系统，前者如各国政府诸部门建立的多样化的政策信息系统和政策方案分析选择系统，后者则以英国的部长管理信息系统最为著名。

2. 分权与权力下放。分权与权力下放既涉及中央与地方的关系，又涉及中央政府部门内部上下级关系。后一方面是当代行政改革的热点，其中最激进的当属英国的"下一步行动方案"和新西兰公司化改革。两者的共同之处是把部门内的中下层组织转变为具有独立性质的单位，实行经理负责制——经理被赋予了机构、编制、人事管理和财务等方面的极大的自主权。这一改革实现了上下级关系由直接隶属到合同关系的转变，上级对下级控制由着眼于工作过程到着眼于工作结果的转变，体现了决策与执行分离和分权制度化的趋势。

3. 部门内部的组织结构改革。现代管理信息系统所形成的规范化的直接的沟通渠道无疑降低了中间管理层次的中转作用。伴随着种种分权化努力，政府部门内部的组织结构正发生着变革，不同部门的层级结构趋于多样化；中间管理层次减少，幕僚机构的权力受到限制并被削弱；上下级权责关系及控制方式相应发生了改变。

4. 公共人事制度改革。自20世纪70年代以来，西方公务员制度经历了一场"静静的革命"。传统公务员制度的一些重要原则和核心特征被动摇。由于推行合同用人制和独立核算中心（或公司）不受现有文官法规限制的用人制度，公务员的永业原则已名存实亡。政治中立原则也受到严重挑战，撒切尔政府以提高文官的政治敏感性和响应性为名，加强对高级文官的政治控制，导致高级文官政治化。美国国会两院则以政治中立使公务员成为政治上的二等公民为由，两次通过了公务员政治权利法案。此外，独立管理原则也被动摇。公务员选拔录用晋升方面的权力逐渐转移到政务官或行政部门手中，独立文官管理机构的权力被削弱，有的甚至被解散。

5. 提高服务质量，改善公共机构形象。在指导思想上强调顾客取向和以服务对象为中心，具体的措施有：（1）打破传统划片服务的办法，给公民提供"用脚投票"即自由选择服务机构的机会；（2）在公共服务机构之间引进市场竞争机制，期望"顾客主权"

能形成对公共机构的压力；（3）推行公民参与管理，并借用"市场检验"方法，定期广泛征求公民对公共服务的满意程度。特别值得一提的是英国保守党政府的"公民宪章"运动，它体现了明确的服务标准、公共性与透明度、礼貌服务、公民自由选择、完善的投诉受理机制、"金钱的价值"六个特点，被认为是提高公共服务质量的有效途径。

6. 公共行政传统规范与工商企业管理方法的融合。一方面通过各种方法，吸引私营部门管理人才到政府部门任职或兼职；另一方面，大力引进私营企业的管理技术和方法如绩效评估、全面质量管理、组织发展、人力资源开发等，以提高政府部门的行政效率和整体绩效。

三、我国行政体制改革

（一）我国行政体制改革的回顾

1. 第一次改革。新中国成立初期，政务院设 35 个行政机构。1952 年，随着国民经济恢复时期任务的完成，为了适应新时期经济建设的需要，加强中央领导，中央行政机构增至 42 个。1954 年机构总数达到 64 个，1956 年随着大规模经济建设时期的到来，机构总数增至 81 个，形成了 1949 年以来国务院机构数量的第一次高峰。

2. 第二次改革。1958 年，我国对经济管理体制作适当改革，对行政机构进行了调整，这次机构改革以中央向地方下放权力、扩大地方自主权为主要内容。通过精简和调整，到 1959 年，国务院下设的部委精简到 39 个，加上 21 个直属机构和办事机构，机构总数达到 60 个，比 1956 年减少了 21 个。这次精简合并的几乎全是经济管理部门。这是我国政府对行政机构的第一次大精简。

3. 第三次改革。20 世纪 60 年代初我国经历了 3 年经济困难时期。为了克服经济困难，中央重新强调集中统一，陆续恢复和增设了一些部门。到 1965 年底，机构总数达到 79 个，成为新中国成立后政府机构数量的第二次高峰。"文化大革命"期间，政府机构发生了非正常性的大变动，国务院的 79 个部门合并为 32 个，达到新中国成立以来中央政府机构数量的最低点。1976 年，我国开始进入一个新的历史时期，到 1981 年，国务院的部门增至 100 个，达到了建国以来的最高峰。

4. 第四次改革。1982 年，我国进行了改革开放以来第一次大规模的机构改革。这次改革的主要内容是撤并机构，裁减人员，以解决干部副职过多和干部老龄化等问题。改革的成果一个表现在政府组织机构数量大大减少，国务院机构由 100 个精简到 61 个，另一个表现在干部队伍的年轻化上，开始建立正常的干部离退休制度，在打破干部职务终身制方面迈出实质性步伐，提出了干部队伍的革命化、年轻化、知识化、专业化的"四化"方针。

5. 第五次改革。1988 年的行政体制改革以转变政府职能为关键，取得了以下成效：一是坚持政企分开、政事分开的原则，各部门将属于企事业与社会团体的职能转移出去，把直接管钱、管物的职能放下去，把决策、咨询、调节、监督和信息等职能加强起来，弱化直接干预企业的微观管理职能，强化综合部门的宏观管理职能；二是精简和削弱专业部门，加强监督和调控部门；三是在转变职能的基础上，合理设置机构，国务院部委机构设置从原来的 45 个减为 41 个，直属机构从原有的 22 个减为 19 个，非常设机构从原来的 75

个减为 44 个，人员编制减少了 9 100 多人；四是解决了一批部门之间职能交叉、重复的问题。

6. 第六次改革。1993 年的行政体制改革与以往几次改革相比，最大的特点就是围绕建立社会主义市场经济体制的目标来设计的。改革的指导思想是按照政企职责分开和精简统一效能的原则，切实做到转变职能、理顺关系、精兵简政、提高效率。改革后，国务院的工作部门由原来的 86 个减少到 59 个，非常设机构由 85 个减少到 26 个，机构人员精简了 20%左右。此外，这次改革还同时在两个领域取得了突破：一是围绕政府职能定位，按照发展社会主义市场经济的要求，从 1994 年起对传统计划、财税、金融、流通体制等进行改革，探索构建政府的宏观调控体系；二是从 1993 年起开始推行国家公务员制度。

7. 第七次改革。1998 年的行政体制改革，从总体上提出了建立办事高效、运转协调、行为规范的行政管理体系的总目标，而且对政府职能转变的内涵作了明确的规定，即将政府职能转到宏观调控、社会管理、公共服务方面上来。这次改革作出了一系列的重大举措：将相近或相同的职能交由一个部门管理，克服了过去职能重叠、交叉、政出多门、多头管理的弊端，将综合经济部门改造为宏观调控部门，改革投资决策体制，使宏观调控部门真正面向市场实行宏观调控；大力减少、撤并专业经济管理部门，实行行业管理，专业经济部门不再直接管理企业，将生产经营权交给企业；建立向国有大企业派遣稽查特派员的制度，保证国有资产保值增值；大力发展社会中介组织，将政府可以转移出去的职能，交由社会中介组织承担；加强依法行政，作出编制、机构、人员、行政程序的法定化等。这些举措对保证政府职能的转变，实现政企分开，起到了重要的促进作用。通过改革，国务院部委机构由原来的 40 个减少到 29 个，共设置了 52 个工作部门。

上述七次政府机构改革经过了几十年的曲折反复，对政府职能与机构改革之间的互动关系的认识与实践经历了从模糊到逐渐清晰的过程。计划经济体制下的前三次改革由于是在政府全能主义模式下进行的，机构改革把问题的症结确定为中央政府与地方政府之间的权力分配，因而改革的指导方针就必然是政府行政系统内部的放权或收权。如此循环往复，陷入一个难以跳出的精简—膨胀—再精简—再膨胀的怪圈。1978 年以后，党和政府工作的重心发生转移，政府职能由政治职能转向经济职能，经济体制改革的深入是新的政府机构改革的直接推动力和政府职能定位的基础条件。1982 年的改革是在经济体制改革尚未全面展开的背景下进行的，自然无法跳出那个"循环怪圈"。以强调转变职能为特征的 1988 年改革虽然对高度集中的计划经济管理体制有所触动，但基本框架未变，政府职能未发生根本性变化，因而改革后的政府机构仍旧继续膨胀。1993 年的改革是在经济体制改革取得重大理论突破的前提下进行的，所以对政府职能内涵的把握比 1988 年的改革层次高，但由于市场经济体制的确立是一个长期而渐进的历史过程，传统的旧体制的惯性难以在短时期内根除，因而注定随着经济体制改革的深入而必须再进行下一轮的机构改革。1998 年的改革在政府职能定位上突破了以往以转变经济职能为主的框架，强调在转变政府经济职能的同时要注重政府的社会职能，这在很大程度上保证了此次机构改革的成效。随着社会主义经济体制的不断推进，1998 年的改革注定也只是一个过渡性的举措。

（二）我国行政体制改革的新发展

党的十六大为我国新一轮的行政体制改革指明了方向。江泽民在《全面建设小康社会，开创有中国特色社会主义事业新局面》的报告中指出："进一步转变政府职能，改进管理方式，推行电子政务，提高行政效率，降低行政成本，形成行为规范、运转协调、公正透明、廉洁高效的行政管理体制。依法规范中央和地方的职能和权限，正确处理中央垂直管理部门和地方政府的关系。按照精简、统一、效能的原则和决策、执行、监督相协调的要求，继续推进政府机构改革，科学规范部门职能，合理设置机构，优化人员结构，实现机构和编制的法定化，切实解决层次过多、职能交叉、人员臃肿、权责脱节和多重多头执法等问题。按照政事分开原则，改革事业单位管理体制"。同时，报告还指出，要改革和完善决策机制，推进决策科学化、民主化；深化干部人事制度改革，努力形成广纳群贤、人尽其才、能上能下、充满活力的用人机制；加强对权力的制约和监督，建立结构合理、配置科学、程序严密、制约有效的权力运行机制。

2003 年 3 月，十届全国人大第一次会议通过了新一轮的国务院机构改革方案。本次改革的重点放在五个方面：（1）深化国有资产管理体制改革；（2）完善宏观调控体系；（3）健全金融监管体制；（4）继续推进流通管理体制改革；（5）加强食品安全和安全生产监管体制建设。国务院机构改革的方案为：设立国务院国有资产监督管理委员会；将国家发展计划委员会改组为国家发展和改革委员会；设立中国银行业监督管理委员会；组建商务部；在国家药品监督管理局的基础上组建国家食品药品监督管理局；将国家计划生育委员会更名为国家人口和计划生育委员会；不再保留国家经济贸易委员会、对外贸易经济合作部。经过改革，除国务院办公厅外，国务院组成部门设置共 28 个。这一轮政府机构改革，具有鲜明的时代特征，一是紧紧抓住职能转变的主题，职能转变是从优化组织机构进行转变的；二是根据世界经济一体化的趋势，统筹内外贸易的资源和优势；三是更加强调市场导向。

2003 年 8 月，十届全国人大第四次会议通过了《中华人民共和国行政许可法》，标志着我国在加快推进行政审批制度上又迈进了重要的一步。过去我国行政审批设置的过多过乱，干扰了经济的发展。现在《中华人民共和国行政许可法》设定了行政审批的范围，把应由企业决策的事情还给企业，把能够通过市场解决的问题交给市场，只保留少量的、必须由政府实施的、真正属于"公共物品"范畴的行政许可由政府实施，从而彻底解决政府在市场经济中的"错位、缺位、越位"问题，实现政府权力和责任的归位，促使政府从"全能政府"向"有限政府"的本质转变。《中华人民共和国行政许可法》确立了许可实施的公开原则，这有助于防止腐败和滥用权力，促进透明、廉洁政府的建设。《中华人民共和国行政许可法》还规定了许多简便、快捷和方便申请人的许可方式和制度，这有助于消除政府机关之间相互推诿、相互扯皮和由此导致的效率低下，有利于促进便民、高效政府的建设。可以说，《中华人民共和国行政许可法》的颁布和实施标志着我国政府正快速地从管制型向管理服务型转变。

2003 年 10 月，党的十六届三中全会进一步明确了政府的职能定位，即"经济调节、市场监管、社会管理和公共服务"四项内容。强调政府在加强经济调节和市场监管职能的同时，应把社会管理和公共服务职能放在突出位置。要加大对基础教育、公共卫生等基本公共产品和服务的供给及基础设施投入；大力推进社会公共事业发展，扩大就业，提供社会保障，建设公共设施，提高公共服务水平；建立健全各种预警和应急机制，提高政府应对突发事件和风险的能力。同时要积极推进政府管理创新，树立以人为本的管理理念，坚持全面、协调和可持续的发展观；完善科学民主决策机制，健全重大问题集体决策制度和专家咨询制度，实行社会公示和社会听证制度；大力推进依法行政，严格按照法律规定的权限和程序行使权力、履行职责；加强对行政权力的制约和监督，充分发挥行政系统内部监督、新闻舆论监督和人民群众监督的作用；加强政府信息化建设，积极推行电子政务，提高行政效率。

2004 年 9 月 19 日党的十六届四中全会通过了《关于加强党的执政能力建设的决定》。党的执政能力主要包括：按照推动社会主义物质文明、政治文明、精神文明协调发展的要求，不断提高驾驭社会主义市场经济的能力；发展社会主义民主政治的能力；建设社会主义先进文化的能力；构建社会主义和谐社会的能力；应付国际局势和处理国际事务的能力。党的执政能力建设，在我国说到底是公共组织及其能力的建设，随着党的执政能力建设的深入开展，必将推动公共组织体制改革的进一步深化。

（三）21 世纪我国行政制度发展的目标取向

可以预见，我国行政体制改革将随着环境的变化而不断深化，我国行政制度在 21 世纪的发展的目标取向是实现政府高效化、公正化、民主化、科学化、廉洁化和法治化。

政府高效化是指政府能够有效地制定和实施公共政策，调动和利用各种社会资源，平衡和综合各种利益差异，推动社会持续、稳定、快速向前发展。政府高效化要求政府机构体系横向贯通，纵向畅达，能令行禁止，反应灵活，把内耗减少到最低程度，能在最短时间内，花费最少的资源，以最高的质量满足最大数量的社会需求；要求政府机关能敏锐觉察和感知外部环境的变化，并能根据这种变化及时、主动地调整自身结构和功能；要求政府系统具有成熟的宏观驾驭能力和社会调控能力，能及时而有效地处理突发事件和化解社会危机。

政府公正化要求政府施政规范公正，也就是政府机关为施政所制定的制度性规范，要以维护国家整体利益和社会公共利益为最高准则，具有平衡中央与地方、地方与地方、部门与部门、发达与落后，既有与新生等方方面面关系的公允性；要求政府施政行为公正，也就是政府机关在治理社会公共事务的过程中，只承认社会公民具有平等的权利，而且保证这种权利既不因地位、性格、种族、职业和收入的差异而改变，又不为特权和金钱所侵害。为实现上述要求，政府机关必须提高行政活动的透明度和公民的知情权。

政府民主化是对政府权力实施有效制约、防止政府机关及其工作人员由社会公仆变为社会主人的根本性措施，是有中国特色的社会主义民主政治制度的必然要求。政府民主化表现在内外两个方面，从政府内部看，政府民主化要求人员选择民主、领导民主、决策民主和监督民主。就政府外部即政府与社会、与人民的关系而言，政府民主化体现在公民对国家事务和社会公共事务的广泛参与上。

政府科学化是指政府机关按照现代化政府活动的客观规律，采用科学的政府组织体制系统和政府管理制度结构治理国家政务和社会公共事务。针对现行政府管理制度结构功能混同的问题，应当从横向和纵向两个维度进行适度分化：在横向维度上，要以法律的形式具体界定政府内部各部门之间以及政府与政党、政府与企业、政府与社会，政府与市场之间的权责边界，以消除彼此之间的权责冲突现象和调控"盲点"问题；在纵向维度上，同样要运用立法的手段，规范和调整中央政府与地方政府的权力关系，以实现行政权力的集、分平衡和有序运作。

政府廉洁化要求政府官员克己奉公，秉公办事，具有"不想贪"的从政动机；要求政府官员薪俸水平适当，福利待遇优越，具有使其"不必贪"的基本条件；要求权力监控系统严密，权力监控功能有效，具有使政府官员"不能贪"的外部环境；要求权力监控法律健全，惩治腐败坚决、彻底，具有使政府官员"不敢贪"的巨大压力。

政府法治化就是一切政府机关都必须依法行政。政府法治化要求各级人民政府都必须严格按照法律规定的程序产生；要求各级人民政府和其他承担行政职能的组织都必须在法律规定的范围内活动，受法律控制，对法律负责；要求各级人民政府行政权力的行使、对社会公共事务的管理必须由法律授权，以法律为依据和评判标准；要求各级人民政府都必须实行政务公开，自觉接受人民群众的监督；要求人民政府与公民的法律关系平等化，政府机关违法同样要受到法律的追究。

小　结

从广义上理解，凡是不以营利为目的、管理社会公共事务、服务于社会大众的，以协调和提高社会公共利益为目的的组织就是公共组织。公共组织是由组织目标、组织人员、物质资源、职能范围、机构设置、职位设置、权责关系、规章制度、团体意识等要素构成的。公共组织可分为强制性公共组织、半强制性公共组织、非强制性公共组织三种类型。

公共组织环境是公共组织外部所有能够直接或间接对组织存在与发展产生影响的因素的总和。公共组织环境的内容包括政治环境、经济环境、文化环境、技术环境等。

公共组织的结构包括纵向结构和横向结构两个方面。公共组织体制主要有：首长制与委员会制、集权制与分权制、完整制与分离制、层级制与职能制及矩阵组织体制。

公共组织是一个不断与其环境发生作用的开放系统，面对组织环境变化，公共组织必然要进行变革。

重点名词

公共组织　首长制　委员会制　集权制　分权制　完整制　分离制　层级制　职能制
矩阵组织体制

复习思考题

1. 公共组织的构成要素有哪些？
2. 公共组织主要有哪几类？
3. 公共组织环境的内容有哪些？
4. 公共组织的结构是怎样的？
5. 公共组织体制主要有哪几种形式？
6. 简述当代国外政府改革的主要内容。
7. 如何看待我国的行政体制改革？

第三章　公共管理职能

第一节　公共管理职能体系和特征

一、一般的管理职能概述

管理是为了有效地实现组织的目标，由专门的管理人员利用专门的知识、技术和方法对组织活动进行计划、组织、领导与控制的过程。管理是组织达成自己目标的关键，在实现组织目标中发挥着不可或缺的职能。管理的职能是指管理活动所具备的基本功能和作用。

关于管理的一般职能，约瑟夫·L. 梅西将它概括为七大职能①：

1. 决策——为了取得预期的结果，从多种可以采用的备选方案中，有意识地选定一种行动方案的过程。

2. 组织——决定工作结构和分配的过程。

3. 人员配备——管理人员选择、训练、提升和辞退下属的过程。

4. 计划——管理人员预先考虑和发现可以供他采取的备选行动方案的过程。

5. 控制——衡量当前的工作执行情况并使之达到预定目标的过程。

6. 信息沟通——为了取得预期的结果，将意见传达给其他人的过程。

7. 指挥——引导下属的实际工作，通向共同目标的过程。

欧文·E. 休斯在其《公共管理导论》中，则从战略、管理内部构成要素、管理外部构成要素三个方面入手将管理的一般职能概括为八项②：

战略

1. 确定目标和重点（以对外部环境和组织预测为依据）。

2. 设计操作计划以实现所定目标。

管理内部构成要素

3. 人员组织和调配：在人员组织方面所有这些职能是紧密相关的；管理者确定结构（单位和职位），规定相应权力和责任；在人员调配方面，力求配置符合条件的人员从事重要工作。

4. 人事指挥和人事管理制度：组织的能力主要通过组织成员及其知识表现出来。人

---

① ［美］约瑟夫·L. 梅西：《管理学概要》第 308 页，辽宁人民出版社 1985 年版。

② ［澳］欧文·E. 休斯：《公共管理导论》，第 64 页，中国人民大学出版社 2001 年版。

事管理制度涉及对组织的人力资源进行招聘、选拔、社会化、奖惩、调离等工作。这些工作构成组织实现其目标的行为能力和对具体的管理方面作出反应的能力。

5. 控制绩效：各种管理信息系统，包括运作和资本预算、账目、报告、统计系统、绩效评估和产品评价，它们可帮助管理部门进行决策和测量实现目标的情况。

管理外部构成要素

6. 与组织的外部单位协调关系（它们服从于同一个权力机关）：大多数管理者必须与组织内的其他部门的主要管理者协调关系以实现其部门的目标。

7. 与独立的组织协调关系：这些机构来自于政府的其他部门或不同层次以及利益集团和私人企业，它们对组织实现其目标的能力有一定的影响。

8. 与新闻媒体和公众协调关系：组织需要得到新闻媒体和公众的行动支持、赞成或默认。

以上介绍了两种关于管理一般职能的归纳。后者更强调了管理职能向组织外部的延伸，一个组织必须处理好与外部要素的关系，才能顺利实现组织目标；而前者基本上是关注内部要素。

二、公共管理职能体系

公共管理的职能是指公共管理部门对公共事务的管理活动所具备的基本功能和作用。我们认为休斯的管理职能"三分法"更为全面、准确。因此，对公共管理职能体系的描述也采用这个"三分法"。

（一）战略管理职能

"战略"一词来源于军事领域，第二次世界大战后被逐步引入工商管理领域，最终发展成为一种新的管理研究途径或新的学科分支。作为一种新的研究途径或新的学科分支，公共部门的战略规划与战略管理兴起于20世纪80年代。它是作为"新公共管理运动"以及"新公共管理"范式的一个重要组成部分而出现的，并受到私人部门（工商企业）战略管理途径的深刻影响。

战略管理途径力图克服传统公共行政学的局限性，着眼于与外部环境发生相互作用的组织，系统考虑组织的未来远景、长期目标和近期目标，将关注的焦点由内部转向外部，从注重日常管理转向组织未来的发展管理。战略包含着处理组织的外部环境、使命和目标。战略管理途径有三个主要特征，即界定目标和目的，提出一个能协调组织与环境的行动计划，设计有效的执行方法。

国内一些学者将战略管理职能概括为以下四个方面：（1）环境分析：其主要任务在于运用系统思考去识别与组织相关并影响组织的外部系统，进而掌握公共管理部门的内部优势与劣势，了解外部的机会和威胁。（2）战略规划：战略规划是在环境分析的基础上研究、拟定战略的过程，也是将战略意图转化为战略决策的过程。一般包括以下几个主要活动：展现意图和确认、陈述任务；确认重要的环境变化及趋势的议题；决定机关要强调的主要价值；选择重大的关切性议题领域；设定基本的、明确的策略方向；创设这些策略方向的行动议程。（3）战略实施：战略实施是建立和发展行动的能力和机制，将战略构想转化为实现绩效的过程。它主要包括以下几个方面的活动：明确实际目标与进展的指标；进行有效的资源配置；建立有效的组织机构，使组织结构与战略相匹配；建立和发展有效的沟通与协调机制；促进变革，克服变革的阻力；通过社会及政府营销，促进战略实施。（4）战略评估：战略评估是监控战略实施，并对战略实施的绩效进行系统性评估的过程，从战略管理整体来看，它着重于建立一种反馈机制，其结果可以作为调整、修正甚至终止战略的合理依据。

（二）公共管理的内部要素管理职能

尽管当前的公共管理改革是通过战略管理以促进公共部门与外部群体和其他外部因素的联系，因而，它将主要焦点放在了公共组织的外部环境上，但它在内部管理上也发生了大量的变化。公共管理的内部要素管理职能主要由三个部分组成：

1. 组织和人员配备：在组织方面，管理者确定结构（授予一定权利和责任的单位和职位）和程序以协调各种活动并采取行动。在人员配备方面，管理者应努力把合适的人安排到关键的工作岗位上。

2. 人事指导和人事管理制度：组织的主体地位体现在它的成员以及他们的技术和知识上；人事管理制度招收、挑选组织的人力资源并对其进行社会化、培训、奖励、惩罚和淘汰，这构成了组织完成目标和对来自管理的特定方向作出反应的能力。

3. 绩效控制：各种管理信息系统（包括动作和资金预算、会计、报告和统计制度、绩效管理和产品评价）在作出决策和衡量目标进展方面对管理大有益处。

（三）公共管理的外部要素管理职能

这一职能把组织的外部关联因素联系起来进行考察，并探讨管理外部机构的任务。对外部关系的重视，一方面是研究战略、研究组织所处环境中的威胁和机会；另一方面是需要处理好如何管理这些关系所涉及的问题。所有管理者的一个主要职能就是力求控制好组织的外部环境，或者至少尽可能影响所有可能对组织目标形成冲击的因素。

1. 对利益集团的管理

管理外部要素方面的一个重要职能是对利益集团的管理。利益集团是有特殊利益要求、独立于政府之外又与政府有着紧密联系并企图影响公共政策的一种组织。利益集团具有大量的"系统化功能"：它们促进了利益集团成员和国家之间的对话；使利益集团成员向国家和他们支持的政策所提的要求具有合法性；有利于管制集团成员；对国家政策和措施的执行提供帮助。正因为如此，他们提供了政府与主要的社会部门之间建立联系的渠道。

利益集团不是政府的组成部分，但它们与政府建立了"制度化的联系"，发挥着上述的"系统化的功能"。政府不再讨厌利益集团，而是积极、主动地和它们建立联系。利益集团是官僚组织制定政策的依据。利益集团的要求可作为资源用于官僚机构的政治活动之中并按照适当的方向加以引导。因此，政府与利益集团建立良好的关系，有利于改变其在公众中的形象、提高其地位、增强其合法性。

2. 对政策团体的管理

政策团体是政治制度的一个组成部分，依靠职能方面的责任、既得利益和专门知识——在决定某个公共活动专门领域的政策决策方面有较强的呼声，并被社会公共权力机关（特别是那些决定该领域政策的公共权力机关）普遍接纳。一个政策团体由对一个特殊政策领域具有共同利益的政府机关、利益集团、媒体人士、包括学者在内的个人组成。①

从实践上来看，近几年来，由于政府与利益集团关系的加强，政策团体的确存在并得到了发展。其原因在于：一方面，官僚制组织模式的声望和影响力下降，从而使政府为了得到支持而与利益集团之间的关系更为密切；另一方面，政策结果产生于一系列政府内部行为者和外部行为者之间的政治竞争，在这种竞争中，利益集团是可以利用的力量，它能够提供技术咨询和给政策有效的支持。

3. 外部要素管理中的责任机制

责任机制将政府的行政部分与政治部分结合在一起，并最终关系到公众本身。责任机制从根本上讲是民主制度。因为，政府的任何行动都被看做是公民自身通过他们的代表所进行的活动，所以，公共管理者理应对公民负责。

《学习型政府》这本书探讨了"管理主义模式下的责任"②：其一，重结果和绩效。在这种模式下，责任机制更具有灵活性、政治性，强化了对结果和绩效的要求，增加了对公众的直接责任。其二，以顾客为中心。这种模式下改善了管理者与顾客（公众）的关系，以顾客为中心的改革目的是更好地对顾客的要求作出反应。其三，责任管理。管理者对自己的行动及结果的实现担负个人责任。管理方法的主要目标是为实现目的而遵守规定或程序，是要提高对顾客的反应能力以及引起对成本的关注，从而最有效地利用有限资源。这种"让管理者管理"的方式意味着管理者有更为直接的责任。

三、公共管理职能的特征

（一）政府公共管理职能的重新界定与定位

这就是所谓的处理好"掌舵"与"划桨"的关系，把政府的决策职能和管理职能区分开来，明确政府应该干什么，不应该干什么，应该怎样干。应该将政府从参与办经济实体和社会团体的大量社会事务中解脱出来，将这些职能交给或还给社会，由社会经济组织或中介组织去承担。政府的主要职能是制定、监督和执行法律和规章制度。政府的财政开支，大部分应该用于教育、科研和社会福利事业。同时，要建立比较完善的社会保障制度，使政府的公共服务得到较好的实施和加强。

（二）政府行使公共职能手段的"企业化"

由于国家经济活动的现代化和社会活动的集中化，政府职能范围在不断扩大。但与此同时，政府为扩大管理职能所能动用的资源（如财政、人才等）却是有限的。因此，政府原有的管理模式必须改革，要像企业那样，不断地以新的方式运用其资源，来创造最大限度的生产率和效能。因此，要移植私营企业的管理方法，争取在少扩大或不扩大政府支出的前提下来满足社会对政府的需求。有许多政府公共管理部门被改为准政府机构或独立出去，这些机构协助政府处理如社会福利、社会保障、社会服务等过于繁杂而不能全部包罗的事务，履行政府的某些管理和服务职能。同时，公共管理机构内部的工作人员实行个

① 北京国际城市发展研究院：《学习型政府》，第34页，中国时代经济出版社2003年版。
② 北京国际城市发展研究院：《学习型政府》，第3、39~40页，中国时代经济出版社2003年版。

人分权，使他们在工作中有了一定的灵活性。

（三）公共服务职能的市场化、社会化

公共服务职能的市场化、社会化是指在公共服务领域引入市场机制，政府不仅要向社会提供公共服务，而且要充分利用市场和社会的力量，推行公共服务市场化、社会化。把市场规则广泛引入政府的公共管理部门，改变过去形式单一、垄断的局面，引入竞争机制，通过合同、承包等多种形式，在公共部门内部重组市场，把以市场为导向，注重将公民自由选择服务机构的思想应用到政府公共管理中去，以提高效率。其最普遍的做法是推行业务合同出租制。政府通过合同的形式在公共领域中引入市场机制，通过投标者的竞争和制约行为完成公共服务的"准市场化"，在不扩大政府规模，不增加公共财政支出的情况下，改善公共服务的提供，提高行政效率，增强行政能力。这种做法，既借社会资源提高了公共服务能力，又通过价格机制显示出了真实的社会需求。打破政府垄断，提倡竞争，以私补公。政府采取政策优惠等手段鼓励和吸引私人资本投入到政府包揽的事业中，如社会保险、退休保障、中小学教育、医疗卫生服务等领域，以弥补政府财力与服务能力的不足。建立政府部门与私营企业固定的或非固定的伙伴关系。

（四）公共服务职能的社区化

政府授权社区并鼓励各社区建立公益事业，如养老院、收容院、残疾人服务中心等，社会工作部门、警察局等政府机构出面组织邻里互助、街道联防等，以改进社会服务和控制犯罪活动。社区授权不仅改变了人们对未来的设计，给人们注入自信心，而且还为他们解决自己的问题提供了比正常公共服务更好的办法。目前，尽管这场以采用商业管理的理论、方法和技术引入市场机制，提高公共管理水平及服务质量为主要特征的西方政府公共管理职能的改革还处在探索和发展之中，但它已被越来越多的国家所效仿，并已初见成效。

（五）注重外部环境和未来方向的战略管理

传统的公共行政学注重内部要素的管理，关注行政过程和日常管理，文官（常务文官）被假定为仅仅是执行政治家（政务官）所制定的政策与法律，他们不必考虑组织的外部环境、长远目标以及如何通过资源的优化配置去实现目标。因此，在传统的公共行政学中，战略管理是没有地位的，它很少考虑外部环境、长期目标或组织的未来等问题。

新公共管理注重外部环境和未来方向的战略管理。战略管理途径力图克服传统公共行政学的这些局限性，着眼于与外部环境发生相互作用的组织，系统考虑组织的未来远景、长期目标和近期目标，将关注的焦点由内部转向外部，从注重日常管理转向注重组织未来的发展管理。用纳特和巴可夫在该书中的话来说就是，战略管理处理这样一个关键问题，即为面临着日益增加的不确定性未来的组织定位，战略管理通过产生用以指导战略行动的计划、计谋、模式、立场和观点来为一个组织创造焦点、一致性和目的。

（六）通过"绩效评估"等措施提高公共管理部门的工作效率

公共管理强调绩效的突出作用，要求实行全方位的绩效管理。首先，要在明确描述目标的基础上对绩效制定明确的标准并准确评估。虽然公共部门制定绩效标准并进行评估比私营部门要困难得多，但它还是能够实现这一目标的，绩效评估不仅"可以预先界定次年预期可达到的产出，随之还可以将其与本年度的年末实际结果进行比较。"① 而且，还可以作为员工奖惩的依据。其次，重视控制产出。过去，公共部门习惯于争取更多的投入，寻求本部门所支配的投入最大化，政府尽力控制预算，但对有关项目的实际执行方面的信息了解不多。公共管理强调"需要重视的产出是目标而非过程"，应根据所测定的绩效将资源分配到各个领域。再次，节约和合理利用资源。这包括在削减成本的同时将资源配置给那些最有助于实现战略目标的计划。在控制投入方面，政府应更多地拥有相关信息，对公共部门的资源需求进行检查，做到"少花钱，多办事"。

第二节　公共管理职能的发展

政府职能是各国政府在经济和社会生活中所固有的功能，是为适应国家的根本目的而形成的政府活动的基本方向和基本内容。它分为两大类：政治统治职能和公共管理职能。其中，公共管理职能是其政治统治职能得以实现的基础。

政治统治职能是西方国家政府最基本、最古老的职能。在资产阶级革命胜利并取得统治地位的初期，为了巩固新生的资产阶级政权，防止封建势力的复辟，西方资产阶级政府职能的重点是政治统治，而当时社会公共事务尤其是经济的管理职能显得相当微弱和有限。在资本主义发展的中期，伴随着资本主义经济和科学技术的进步而来的是社会公共事务的增加，西方政府的公共管理职能开始逐渐上升，但其政治统治职能并没有因此而处于相对软弱的地位。相反，为了对外占领市场，掠夺发展资源，对内镇压被统治阶级随时可能发生的反抗，西方国家的政府还在一定意义上强化了其政治机器。进入 20 世纪以来，尤其是第二次世界大战以后，随着战争因素的逐渐减弱，和平因素的不断增长，西方国家政府的政治统治职能渐趋弱化和开始处于相对次要的地位，而公共管理职能伴随着经济的发展和社会的进步迅速增长、不断扩大和强化。这是现代西方国家政府职能发展的一个总趋势和总特征。从总体上来看，西方政府的公共管理职能表现为一种不断增长和扩大的趋势，但这种增长和扩大并不是无止境的。对这个复杂过程进行较为全面的考察，并重点剖析其内涵特征，将有助于我们准确认识和把握政府公共管理职能发展变化的基本规律。

从资本主义发展的历史上来看，在资本主义自由竞争时期，经济运行主要受市场机制的支配，政府对经济和社会生活的管理职能相对弱小，而政治统治职能比较强大。造成这种状况的原因与其当时所处的政治、经济、文化环境是分不开的。首先，17、18 世纪资产阶级革命后建立的资产阶级专政国家中，大多数国家虽然挣脱了封建专制的枷锁，但并没有彻底粉碎封建的国家机器，而是按照"三权分立"的原则，在封建国家的基础上，建立起它的政府体制。当时的经济实业界，为了摆脱封建制度及其重商主义对市场经济发展的束缚，并出于对洛克自由主义政府观的信念，一般举起了放任主义的大旗，要求让他们自由经营业务。在他们看来，政府的作用是必须受到限制的，政府的权力如果超出了其保护私有财产的范围，就不可避免地侵犯了人的自由权利。同时，限制政府权力也是为了巩固自己的新兴政权，防止封建势力的复辟，西方资产阶级政府职能的重点必须放在政治

---

① 欧文·E. 休斯：《公共管理导论》，第 74 页，中国人民大学出版社 2001 年版。

统治上。因此，他们强烈要求政府对经济发展采取"自由放任"的政策，让商品经济在自由放任的状态下运行。英国古典经济自由主义理论奠基人和集大成者亚当·斯密对当时政府职能的特征给出了最好的阐述。他主张"管事最少，政府最好"，充分肯定了私人经济活动和"看不见的手"即市场机制的作用，对政府的职能则表示出极大的怀疑。亚当·斯密把政府比喻为"守夜人"，把它的职能明确地限定为："第一，保护社会，使其不受其他独立社会的侵犯。第二，保护社会成员，使其不受社会任何其他人的侵犯和压迫，这就是说，要设立严正的国家机关。第三，建立并维护某些公共事业及某些公共设施。这样的政府的职能是非常有限的。"① 由于早期资本主义市场经济是一种完全自由的市场经济体制，经济运行完全靠市场这只"看不见的手"来自行调节，它在有效配置资源、调动生产经营者的积极性、促进经济发展、推动社会进步等方面都发挥了重要作用。因此，西方国家早期政府公共管理职能特别是经济管理职能显得相当有限。

但是，市场不是万能的，并不是所有的社会问题都可以依靠市场来解决。政府的"不干涉"，没有约束的自由竞争往往形成垄断的庞大的公司和托拉斯。垄断、社会治安、环境保护、社会保障等诸多社会问题是无法仅仅依靠市场来解决的，这也就是"市场失灵"之处。而市场自身无法解决的社会问题正是政府应该发挥作用的地方。随着工业革命在西方主要资本主义国家的扩张，资本主义由自由竞争阶段向垄断阶段的过渡，资本主义市场经济所固有的一系列弊端如失业、贫富分化、周期性经济危机等更为严重，特别是1929年至1933年经济危机的爆发，更清楚地暴露了市场机制的局限性，也宣告了"自由放任"政策在理论和实践上的破产。凯恩斯以"有效需求"为基础论证了国家全面干预的合理性。他认为，导致周期性危机爆发的根源是投资需求和消费需求的不足，而仅靠市场自发调节是无法自动扩大这种需求的；市场机制的失灵，为政府干预经济活动留出了空间；政府应该通过财政和货币政策调控市场经济的运行，以国家干预促进经济增长；政府不仅要履行其传统职能，而且要对充分就业、物价稳定、经济增长、国际收支平衡、收入均等化等问题负责。以美国为代表，西方主要资本主义国家采纳了凯恩斯主义的主张，普遍推行了国家干预政策，加大了对经济社会生活管理的范围和力度，公共管理活动明显加强。各国政府试图通过向社会提供大量公共服务、加强对社会公共事务的有效管理来寻求广泛的社会支持，以便全面处理工业化、城市化进程中出现的人口膨胀、环境污染、社会秩序混乱等问题。在20世纪，西方各国政府扩张公共管理职能的一个重要表现就是"福利国家"的建设。"福利国家"是政府以社会总体代表的身份，试图通过国民收入的再分配来校正社会自身所固有的不平等和不公正的趋向，并以此作为保证经济持续增长的一种手段。"福利国家""不仅包括提供更多的基础设施和公共设施，而且还包括为教育和医疗卫生提供广泛的支持"。② 所以，这时的西方各国政府已不仅仅是"守夜人"的角色，而更多的是在扮演着"管家婆"的角色。在社会经济生活中，政府扮演了公共物品的提供者、负外在效应的消除者、收入和财富的再分配者、市场秩序的维护者和宏观经济的调控者等角色。正是由于各国政府全面而有力的干预，在一定程度上弥补了市场的缺陷，保

---

① [英]亚当·斯密：《国民财富的性质和原因的研究》（上卷），商务印书馆1972年版。
② 世界银行1997年世界经济报告：《变革世界中的政府》，中国财政经济出版社1997年版。

证了西方各国在第二次世界大战后近 30 年里经济的持续"繁荣"。

从 20 世纪 70 年代开始，西方各国政府的公共管理职能遇到了前所未有的挑战。首先，从经济上看，20 世纪 70 年代石油危机以后，西方各国普遍出现了以经济衰退、通货膨胀、财政赤字、高失业率为特征的"滞胀"现象；而战后西方各国政府公共管理职能极度扩张，导致政府公共管理机构迅速增加，政府开支大量增长。公共税收停滞不前，公共支出不断增加，而公共服务质量却日益下降。因此，在 20 世纪 70 至 80 年代，西方各国普遍地出现了对政府公共部门的"规模"、"范围"和"方法"的抨击，强烈要求"削减政府"和"改变其管理方式"。其次，"冷战"的结束，和平与发展成为时代的主题，经济全球化趋势的出现是西方政府公共管理职能转型的重要推动力。在全球范围的经济和综合国力的竞争中，政府能力的强弱成为一国综合国力和竞争力的主导性因素。再次，新技术革命特别是信息革命是当代西方政府公共管理职能转型的催化剂。信息技术的快速发展为建立灵活、高效、透明的政府创造了可能。它打破了长期以来政府对公共信息的垄断，也为公众和社会团体更容易接触政府信息、参与公共管理提供了条件。最后，随着现代社会的迅速发展，社会事务日趋复杂化、多样化，政府很难对各种具体事务都直接插手干预。传统的官僚体制（科层制）的失效和商业管理模式的示范性也成为当代政府公共管理职能转型的重要原因。因此，到 20 世纪 70 年代，西方国家如同 20 世纪初遇到"市场失灵"问题一样，又遇到了"政府失灵"问题。"当政府政策或集体行动所采取的手段不能改善经济效率或道德上可接受的收入分配时，政府失灵便出现了"。① 而且，与"市场失灵"相比，"政府失灵"将给社会带来更大的灾难。当代西方新自由主义经济思潮特别是公共选择理论通过对政府失灵问题的系统研究，主张对国家的权力要进行限制，反对追求至善的和全能的政府，提出要建立有限的政府，用市场的力量改善政府的功能，提高政府的效率。公共选择理论成为西方政府公共职能转型的指导性理论。从 20 世纪 70 年代末开始，英国、美国、新西兰、澳大利亚、德国、法国、瑞典、日本等国家先后进行了政府公共管理职能方面的改革。

透过现代西方政府公共管理职能变化两大趋势——总体上的不断增长和极度扩张以及公共管理职能社会化的表象，我们可以发现，政府公共管理职能的变化在本质上是一种适应性变化，是随着外部环境的变化，有意识地对其自身结构和内容不断进行调整，使其发展成新的形态，以期获得它与环境之间的动态平衡，从而有效实现其对经济和社会可持续发展的促进。

第三节 市场功能与政府职能的配合

一、市场功能与市场失灵

市场功能是经济学的重要理论范畴，市场功能或者说市场调节机制是市场运行的内在调节机制，它调节着社会经济的运行。这里的市场功能，指的是市场机体内诸要素（即

---

① ［美］萨缪尔森、诺德豪斯著，高鸿业等译：《经济学》，中国发展出版社 1992 年版。

市场构成要素）相互作用、相互影响而发挥出来的调节机能。具体地说，市场功能表现为对社会生产、流通、分配和消费等社会经济运行各个环节的支配与调节能力。概括起来说，市场功能表现为对资源进行合理配置的能力。

"市场功能论"的演进从亚当·斯密到阿·马歇尔有近一个半世纪的历史，西方学者大多认为：自由经营、自由竞争和自由放任的市场经济有其无可比拟的优越性，它主要通过"看不见的手"的自发调节作用即价格机制传递信息，使资源得到合理配置；它能提供一种刺激，从而促进经济增长；它能使企业和劳动者的积极性得到充分发挥，是有效率的，以至于被人们称为"市场神话"。

然而，1929 年资本主义世界特大危机的爆发，宣告了"市场神话"的破灭。这时，西方学者也不讳言市场经济的弱点和局限性，"市场失灵"一词被广泛使用。市场失灵是与市场功能相对应的概念，它是指由市场机制本身的某些缺陷和外部环境的某种限制，而使单纯的市场机制不能或难以实现资源的有效配置，也称市场缺陷。就市场失灵的质的规定性而言，它具有固有性、相对性和变化性。具体可将其理解为：其一，市场失灵是市场机制自身所固有的，是靠市场自身的完善无法克服的。其二，所谓相对性是指在社会经济运行的各种调节机制中，如果其他机制能够比市场机制在较低的成本下完成某项工作，或者能够在相同成本下做得更好，那么在这种情况下，市场机制就是失灵的，从而应该由其他机制替代市场机制，实现资源的最优配置。其三，所谓变化性是指市场失灵是在一定条件下发生的，随着特定条件的变化，市场失灵的强度和范围也会随之发生变化。

对市场失灵的类型及其成因概述为如下七个方面：

1. 外部性或外在效应。在经济活动产生了"外在需求"的地方，无论是受益还是受损，由生产者来满足这种需求都是不恰当的，如果政府不通过补偿或刺激的办法进行干预，市场将会失灵。这种外部性是市场失灵的理论基础。具体地说，市场经济典型的失灵（如环境污染、公害泛滥、城市膨胀和生态失衡等）都可造成外部不经济。例如，当人们驾驶没有安装控制污染的装置的汽车时，就必然降低了空气的质量，这实际上是这些用车的人在向他人强加一定的成本。

2. 市场的不完全性。市场有其不完全性，在市场力量的作用下，国民经济运行难以达到某些社会公共目标。例如，不能提供国防安全体系、科学教育、公共交通、水利等大型基础设施，即无公共产品市场。信息市场也是残缺的，只能提供短期的、局部的信息，使得市场经济难以保证满足众多的社会目标。公共产品的消费具有非竞争性和非排他性。例如，国防是典型的纯公共产品。社会的每个成员都能同等地享受国家的防务体系的保护，排斥别人的消费是不可能的，也是不必要的；航海中的灯塔也是一个经常被引用的公共产品的例子。显然，出于自身利益的考虑，人人都会希望由别人来提供公共产品给自己免费使用（如同免费搭车）。但如果不能收回成本，赚取利润，市场经济中的追求利润极大化的生产者则不会提供这类产品。因此，市场本身无力解决公共产品的有效提供问题，而这些公共产品对消费者往往又是不可缺少的。

3. 市场行为的短期性和滞后性。由于市场多元化主体追求短期利益，导致对同一产品重复投资，造成资源浪费，具有短期性；市场既不能很好安排资源的区域（空间）配置，更无法安排资源在现今和未来（时间）的合理配置。因此，市场调节产业结构的过程相对较长，具有滞后性。

4. 市场不能避免投机行为的产生。资本的自由流动就蕴含着投机性，特别是以钻空子、欺诈性的买空卖空为特征的投机行为，对经济和社会有害无利。即使是技术性、专业性很强的，通过承担价格变动风险而获利的期货市场的投机行为，也会产生加剧市场波动，导致经济不稳定的负效应。

5. 市场不能实现社会收入分配的平等。市场经济按个人提供的生产要素进行的分配，使收入过于悬殊，产生贫富两极分化。因为，在现实社会中，要素和财富的初始分配恰恰是不公平的，人们进入竞争的条件、实力、能力不同，这往往受家庭出身、家庭结构、遗产继承、性别等许多个人不能左右的因素影响，这样经过竞争得到的最终分配结果往往更加不公平，富者愈富，贫者愈贫。

6. 市场无力阻止垄断。由于自由竞争引起生产集中必然导致垄断。当权力集团和垄断势力入侵市场时，就会形成集团的无政府状态，加重经济失衡和不稳定，引发危机，使资源得不到充分利用。在自然垄断的情况下（如电信、供电、供水等行业），垄断者凭借自身的垄断优势，往往使产品的价格和产出水平偏离社会资源最优配置的要求，从而影响市场机制自发调节经济的作用，降低了资源的配置效率。

7. 市场在对外贸易中的缺陷。仅仅依靠市场机制发展对外贸易是不行的。在经济越来越国际化、全球化的今天，各个国家与国际市场的联系越来越紧密，甚至成为国际市场不可分割的一部分。在这种情况下，各个国家就必须努力保持国内经济的平衡及其与国际经济的平衡。但在这个方面，单靠市场调节是不灵的，设置关税、限额、进出口许可证和其他一些壁垒，对发展对外贸易是十分重要的。不论是发展中国家还是发达国家，当本国的利益受到损害或威胁时，都会实行必要的贸易保护。

二、政府职能

市场失灵的存在，为政府调节或干预以克服这些失灵问题提供了令人信服的必要理由。但政府也有可能失灵（本章下一节将予以讨论）。因而，防止"政府失灵"现象的产生就要给政府职能以合理定位。在市场经济条件下，应从以下四个方面给政府职能定位：

1. 对宏观经济进行管理和调控，保持经济稳定。对整个国民经济进行宏观管理和调控，不仅是社会化大生产的客观要求，而且也是建立和完善市场经济体制的要求，是避免市场缺陷、防止市场失灵现象产生的客观要求。否则，社会总供给与总需求失衡，不是引致通货膨胀，冲击社会稳定，就是因需求不足引致"生产过剩"，从而引发停产、半停产局面的出现，扩大失业率，导致社会动荡。这种总量失衡的问题，只有政府出面才有可能解决。所以政府应是宏观经济的管理者和调控者。政府对经济进行宏观调控的主要方式应是宏观财政政策和宏观货币政策。作为宏观经济的管理者，主要应行使如下三个方面的职能：（1）国民经济综合平衡与先导调节职能。它是指在充分发挥市场机制作用的基础上，政府主要采用指导性计划方式对市场进行前导式调节。（2）供给管理职能。它是指政府通过供给管理对经济进行长期调节，运用经济发展战略和产业政策平衡经济结构，实现产业结构的合理化。（3）需求管理职能。它是指政府根据市场变动，运用财政金融杠杆调节短期供需，达到总量均衡。此外，政府还可以通过投资参与、消费参与、贷款参与等来实现社会总供给和总需求的平衡，实现对宏观经济的有效调控。

2. 调节收入分配，提供社会保障。在市场经济条件下，收入分配是由市场决定的，而市场动作有时候会产生某些残酷或社会难以接受的结果，如贫困、失业以及营养不良等。这会导致市场效率与社会公平的冲突，而这一冲突的严重化会给社会带来不安定的结果。也就是说，这种按成果的分配从经济角度看可能是令人满意的，但是从社会政治目标来看并非全是如此，它可能导致个人收入差距扩大而走向两极分化。社会分配公平与否，关系到人民大众对政府的态度和社会的稳定程度。因此，调节收入分配、加大社会保障和转移支付的力度，减少贫困是政府的重要职能。

3. 纠正市场失灵，为公众提供公共产品和公共服务。市场经济中，社会资源的配置是通过市场价格机制的导向作用而实现的。针对市场失灵现象，必须依靠政府干预和管理来校正市场失灵现象。国家应制定各种法规反对和限制垄断，如控制垄断价格和利润，禁止制定价格协议，禁止非法兼并，避免独家交易等。政府通过征税方式取得收入，用于生产公共产品。生产什么和生产多少公共产品，采取投票方法决定，也称公共选择。针对外部效应造成的市场失灵，政府通常采用外部效应内部化方式加以纠正。在市场规则受到破坏而造成市场调节失灵的情况下，政府可以通过推动合法机构以法律形式把市场主体行为、市场运行规则确定下来，保证市场经济的正常运转。

4. 营造和保护有效竞争的市场环境，协调与解决团体冲突，维护竞争秩序。政府在市场经济中的职能，从微观领域来看，主要是对公共部门和私人部门的市场经济主体进行规制。国家运用这些权力，建立并保障市场上的权力，直接提供某些基本的服务，并间接地创造出信任、理解和有安全保障的环境，这种环境对企业的日常生产是生死攸关的。要造就一个良好的、公正的市场秩序，优化市场调节作用，保护市场竞争的公平性，政府对市场的微观规制是完全有必要的。政府通过对产权进行规制，保护人们的产权不受侵犯，提高资源配置效率。政府具有对合同的制定和实施给予保护，对契约进行必要的、合理的规制的职能。政府通过对行业准入进行规制，其主要目的是将企业纳入依法经营、接受政府监督的范围，控制进入某些行业的企业数量，以防止过度竞争，提高经济效益。

此外，政府还有价格规制、商品服务总体质量监管、市场的组织管理和制度建设等职能。

三、市场功能与政府职能的配合

古典经济学家认为，市场是一部运作精巧、成本低廉、效益最佳的机器，有效地调节着经济运行和各个经济主体的活动。但市场在国民经济的综合平衡、外部效应、公共物品、社会分配、限制垄断、抑制经济波动、社会道德以及信息的不充分和不对称等方面也会失灵。于是，它就不得不借助政府力量予以矫正和弥补，这就为政府干预提供了理由。然而，市场失灵并不是政府干预的充分条件，市场机制解决不了的问题，政府也不一定能解决，即使能解决，也不一定比市场解决得更好。因为，同样存在着情况更为严重的政府失灵，这是由于政府行为并非永远代表公共利益、信息不完全和政府能力有限、政府干预市场的成本扩张以及政府机构及其官员的寻租与腐败等。所以，必须实行市场功能和政府职能的合理配合的社会管理方式。如何实施这种社会治理方式呢？

（一）实现政府职能归位，既不能"越权"，也不能"失职"

政府干预应严格限制在"市场失灵"的经济活动领域。一般来说，在微观经济领域，应充分发挥市场机制的调节作用，政府只履行消极规制的职能；而在宏观经济领域，政府应积极地进行调控，保证市场机制在微观经济中发挥基础性作用。

对于原有政府经济职能体系中"越权"的部分，要加以限制、削弱，甚至返还给市场、企业或社会，即放弃社会资源指令性计划配置和直接生产经营的权力，把属于企业的自主权下放给企业，使企业真正成为自主经营、自负盈亏、自我发展、自我约束的法人实体和市场竞争主体；把属于市场调节的职能切实转移给市场，使市场在资源配置中更好地发挥基础性作用；把经济活动中的社会服务性及相当一部分执行性、运作性职能转移给社会中介组织。防止因政府干预过度而造成的"政府失灵"，克服行政权力的市场化和某些既得利益集团对市场机制的抵制和扭曲。

为了切实矫正市场失灵，又需要政府强化、拓展甚至增加政府"失职"的某些职能，特别是制度创新职能、宏观调控职能，创造一个有利于市场机制良性运作和逐渐成熟的体制环境、政策环境和社会经济环境，它意味着政府能力的提升。政府立足制度创新，促进市场发育，尽快建立和完善公平竞争的规范体系和政策框架，防止可能发生的并制止已经出现的不合理的各种形式的垄断。

（二）政府干预的目的应是促使市场功能的发挥，而不是相反

一般来说，在市场经济还不够发达、市场调节力量还不够强、市场发生失衡时，应适当加大政府干预的力度；而当市场体系比较完善、市场调节力量增强、市场处于均衡状态时，就应当缓和政府干预的力度，以充分发挥市场机制的调节功能。本来，随着市场发育和经济发展，政府替代应当逐步弱化。但在有些情况下，因政府同主要经济组织在利益上交织在一起，使得政府很难从伙伴关系中退出，政府的政策和战略取向在很大程度上被既得利益集团所左右甚至控制，政经勾结、制度透明度低、法制不健全、家族式统治或经营，这些弊端正是东南亚经济危机发生的一个重要内因。这表明，随着经济发展水平的提高，经济关系日趋复杂，政府过多的替代必然导致政府失灵，因此，政府的主导性角色应该适时进行转变与演进，以促进市场功能的合理发挥。

（三）实现政府与市场的优势互补

有的学者认为，今天，我们政府失败的主要之处，不在于目的而在于手段。高效的政府虽然是发展所必需的，但是国家在经济与社会发展中的中心地位，不是作为增长的直接提供者，而是作为合作者、催化剂和促进者体现出来的。政府通过国家行为直接提供产品和服务以及改善人民福利的做法注定是要失败的，政府只能依靠市场，为市场提供条件，并通过有效的公共政策支持市场运作，这样才能实现真正的发展和繁荣，并改善人民福利。因此，政府应回归到"掌舵"而不是"划桨"的位置上来，把属于市场调节的职能切实转移给市场，同时又要不断地向私人部门施加各种可行和有利的影响，让其"划好桨"，如为市场运行提供制度保障和适宜的环境，对宏观经济进行调控以及调节物质财富的分配等，从而最终实现政府与市场的最优功能组合。

（四）将竞争机制引入政府公共服务领域

政府要适应市场经济有效运行的需要来界定自己的角色，进行市场化改革，并把市场

制度的基本观念引进公共领域，建设开放而有效的公共领域。尤其是在全球化时代，随着信息技术高度发展，市场的能量将日益增加。把以市场为导向的思想应用到政府的管理中去，重视和利用市场机制，已成为当今不可阻挡的潮流。在政府公共服务中引入市场机制，把竞争注入到政府服务工作中，不仅有助于实现政府服务低成本、高收益的预期，而且也是满足公众需求、提高服务质量、打破政府垄断的有效途径。

它的具体方式有：（1）引入私营企业之间的竞争。把一些政府可以撒手不管的服务，如清除垃圾、城市环卫、职业培训等，通过政府业务合同出租、竞争性投标、鼓励私人投资和经营，实行有偿服务等方式由市场来完成。这样不但打破了政府的独家垄断，提高了公共服务的效率和质量，同时也缓解了政府的财政困难，以便政府更好地履行应有的职能。（2）展开政府与私营部门的竞争。在一些以前由政府垄断的服务领域，如交通、电信、邮政、水电、铁路等行业引入竞争机制，打破政府垄断，让私营部门也参与进来，使政府形成竞争压力，迫使其服务质量得到提高。（3）实现政府内部的竞争。对于产出难以界定和难以强制履行合同的服务业，应由政府独自提供。为了提高服务效率和质量，也应将竞争机制引入政府内部，即在政府同类部门中的政府雇员之间以及为政府服务的机构之间展开竞争，以顾客为导向，打破官僚主义的传统作风。

（五）寻找"第三只手"——政府与公民社会的友好互动

鉴于政府与市场都存在着固有的缺陷，我们可以在"看不见的手"和"看得见的手"这两只手之外寻找第三只手——公民社会，在政府与市场之间建立一种缓冲力量。公民社会，又称民间社会和市民社会，有多种定义，在这里把它当做国家或政府之外的所有民间组织，包括非政府组织、公民的志愿性社团、协会、社会组织、利益团体和公民自发组织起来的运动等。

随着市场和公民社会的日益发展壮大，它对政府的全面控制能力提出了挑战，尤其是在公共服务领域。一方面，公民社会维护了竞争性的市场经济体制，在一定程度上克服了盲目性和无效竞争，并在一定程度上抑制了市场的外部负效应；另一方面，公民社会补充了政府的不足，满足了某些社会需求，从而避免了政府为满足这些需求可能产生的供给失效。发展公民社会是弥补市场缺陷和政府缺陷的重要途径。所以，越来越多的人热衷于以实现政府与公民的友好互动来对付市场和国家协调的失败。[①] 而且，公民社会既能创造向上也能创造向下的联系，能更有效地表达地方的心声，他们还能给公务员施加压力，使他们更好地工作并更有责任心。这也与治理对责任心、合法性、透明度以及参与的要求相联系，因为正是这些因素加强了公民社会并减少了政府的权力。

总之，政府还应极力培育和扩大社会权力，调动各种社会力量的积极性，参与公共事务的管理，最终形成政府与社会之间的友好互动网络，以达到善治的目的。

（六）将科学的企业管理方法引入政府管理

政府干预经济必须考虑成本和效益。从本质上来讲，政府干预也是一种"交易"活动，有收益也有成本，只有当其收益超过其成本时，政府干预才能进行，这样也才合理。

---

① ［英］鲍勃·索普：《治理的兴起及其失败的风险：从经济发展为例的论述》，国际社会科学（中文版）1999 年版。

政府干预应使社会资源配置的结果更理想，且交易成本更低，而不是相反。但由于政府干预往往具有不以直接营利为目的的公共性，而政府为弥补市场失灵而直接干预的领域又都是那些投资大、收益慢且少的公共产品，其供给一般是以非价格为特征的，即政府不能通过明确价格的交换从供给对象那里直接收取费用，而主要是依靠来源于税收的财政支出维持其生产和经营，很难计算其成本，加上政府所处的某些迫切需要的公共产品的垄断供给者的地位决定了只有政府才拥有从外部对市场的整体运行进行干预或调控的职能和权力。这种没有竞争的垄断极易使政府丧失对效率、效益追求的内部动力和外部压力，缺乏降低成本提高效益的直接利益驱动，更缺乏起码的成本和效益意识。对此，可适当把一些科学的企业管理方法引入政府干预领域，以提高政府干预的效益和质量。在这些方面，西方"新公共管理"运动为我们提供了可借鉴的经验。

第四节　政府失败的纠正和防范

市场经济中"市场失灵"现象的存在，使政府宏观调控与干预显得必不可少。但政府也不是万能的。西方的市场经济国家的实践已证明，市场不能调节或调节不好的事情，政府并不必然就能调节或调节得比市场更好，政府调节过程中也会有"失败"现象。故对"政府失败"现象也应加以纠正和防范。

一、"政府失败"的概念与类型

"政府失败"是指在市场经济中，政府为了矫正和弥补市场机制的功能缺陷或市场失败所采取的立法、行政管理以及各种经济政策手段，在实施过程中往往会出现各种事与愿违的结果，未能有效地克服市场失灵，甚至阻碍和限制了市场功能的正常发挥，引起了经济关系扭曲，加剧了市场缺陷和市场混乱，难以实现社会资源最优配置，最终导致政府干预经济的效率低下和社会福利损失。

从政府干预的结果来看，政府失败有以下三种情况：第一种情况是指政府干预经济活动达不到预期目标；第二种情况是指即使政府干预经济活动达到了预期目标，但是成本高昂，造成大量社会资源浪费；第三种情况是指虽然政府干预经济活动达到了预期目标，效率也较高，但却带来了一些其他的负面效应。

从政府失败的表现来看，政府失败的类型为：（1）公共政策失效。政府对经济生活干预的基本手段是制定和实施公共政策，以政策、法规及行政手段来弥补市场的缺陷，纠正市场失灵。公共决策则是国家或政府部门为公共物品的生产与供应和干预社会经济的运行而作出的决策。公共政策是一个更复杂的过程。由于存在着种种困难、障碍和制约因素，使得政府难以制定并执行好的、合理的公共政策，导致公共政策失效。（2）公共物品供给的低效率，即官僚机构的低效和浪费。公共组织尤其是政府机构为了弥补市场缺陷、纠正市场失灵，将履行公共物品提供者的职能，即直接提供市场可能供给不足的公共物品，并扮演市场秩序的维护者、外在效应消除者等角色，管制自然垄断、外在效应、信息不对称等。然而，由于公共机构尤其是政府机构的本性以及公共物品供求关系的特点，使得它们提供公共物品也难以做到高效，尤其是产生提供过剩公共物品和成本增加现象。

（3）内在效应与政府过度扩张的"行政顽疾"。政府机构及其官员在以追求公共利益或社会福利为借口的同时，力求实现自身的组织目标或自身利益，这种现象被称为政府行为的内在效应。内在效应使政府机构在非市场活动中不断扩大机构规模即提高机构运行成本，使其高于技术上的成本，导致较高的单位成本和比社会有效水平更低的非市场产出水平，这样就产生了非市场缺陷。（4）寻租及腐败。一切利用行政权力大发横财的活动都可称为政府官员等公权行使者的寻租活动，租金泛指政府干预或行政管理市场而形成的级差收入（即超过机会成本的差价），一切市场经济中行政管理都会创造出这种差价收入即租金。寻租活动的特点是利用各种合法或非法的手段（如游说、拉关系等），以获得拥有租金的特权。寻租活动导致政府腐败，因为它使资源配置扭曲，或者它是资源无效配置的一个根源；寻租作为一种非生产性活动，并不增加任何新产品或新财富，只不过改变生产要素的产权关系，把更大一部分的社会财富装入私人腰包；寻租导致不同政府部门及官员争权夺利，影响政府声誉和增加廉政成本；它妨碍公共政策的制定与执行，降低行政运转效率甚至危及政权稳定。寻租及腐败是经济发展、政治稳定和文化进步的陷阱。一旦落入这个陷阱，就会使社会处于低效、停滞甚至紊乱的状态。

二、"政府失败"的原因

（一）公共决策失误或政策失效的原因

公共决策失误或政策失效的主要原因来自公共决策过程本身的复杂性和困难，以及现有公共决策体制和方式的缺陷：（1）公共政策所追求的目标并不能必然代表社会大众的公共利益。政府在制定各项干预经济活动的政策时，都是建立在政府作为社会公共利益的代表，其行为目标与社会公共利益相一致的基本假定基础上的。然而真实情况并非如此。作为制定与实施政策的政府官员也是经济人，也要追求自身利益，政府机构本身也不是一个没有自身利益的超利益组织，而是将政府官员的利益内在化后作为政府利益来代表公共利益的。由于政府在社会生活和经济生活中所处的特殊地位，使其在制定与实施政策时，往往会借社会公共利益之名行政府机构私利之实，这样必然会导致政府失败。（2）现有的各种公共决策体制及方式存在缺陷。以多数原则为基础的民主制是现代国家所采用的一种通用决策体制，它较之于独裁或专制体制，是一种巨大的进步和更合理的决策体制。但是，无论是直接民主制还是间接（代议）民主制，都有其内在的缺陷。直接民主制中存在的问题有循环投票或投票悖论和偏好显示是否真实等问题；间接民主制中固有的问题主要是被选出的代表由于其"经济人"特性而往往追求自身利益的最大化，而不是选民或公共利益的最大化。现有的投票规则或表决方式主要有一致同意和过半数原则等。然而一致同意原则的决策成本太高，且容易贻误决策时机，更严重的是，"一致同意的投票制度将盛行于讨价还价和敲诈以及达不成任何实质性决议的拖延。"① 多数原则不可能是完全民主的，它将出现多数人对少数人的强制，"多数规则并不能保证帕累托方式那样的改

———————
① ［美］萨缪尔森、诺德豪斯著，高鸿业等译：《经济学》，第 1186 页，中国发展出版社 1992 年版。

善……也许会导致'多数人的暴政'"。① 可见，由于公共决策的投票规则本身存在缺陷，据此作出的决策很难反映大多数人的偏好，必然会导致政府失败。（3）信息的不完全性会导致政策的失效。政府在制定和实施正确的经济政策、有效干预调节经济运行过程的一个重要前提，是必须能够获得和掌握有关整个国民经济运行状况的全面、准确信息。然而，选民和政府官员所拥有的信息都是有限的，并且决策信息的获得总是困难的、需要成本的，因而许多公共政策实际上是在信息不完全的情形下作出的，这就很容易导致决策失误和政策失效。（4）政策实施和执行上的障碍。政策的有效实施和执行依赖于各种因素和条件。任何好的政策在实施和执行过程中，都必须具有相应的条件，它主要有：必要的政策资源，包括财力资源、信息资源和权威资源；顺从的目标群体；正确的执行策略；合格的执行者；有效的沟通；正确的协调；适宜的环境；有效的监督等。这些因素中的任何一方面或它们之间的配合出了问题，都可能导致政策失效。另外，在政策实施和执行过程中，由于中央和地方分权，中央与地方利益的差别，易发生"上有政策，下有对策"的现象，这必然导致政策失效。

（二）公共物品供给的低效率的原因

导致公共机构提供公共物品低效率尤其是官僚机构低效率的主要原因有：（1）公共物品的评估或评价上的困难。官僚机构提供公共物品所追求的是社会效益，而非经济效益，社会效益的衡量缺乏准确的标准和可行的估算方法及技术；同时，要合理确定社会对某一类公共物品需求的数量，提供公共物品的政府机构的规模以及对这些机构绩效的评估是困难的，甚至是不可能的。可以说，没有一个公式能够说明政府活动产出的必要和最小的限度。（2）公共机构尤其是政府部门垄断了公共物品的供给，缺乏竞争机制。在公共机构中没有优胜劣汰的竞争机制。公共机构提供公共物品并未面临直接的竞争，由于没有竞争的对手，官僚机构有可能过度投资，生产出多于社会需要的公共物品，并不适当地扩大机构、增加雇员、提高薪金和费用，从而造成大量的浪费。（3）政府机构及官员缺乏追求利润的动机。由于官僚机构不能把利润占为己有，加上公共物品的成本与收益难以确定，所以，官僚机构的目标并不是利润的最大化，而是机构及人员规模的最大化，以此增加自己的升迁机会和扩大自己的势力范围。也许某些公共部门的效率与私人企业一样高，但却存在另一种浪费，即提供公共物品的公共部门具有超额生产公共物品的内在倾向，这种"过剩"的产品或服务最终是以社会所付出的巨额成本为代价的，它是一种社会浪费。（4）监督机制的缺陷。政府官员的行为必须受到立法者、公民或选民的政治监督。但是现有的监督机制是不健全的，许多监督形式是软弱无力的。特别是监督信息的不对称、不完全，使得对官员的监督徒有虚名。政府官员一般都是在信息不对称的环境中工作的，立法者和选民都缺少足够的必要信息来有效地监督公共机构及其官员的活动，官员（被监督者）比监督者（立法者和选民）拥有更多的关于公共产品及服务方面的信息尤其是成本、价格方面的信息。这样，监督者完全可能受被监督者操纵，后者有可能制定并实施某些有利于自身利益而损害公共利益的公共政策。

---

① ［美］萨缪尔森、诺德豪斯著，高鸿业等译：《经济学》，第1186页，中国发展出版社1992年版。

（三）内在效应和政府过度扩张的原因

我们可从官僚机构、利益集团和立法机构的"铁三角"的存在及其相互勾结来分析政府内部效应的产生及其危害。作为公共政策制定与执行者的官僚机构及其官僚也是按照"经济人"模式行事的，他们的目标是自身利益的最大化，追求的是升官、高薪和轻松的工作以及各种附加福利，这可以通过扩大机构的规模及增加人员来实现。这就是目前政府机构存在的一种普遍现象：无论政府的工作是增加还是减少（即使无事可做），政府机构及其人员的数量总是按一定比例增大。在这种情形下，要使政府机构的自身利益目标不但不降低甚至有所增加，官僚机构的预算收入必然增加，这就使得官僚的自利效用最大化行为最终表现为"预算收入最大化"。于是在整个预算过程中，就必然发生以立法机构为一方和以官僚机构为另一方的关于预算的讨价还价：官僚总是要从立法机构中获得更多的预算收入；而在官僚背后的是各种特殊的利益集团，它们都是不同官僚机构的服务对象，都希望官僚机构争取更多的预算收入，以获得各种利益和好处。另外，作为立法机构的官员也不是中立的，他们是在各种利益集团的支持或赞助下当选的，当选后也必须为充当赞助者的特殊利益集团服务。在这种"铁三角"关系中，虽然各自追求利益的最大化，但有一点是共同的，即力图增加官僚机构的预算收入。正是由于这种"铁三角"的作用，使得政府预算总是呈现不断增长的趋势，不管公众是否需要更多的公共服务和产品，都会造成政府行为目标与社会公共利益和福利目标的差异，从而导致政府失败。

（四）寻租及腐败的原因

公共选择学者一般都将租金归因于政府对自由市场经济的干预。在市场经济体制下，只有政府才能借助于行政和法律手段，创造不平等的竞争环境并维持归一部分人所有的租金。如果政府行为大大超出了最低限度或保护性状态所规定的限度，使公权范围太宽、公共强度过大，并且逐渐干预市场的细节过程，那么寻租就越有条件。因此，寻求租金的活动同政府在经济中的活动范围和行为方式有关，同公共部门的相对规模有关。

三、政府失败的纠正和防范

应当如何纠正和防范政府失败以及克服非市场缺陷呢？西方学者主要围绕改革公共决策体制及政治制度、引进竞争机制（用市场力量改进政府效率）两个方面来加以说明。

（一）要避免政府失败，必须改善现有的民主政体，发明一种新的政治技术和完善表达民主的方式

布坎南提出了避免政府失败的措施，即改善现有的西方民主政体。其改善的具体措施有：（1）进行立宪改革。要克服政府干预行为的局限性的一个关键是在立宪上做文章。从立宪的角度分析政府政策制定的规则和约束经济、政治活动者的规则或限制条件，即并不是要直接提出具体的建议供政策制定者选择，而是要为立宪改革提供一种指导或规范建议，为政府制定、提出一系列所需要的规则和程序，从而使政策方案更合理，减少或避免公共决策的失误。（2）对政府的财政过程尤其是公共支出加以约束。要有效地抑制政府的扩张和浪费，必须在政府的财政过程上做文章，通过财政立宪、税制选择、平衡预算和税收支出的限制等措施来约束政府的财政过程尤其是公共开支，从根本上限制政府的行为框架，抑制政府的扩张。（3）完善表达民主的方式以及发明新的政治技术。

（二）公共选择学者主张用市场力量改善政府的功能，提高政府效率，以克服政府失败

公共选择学者认为，以往人们只注意用政府来改善市场的作用，却忽视了相反的做法——用市场的力量来改善政府的功能。提高政府工作效率的各种具体措施主要有：一是政府内部重新确定竞争机制。传统的行政体制改革的主要做法——机构改革是没有用处的，因为这种做法只会进一步加强"办事机构"对抗政治监督的权力，行政管理不会因机构改革而变得更加有效，而最终只会加强各行政部门的"独家收购权"，使其领导人有更大的自由。真正有效的措施是要在政府机构之间恢复竞争。假如允许若干办事机构完成某项工作任务而提出相互竞争的预算，那么预算主管部门就可以选择"报价最低"的机构，从而降低费用，缩小政府机构的平均规模。二是在高层行政管理者中恢复发挥个人积极性的制度，其作用将与利润在私营部门中的作用相同。必须采取一些进一步的措施，促使行政领导人以"最小费用"的策略去取代"最大化本部门预算规模"的策略。这些措施有：在能够作出明细账目的公共部门（如税务、社会救济、航运管理等）中，采用最高负责人可以占有部分节约下来的费用的做法，而中层管理者的晋升与节约挂钩；在那些难以作出准确分析账目的公共部门，可以根据高层官员的成绩发给特殊"奖金"，以资鼓励。

小　结

管理是为了有效地实现组织的目标，由专门的管理人员利用专门的知识、技术和方法对组织活动进行计划、组织、领导与控制的过程。管理是组织达到自己的目标的关键，在实现组织目标中发挥着不可或缺的作用。所谓管理的职能是指管理活动所具备的基本功能和作用。欧文·E. 休斯在其《公共管理导论》中，从组织战略目标、管理内部构成要素、管理外部构成要素三个方面概括管理的一般职能。相应地，公共管理职能也可以按战略、内部要素、外部要素"三分法"划分。战略管理职能包括环境分析、战略规划、战略实施、战略评估。公共管理的内部要素管理职能主要由三个部分组成：组织和人员配备、人事指导和人事管理制度、绩效控制。公共管理的外部要素管理职能则包括对利益集团的管理、对政策团体的管理以及外部要素管理中的责任机制。公共管理职能具有以下特征：政府公共管理职能的重新界定与定位；政府行使公共职能手段的"企业化"；公共服务职能的市场化、社会化；公共服务职能的社区化；注重外部环境和未来方向的战略管理；通过"绩效评估"等措施提高公共管理部门的工作效率。

政府公共管理职能变化具有两大趋势——总体上的不断增长和极度扩张以及公共管理职能社会化的表象。政府公共管理职能的变化在本质上是一种适应性变化，是随着外部环境的变化，有意识地对其自身结构和内容不断进行调整，使其发展成新的形态，以期获得它与环境之间的动态平衡，从而有效地实现其对经济和社会可持续发展的促进。

所谓市场功能，指的是市场机体内诸要素（即市场构成要素）相互作用、相互影响而发挥出来的调节机能。具体地说，市场功能表现为对社会生产、流通、分配和消费等社会经济运行各个环节的支配与调节能力。概括起来说，市场功能表现为对资源进行合理配置的能力。市场经济也有其弱点和局限性，"市场失灵"一词被广泛使用。市场失灵是与

市场功能相对应的概念，它是指由于市场机制本身的某些缺陷和外部环境的某种限制，而使单纯的市场机制不能或难以实现资源的有效配置，也称市场缺陷。市场失灵的类型及其成因是：外部性或外在效应；市场的不完全性；市场行为的短期性和滞后性；市场不能避免投机行为的产生；市场不能实现社会收入分配的平等；市场无力阻止垄断；市场在对外贸易中的缺陷等。

市场失灵的存在，为政府调节或干预以克服这些失灵提供了依据。因而，政府也有其相应的职能。当然政府也可能"失灵"，政府职能要有合理的定位。在市场经济条件下，应从以下五个方面给政府职能定位：对宏观经济进行管理和调控，保持经济稳定；调节收入分配，提供社会保障；纠正市场失灵，为公众提供公共产品和公共服务；营造和保护有效竞争的市场环境，协调与解决团体冲突，维护竞争秩序。此外，政府还有价格规制、商品服务总体质量监管、市场的组织管理和制度建设等职能。

市场失灵和政府职能的有限性说明，必须实行市场功能和政府职能的合理配合的社会管理方式：实现政府职能归位，既不能"越权"，也不能"失职"；政府干预的目的应是促使市场功能的发挥，而不是相反；实现政府与市场的优势互补；将竞争机制引入政府公共服务领域；寻找"第三只手"——政府与公民社会的友好互动；将科学的企业管理方法引入政府管理。

市场经济中"市场失灵"现象的存在，使政府宏观调控与干预显得必不可少。但政府也不是万能的。西方的市场经济国家的实践已证明，市场不能调节或调节不好的事情，政府并不必然就能调节或调节得比市场更好，政府调节过程中也会有"失败"现象。故"政府失败"现象也应加以纠正和防范。

"政府失败"是指在市场经济中，政府为了矫正和弥补市场机制的功能缺陷或市场失败所采取的立法、行政管理以及各种经济政策手段，在实施过程中往往会出现各种事与愿违的结果，未能有效地克服市场失灵，甚至阻碍和限制了市场功能的正常发挥，引起了经济关系扭曲，加剧了市场缺陷和市场混乱，难以实现社会资源最优配置，最终导致政府干预经济的效率低下和社会福利损失。从政府失败的表现来看，政府失败的类型为：公共决策失误或政策失效；公共物品供给的低效率，即官僚机构的低效和浪费；内在效应与政府过度扩张的"行政顽疾"；寻租及腐败等。政府失败的原因相当复杂。纠正和防范政府失败以及克服非市场缺陷主要围绕改革公共决策体制及政治制度、引进竞争机制（用市场力量改进政府效率）两个方面进行。

重 点 名 词

公共管理的职能　管理的内部要素　利益集团　政策集团

复习思考题

1. 简述公共管理职能的体系及其特点。
2. 什么是市场失灵？其原因是什么？
3. 政府的职能有哪些？
4. 为什么必须采取市场功能与政府职能相配合的社会治理方式？如何采用这种社会

治理方式？

　　5. 简述政府失败的类型及其原因。

　　6. 如何纠正和防范政府失败？

第四章 公共部门战略管理

第一节 公共部门战略管理概述

一、战略与战略管理概念

"战略"一词来源于希腊语，原意为"将军"，也指为取得军事行动的胜利，制定军事计划和指挥军队的艺术和策略。与此相对应的是"战术"：使具体战斗获得胜利的较低层次的目标。在现代管理科学中，战略这个概念一般指一个组织面对充满各种挑战和机遇的不断变化的环境，为寻求其长期生存和不断发展而作出的总体性规划。本书将其定义为：一个组织在激烈的竞争环境中，为谋求其生存与发展，实现组织的使命和目标，而制定的带有长远性和全局性的关于组织的发展方向和行动方案的谋划。在管理领域中，战略就是一个组织的总目标，它涉及一个时期内带动全局发展的方针、主要政策与任务。从某种程度上讲，战略是运用和管理所有资源达成目标的艺术，而战术则是使用这些资源中的一部分，以获取整体目标中部分目标的达成。

对于战略管理，人们的认识也不尽相同。有的学者从战略管理过程的角度去理解，他们认为："战略管理是指规划、执行、追踪与控制组织战略的过程"。有的学者从战略决策的角度去界定战略管理，认为战略管理通常指四种情况：（1）将对组织未来发展产生冲击的内、外环境进行分析的活动；（2）将整体组织与对其发生冲击的议题进行分析的活动；（3）关注组织目标以及发展方向的战略选择；（4）促进战略有效执行。还有从其他方面去关注战略管理的学者认为："战略管理包括：行动定位；认识设计的重要性；认识人的要素重要性。行动定位是要保证任何文件都有关于执行的内在过程。设计包括'所要求的结果与实现它们的过程要一致'，因而'一个组织通过战略管理过程完成的任务与这些任务完成的快慢，明显取决于其能力，包括人力资源能力和财力资源能力'"。（Eadie，1989，p. 171）

在本书中，我们把它总结为：战略管理是指一个组织在制定和实施关于其未来发展方向、目标和行动方案的规划过程中，所进行的决策、组织、协调、评价和控制等一系列的活动，以及从事这些活动的艺术性和科学性。

中国古代哲学家孔子说过："人无远虑，必有近忧"。对于一个组织来说也是这样，如果一个组织对未来的发展没有一个长远的谋划，那么他的一切活动都将是漫无目的和毫无章法的。结果，组织的事业不但不可能取得长足进步，而且各种问题也会接踵而来。例如，作为一个企业来说，它必须经常考虑的问题是：企业将生产何种新产品或放弃何种现有产品？如何进行产品结构调整？如何合理配置资源？如何组织多元化经营？……要不然企业将迷失方向。随着经济全球化和市场竞争日益激烈的今天，战略管理在现代管理理论和实践中占有越来越重要的地位。

二、战略管理的特征

1. 战略管理是未来导向的，它着眼于长远的、总体的谋略。战略管理为组织未来的发展建立了蓝图。从某种意义上来讲，战略管理是在一个组织的现在和未来之间架起桥梁。通过战略管理、组织管理使得组织成员理解了组织的愿望、使命、目标。也就是说，战略管理通常涉及或关注组织发展的总体格局，关注组织的长远发展。

2. 战略管理是组织寻求成长和发展机会以及识别威胁的过程。战略管理的一个基本宗旨是利用外部机会和化解或回避外部威胁。也就是说，它关注组织外部环境，如政治、经济、社会、文化、人口、技术国际竞争等方面的变化对组织的影响，及时地识别、监视和评估外部机会与威胁。

3. 战略管理是科学性（客观性和规律性）、理论性（逻辑性）、应用性（强调熟练掌握和具体应用）、发展性（要不断总结实践经验和适应经济社会的发展和变化）的统一。

4. 战略管理是直觉和理性分析的结合。战略管理从决策角度可以视为进行重大决策的客观、逻辑的方法，因为它旨在对定性和定量的信息进行分析，以便在不确定的情况下作出决策。然而战略管理不是一种采用精密、明晰方法的纯粹科学研究。经验、判断、感觉甚至直觉都成为战略管理制定中至关重要的因素。

5. 战略管理是一个持续性和循环性的过程。由于组织外部环境是不断变化的，因此战略管理也是一个持续不断的过程。战略管理者要密切关注内、外部环境的变化，预测其发展趋势，以便及时地调整战略管理的目标，使之对内、外部环境的变化应对自如。

6. 战略管理是战略性的思维方式。作为战略管理的战略性思维应当具有以下一些特征：超前意识、长远意识、全局意识、权变意识和创新意识。其中权变意识是指任何理论或成功的经验，都是在特定的时期、条件和环境下得到的，战略决策者必须根据本组织的具体情况、组织文化、目前条件和未来环境的新变化作出权变的决策。

三、公共部门重视战略管理的原因

战略管理，原本在私有部门的管理中受到重视。但是，自20世纪80年代以来，战略管理越来越受到公共部门的重视。学者波兹曼和陶斯曼认为：政府部门必须进行战略管理，才能解决公共部门中所发生的问题，提高公共部门的效率。公共部门之所以将战略管理作为重要的管理工具，是出于以下三个方面的原因：

（一）公众对公共部门的批评

自20世纪80年代早期以来，人们对公共部门的规模和能力不断地提出批评。政府，尤其是官僚机构，总是成为让社区居民感到不满意的一个原因。与此同时，人们又要求政府为他们提供更多的服务。这些都推动了公共部门的改革。然而，这不仅仅是促进了政府的改革，原来的关于公共部门在社会中作用的整个概念也受到了挑战。近几年来，在西方发达国家，人们对于公共部门的批评主要包括三个方面：首先，公共部门的规模受到了批评。这方面的论据是，政府的规模太大了，耗费了太多的稀缺性资源。尽管有的观点认为政府的扩张还在继续，一般来说，现在政府的规模在有些国家事实上正在缩小。削减政府开支在现在几乎成了一个普遍的现象。其次，各国政府对于人们关于政府规模的论证一直在作出反应。人们提出，政府参与的活动是否太多了，其实人们可以有许多不同的选择途径。作为对于这些观点的回应，许多以前的政府活动回归到了民营。尽管人们对 20 世纪 80 年代的英国政府推行的私有化过程尚存争议，但自那以后，这在各国却成为了一个普遍的倾向。在有些国家，包括英国和澳大利亚，特别是在新西兰，那些被认为可以由民营部门来提供的服务，都有可能回归民营部门，具体可以通过承包或者直接售卖的方式。最后，政府的管理方式不断地受到批评，也就是说，官僚主义的管理方式已经成为非常不受欢迎的管理形式。人们越来越认为，官僚机构的服务通常会是平庸的和低效率的。假如有关的服务仍然让政府来提供，那么就需要形成另外的组织手段，而不再是官僚模式。

（二）全球化的作用

世界走向全球化的潮流也影响了公共部门的管理。在公共行政领域，就如同在社会或者科学理论的其他领域一样，观念的传播和技术的影响现在如此快速，乃至国家的界限都变得日趋人工化了。与此同时，在全球层面上展开经济竞争的背景下，政府的效能成了构成国家竞争力优势的一个十分重要的因素。在实践上，存在着广泛的政府政策领域，均以某种方式影响到国家的竞争优势。这些政策领域包括：教育政策、国家预算政策、医疗卫生政策、反托拉斯政策、宏观调控政策、环境政策、财政政策以及货币政策等。在向社会提供的公共服务的质量与国家的经济运营状况之间存在着关联性。一个国家的经济竞争力受到卫生、教育、职业培训、税收管理效率、鼓励中小型企业发展这些状况的影响。例如，教育、卫生、税收、调控、环境、财政和货币政策都对一个国家的竞争力具有重要的影响。这意味着公共部门的官员和管理人员素质及其工作对于一个国家的全球竞争力具有重要作用。所以，人们现在也要求公共服务部门比以往具有更大的创新和效能。假如政府在国家竞争力的提高和走向全球化的过程中有着重要的作用，那么就必须考虑到政府能力的问题。对于政府组织来说，在诸如货币供应、利率、对于资源有效配置、对于突发的通货膨胀或者经济的萧条应付能力等方面，都提出了更加复杂、更加艰巨的挑战。而传统官僚体制的行政模式可能无法提供在这个面临全球挑战的时代所要求的那种能力。这就要求公共部门必须从更宏观的视野、更长远的观点来制定国家发展的战略，制定提升国家竞争力的战略。

（三）技术变革的影响

关于技术变革会带来各种社会变革的看法似乎早就成了一种老生常谈。但是，这里需要强调的是，技术变革的确影响到了管理，尤其是政府的管理。传统的管理模式也是随着笔的发展，然后是打字机技术的进步，逐渐发展和繁荣起来的。在使用笔和打字机的时代，基本上是一张纸或一件公文的办公模式，如果要进行拷贝是颇费力气的。这种技术对于严格的等级体制来说是很理想的。公文按照等级上下传递以获得批准或者提供信息，组织机构也就是在反映这样的情况的基础上设计出来的。然而，在 20 世纪早期设计出来的官僚制度到了 20 世纪晚期，对于快速变化、信息丰富、知识密集的社会和经济来说简直就无法发挥作用。现在，人们可以廉价地收集各种信息和数据并加以传递。可以被转化成为业绩的信息，转过来又使得管理模式分散化。信息技术，尤其是计算机等办公自动化设备的应用，改变了管理，甚至改变了过去的登记管理的模式。文件记录现在越来越多地以电子的方式加以保存，因而可以同时从不同地点获得这些文件。公共交流和沟通也是电子的，有些公务人员可以在他们的家里使用计算机，而不用去办公室，从而，办公室及其管理方式也必然地发生了变化。这方面的变革有可能带来各种好处，如对于信息系统的进一步利用，对于信息系统组织的方式，以及用于公共行政的信息技术的开发等，这些都会造福于公民，也造福于整个国家。因此，公共部门管理的改革和信息学方面的变革必须紧密结合起来，用新型的战略管理来代替越来越不适应技术变革的传统模式。

第二节 公共部门战略管理过程

战略管理可以视为一种客观、逻辑和系统的过程和步骤。对于战略管理的过程，在理论上有不同的划分。有些学者将它分为战略制定、战略实施和战略评价三个阶段；有些学者则将它分为战略调研、战略规划和战略实施三个阶段；管理学家罗宾斯（Robbins）将它细分为：确定组织当前的宗旨、目标和战略；分析环境；发现机会和威胁；分析组织的资源；识别优势和劣势；重新评价组织的宗旨和目标；制定战略；实施战略和评价结果这八个步骤。实际上，战略调研是战略规划的前期工作，而战略评价是为了进行战略控制，战略控制又是为了保证能够按照战略规划的要求进行战略实施。因此，本书从系统的观点出发，将战略管理简单地分为三个阶段：战略规划阶段、战略实施阶段和战略控制阶段。它们之间是相互联系和不可分割的，共同形成一个循环的、持续上升的过程，如图 4-1 所示。

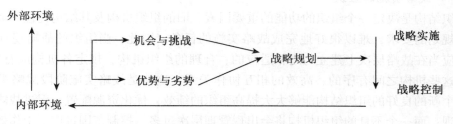

图 4-1 战略管理的过程

一、战略规划阶段

战略规划是在环境分析的基础上研究拟定战略的过程，也是将战略意图转化为战略决策的过程。一般而言，它包括开始制定战略规划并取得一致意见、确定组织的使命、外部环境分析、内部环境分析、确定组织的战略、组织蓝图六个步骤。其中外部环境和内部环境分析也称战略调研。在下一节中，我们将会作出进一步的详细说明。

二、战略实施阶段

战略实施阶段是将战略规划落实、执行和逐步实现战略规划的活动，是战略管理的行动阶段，是一个将战略思想转变为战略行动的过程。战略规划与战略实施之间存在着联系：一方面，实施是规划的执行，没有规划也就无所谓实施；另一方面，在实施过程中往往渗透着规划。因为实施的过程是一个复杂的过程，往往会出现一些意想不到的新情况、新问题影响实施的顺利进行，要解决这些问题就必须根据问题，结合本地区、本部门、本单位的具体情况作出更为适合的规划。因此，规划和实施总是相互联系、相互依存、相互渗透的。另外，它们也有根本性的区别（见表4-1）。

表 4-1　　　　　　　　　　　　战略规划与战略实施的区别

比较项目	战略规划	战略实施
工作阶段	行动之前部署力量	行动中管理和运用力量
工作目标	有效性	效率
工作性质	思维过程	行动过程
工作技能	直觉和分析	激励和领导
工作范围	少数人之间的协调	多数人之间的协调

战略实施的过程主要包括战略实施的组织和战略实施的协调。

（一）战略实施的组织

组织结构是决定一个组织的功能的重要因素。旧的组织机构及其结构往往不能适应新的战略规划的要求，难以很好地完成战略实施的任务。因此，当组织的战略规划制定之后，就应当在战略层次上建立与之相适应的、合理的组织机构，规定各机构应有的职能，并建立这些机构之间有序的、高效的相互协作关系，这就是战略实施阶段战略组织的任务。一个新的良好的组织结构能够大大提高组织的绩效、优化资源配置，促进战略规划目标的实现；而一个不良的组织机构将会出现管理层次过多、控制范围过广、工作效率低下等问题，这些将会极大地阻碍战略规划有效的实施。

一个组织结构的形成包含六项要素，它们分别是：工作设计、形成部门、建立层次结构、分配权责、协调与综合。它们之间相互作用的结果使得组织结构有两方面的内容：首先是具有一定管理职责和权力的一系列的组织机构，这些机构是按照纵向的管理层次和横向的管理领域、管理范围等进行划分所得到的；其次是组织机构之间的横向和纵向之间的相互作用关系，包括协作、协调、领导、参谋，以及物流、信息流、资金流等。因此，战略管理中的组织工作就是设计、建立和调整这种组织机构以及机构间的关联过程，而且，每一个管理层次都有该层次组织结构的管理问题。其中，战略层的组织工作是最为重要的管理过程，它是在战略实施阶段，站在战略管理的高度，根据战略规划的要求，进行全局的组织结构的设计、建立和调整。而中层的战术组织和基层的作业组织必须根据战略组织构架的要求，在较低层次上去落实和组织实施。

（二）战略实施的协调

所谓协调，就是协商问题和调节关系。战略协调是指管理者在安排和落实战略执行活动中，对各要素之间的问题和关系进行协商和调节，使之相互配合，步调一致地实现战略规划的管理过程。它包括制定执行进度、制定有关政策、合理配置资源、修正业务流程、进行激励和约束等。

在战略实施过程中为什么特别需要协调？主要有两个方面的原因：一方面，一个战略管理系统是一个复杂的有机统一体，各部门、各环节的活动具有相对独立性，但又必须密切配合才能发挥较好的整体功能。在战略实施的过程中，战略管理系统是一个动态系统，有投入的人、财、物各要素，活动过程的各环节以及上下级关系、领导与群众等各种关系，必然会产生各式各样的摩擦，需要管理者进行处理和协调；另一方面，一个战略管理系统又面临复杂多变的外部环境，它随时都要反映到系统内部来，影响制约各要素。例如，政治的、经济的、文化的等社会因素和地理的、气候的等自然因素都是处在变化之中，且影响着每一项战略规划的实施，因而需要管理者随时调整内部状况或尽可能改造外部环境以求得内部环境与外部环境的协调一致。因此，协调的存在，既是调整战略管理系统内部各种矛盾的必需，又是调节战略管理系统和外部之间各种矛盾的必需。

三、战略控制阶段

战略控制是一个不断监视和控制战略实施进程，以保证实施结果与战略规划的要求相吻合的过程。它一般是由这样几个步骤组成的，即建立标准、衡量成效、纠正偏差。

（一）建立标准

标准，就是作为一种模式或规范而建立起来的测量单位。它包含两层意思：（1）标准是测量的一种尺度；（2）标准是由权威建立起来的。要建立标准，首先应明确的是标准的范围，即建立什么样的标准才能使控制发挥作用。一般来说，标准的范围应包括组织的几个主要方面的活动和成绩，如市场份额、行业的领导地位、人员发展、雇员态度、公共责任和短期目标与长期目标的平衡等。

（二）衡量成效

衡量成效处于整个战略控制的中间位置。这一步骤实际上是一个比较、测定的过程。它首先对战略执行情况进行评价，并将这些信息反馈给有关管理部门作为分析问题的依据，然后将反馈信息（实际结果）与战略规划的要求（预期结果）进行比较，找出存在的问题和差距。如果实际结果和预期存在差异，则首先要确定偏差是否在允许的范围内，是否对战略实施的效率和效益构成严重威胁。若偏差在允许的范围内，则工作可以继续进行，但也要分析偏差产生的原因，以便进一步把偏差缩小，使工作更加完善；若偏差超出允许范围，则要认真分析偏差产生的原因。有些偏差是由规划或标准制定得过高或过低造成的，有些是由规划实施过程中的问题造成的，还有一些可能是由偶然的、暂时的、区域性因素造成的。

在衡量成效的过程中应当注意以下几个问题：

1. 衡量应当是全面的和多指标的。我们已经知道，战略规划是一个多目标的决策问题,而衡量体系应当根据战略目标体系来制定。因此衡量也应当是多准则的评价问题。例如,不仅要从经济效益去衡量一个组织的战略实施情况,而且还要从组织的抗风险能力、员工的向心力,以及社会经济效益等多方面去考察。

2. 要动态的去衡量战略实施的成效。衡量战略实施的成效必须从短期和长期两个方面来考虑,短期的经营效果并不能表示长期的战略实施的成功;而远大的战略举措也不会很快地在近期取得显著成果,甚至有时还要牺牲近期的利益。因此,一个组织的管理者既不能陶醉于眼前的成功,也不能被暂时的困难吓倒,必须运用动态的观点去衡量战略实施的成效,要根据过去和现在的信息对未来进行预测,这样才能对战略实施的效果给出正确的、有战略眼光的判断。

3. 战略控制是一个多层次的反馈控制过程。在这个过程中,基层管理层检测和衡量后得到的关于战略执行状况的信息,按不同详细程度(综合程度)分别反映到基层管理层、中层管理层和战略管理层中去;中层管理层的检测和衡量后的信息,将根据信息详细程度分别反馈到中层管理层和战略管理层中去;战略管理层的反馈信息将直接反馈到战略管理层中去。各层次根据问题的性质,分别采取相应的管理措施,这就是多层次管理的反馈控制系统。只有这样层层检测、层层反馈和层层调节,才能确保战略规划的最终实现。

(三)纠正偏差

控制的第三个步骤,就是要针对衡量比较的结果,返回到前面战略实施和战略规划阶段的相关步骤,及时采取相应的措施,以保证战略实施的结果和战略规划相一致。这一反馈过程不是一次性完成的,而是要在整个战略实施的过程中不断地进行检测、衡量、反馈、再检测……如此往复进行,直至战略实施过程圆满结束为止。

这一步骤是整个控制过程中的重点步骤。它包含两个方面的内容:纠正实际活动中的偏差以及修正规划和控制的标准。当通过衡量成效这一个步骤后,结果与标准之间的差异就暴露出来了。此时,一方面,应根据差异产生的原因,采取纠正偏差的措施,以缩小实际状态与标准状态之间的差异;另一方面,应该对战略规划和控制标准重新进行审核。因为在制定规划和标准时,常常不可能预计到以后发生的所有变化,总会存在一定的差异,所以管理者要根据新环境和新要求对规划和标准进行修正。

纠正偏差的过程中应该注意以下几个问题:

1. 确定纠正偏差的过程是一个科学决策的过程。采取何种措施来纠正偏差,取决于所出现偏差的性质。而且根据问题的大小,有时只需要在基层或中层进行调整;而对于较重大的问题则需要在战略层进行调整。和战略规划的制定一样,确定纠正偏差措施必须十分慎重。决策者必须认真设计各种可行的备选方案,然后对这些备选方案进行综合评价,以便从中筛选出最佳的纠偏方案。

2. 我们必须注意,经常对规划进行大的修正对整个规划的实现是没有好处的。对此,决策者应持谨慎的态度,并在建立规划、标准时,尽可能增加规划和标准的适应性与弹性,允许规划和标准在一定的范围内波动,以利于控制的顺利进行。

第三节 公共部门战略规划管理

一、战略规划的性质

公共部门采用战略管理的最初阶段旨在规划而非管理。奥尔森和伊迪为其下了定义："战略规划是在宪法规定的范围内，为确定政府行为性质和方向的基本决策所进行的专业性努力。"此定义描述了三点：（1）战略决策是根本性的决策，而不是低层次的决策，低层次的决策采用一般官僚制方法就可以作出；（2）战略决策被特别定义为影响组织行为性质、方向和前途的决策；（3）战略规划的范围受到政治与宪法的约束，这一点是与私营部门最大的不同。

战略规划的结果是形成组织的战略计划。一般来讲，一个好的战略计划包括：（1）战略范围，它规定了本组织与社会环境因素之间发生作用的范围，即说明了要达到哪些方面的目标；（2）资源部署，要阐明如何部署资源；（3）战略范围的机会与威胁；（4）最佳协调作用，在战略范围内，要使资源部署与竞争优势相互协调。

依据学者伊迪的观点，战略规划在公共管理的应用大致分为三层：（1）涉及全国（省）的应用。这种较高层次的应用，通常需要公民广泛参与，而且有赖于各组织之间的合作与协调；（2）以部门为基础的策略性长期规划，关注部门的战略目标与计划；（3）以部门为主的战略议题管理，此种应用是在前面战略计划中选择特定的议题，而非全面性的战略规划。

二、战略规划的过程

图 4-2 显示了一个规范性的战略规划模式。战略规划的过程包括以下几个步骤：

（一）开始制定战略规划并取得一致意见

制定战略规划的目的在于取得主要决策者参与战略规划行为的共识，如战略规划的价值，需要介入的单位和人员，特定的步骤与方法。

（二）确定组织的使命

一个组织的使命包含了组织的哲学（对企业来说，又称经营思想）和组织的宗旨，它是确定组织的目标和战略的依据，是组织不断发展的行动指南。组织的哲学包括组织的价值观、信念和行为准则等内容，它是组织文化的核心部分。一个组织要在事业上获得成功，必须树立一套正确的组织哲学，作为所有成员坚持遵守的信念和行动的准则。尽管一个组织面对不断变化的世界，必须在许多方面随时进行变革，以适应新的环境，求得新的发展，但组织的价值观、信念和行为准则一般是不会轻易变更的。

对于公共组织来说，要确定自己的使命是非常困难的。在公共组织中，目标不明确的现象十分普遍，并且是常常有意而为之，因为，即使不明确的目标不能达到，谁也不能说没有达到目标。这就是如今政府为何常常坚持要准备战略规划的道理。虽然政府官员的介入使得确立目标的内在难度非常复杂，但处于这样一个要求政府制定清晰目标的年代，目标模糊的确是最大的缺点。对任务和目标应加以分析和说明，因为实现任务和目标所具有

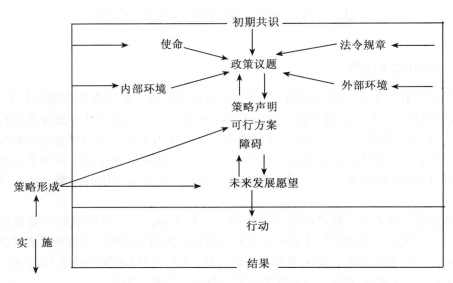

图 4-2　规范性的战略规划模式

的特定手段往往隐含了决定组织该如何行动的因素。显然，很多政府部门不容易确定它们的确切的任务。举例来说，政府福利部门的目标是什么，卫生部门的目标又是什么呢？

战略规划能帮助组织详细说明它们所要完成的任务。按照奥斯本和盖博勒的说法："如果做法适当，明确规定任务可以从上到下使整个组织行动起来。它可以帮助各级人员确定自己是如何工作的。"

（三）外部环境分析

公共部门对外部环境的考虑和私营部门的程序基本相同。整体的经济、社会和政治状况，全球的、社会的和技术变化的三个战略要求以及各种组织在同一个环境中的协调，决定着一个组织所面临的复杂性与不确定性的程度。公共组织生存于机遇与威胁同在的环境中。传统行政模式中的公共组织由于过于封闭，过于关注内部事物而不去考虑其组织如何存在于政府和社会环境中，因而遭到人们的批评。一个完善的战略规划将探讨组织在与其有关的外部环境中所面对的机遇和威胁。环境监测应该关心组织继续生存的威胁，同时也应关注其他有关领域所存在的机遇。公共组织生存于一个威胁确实存在的环境中。完备的规划应指出这些威胁并加以细化。它应超越组织目前生存的环境，而描述出组织在更大范围内的环境中的清晰的、综合的图像。我们一般认为，当公共组织评价外部环境时，它和私营部门基本相同。但是，纳特和贝克沃夫则认为其重点有所差别：SWOT（优势、劣势、机遇、威胁）内容的重要性因部门的不同而存在显著差异。首先，企业具有严格的市场，政治联系淡化。与此相反的公共部门和第三部门的组织，它们关于市场的定义松弛，并通过权威系统施加强制……其次，企业寻求机遇，而公共部门和第三部门的组织却在遭遇威胁的时候才有所作为。这段评论非常深刻。公共部门更可能是被动的而非主动的，更容易对威胁有所反应，这意味着我们可以预见到从战略过程中会产生不同的结果。

（四）内部环境分析

对于一个组织来说，内部环境分析包含以下几个方面：组织结构与各部门之间的关系，管理能力和水平，竞争与适应能力，人力、物力、财力和技术资源，财务与会计，研究与开发，计算机信息系统与自然环境等方面的分析。如果要对正在执行中的战略进行调整，内部环境分析还需要包括对战略目标实现状况的分析。其中，信息制度和会计制度尤其值得注意。

尽管任何好的规划都要求组织进行彻底的自查，但实际上要让组织进行自我批评式的自我检查通常很难，这是由于这种做法往往会被认为是对在职领导的直接批评。但是为了确定一个具有战略意义的规划，这样做是值得的，组织内部任何因素都有可能损害组织完成战略目标与任务的能力，因此必须要进行彻底、仔细的检查。在此基础上，结合上述外部环境分析的结果，我们就可以明确本组织应当如何改进内部条件和管理水平；如何避免外部的风险，应对外部的冲击与挑战以及抓住外部的机遇。这样才能制定出科学、合理的发展战略，才可能使自己的组织立于不败之地，正所谓"知己知彼，百战不殆"。

（五）确定组织的战略

确定组织的战略包括确定备选方案、方案的选定、拟定战略规划这三个方面，这个过程实际上是一个决策的过程。首先，要根据战略目标体系设计出尽可能多的备选方案；然后，将这些方案中不可行的和明显劣质的方案筛选掉；接下来，以目标体系为依据，对剩下的方案进行深入的分析而后评价，确定最佳的战略方案；最后，将这一个方案细化和规范化，就形成了战略规划。在这个过程中，应当注意以下几个问题：

1. 尽可能把各种较好的方案都纳入备选战略，这样才可能选出优秀的战略。

2. 对备选方案进行选择的时候，首先要根据约束条件将不可行的方案筛选掉，然后根据目标体系在剩余的方案中选出最优方案。

3. 战略决策的选择除了"决策的科学化"之外，还要注重"决策的民主化"。在设计备选方案时，要集思广益，充分调动管理人员的积极性，并且还要按照一定的民主程序进行严格审定，切实发挥各个阶层人员的监督、决策作用，避免个人决策所带来的危害。

4. 战略是包含了各个管理领域的长远发展计划的有机集合体。

（六）组织蓝图

这个比任务显得更为模糊，单纯地说，它的意思就是提供一个组织未来的规划、一种蓝图以及对组织前途共同的看法。在英国有着类似的例子，那里的公共组织或者以前的公共组织发布了"公民规章"，用来调节他们与客户之间的关系。这一个步骤在一定意义上是为组织成员提出一个蓝图以协调他们的行为。

三、SWOT 分析与规划战略

SWOT（Strengths，Weaknesses，Opportunities，and Threats）分析是目前战略管理与规划领域广泛使用的分析工具，尤其对那些正在对一个业务进行重新评估的高级管理者是很有价值的，因为它给出了一个自由想象的空间。SWOT 分析的主旨在于给出一个有关组织内外环境、问题的集中图画，并激励组织调动其优势，以便最大限度地利用机会、规避风险。

表 4-2 列举了组织进行 SWOT 分析时一般需要考虑的重要因素。表 4-2 并不是综合性的，还需要考虑其他因素。

表 4-2 SWOT 分析需要考虑的潜在的重要因素

潜在优势（S）	潜在劣势（W）
核心技术	缺少战略指导
资金充足	信息系统落后
良好的顾客认知	控制系统弱
市场占有率高	缺少资金
服务质量高	缺乏管理技能
生产成本低	内部权力斗争
研发机构优秀	营销技能弱
改革记录良好	缺乏原料供应
管理层优秀	成本结构高
专有技术	缺少改革
政治保护	其他
良好的战略	
其他	
进入新的市场	新的低成本竞争者
业务多元化	技术上的替代品
一体化	成长缓慢
高成长预期	汇率变化
出口市场	经济萧条
政府合同	顾客需求变化
法律保护	其他
其他	

企业进行 SWOT 分析并将分析结果用于战略决策，要遵循以下几个原则：（1）使各种优势相互结合、有机联系，在结构上建立耦合关系；（2）扩大优势，使系统功能更加完善，运转更加良性；（3）抓住机会，绕开不利因素的干扰，化解和防范风险；（4）两害相遇，取其轻。具体应用如表 4-3 所示。

表 4-3 SWOT 分析

内部资源分析 外部环境分析	企业优势 （Strengths）	企业劣势 （Weaknesses）
市场机会（Opportunities）	SO—增长战略	WO—扭转战略
市场威胁（Threats）	ST—多元化战略	WT—防御战略

SWOT 分析为组织提供了四种可供选择的战略。

优势—机会（SO）战略。它是一种发挥组织内部的优势而利用外部机会的战略，因而可以采用增长战略。所有的组织及管理者都可以利用自己的优势，并抓住外部环境所提供的机会。组织往往通过采用 WO、ST 或 WT 战略而达到能够采用 SO 战略的状况。

劣势—机会（WO）战略。位于 WO 象限内的组织拥有市场机会，但企业本身不具有优势，因而可以采用扭转战略来改变企业的不利条件。

优势—威胁（ST）战略。位于 ST 象限内的组织拥有内部优势而存在外部威胁，则可采用多元化战略，以分散风险，寻求新的发展机会。

劣势—威胁（WT）战略。它是一种旨在减少内部劣势的同时规避外部环境威胁的防御性战略，一个面对大量威胁和具有许多内部劣势的组织的确处于不安全的境地。

第四节 公共部门战略管理中的问题和对策

一、公共部门战略管理中的问题

战略管理作为一种管理工具，受到政府部门、非盈利部门的重视，并得到了广泛的应用。从实际上来看，战略管理仍然不可避免地存在着一些负面影响。所以本书认为，公共部门在运用战略管理时，至少存在以下困难：

1. 政府官员任期的短期性和行动取向，很难在其任期内形成一套长期有效的战略管理模式。

2. 公共部门受到预算约束，往往不能证明其制定的战略规划是合理而有效的。

3. 战略管理可靠性的分析通常费时、费力，而且现存的一些分析方法不能完全抓住那些无形的东西。

4. 公共部门对问题的解决习惯于层级的、下达文件报告式的正式性的过程。对非正式性、弹性、创造性的过程还不熟悉。

5. 公共部门与私人部门的管理者相比，缺乏完全的自主性与控制力，常常受到众多干扰，这使得公共部门协调任何行动规划时均显得困难重重。

6. 公共部门的功能主要是政治性的，与现实的、理性的环境相反，因此它们往往无法就适当的方案取得一致意见。例如，某纳税团体认为政府的税收方案很慷慨，但另一受惠团体却认为不足。

7. 公共部门自身的特点还容易造成公共部门的工作人员迁就捐赠者或外部利益集团，而随意放弃组织战略管理的目标。

二、公共部门战略管理中的对策

的确，公共部门实行战略管理存在着诸多困难和限制等不利因素。但是这并不意味着公共部门不能实施战略管理。对于公共部门而言，只要做好以下几个方面的工作，战略管理仍不失为一个有用的工具。

1. 公共部门的管理者必须抛弃受任期、预算限制的短期主义的思维方式。打破职责的限制，打破部门主义的限制，从而发展成一种具有全局观、强调整合（Integration）的管理途径。

2. 公共部门必须选择充满朝气和强有力的领导人负责组织工作。在一个公共部门具有多元化目标，并面临着多方面干预时，较好的方法就是选择强有力的人员进入高层管理岗位。西方专家也认为，这类人的特点是：具有将自己的价值观念运用到决策中的决断能力；能充分运用自己的权力作出重要的选择；能施加影响，使其他人员的工作也能体现他的价值观念。其原因是，只有具备这些能力，才能排除众多干扰，确立组织的经营目标，也才能引导组织的变化，推动各种活动的开展。

3. 制定严格的规章制度。对于公共部门的工作人员随意放弃组织战略管理目标的问题，其管理方法是严格地制定涉及组织活动的规章制度，确保组织的活动沿着正确的方向前进。

4. 在战略管理中满意比最佳更重要。因为运用最佳的战略管理有时不仅不符合成本效益原则，还有可能达不到预期的效果。如果用可以接受的战略实现满意的结果，比用最佳的战略而没有实现最佳的结果要好得多，并且更能体现成本效益的原则。

小　　结

战略管理是指一个组织在制定和实施关于其未来发展方向、目标和行动方案的规划过程中，所进行的决策、组织、协调、评价和控制等一系列的活动，以及从事这些活动的艺术性和科学性。战略管理是未来导向的，它着眼于长远的、总体的谋略；是组织寻求成长和发展机会以及识别威胁的过程；是科学性、理论性、应用性、发展性的统一；直觉和理性分析的结合是一个持续性和循环性的过程；是战略性的思维方式。

从系统的观点出发，战略管理可分为三个阶段：战略规划阶段、战略实施阶段和战略控制阶段。它们之间是相互联系和不可分割的，共同形成一个循环的、持续上升的过程。

公共部门采用战略管理的最初阶段旨在规划而非管理。战略规划是指在宪法规定的范围内，为确定政府行为性质和方向的基本决策所进行的专业性努力。它被定义为影响组织行为性质、方向和前途的根本性的决策，并且其范围还要受到政治与宪法的约束，这一点是与私营部门最大的不同。SWOT 分析是制定战略规划的有效方法。

公共部门战略管理虽然有其积极效果，但是也有其缺点。公共部门战略管理的成功取决于诸多因素，如要树立长期观，克服功能性短视，制定严格的规章制度等。

重点名词

战略管理　战略规划　战略制定　战略实施　战略控制　SWOT 分析

复习思考题

1. 何谓战略？它与战术的区别是什么？
2. 何谓战略管理？战略管理有哪些特点？
3. 简要说明战略管理的过程。
4. 战略规划、战略实施和战略控制之间的联系与区别是什么？

5. SWOT 分析包含哪些内容？

6. 举出战略管理的一个例子，说出它的特点和作用。

7. 公共部门如何才能发挥战略管理的重要作用？

8. 现有公共部门的战略管理存在哪些问题？应该如何解决？

第五章　公共部门人力资源管理

第一节　公共部门人力资源管理概述

一、公共部门人力资源管理的内涵

（一）公共部门人力资源管理的概念

所谓公共部门人力资源管理，是指以国家行政组织为主要分析对象，研究管理机关依据法律规定对其所属的人力资源进行规划、录用、任免、使用、薪酬、社会保障等方面的管理活动和过程的总和。

公共部门人力资源管理包括微观和宏观两个方面。微观的公共部门人力资源管理是指每个具体的国家行政组织、政府工作部门，依法对本部门内现实的人力资源进行开发与管理的活动及其过程；而宏观的公共人力资源管理是指为了保证整个公共组织系统工作的性质和人力资源整体结构的相互匹配以及发展的需要，对公共部门内外的人力资源供求状况进行宏观和中长期的统计、预测、规划，制定人力资源管理的基本制度、政策、管理权限和标准，维持公共部门人力资源管理、流动和人才市场的秩序等进行的管理。微观和宏观这两个方面的管理是有机结合在一起的，它们是互为条件、相互保障的，它们共同构成了公共部门人力资源管理系统。

（二）公共部门人力资源管理与传统人事行政管理的区别

容易弄混淆的是，我们在理解这一个概念时，习惯性地将它等同于传统的人事行政管理，这是一个误区。公共部门人力资源管理是基于现代人本主义管理理论而发展起来、从而逐步走向完善的。它与传统人事行政管理有着很大的区别，主要表现在如下几个方面：

1. 管理的观念不同。现代人力资源管理把人力资源看做是资本和财富，更加注重对人力资源的开发和人性化管理。传统的人事行政管理把人力看做是组织的成本，忽略了人力资源能动性的开发。

2. 管理的侧重点不同。现代人力资源管理强调人本主义，认为管理的首要目标是满足人的自由、全面的发展，为其创造各种条件，让其主观能动性和潜力得以发挥。传统的人事行政管理则以事为中心，强调人适应组织，注重事而不注重人的因素。

3. 管理的模式不同。现代人力资源管理是主动的开发型的策略式管理，把人力资源的开发提到战略高度，为提高人的素质和能力而建立相应的一系列机制。传统的人事行政管理则是被动的反应型管理，按照行政性的决策和指示精神进行分配和处理。

4. 管理的方法不同。现代人力资源管理注重管理过程的动态化，把人的录用、使用和培训、考核、激励等全过程有机地结合起来，同时加强同组织内其他部门的紧密联系和沟通。传统的人事行政管理则是孤立的静态管理，把人限定在一个位置上，强调稳定性，在人员的雇用、培训开发、考核、调动、奖励上是分割化的管理。

二、公共部门人力资源管理的性质

公共部门人力资源管理是人力资源管理的一个特定领域，它不仅具有现代人力资源管理的一般性质，还具有本领域内的自身特性。

（一）人力资源管理的一般性质

人力资源管理的一般性质主要包括：

1. 能动性。这是人力资源最首要的特征。人力资源由于自身的意识和思维，使得其具有物质要素所不具备的意志、个性和创造力，能够主动作用于外界，这也是人力资源与一般的物质资源本质的区别。人力资源的能动性使得运用有效的激励手段和开发机制来调动人的积极性成为可能，这也是人力资源管理的目的。

2. 再生性。人力资本的积累和利用有一个循环圈，那就是"劳动力的消耗→劳动力的生产→劳动力的再消耗→劳动力的再生产"，劳动力不断地被消耗，又不断地被生产出来。同时，其再生性也表现为人口的生产与再生产。

3. 时效性。人力资源有自身的生命规律，在生命周期的不同阶段，其劳动能力和开发潜力是有明显差别的。人的青年时代和壮年时代肯定是人力资本和开发潜力最大的时期，在人力资源的开发与管理上，就要注意到这种差异，做到"人成其才，人尽其才"。

4. 社会性。人具有群体性，人类劳动也是群体性劳动，不同的人一般都分别处于各个劳动组织之中，这同时也是经济发展和社会分工的必然结果。人力资源从本质上讲是一种社会资源。

5. 增值性。人力资源是有价值的资源，它可以创造出比人力资源本身价值更大的价值。同时，人力资源的使用也是一个不断补偿、更新、发展和丰富的过程。

（二）公共部门人力资源管理的特性

公共部门人力资源管理的自身性质主要有：

1. 政治性。这一个特性是由公共人力资源在国家和社会中所处的特殊地位和所起的特殊作用决定的。国家行政部门的工作人员掌握着公民和国家赋予的特殊权力，并执行国家的法律和各项政策，在国家和社会的发展中的地位举足轻重。因此，公共部门人力资源必须拥有较高的理论水平、政策水平，同时还要具备相应的法制观念和政治水准。

2. 道德性。公共人力资源主要是政府行政人员，他们代表政府的形象，其行为过程和结果直接关系到政府的信誉。所以，对公共部门人力资源的政治品德和职业操守必须有较高要求，力争做到"任人惟贤"。一般来说，公共部门人力资源的政治素质和道德品质要高于社会人力资源整体的平均水平，具体来讲，就是要有高尚的职业道德、为人民服务的精神、热情的工作态度和良好的工作作风。

三、公共部门人力资源管理的任务

社会环境和经济的发展对政府提出越来越高的要求，它要求政府实行高质量的社会管理、提供完善的社会公共服务。因此，公共部门人力资源管理必须建立良好的管理制度，满足自身的人才需求及公职人员个人成长与发展的需求。为实现上述目标，公共部门人力资源管理工作的基本任务包括：

1. 建立适应市场经济要求的管理机制。这是公共部门人力资源内部管理体制的改革。它要求摒弃传统的人事管理观念，改革陈旧的传统人事行政管理方式，建立适应市场体制要求的、有助于公共部门人力资源开发与管理的现代人力资源管理机制。积极推进公务员制度的改革，在公共部门人力资源管理中引入竞争机制、保障机制、激励机制、更新机制和监督机制等行之有效的管理方法和管理手段，将有利于推动人力资源管理机制的改革与创新。

2. 创造一个人才发展的良好环境。良好的环境是人的生存和发展的必要条件。人力资源管理所营造的好的环境将有助于人力资源的开发与使用。开放自由的环境也可以满足个人追求发展与完善的要求，有利于其创造性和积极性的充分发挥，这也是人力资源科学管理的客观要求和必然趋势。所以，公共部门人力资源管理的基本任务之一，就是要创造和提供一个良好的环境，以推动公共部门人力资源的开发与管理的顺利发展。

3. 加强公共部门人力资源管理的法制化建设。法制化作为现代文明社会的一个基本特征，也是公共部门人力资源管理的目标与任务。加强法制化建设，是为了便于人力资源管理有法可依，有理可循，避免管理过程中的失误与偏差，使之遵循公正、公平、公开的原则。同时也是为了规范人的行为，有利于保持公务人员的清正廉洁，杜绝其危害社会的行为。

4. 建立一套科学完善的管理办法。科学的管理机制必须配以科学的管理手段和管理方法才能发挥作用。长期以来，在传统的人事行政管理过程中，我们一直沿用一种经验式的管理方法，单纯地依靠管理人员的经验和悟性以及行政命令来办事，缺乏行之有效的经济手段和经济方法。在市场环境下，这是缺乏科学性的，也不能适应人力资源科学管理的要求。因此，要使公共部门人力资源的管理更加科学化、合理化和现代化，必须建立与之配套的科学而完整的人力资源管理方法与管理手段。

第二节　公共部门人力资源开发的概念和主要内容

公共部门人力资源是最宝贵的财富，是政府生产力的第一要素。因此，增强人力资源素质、提高人力资源开发水平成为当前发展经济、提高竞争力的需要。

一、公共部门人力资源开发的含义

公共部门人力资源开发是指在行使国家行政权力、管理国家和社会事务的过程中，为充分有效地发挥公共部门人力资源对社会进步和经济发展的积极作用而进行的资源配置、素质提高、能力利用和开发规划等一系列活动。对这一个概念的把握可以从以下几个方面着手：

1. 要发挥公共部门人力资源在公共管理中的积极作用，进行正向开发，提高其素质。

2. 通过教育和培训的手段，全面提高公共部门人力资源各方面的素质，并通过合理配置、流动和激励等手段，使其达到最大限度的职位匹配、结构优化。

3. 要把公共人力资源配置到合适的岗位，使得"能者在其位，贤者在其职"，做到人尽其才。

4. 充分有效是指数量上的充分在岗，避免不合理的闲置和浪费；对人力资源的使用要合理，注重长期效益。

5. 评价公共部门人力资源开发现状，预测和平衡公共部门人力资源的供求关系，以较少的投入产生最大的效益。

二、公共部门人力资源开发的主要内容

（一）预测与规划

公共部门人力资源的预测与规划是指对未来一定时期内公共部门人力资源的需求数量、需求质量和需求结构进行推测，并制定规划使公共部门人力资源的供求相适应的过程。这个环节是公共部门人力资源的教育与培训、选拔与使用、配置与管理等工作的前提与依据，为此必须把握：（1）要达到科学的决策，必须有科学的预测，要做好基础性、前提性的统计；（2）规划以预测为基础，需要与可能相平衡，人力资源的结构与经济结构相适应；（3）要做到运行有序和有效，必须科学地量事育人、用人。

（二）配置与管理

公共部门人力资源的配置与管理，是指把选拔出来的优秀人才配置到适当的岗位上，实现人与事的最佳结合，并加以科学化和法制化的管理。通过人力资源合理的配置与管理，可以避免人浮于事、用非所学，做到专才专用、通才通用，从而最大限度地发挥人力资源的积极作用。为此需要把握的几点是：（1）个体和整体要适宜，即通过科学化和法制化的管理，达到个体适合群体、群体适合整体的目标与要求；（2）人力资源的能力层次与职位层次要相对应，即个体素质能力的层级要与配置或落实到具体单位的岗位或职位相适应。

（三）教育与培训

教育与培训是公共部门人力资源开发的一个主要内容，是根据经济和社会发展的需要，按照不同岗位的要求，有计划、有组织地开展旨在提高公务人员的智力水准、政治和业务素质以及价值观念转变的一个训练活动和提高过程。教育与培训是开发人的智力、提高技能的基本途径，是提高公共部门人力资源素质的有效环节，也是实现知识更新、迎接新科学技术革命挑战的重要措施，是国家经济繁荣、社会发展、人才兴旺的重要保障。对公共部门人力资源的教育与培训要有重点，有的放矢，突出博而专的知识结构与综合应用能力、吸收借鉴能力以及消化与转化能力。另外，教育与培训要具有一定的超前性，绝不能临时抱佛脚，要有长远打算，从长计议。

（四）选拔与使用

选拔与使用是指通过一定的程序与鉴别，把符合一定要求的人选拔出来，加以利用，并给予相应的职责和权力，使其积极有效地发挥作用。人力资源的科学选拔和合理使用，有以下积极作用：（1）使人才有用武之地，有利于人力资源积极性与创造性的良好发挥，促进个人的发展；（2）政府聘用高素质的人才，有利于提高政府的工作效率，较好地发

挥行政效能；（3）对周围的人与事产生连锁反应，形成承前启后的"人才链"、"人才团"。

第三节　我国公共部门人力资源开发的问题和对策

众所周知，物质资源的开发终究是有限的，而人力资源特别是人的智力开发是无限的，这取决于人力资源的本质属性。当前，人力资源的开发与利用正成为现代社会经济发展的主要动力，是社会进步、国家强盛的主要标志。

一、我国公共部门人力资源开发存在的问题

世界各国经济发展的经验表明，优先发展人力资源是国家发展的成功举措。而对人力资源开发重要性的认识，在我国仍相当肤浅，存在的问题是很明显的。

第一，现代人力资源开发与管理意识不强。这主要表现在：在人力资源开发理念上，还没有真正意识到人力资源开发的重要性和紧迫性，没有把人力资源开发作为一项重要工作来抓，仍然沿用传统的人事行政管理，甚至存在将人力资源开发与管理同传统人事行政管理等同起来的现象，在实际中贯彻的仍是老一套的做法。

第二，在人力资源开发的技术方面，人才测评、绩效考评、薪酬管理等内容的激励机制不完善；科学、量化的考核体系缺乏；人员的选拔、聘任、培训、晋升等工作因缺乏科学的依据而执行起来比较困难；"干部能上不能下"、"人员能进不能出"的局面还没有彻底扭转，公务人员工作积极性和创造力得不到应有的发挥，政府行政效率有待进一步提高。

第三，公务人员的教育与培训的针对性和实用性不强。公务人员的教育和培训目标不明确，培训的内容不能较好地与经济和社会发展的需要以及公共管理的要求结合起来。培训的短期行为极为严重，许多都只是应付形式，没有什么实质内容，公务人员没有通过培训真正学到东西。这些现象都将不利于公共部门人才的发展。

第四，公共部门人力资源结构有待改善。公共部门人力资源合理流动、优化配置以及良好的人才结构是政府效率的可靠保障。由于目前政府部门人才流动体制还不完善、人才流动性不大，导致人才结构的不平衡。从政府内部来看，人与事不能很好地结合起来，人力资源的能级与层级不能合理匹配，公务人员的潜能得不到应有的开发，其才能得不到充分的利用，政府行政效率不高，很难与日益变化的外部的社会经济环境相适应。从全国的地区结构来看，主要表现为东部地区与中西部地区的不平衡，"孔雀东南飞"现象比较普遍，中西部地区经济相对落后却缺乏中高级政府人才，这种状况的存在将对于中西部地区更加不利。

二、加快我国公共部门人力资源开发的若干对策

加快我国公共部门人力资源开发总的要求是，站在国民经济与社会发展全局的战略高度，坚持正确的指导思想与原则，制定可行的任务，采取有力的措施，稳步推进，取得实效。

（一）在思想上提高对公共部门人力资源开发重要性的认识

当前国际竞争的实质是综合国力的较量，最根本的还是要归为人才的竞争。对人力资源问题的重视程度，直接影响到人力资源的开发，从而影响到人才的竞争；在人力资源方面，我国具有显著的优势。从这两个方面来看，我们有必要从保持国家兴旺发达、关系社会主义现代化建设事业成败的高度来加强对公共部门人力资源开发重要性的认识，增强责任感、紧迫感，自觉地把整体性公共部门人力资源的开发工作摆上重要的位置，提上议事日程。

（二）加大对公共部门人力资源教育与培训的力度

教育和培训是提高人的素质的最基本的途径，也是公共部门人力资源开发的重要手段。要把对人的教育与培训看成是最值得的、效益最大的投资，可以采取如下措施：（1）加大对教育与培训的投资。这是因为人力资源的发展是社会或个人投资的结果，人的素质的高低取决于投资的多少。（2）教育与培训要有一定的原则，讲求针对性。要根据公共部门人力资源的特点，贯彻理论联系实际、按需施教、讲求实效的原则，对人力资源进行培训；同时，培训工作要紧密结合经济、社会发展的需要以及自身职位的特点，努力培养素质全面而适用的人才。（3）采取多样化的培训方式。要针对人力资源的不同特点，采取不同的切实可行的培训方式，如实行长短期结合、正常培训与继续教育同步、在岗与脱产并举等。

（三）科学合理地整合公共部门人力资源结构

一是要合理配置地区人力资源，以促进区域经济协调发展。其重点是加大中西部地区人力资源的开发力度，在立足培养当地人才的基础上，积极地引进外地人才。同时，在人才自由流动方面，要出台优惠政策，吸引东部地区的人才，调整人才余缺。

二是要以社会发展、经济结构为调整的导向，合理调整公共部门人力资源结构。既要重视现有人力资源的开发，又要重视超前培养后备人才资源；既要重视初级和中级人才的开发，又要注重高级人才的开发；既要重视物质层面的开发，又要重视精神层面的开发，从而形成全方位、多层次的公共部门人力资源开发体系。

（四）拓展公共部门人力资源开发的社会化途径

要拓宽人力资源开发领域，使公共部门人力资源开发的范围由部门、单位或地区转向社会，动员全社会的力量，共同开发公共部门人力资源。要利用全社会多渠道、多类型的投资及多层次、多样化的开发途径，加大公共部门人力资源开发的广度和深度，形成有社会广泛参与、整体运筹、积极稳步推进的开发体系。

（五）提供公共部门人力资源开发的制度保障

加快公共部门人力资源开发，关键是要创造一个公平、平等、竞争、择优的制度环境，建立一套能上能下、能进能出、充满生机与活力的管理机制，形成一套法制完备、纪律严明的监督体系，以充分发挥公务人员的积极性与创造性。

第一，进一步抓好公务人员的管理。其重点是考试录用、职务升降、竞争上岗及辞职辞退等制度；并尽快建立公务人员的测评系统，使之与人才开发、流动、使用相配套，通过先进的科学手段和完整的测评体系，达到人尽其才、才尽其用的目的。

第二，营造"公开、平等、竞争、择优"的用人环境。逐步推行个人择业的双向选择制、用人单位的聘任制。按照党和国家的有关规定，逐步推广公开竞争、择优录用的用人机制。

第三，建立人力资源流动机制。人力资源的使用权和所有权是可以分离的，而作为一种最具活力的资源要素，应该允许人力资源自由流动。要促进这种要素的流动性，必须依赖制度的可靠性。应逐步打破人才流动中不同所有制和不同身份的界限，促进人力资源在不同地区、部门和行业之间的流动，建立人事争议仲裁制度，妥善解决人才流动争议，切实保障和维护人才与用人单位的合法权益。

第四节　国家公务员制度

一、西方国家公务员制度的形成与特点

(一) 国家公务员及国家公务员制度的概念

所谓国家公务员，是指代表国家从事社会公共事务管理、行使行政职权、履行国家公务的人员。公务员概念的外延有狭义和广义之分。广义的公务员是指政府中行使行政权力、承担政府公务的所有公职人员，包括通过选举产生的非常任的政府官员和通过非选举产生的常任的政府公务人员；狭义的公务员则特指通过非选举产生的政府公务人员。

在我国，根据国家 1993 年颁发的《国家公务员暂行条例》的规定，国家公务员具体指国家行政机关中除工勤人员以外的工作人员，相当于我们过去所说的"国家行政机关干部"。这是根据我国国情，结合建立公务员制度的目的而确定的。

所谓国家公务员制度，是对国家公务员进行管理所依据的法律、法规和规章的总称。建立和推行国家公务员制度，就是通过制定法律、法规和规章，对政府机关行使国家权力、执行国家公务的人员，依法进行科学管理。

(二) 西方国家公务员制度的形成

西方国家公务员制度是资本主义发展和政治斗争的结果，它产生于 19 世纪中叶的英国。随着当时资本主义经济的发展，为了满足进一步向外扩张、掠夺资源，推行自由贸易政策的要求，占统治地位的资产阶级要求政府进行机构改革，以提高政府效率。与此同时，随着选举制度的推广，在资本主义的政党制度下，执政党的更迭和内阁的变动比较频繁。执政党本着"战利品归胜利者所有"的观念，大量更换政府其他党派的公职人员，同时任命本党成员，形成所谓"政党分肥制"，从而使得政府效率低下，腐败现象丛生，严重损害了资产阶级的整体利益。在这种情况下，本着"机会均等"的原则，要求改革政府用人机制的呼声日益强烈，以英国为首的公务员制度便产生了。

总的来看，西方国家公务员制度的形成大致有三种情况：

1. 在反对"恩赐官职制"的过程中逐步确立国家公务员制度。其突出代表是英国。英国在资产阶级革命以前，官吏由封建制的国王或君主任命。资产阶级革命以后，官吏和公职人员的任命又成为执政党攫取党派利益的工具。在政治民主化的呼声下，英国改革任用制度，于 1853 年提出考试任用制度。

2. 在主要反对"政党分肥制"的过程中建立国家公务员制度。其典型代表是美国。

在两党制的政党制度下，美国的民主党和共和党轮流执政。每一届政府更换时，执政党都立即安插本党派成员担任政府公职，以获得本党派的利益。从 1840 年开始，美国社会各界反对这种"政党分肥制"的要求越来越强烈，当时在小范围内已经出现了考试任用政府公职人员的试验。1883 年，美国国会通过了《彭德尔顿法》，正式提出了建立公开考试、择优用人的制度，这就构成了美国文官制度的基础。

3. 第三种情况是模仿美国和英国建立本国的国家公务员制度。这些代表国家主要有日本、德国、法国等。

西方国家公务员制度的逐步形成是时代的进步，它反映了社会发展的客观要求，是政治民主建设的一大进步。在长期的发展过程中，国家公务员制度吸取各国人事管理的经验而得到不断完善，已形成相对稳定的原则与基本内容。

（三）西方国家公务员制度的基本特点

西方国家公务员制度产生以后，西方各主要资本主义国家先后建立起符合本国国情、各具特色的公务员制度。它们经过长期历史的发展，至今已相当健全，体现出一些共同的特点：

1. 公务员管理制度法制化。在现代西方国家，公务员的管理都走上了法制化的轨道。国家公务员的地位有法律依据，所行使的权力由法律赋予，所尽的责任与义务由法律规定。公务员执行各项工作时，只对法律和职位负责，而不对任何政党或个人负责，任何党派或个人都不得介入或干涉公务员依法实施的行政行为。同时，公务员的任何行政行为必须在法律和法规限定或行政授权范围内，而不得越权行使，否则将受到法律制裁和行政处罚。

2. 公务员实行分类管理。国外公务员的分类管理主要分为两种：一种是职位分类管理，它因事而分，根据职务或岗位的客观需要进行分类，因事设职、按职择人，人尽其才，强调专才专用，重视科学的管理与效率。另一种是品位分类管理，因人而分，主要依据公务员的个人条件，如依据个人资历、学历、年龄等进行分类，因人设职。品位分类法具有官与职分开的特点，官阶标志着品位等级，代表地位高低、资格深浅、收入多寡；职位标志权力等级，代表职位大小、职责轻重、任务繁简。

这两种分类管理方法各有优劣。但在社会经济发展和科技进步的过程中，品位分类逐渐暴露出其不足之处。职位分类代表了现代西方国家公务员制度发展的方向，被更多的国家所接受。

3. 公务员职务常任和政治中立。职务常任是指公务员"无过失不受免职处分"的任职制度；政治中立是指法律禁止公务员从事某些政治活动，如不得兼任议员，不得参加政党或工会，不能接受政治捐款，不得对政党或政治团体提供援助，不得对政党之争发表政治见解等。

事实上，西方国家的公务员分为政务类和事务类两种。政务类公务员由选举产生，有一定任期，随政党竞选的胜败而进退，职务常任与政治中立不适用于这类政务类的公务员。而事务类公务员则通过公开考试，择优录用，适用这两种制度。

4. 实行公开、平等、竞争和择优录用的原则。这是国家公务员制度的基本原则，也是政治民主化的体现。公开就是公开公务员管理的各个环节，接受群众监督；平等就是在公务员的考试、录用、晋升等方面一律平等，不因性别、种族、出身等原因而遭受不平等待遇；竞争与择优录用就是把竞争引入到公务员制度中，实行优胜劣汰，便于优秀人才脱颖而出。

5. 实施功绩制原则。功绩制就是以公务员实际的工作成绩作为对其评价的依据。这意味着把公务员的职务升降、工资待遇以及奖惩等建立在公务员的工作成绩上。它有利于激励公务员勤奋工作、不断创新，充分调动公务员的积极性，提高政府工作效率。

二、我国公务员制度的建立与基本内容

我国国家公务员制度，是社会主义的政府机关干部人事制度，它继承和发扬了党和国家干部人事工作的优良传统，总结吸收了十几年来干部人事制度改革的经验，同时也借鉴了外国公务员制度中的一些有益的科学管理办法。

（一）我国公务员制度的建立

我国国家公务员制度是在原有的干部人事制度的基础上发展起来的。

原有的干部人事制度形成于革命战争年代。这种制度在当时的历史环境下，对于巩固人民政权、恢复国民经济、建设社会主义等方面都发挥了巨大的作用。但在党的十一届三中全会以后，随着经济体制改革的全面展开和政治体制改革的不断发展，我国的国情发生了很大的变化，干部人事管理制度的弊端很明显地暴露出来了。党政机关长久以来就缺乏严格的自上而下的行政法规和责任制，干部的录用、奖惩、退休、淘汰等机制缺位，导致干部能进不能出，能上不能下；在管理上，方式单一，权限过于集中，法制程度不高。而这些带来的后果是政府机构臃肿、层次重叠、人浮于事、效率低下、干群关系恶化、腐败现象严重。因此，改革传统的人事干部制度势在必行。

正是在这种历史背景下，邓小平同志于 1980 年提出了"坚决解放思想，克服重重障碍，打破老框框，勇于改革不合时宜的组织制度、人事制度"的号召。在这个指导思想下，我国对干部人事制度进行了大量的改革探索，取得了很大的成绩：确立了干部人事工作新的指导思想和干部"四化"方针；建立了老干部离退休制度，实现干部的新老交替；确立了干部分类管理体制；实行干部的考任制度等。这使得我国干部人事制度开始向法制化、科学化方向发展。

总结改革经验后，为了全面进行我国干部人事制度改革，党中央又于 1984 年提出要搞好干部人事方面的立法工作。同年，中央组织部和原劳动人事部着手起草《国家工作人员法》，1985 年改为《国家行政机关工作人员条例》。党的十二届六中全会后，政治体制改革研讨小组成立，下设干部人事制度改革专题组，在提出建立国家公务员制度的基础上，对《国家行政机关工作人员条例》进行修改并改名为《国家公务员暂行条例》。在党的十二届七中全会上，建立国家公务员制度的提议获得通过，后来又将它写入党的十三大报告。1988 年，我国公务员制度从理论探讨、法规起草进入实践探索阶段；1989 年开始，首先在国务院的六个部门进行公务员制度的试点工作；1990 年，又在哈尔滨、深圳试点。在此期间，国家在全国范围内就公务员条例广泛征求意见。1993 年 8 月 14 日，国务院正式发布《国家公务员暂行条例》，自同年 10 月 1 日起实施。这标志着我国干部人事制度的建设进入了一个全新的时期，国家公务员制度从此将不断走向完善。

（二）我国公务员制度的基本内容

我国国家公务员制度是一套完整的国家行政机关工作人员管理体系，其基本内容主要包括公务员的义务与权利、职位分类、录用、考核、奖励、纪律、职务升降、职务任免、培训、交流、回避、工资保险福利、辞职与辞退、退休、申诉与控告、监督16项。

1. 公务员的义务与权利

公务员的身份一经确立，就与国家产生了一定的义务与权利关系。公务员义务是指国家法律对国家公务员必须作出或不得作出一定行为的约束与强制，即国家通过法律规定公务员所应履行的某些责任。它主要包括如下几项：（1）遵守宪法、法律和法规；（2）依照国家法律、法规和政策执行公务；（3）密切联系群众，倾听群众意见，接受群众监督，努力为人民服务；（4）维护国家的安全、荣誉和利益；（5）忠于职守，勤奋工作，尽职尽责，服从命令；（6）保守国家秘密和工作秘密；（7）公正廉洁，克己奉公；（8）宪法和法律规定的其他义务。

公务员权利是指国家法律规定的公务员在执行国家公务的过程中，可以履行职责，行使权力，并要求他人作出某种行为或抑制某种行为的权力。公务员权利主要包括：（1）非因法定事由和非经法定程序不被免职、降职、辞退或者行政处分；（2）获得履行职责所应有的权力；（3）获得劳动报酬和享受保险、福利待遇；（4）参加政治理论和业务知识的培训；（5）对国家行政机关及其领导人员的工作提出批评和建议；（6）提出申诉和控告；（7）依照本条例的规定辞职；（8）宪法和法律规定的其他权利。

2. 职位分类

分类是管理的基础，没有科学的分类就没有科学的管理。职位是由上级组织分配给每一个工作人员的职务和职责。职位分类是以职位为对象，以职位的工作性质、难易程度、责任大小及所需资格为评价因素，把职位分成不同的类别和等级作为人事管理基础的一种人事分类方法。我国职位分类制度的主要内容有：

一是设置职位。它是指在对行政机关的职能进行分解的基础上，根据编制数额确定每个具体职位的工作。

二是制定职位说明书。职位说明书是综合说明某一个职位的工作性质、任务、职责以及任职资格条件等内容的规范性文件。它是在职位调查、分析和评价的基础上制定的，其内容包括：职位名称、所在单位、工作项目、工作描述、所需知识结构和工作标准等。

三是确定公务员级别。公务员的级别共分为15级，分别与公务员的12个职务等次相对应，并且上下职务等次的级别之间相互交叉，每一个职务对应1~6个级别，职务越高对应的级别越少，职务越低对应的级别越多。职务与级别的对应关系是：

1）国务院总理：一级；

2）国务院副总理，国务委员：二至三级；

3）部级正职，省级正职：三至四级；

4）部级副职，省级副职：四至五级；

5）司级正职，厅级正职，巡视员：五至七级；

6）司级副职，厅级副职，助理巡视员：六至八级；

7）处级正职，县级正职，调研员：七至十级；

8）处级副职，县级副职，助理调研员：八至十一级；

9）科级正职，乡级正职，主任科员：九至十二级；

10）科级副职，乡级副职，副主任科员：九至十三级；

11）科员：九至十四级；

12）办事员：十至十五级。

四是对职位的管理。国家行政机关的职位设定以后，应保持相对的稳定，不能随意变化。但由于工作需要，也可增设、减少或变更职位，此时须说明理由并报有关部门批准。

3. 录用

公务员录用制度是指根据国家行政机关管理的需要，依照法律规定的程序，将符合一定条件的人员录用为公务员，使其担任某种行政职务的制度。录用制度是整个公务员制度的首要环节，是公务员队伍的入口，它对于提高公务员队伍的素质，实现公务员队伍的优化、精干，对于促进人才的成长和优秀人才的脱颖而出，对于加强行政机关的廉政建设都具有非常重要的意义。

国家公务员录用制度要坚持一定的原则，主要包括公开原则、平等原则、竞争原则和择优原则；公务员录用的标准是德才兼备，其中"德"是指政治思想表现和道德品质，"才"是指本领，包括文化水平、业务知识和工作能力；公务员录用的方法主要是笔试、面试、模拟演作考试和技术操作考试；公务员录用一般采取职业资格考试的方式，其主要内容包括知识测验、能力测验和心理测验；关于公务员考试的组织工作，分中央和地方两个大的层次，分别由国务院人事部门和省级人民政府人事部门负责。在具体的工作中，主管机关可以根据需要，以委托的形式，让同级政府工作部门或下级人民政府人事部门办理。

4. 考核、奖励与纪律

公务员的考核通常是指国家主管机关依据有关法律和法规对公务员的工作表现和工作成绩进行考察评价的行政组织活动。对公务员实行考核，是为了更全面地了解公务员的素质，以便发现和选拔优秀人才，同时也是为公务员的奖惩、培训、辞退等管理工作提供依据，还可以充分发挥公务员的工作积极性。公务员考核的内容涉及德、能、勤、绩四个方面，"德"是指政治思想表现、工作作风、职业道德和品德修养；"能"是指基本能力和应用能力；"勤"是指事业心、工作态度和勤奋精神；"绩"是指工作实绩，包括完成的工作量、质量、所产生的效率。

公务员奖励是指国家行政机关依据公务员管理法规，对在工作中有显著成绩和贡献以及其他突出事迹的公务员给予一定奖励的制度。这可以起到鼓励先进、鞭策后进、进一步激发公务员的积极性、发挥其潜能的作用。对公务员的奖励坚持精神鼓励和物质鼓励相结合、以精神鼓励为主的原则；同时，在工作中，必须坚持公开平等、实施得当的原则以及奖励及时、注重实绩的原则。公务员的奖励可以分为五种：嘉奖、记三等功、记二等功、记一等功、授予荣誉称号等。

公务员纪律是国家行政机关为维护公务员队伍的正常秩序，保证正常地开展工作而制定的指导、调整、规范公务员行为的准则，是公务员必须遵守的行为规范。公务员的纪律包括政治纪律、工作纪律、廉政纪律、社会公德。政治纪律指公务员在政治方面必须遵守的行为规范，如不得散布有损政府的言论、不得组织和参加非法组织等；工作纪律指公务员在执行公务时必须遵守的准则，如不得玩忽职守、贻误工作、不得对抗上级决议和命令等；廉政纪律指公务员在执行公务时必须秉公执法、为政清廉，如不得贪污、行贿、盗窃等；社会公德是指公务员不得参与或支持色情、吸毒、迷信、赌博等活动。根据我国《国家公务员暂行条例》的规定，具体来说，我国公务员纪律包括如下禁止内容：

（1）散布有损政府声誉的言论，组织或者参加非法组织，组织或者参加旨在反对政府的集会、游行、示威等活动，组织或参加罢工。

（2）玩忽职守，贻误工作；

（3）对抗上级决议和命令；

（4）压制批评，打击报复；

（5）弄虚作假，欺骗领导和群众；

（6）贪污、盗窃、行贿、受贿或者利用职权为自己和他人牟取私利；

（7）挥霍公款，浪费国家资源；

（8）滥用职权，侵犯群众利益，损害政府和人民群众的关系；

（9）泄露国家秘密和工作秘密；

（10）在外事活动中有损国家荣誉和利益；

（11）参与或者支持色情、吸毒、迷信、赌博等活动；

（12）违反社会公德，造成不良影响；

（13）经商、办企业以及参与其他营利性的经营活动；

（14）其他违反纪律的行为。

对在履行国家公务过程中玩忽职守、贻误工作、违法乱纪的公务员，要给予相应的行政处分，构成犯罪的，还要受到刑事处罚。对国家公务员的行政处分主要包括警告、记过、记大过、降级、撤职、开除六种。对违纪的公务员进行必要的行政处分，有利于维护纪律的严肃性，有利于严格规范公务员行为，保证国家行政机器正常、高效和有序的运转。

5. 培训、交流与回避

国家公务员培训，是指国家行政机关根据国民经济和社会发展的要求，通过各种形式，有计划、有组织地对国家公务员进行的政治理论、文化知识、科学技术、操作技能等方面的培训和训练。这是适应新的经济发展要求，建立优质、高效、廉洁的公务员队伍，加速我国行政管理科学化进程的必需。依据《国家公务员暂行条例》的规定，我国公务员培训主要包括四种类型：对新录用人员的培训、专门的业务培训、在职公务员更新知识的培训以及晋升领导职务的任职培训。

国家公务员交流，是指国家行政机关根据工作需要或公务员个人的愿望，通过法定形式，在行政机关内部变换公务员的工作职位，或把公务员调出行政机关任职，或将行政机关以外的工作人员调入行政机关担任公务员职务的一种人事管理活动。将公务员交流的有关事项用法定的形式确定下来，从而保证贯彻实施，这就形成了公务员的交流制度。

公务员的交流形式，包括调任、转任、轮换和挂职锻炼四种。调任是指国家行政机关以外的工作人员调入行政机关担任领导职务或助理调研员以上非领导职务，以及公务员调出行政机关任职；转任是指国家公务员因为工作需要或其他的正当理由而在行政机关平级调动（包括跨地区和跨部门）；轮换是指国家行政机关对担任领导职务和某些工作性质特殊的非领导职务的公务员，有计划地调换职务任职；挂职锻炼是指国家行政机关有计划地选派在职公务员在一定的时间内到基层机关或企业、事业单位担任一定职务，锻炼期间不改变与原单位的人事行政关系。

通过交流，有利于开阔公务员视野，丰富其实践经验，更新其知识，提高其管理水平；可以对公务员的工作和职位进行必要的调整，达到人与事的最佳结合，提高工作质量和效率；有利于实行公务员的回避制度，加强公务员队伍的廉政建设，防止错综复杂的关系网的形成；有利于发挥公务员的潜在能力。

公务员回避制度是以亲属回避为核心，旨在限制亲属干扰的一种人事管理制度。《国家公务员暂行条例》对国家公务员回避的种类、回避的亲属范围作了规定。回避的种类包括职务回避、公务回避和地区回避。职务回避是指有一定亲属关系的公务员，在担任某些关系比较密切的职务时，要进行回避。具体而言，公务员之间有夫妻关系、直系血亲关系、三代以内旁系血亲以及近姻亲关系的，不得在同一个机关担任双方直接隶属于同一个行政首长的职务或直接有上下级领导关系的职务，也不得在其中一方担任领导职务的机关从事监察、审计、人事、财务工作。公务回避是指国家公务员在执行公务时，涉及本人或与本人有亲属关系的人员有利益关系的，必须回避。地区回避是指在一定级别的政府中担任一定领导职务的公务员，要进行籍贯回避。

公务员回避制度是公务员管理的重要制度。它的建立可以有效地防止因亲属关系给国家管理所带来的种种弊端，为国家公务员公正廉洁、依法执行公务创造条件，对于加强机关管理、提高行政效率等具有十分积极的作用。

6. 工资、保险和福利

公务员的工资是政府机关以货币或实物形式支付给公务员的劳动报酬。工资制度作为社会的分配方式，是有关工资形式、工资标准和工资支付原则、办法的总称。目前，我国国家公务员实行职级工资制，根据公务员不同的职务、级别、实际贡献等来确定公务员工资标准。职级工资制由职务工资、级别工资、工龄工资和基础工资四个部分组成。其中，职务工资是按照公务员所担任的职务高低、责任大小和工作难易程度的不同，分别确定工资标准；级别工资是按照公务员的职务和资历来确定的；工龄工资是按照公务员参加工作的年限，以每一年限确定一个工资标准来计发的工资；基础工资是以一个相对的年份中能大体维护公务员本人基本生活必需品的费用，并适当考虑其赡养人口的因素的标准来确定的。在这四个组成部分中，职务工资和级别工资是工资构成的主体。除此以外，把对公务员实行奖金和津贴制度作为公务员工资制度的补充形式。

公务员保险制度，是指对因生育、年老、疾病、伤残、死亡等原因，暂时或永久丧失劳动能力的公务员，国家依法给予物质帮助的一种保障制度。公务员的保险制度主要包括生育保险、养老保险、疾病保险、伤残保险和死亡保险。建立和实施公务员保险制度，对于保障公务员的基本生活，解除他们的后顾之忧，调动他们的工作积极性，促进经济的发展和社会的稳定等，都具有重要的作用。

　　公务员福利制度是国家和单位为解决公务员生活方面的共同需要和特殊需要，在工资之外给予经济上的帮助和生活上的照顾的制度。其主要内容包括福利费制度、探亲制度、冬季宿舍取暖补贴制度、上下班交通补贴制度和休年假制度等。建立公务员福利制度，有利于改善公务员的工作生活条件，减轻其经济负担和促进其身心健康，从而有利于稳定公务员队伍，调动他们的工作积极性，从而提高工作效率。

　　7. 辞职辞退、退休与申诉控告

　　公务员的辞职是指国家公务员根据本人的意愿，依照法律规定，辞去现任职务，解除或部分解除其与国家行政机关权利义务关系的一种行为。根据《国家公务员暂行条例》的规定，对于公务员的辞职有下列情况的限制性条件：①在涉及国家安全、重要机密等特殊职位上任职以及调离上述岗位不满解密期的国家公务员；②正在接受审查的公务员；③未满规定的服务年限的公务员。同时，公务员辞职还必须遵从一定的程序：①公务员提出书面申请；②任免机关审查批准；③办理公务交接手续。

　　公务员辞退是指国家行政机关依照法律规定的条件，通过一定的法律程序，在法定的管理权限内作出解除公务员全部职务关系的行政行为。公务员的辞退条件包括以下几点：①在年度考核中，连续两年被确定为不称职的；②不胜任现职工作，又不接受其他安排的；③因单位调整、撤销、合并或者缩减编制名额需要调整工作，本人拒绝合理安排的；④旷工或者无正当理由逾期不归连续超过十五天，或者一年内累计超过三十天的；⑤不履行国家公务员义务，不遵守国家公务员纪律，经多次教育仍无转变，又不宜给予开除处分的。公务员辞退必须经过以下程序：①由拟辞退单位提出建议；②由任免机关进行审核；③任免机关同意后，要以书面形式通知公务员本人。公务员被辞退以后，与原单位的职务关系解除，在五年内不得重新到行政机关工作，但可以享受相关的辞退待遇。

　　公务员辞职辞退制度的建立，符合人事制度改革的方向，适应市场经济发展的需要，是对公务员权利的保障，也是保持公务员队伍活力、促进人才合理配置的重要措施。

　　公务员退休，是指公务员因达到一定的年龄和工龄或丧失工作能力，按照国家的有关规定，办理离开工作岗位的手续并享受相关待遇。公务员退休包括两种，一是法定退休，条件是：男性年满60周岁，女性年满55周岁或者是丧失劳动能力的；二是自愿退休，条件是：男性年满55周岁，女性年满50周岁，且工作年限满20年的，或者是工作年限满30年的。公务员退休制度的建立，对于实现公务员队伍的不断更新，增强公务员队伍的活力，解除公务员的后顾之忧，提高行政效率，具有十分重要的意义。

　　申诉控告是公务员的基本权利之一。公务员申诉，是指公务员对涉及本人的人事行政处理决定不服时，依照有关法律规定，向原处理机关及其上一级机关或行政监察机关提出重新处理要求的行为。公务员本人可以在接到处理决定之日起三十日内申请复议，但在复议和申诉期间，不停止对国家公务员处理决定的执行。公务员控告是指公务员受到国家行政机关或领导人员侵犯其合法权益时，向上级行政机关或者行政监察机关提出指控的行为。公务员提出控告时，必须忠于事实；国家行政机关对公务员处理错误的应当及时纠正，造成名誉损失的应当负责恢复名誉、消除影响、赔礼道歉，造成经济损失的应当负责赔偿。

8. 监督

公务员的监督是指对公务员管理的监督，指依法享有监督权的监督主体，通过法定的方式与程序，对国家行政机关管理公务员的合法性、合理性进行的检查与纠正。我国公务员管理的监督主体主要有两个：一是县级以上各级人民政府，二是县级以上各级政府的人事部门。监督的对象，一是各级国家行政机关，二是负有公务员管理的监督管理职权的人员。关于管理的事由，按照《国家公务员暂行条例》的规定，主要包括三类，一是不按条例规定的要求或者条件办理的；二是不按条例规定的有关程序办理的；三是随意变更公务员工资、保险和福利待遇的。公务员监督制度的建立，有利于加强对国家行政机关和负有公务员管理责任的人员的管理，增强其责任感，防止和克服公务员管理过程中的主观随意性，保障公务员管理活动依法进行。

三、我国公务员制度的完善

（一）当前我国公务员制度实施中的问题

我国国家公务员制度自建立以来，已取得了长足的进步。在充分肯定成绩的同时，我们也要看到它的不足。我们必须注意到，国家公务员制度在我国还只是刚刚起步，其健全与完善将是一个相当长的过程。当前的主要问题：一是发展步伐滞后，不能满足实践发展所提出的新要求。例如，依法治国、依法行政，提高公务员队伍素质等方面的举措还不够，力度也不够。二是公务员制度在全国发展的不平衡。有的地方较好、较全面地实施了各项制度，而有的地方只实施了公务员制度的某些方面，并且还存在着执法不严、有法不依的现象。三是公务员制度自身存在的问题，还有很多地方有待完善。

完善国家公务员制度是推动高素质的专业化行政队伍建设、促进我国干部管理制度改革的客观要求，也是适应经济发展的趋势、加强政治制度建设的必要举措。我们必须正视存在的问题，在完善国家公务员制度建设的过程中，采取有效措施加以解决。

（二）国家公务员制度完善的重点方向

完善公务员制度的指导思想是：围绕建设一个"廉洁、勤政、务实、高效"政府的目标，着眼于提高行政效率、精干公务员队伍、降低行政成本、减轻财政负担、改善社会服务，借鉴市场规则和经营管理经验，力争在增强制度活力、提高队伍素质、改进公共服务、完善管理制度等方面取得新的进展。

1. 增强制度活力主要是完善分类、聘用、考核、竞争机制等。目前人事部正在研究对公务员部分职务实行聘任制的办法，探索主办人员与辅办人员不同的管理方式。研究改进考核制度，实行多层面考核，净化民主测评的环境，公示结果，对被评为优秀、得到奖励、职务晋升的人选，公之于众，接受群众监督。规范公务员竞争上岗、公开选拔制度，使人才选拔工作更具公正性、科学性。完善工资制度，进一步使工资待遇与业绩挂钩，并逐步提高工资水平。

2. 提高队伍素质主要是严把"进口"，探索经过多次考试、层层筛选的考试录用方法，选拔优秀人才进入公务员队伍。要根据公务员职业发展加强培训。研究公务员的成长规律，为他们的职业发展明确阶梯和目标，并根据个人情况，有针对性地进行培养，缺什么补什么，需要什么学什么。特别要加强依法行政培训，增强公务员法律意识，提高依法行政水平。要根据加入世贸组织对行政管理提出的新要求进行培训。培训内容要以法律规定、市场需要为导向来确定。培训安排要把个人动因和组织选送结合起来，变"要我培训"为"我要培训"，由政府推动转为利益驱动。培训时间要长短结合、自由选择、学分累计，从而逐步形成一套有效的培训运行机制。

3. 改进公共服务。按照建设"廉洁、勤政、务实、高效"政府的要求，进一步转变政府职能，转变工作方式，转变工作作风，提高工作效率；积极推行政务公开，让人民群众了解办事程序和规则，接受群众监督；充分利用现代信息技术，发展"电子政务"，实施政府上网工程，提高办公自动化程度，提高行政管理的现代化水平，提供更加高效、优质的公共服务。引导广大公务员深入实际，体察民情，为群众办实事、办好事，让人民群众满意。

4. 完善管理制度。认真总结公务员管理中的新经验和好的做法，进行规范；借鉴、吸收各国在行政体制和文官制度改革方面的成功经验，着眼于中国的特点，以推进我国行政管理现代化，不断丰富完善公务员制度。积极配合有关部门，与中组部一起做好《公务员法》的起草工作；抓紧研究制定尚缺的单项法规，如公务员的纪律、行为规范、调任、转任等；对现有的单项法规要在实践检验的基础上，进行修改、补充和完善。

（三）完善国家公务员制度的当前举措

我国在继续推进人事制度改革和体制创新的过程中，将进一步健全和完善公务员制度。具体措施主要包括：

一是健全和完善公务员竞争上岗制度。人事部同有关部门将会尽快出台《党政机关竞争上岗工作暂行规定》，做好竞争上岗的管理、监督和指导工作，提高竞争上岗考试的科学性和有效性。

二是健全和完善公务员选拔和录用制度。在坚持凡进必考原则的基础上，扩大公务员的选拔和录用视野，进一步打破身份、地域的限制，扩大企事业单位管理人员进入公务员队伍的比例，吸收更多的优秀人才进入公务员队伍；对按规定到农村一线锻炼的大专以上毕业生，期满考核合格的可充实到县乡公务员队伍中来；对财税、金融、信息技术等部门急需的高层次专业人才，也可以优先考虑面向海外学子择优聘用。

三是同有关部门一起积极探索建立和推行任前公示制、考察预告制、试用期制、部分职务聘任制、诫免谈话制和离岗培训制等。

四是规范和完善公务员考核制度。建立以工作实绩为核心的考核指标体系，推行分类分级考核；完善考核结果与任用、培训、晋级增资、年终奖金等紧密挂钩的有效做法。

五是研究建立公务员分类管理制度。按照不同类别职位的工作特点和条件要求，探索实行分类管理的新路子。以推行聘用制为突破口，以建立竞争机制、激励机制为重点，积极推进事业单位人事制度改革。要以推行聘用制为核心，突出抓好科学设置岗位、严格聘用程序、依法签订聘用合同等环节，规范聘用操作程序，把推行聘用制与岗位管理结合起来，切实转变用人机制。要研究制定未聘人员培训、转岗、重新上岗的具体办法，妥善安置、管理未聘人员。

第五节 公务员的管理

一、公务员管理的必要性

（一）公务员管理的含义

国家公务员的管理是指特定机关对国家公务员依法实施人事行政管理，包括各级人民政府的人事部门以及政府所属各部门的人事机构，依据各种法律、法令和公务员法规，对国家公务员的录用、考核、奖惩、任免、升降、培训、交流、工资、福利、保险、辞职、辞退等方面进行的各项管理活动。

（二）公务员管理的必要性

1. 公务员管理是我国国家公务员制度的内在应有之义。国家公务员制度的主要内容包含于公务员管理活动之中，由公务员管理内容所构建的各项基本制度形成了我国公务员制度的大致框架。公务员是行政机关的主体，行政机关管理国家的功能靠每个不同岗位的公务员具体的行政行为去实现。若不对公务员实行科学的管理，就不可能保证各层次、各部门有秩序的运转，就无法有效地完成管理国家事务的任务。所以，在我国建立和推行国家公务员制度，就要实行科学化、规范化和法制化的公务员管理，形成强有力的政府工作系统，以促进社会主义现代化事业的顺利发展。

2. 公务员管理是开发利用人力资源、加强人才队伍建设的重要保障。在公务员管理的过程中，通过录用、考核和任用等制度的实施，确保优秀人才进入公务员队伍，提高行政效率；通过职务升降、任免和交流，不断调整人与事的结合，尽可能做到"在其位，尽其才"；通过对公务员的培训，有计划、有步骤地对公务员的知识结构进行更新和补充，以适应经济发展的需要，从而加强公务员队伍的建设。国家还可以通过宏观调控的方式，按照公开、平等、竞争和择优的原则，对人力资源进行充分开发和利用，从而实现社会人力资源的优化配置。

3. 公务员管理是推动经济市场化和政治民主化的重要途径。当前各国经济实行体制改革以实现经济市场化。而经济体制改革必然要求政治体制的相应改革，以求相得益彰、互相促进。同时，经济体制的改革，必将促使政府转变职能、更新管理方式，也必将促进政府对自身的组织结构和人事行政体制进行调整和重构。适应经济和社会发展的行政体制和人事体制通过改革，逐步走向完善，在促进经济市场化的同时，也为政治民主化的实现提供了有效的途径。

4. 公务员管理是加强社会主义精神文明建设、维护政府良好形象的有力保证。社会主义精神文明是社会主义社会的重要特征，是现代化建设的重要目标和重要保障。国家公务员为政府官员，既是精神文明建设的具体执行者，又是精神文明建设的组织者、领导者；同时，公务员也是政府的窗口，代表了政府的良好形象，他们的一言一行关系到党群关系的好坏，影响到国家政策的实施和政府功能的执行。因此，加强对公务员的科学化管理，规范公务员的行为，不仅能在全社会形成扶正祛邪、扬善惩恶的良好社会风气，促进精神文明建设的发展，而且还有利于加强政府廉政建设，维护良好的政府形象。

（三）国家公务员管理机构

国家公务员管理机构是指以推行国家公务员制度为目标，对国家公务员的录用、考核、奖励、纪律、职务升降、职务任免、培训、交流、回避、工资保险福利、辞职辞退、退休等事务进行综合管理的组织。它不单指某一个机关，而是对承担国家公务员管理事务机构的总称。

公务员管理机构的组织形式主要有三种，即部外制、部内制、折中制。所谓部外制，就是在行政系统以外设立相对独立的公务员管理机构，统一掌管公务员所有事宜。所谓部内制，是相对于部外制而言的，即在各行政部门内设立人事机构掌管各部门内部公务员的人事行政事宜。内阁之下设立的公务员管理机构，负责统筹和协调工作。折中制，就是行政系统之外，设立独立的公务员管理机构，负责公务员考选事宜，而公务员管理事宜则由各部门按有关规定办理。我国公务员管理机构吸取了部内制与折中制的长处，在国家行政机关内设置两种类型的管理机构，即在各级政府设置人事部门和在政府各工作部门设置人事机构。

《国家公务员暂行条例》明确规定，我国公务员管理机构为政府人事部门。它包括各级政府的人事职能部门，如国家人事部、省市人民政府的人事厅（局）、县人民政府的人事局以及政府各工作部门内的人事机构。各级政府的人事职能部门，在各级政府首长的领导下，对该级政府所辖范围内的国家公务员事务进行综合管理；而上级和下级政府的公务员管理机构之间，以及各级人民政府的公务员管理机构与其部门内设的公务员管理机构之间，是一种业务指导和监督的关系。

二、我国古代官吏管理

一般认为，我国古代对官吏的管理，主要包括对官吏的任免和选拔、考课奖惩、监督弹劾、致仕等几个方面。可以说，我国古代的官吏管理，实际上就是我国古代的人事管理。

第一，对官吏的任免铨选。我国古代有一套承袭递延的官吏选拔任免制度。以隋朝为界，隋以前主要有察举、征辟和九品中正，这是封建社会前期的选官制度；隋以后主要就是科举，这是封建社会中后期的选官制度。察举和征辟实行于秦、汉；九品中正主要流行于魏晋南北朝；科举兴于隋、唐、宋、元、明、清、诸朝。其中，前三种侧重"选任"，后一种侧重"考任"。

第二，对官吏的考课奖惩。这是我国古代对官吏进行管理的一个十分重要的组成部分。考课，即我们今天所说的考核；奖惩，是根据考课的结果对官吏实行的奖惩和惩戒。考课奖惩在我国有着相当悠久的历史，可以追溯到原始社会末期，但其确立则是在封建社会以后，主要分为两个阶段。第一阶段是战国、秦、汉、魏晋南北朝，世卿、世禄制废除，考课奖惩得以建立，主要实行形式是"上计"——根据工作记载来考核官吏。第二阶段是隋、唐时期，考课奖惩制有了较大发展，进一步走向制度化，考核的范围也逐渐扩大。

第三，对官吏的监督弹劾。这是古代的监察制度，它是从秦以前的御史逐步演变而来的。这一个制度确立于秦、汉、魏晋南北时期，在御史台的领导下，形成了中央与地方两大监察系统。在隋、唐时期，它得到不断完善，唐代御史台内部建设加强，设立了台院、殿院和察院，同时较好地发挥了言官谏净辅弼、为皇帝拾遗补阙的作用。宋、元、明、清时期，随着君主专制的加强，监察制度畸形发展。

第四，官吏致仕制度。这是我国古代官吏的退出机制。古代官吏致仕的依据主要是年龄、身体状况、品级高低三种。年龄是官吏致仕的首要条件，"大夫七十而致仕"，各朝多以七十的年龄界限为准。魏晋以前，年龄限制没有制度上的规定，到了唐朝，明令"诸职事官七十听致仕"，从而使官吏致仕不再是礼俗上的要求，而成为以后各朝所沿用的制度规定。古代官吏退休以后，国家在政治、经济方面仍给予优厚的待遇，包括加官进爵、参听朝政、恩荫子孙、给俸、赐物等。

三、当代国外防止官员腐败的措施

反腐倡廉是全世界一切进步人类的共同愿望。虽然各国国情不同，反腐败的途径和手段不可能完全一样，但是，廉政建设总是有它共同的特点和规律，其基本经验是可以互相学习和借鉴的。廉政制度，是人类共同创造的文明成果。这里介绍一下西方发达国家廉政建设的一些举措。

其一，实行权力制衡。在反对封建专制主义的过程中，西方政治思想家逐渐认识到，专制政体"在性质上就是腐化的"，集权制必然导致腐败，绝对的权力导致绝对腐败，而出路只能是"以权力制约权力"。为此，就要"防止某些权力逐渐集中于同一个部门"，必须使各个部门具有"抵制其他部门侵犯的必要法定手段和个人动力"。为了实现权力制衡，一是在政府机构的设立上，实行立法权、行政权、司法权三权分立。二是实行资产阶级的政治多元化，以有组织的团体制衡有组织的团体。其主要形式是：实行多党制；允许党内派别存在，以派制派；允许各种利益集团的存在和开展活动。

其二，完善政府运作的法制化、程序化、规范化。对政府机构以及官员该做什么、怎么做，以及各官员的具体权限都有明确的规定和法律依据，从而防止权力运行偏离正确轨道。有些国家还在政府内部建立惩处腐败分子的专门机构，随时发现和处理腐败分子。

其三，完善监督体系。因为"一切有权力的人都容易滥用权力"，所以，美国第三任总统杰斐逊说："自由的政府应当建立在谨慎提防的基础上，而不是建立在完全信任的基础上。"基于这种认识，发达国家普遍建立起了多方面、多层次、比较严密有效的监督体系。监督体系主要有法律监督，行政机构内部监督，公众监督，新闻监督。公众监督和新闻监督对政府的压力极大，政治家们已经没有什么"隐私"可言，因而对廉政建设十分有效。

四、公务员廉政机制的建设

历史经验表明，实现廉政的根本性制度是民主政治制度。党的十一届三中全会以后，建设高度的社会主义民主政治已经被写进党章、宪法，纳入到党的基本路线，而且在实践中已经取得了很大的成绩。今后廉政建设的基本途径，就是建设和完善社会主义民主政治制度。与此同时，要积极构建以下四个机制：

一是防范机制。反腐败，要立足于"防患于未然"。防范腐败是一个庞大的社会系统工程，涉及社会各个领域。防范机制也应该建立在社会各个方面，重点是三大机制：（1）思想防范机制。它主要是教育，包括从幼儿开始的学历教育、成人教育、干部教育、社会公德教育等。通过教育，增强干部和公民廉政意识和反腐败的自觉性。（2）经济防范机制。完善各种经济管理制度、程序、规章，堵塞漏洞，消除腐败滋生的条件，同时还要保障国家公职人员的正当经济利益，使他们的经济收入与他们对社会的贡献和所承担的社会责任大体相匹配。对待干部，一方面，要倡导为人民服务不计报酬，无私奉献；另一方面，要保证他们具有当时社会中等或稍高一些的、稳定的经济收入，使他们能够依靠工资养家糊口。（3）政治防范机制。要进一步完善反腐倡廉的法规体系，特别是要有预防功能的相关法规，如行政程序法、公务员财产申报法等；完善领导干部民主选举和考察任用制度，尽可能保证选上来的干部都是廉洁干部，转变政府职能，减少行政机关对微观经济活动的干预和介入，否则，政府陷入微观经济活动越深，就越容易发生腐败。

二是制约机制。要防止权力的腐败，必须对权力进行有效的制约。（1）以法制权。以法制化的规则和程序制约权力，使掌权者只能在法律限定的范围、程序和程度上行使自己的权力。（2）以权制权。通过在个人、群体和政府的不同机构中合理配置权力，达到权力的适度分散与平衡。当一种权力超过其合法限度时，就会立即引起其他相等权力的自行制止与限制。

三是监督机制。制约机制主要是讲权力结构的内部约束，而监督机制的重点则是讲对权力的外部约束。我国现行监督体系在形式上是较为系统和全面的，有党内监督、人大监督、行政监督、司法监督、舆论监督、群众监督等。但是，各种监督形式还不能在整体上协调互动，形成合力；每一种监督形式的监督主体与监督对象的地位、职责、权限和相互关系以及监督活动的范围，方式和程序等，缺乏精细缜密的具体规范。为此，要明确赋予监督主体以与其职能相对应的监督权限，解决目前监督主体权限过小的问题；要进一步调整监督体系，使其形成层层相依、环环相扣的职权与责任的关系网络；在监督体系内部，要有程序化和具体法律规定加以粘合，使监督行为走向规范化、法制化。

四是惩处机制。对腐败分子的惩处，虽属事后行为，但对大多数干部却能起到警示和教育作用。目前我国的惩处规定，原则化的东西多、弹性大、难以操作，加上强大的说情风干扰，常常显得惩处软弱无力。群众对此不满意，对干部也难以起到应有的警戒作用。必须严格执法执纪，严禁以罚代刑，更不得瞒案不报，这都需要由法律来约束。

我国的廉政机制建设已经取得了一定的成绩，但它的最终构建，有赖于经济体制、政治体制改革的深化，有赖于社会主义精神文明建设的加强和国民道德文化素质的提高。因此，要有长期作战的思想准备，努力探索，尽快走出一条有中国特色的廉政建设的路子。

小　结

公共部门人力资源开发与管理由原来的传统人事行政管理演化而来，建立在现代人力资源理论之上，是政府适应社会和经济发展要求的客观必然。

本章共分五节，涉及公共人力资源管理、公共人力资源开发、国家公务员制度、公务员的管理四个方面的问题。关于公共部门人力资源管理，具体讲述了其内涵、性质和任务问题，这是第一节的主要内容；关于公共部门人力资源开发，主要体现在第二节、第三节，讲述了公共人力资源开发的含义，阐释了其主要内容，并针对公共人力资源开发中存在的问题，提出了若干对策；国家公务员制度在第四节从其形成、建立入手，列举了国家公务员制度的主要内容，提出完善其制度的举措；第五节讲述了公务员的管理问题，重点涉及廉政建设。

重 点 名 词

国家公务员　公务员管理　公务员管理机构　廉政建设

复习思考题

1. 什么是公共部门人力资源管理？其性质和任务是什么？
2. 什么是公共部门人力资源开发？其主要内容包括哪些？
3. 简述我国公共部门人力资源开发存在的问题和对策。
4. 国家公务员制度的含义是什么？西方国家公务员制度是怎样形成的？它有哪些特点？
5. 列举我国公务员制度的基本内容。
6. 怎样完善我国公务员制度？
7. 试说明如何构建公务员廉政机制。

第六章　公共预算与公共财务管理

第一节　公共预算概述

一、公共预算概念的界定

1. 预算的发展

预算一词来源于中世纪英文单词 "Budget"，其原意是指国王存放公共支出所需货币的钱袋。预算可简单定义为年度性的收支计划，它是一个宽泛的概念，既包括政府预算，也包括企业预算，我们在本章中所涉及的预算主要是指政府预算。现代预算制度正是随着资本主义生产方式的发展而产生的。从奴隶社会开始就出现了国家的财政收支活动。但在资本主义以前的阶级社会，一切生产资料基本上归帝王所有，统治者的个人收支活动很难和国家的财政收支活动区分开来，所以，即使有粗略的收支计划，也不可能有完整、系统的国家财政管理活动，更不可能有明晰的预算制度。随着资本主义生产方式的发展，新兴资产阶级不断壮大，他们开始要求政府公开政府收支，并制成平衡表报议会讨论和批准。至此，国家预算产生了。现代国家预算制度最早产生于 14 至 15 世纪资本主义发展最快、议会制度形成最早的英国，并通过 1689 年《权利法案》和 1789 年的《联合王国基金法案》得到了巩固和完善，形成了涵盖全部财政收支的正式预算文件。其他欧美国家的预算制度形成较晚，基本形成和发展于资产阶级政权建立之后。例如，美国直到 1800 年才规定财政部要向国会报告财政收支，最终国会于 1921 年通过《预算审计方案》，正式规定总统每年要向国会提出预算报告，使预算具有年度性。随着社会经济的迅速发展，政府活动范围不断扩大，财政收支项目不断增加，而且收支之间的关系日益复杂，预算制度在实践中不断地丰富和发展，逐步成为政府实现政策目标的得力工具，也成为了公众和立法部门监督和约束政府行为的有效手段。

2. 公共部门的界定

公共部门包括政府和政府拥有与控制的实体。前者由公共行政管理机构和下属机构及部门组成。它具体是指：（1）中央政府。中央政府包括所有政府部门办公室、机构、其他中央政府下属专门行政机构或实体、部属企业、有关非营利机构、中央政府当局延伸（指地理延伸）至地区政府或地方政府的办事机构。这些办事机构不具备作为单独政府单位的属性。（2）地方政府。地方政府包括所有在一国疆域内各城市或乡村行政管辖区独立行使职权的政府单位。地方政府单位包括县、城市、城镇、区、校区、自来水区和环卫区以及毗邻地方政府出于各种目的组织的联合体等。从地方政府的定义来看，某一个实体只有在满足如下条件时才会作为地方政府对待：这个实体有权拥有资产并筹集资金，有一定支出自主权，能够自行委任官员，独立于外部管理。(3) 州政府是联邦制国家（如印度、澳大利亚等）中居于中间地位的次国家级实体。州政府拥有相当大的自主权，包括预算权。在有些国家（如加拿大），州政府被称做省政府。(4) 社会保障基金和社会援助基金。根据各自规模和管理方式的差异，社会保障基金或者作为全体政府的一个独立部门，或者并入相应级别的政府。后者包括国有企业和国有金融机构等公共企业，主要涉及国家经济命脉的产业和具有规模效益和巨大正外部效应的公共物品的提供，如燃气和供水、供电公司。

3. 公共预算的概念

我们由预算和公共部门的界定可得出，公共预算是指公共部门的年度性收支计划，包括政府预算和政府所属实体的预算。它是给全体公共部门设计的一种财务制度，政府预算可在分析表中列出公共部门合并账户（有时被称为"合并预算"）。但这一种定义，我们用得很少，也缺乏现实意义。对公共预算的另一种定义则更有实践意义，即将公共预算与政府预算等同，它包括纯粹的政府预算和公共企业实体预算中仅涉及公共企业与政府之间财务交易的那一部分。因为在市场经济条件下，公共企业应根据市场进行定位并以获取利润为目标（有一部分以维护公共利益为目的，由政府补贴进行支持）。因此，公共企业应具有自主管理权并建立公司制，不应采用与政府预算相同的审查和批准机制，政府预算仅涉及公共企业与政府之间的财务交易，而不应涉及公共企业与其他经济成分之间的交易。在本章的大部分分析中我们运用的都是后一种定义，但在涉及政府报告的部分，根据责任制和透明度的要求，政府必须就其所属实体的绩效和财务状况进行报告，这时将采用前一种定义。

二、公共预算的性质

预算在本质上是一个分配稀缺性资源的活动，它意味着在不同的潜在支出目标之间进行选择。公共预算制度起始于"抑制"统治者对被统治者的财政要求，其原意在于落实民主政治的监督功能，以防止行政权力的扩展，避免加重人民的税务负担，但随着民主政治的发展、政府角色以及职能的转化，现代的政府预算功能也随之扮演着偏重财务规划、管理的积极角色。

公共预算作为一项有效的管理工具，我们从不同的视角对其进行审视和分析，可以作出完全不同的界定。对立法机关而言，公共预算是表述立法机关意向的工具，要求政府依据法定程序全面、及时、透明地反映出活动的范围和目的，并借此对公共支出进行控制。对决策者而言，公共预算是促进政府政策有效实施的工具。他们通过公共预算对财政资金进行分配，体现其施政纲领，满足公共需要，发展经济，均衡分配。决策者只有通过预算才能将其意志转化为国家意志，才能具备法律效力并受其约束。对广大公众而言，公共预算是了解并参与民主政治，获取公共管理信息的重要渠道，公民通过公共预算表达和实现自己的需求，监督和审查决策者的收支活动，以达到预防腐败和提高财政资金使用效率的目的。

三、公共预算的原则

1. 完整性原则

完整性原则是指公共预算必须全面反映政府活动的范围和方向，包括其收支的各个方面。为此，在预算文件中，除了提供本级政府的直接收支和预算外活动收支信息以外，还应尽可能包括次级政府相应的信息，并合并这些信息。具体而言，它必须包括以下四个方面：财政政策目标、宏观经济筹划、预算的政策基础和能确认的财政风险。与此同时，它还应包括诸如中期宏观经济框架报告、可持续性的量化评估报告、税式支出报告等辅助材料。预算的完整性是有效控制开支、合理配置资源、实现良好运营管理的重要前提。

2. 年度性原则

年度性原则是指公共预算应按财政年度进行，不得有间断。年度性预算要求政府每年都向立法机关呈递预算，这也正是要求预算有年度性的原因。政府的财政收支只有经由立法机关审核和批准后才有法律效力。从立法角度来讲，其合法性需要有一个时间界限，并不是任何时间都有效，这就产生了年度性原则。若发生非本年度的支出或未经立法机关批准的支出，必须经过特别的法定程序后才能实施。有些国家也编多年制预算，但只有一年期预算需要由立法机关批准。预算年度分历年制和跨年制。历年制预算年度从公历 1 月 1 日起至 12 月 31 日止，大多数国家采用历年制。跨年制预算年度跨越了两个日历年度，目前有三种形式：（1）英国、加拿大、日本等：从当年 4 月 1 日起至次年 3 月 31 日止；（2）瑞典、澳大利亚等：从当年 7 月 1 日起至次年 6 月 30 日止；（3）美国：从当年 10 月 1 日起至次年 9 月 30 日止。

3. 未来导向性原则

预算是与未来相关的。年度性原则保证了预算的连续性，但它的缺陷在于将预算局限在一个短促的时间内，限制了政府更为长远的考虑，忽视了潜在的财政风险。针对这些问题，许多 OECD 国家相继采用了 3~5 年甚至更长时间的多年期预算框架，以弥补这些不足。多年期预算框架并不是一个法定的多年期预算分配方案，而是在于为未来若干年提供一个支出导向和目标，在公众和市场的压力下约束政府的行为。更突出的是，它将注意力导向政策的长期可持续性，使人们在早期阶段就能鉴别和预见一些不利趋势，防患于未然。而且，它为实现以多数人的长远利益压倒少数人的既得利益创造了条件。

4. 绩效导向性原则

绩效导向性原则的理论基础是：公共机构不仅应就其公共资源的使用承担责任，而且也应就这些资源使用产生的结果承担责任。反映这一种思想的典型理论是在发达国家长期占统治地位的理性预算决策理论，它主张政府在预算决策中，应通过按部就班的思维计算、考虑各施政方案的绩效，作出理性的选择，达到最有效的配置资源。随着时间的推移，这一种思想不断发展，绩效预算目前已成为 OECD 国家公共管理改革的主要课题，它将预算的重点从投入转向产出，从而促成了更大的管理自主性和灵活性，"产出"成为评估绩效的核心。这一种理念在新西兰、澳大利亚和英国等国家得到了很好的发展和应用。

5. 透明度原则

透明度原则是指政府预算应该成为面向全社会的公开性文件，其内容能为全社会所了解和审查。国际货币基金组织于 1998 年发布了《财政透明度优化策略章程——原则宣言》，强调了明确财政角色和财政责任的重要性；对公众的信息受托责任；公开预算准备、执行和报告；以及对财政预测、信息和账户的独立审查。这些原则对于各国有很大的参考作用。加强预算透明度的作用在于：有利于金融市场的良好运作；有利于减少和约束预算领域的机会主义行为。它是形成政府良好治理的关键因素。然而，提高预算透明度需要开发良好的会计标准和专业敬业的审计人员，否则预算透明度很难实现。

四、公共预算的作用

1. 总量控制

公共预算是一个国家年度性的收支计划。预算内容对当年国家经济发展目标和远期规划都会作出相当明确的界定，并作出详细的落实方案和资金运作计划，为未来国民经济顺利有序地运行打下良好的基础。公共预算通过自身收入、支出的调节可以对社会的总供给和总需求产生影响，使社会总供求保持在一个比较稳定的范围内，减少经济的剧烈波动，实现社会经济的平稳增长。产业结构是否合理是社会经济能否获得持续发展的关键因素。公共预算通过收支侧重点的调整，引导社会资金流向和流量，使国民经济结构的重大比例关系保持协调，保持社会经济持续快速地发展。

2. 资源配置

公共预算的资源配置职能体现在两个层次：第一层次是社会资源的积累与消费之间的分配。社会资源的积累部分是社会扩大再生产、扩大物质投入的必要条件，而消费是生产者得以延续所必需的，也是生产的目的。因此，针对经济发展的不同时期，能否正确处理两者比例关系显得至关重要。第二层次是，积累和消费资金的再分配。两者的比例确定以后，它们的再分配也十分关键。积累资金在不同部门和地区间的再分配直接影响社会经济的产业结构和各地区发展水平。消费资金首先根据效率的原则在不同的社会成员之间进行分配，然后，政府部门再通过转移支付等手段调节分配，以实现社会公平和平衡社会差距。

3. 营运效率

公共预算的编制、审批、执行都要经过很严密的审批程序。在这一个过程中，每一个要列入预算的公共项目必须详细列明其相关成本，具体的运作日程安排，并要求对项目的未来绩效进行预先评估。然后，根据每个项目效益的不同排列预算安排顺序，将一些低效项目排除在预算之外，使公共资源得到有效利用，有效规避由于资金使用不当带来的财政风险。预算项目运作的详细列示，便于广大公众和立法机关的监督，及时制止预算执行过程中的非法行为，保证预算按项目计划运行。项目绩效的评估改变了人们以前只重投入而忽视产出评价的观念，增强了项目执行人员的责任感。公共预算的规范性和强制约束性为实现有效的公共治理提供了强大的保证。

4. 弥补法治的不足

法治是代表社会成员普遍认可的一系列强制执行的规则及其实施机制，缺乏法治的代价是巨大的，但法治也不是万能的。在法治健全的情况下，依然可能导致公共资源分配效率的低下。其中重要的原因，一是法律很难随环境和形势的变化及时地作出调整；二是法律强调服从，而实现资源的运营效率，需要赋予支出管理者以必要的灵活性和某种程度上的自主权。公共预算在具有较强的法治性的同时，也具有一定的灵活性和自主权，其调整也比法治灵活一些，从而有效地弥补了法治的不足。

5. 加强监督，防止腐败

随着民主政治的发展，关于政府部门经济活动的各种信息越来越多地被公共预算完整、翔实地反映出来。广大的纳税人、立法者、相关的利益主体都可以及时、迅速地通过预算来鉴别各个官僚机构及其成员所从事的经济活动是否符合既定的预算规划，相关的调整是否经过了正式的法律程序，从而有效地遏制了政府官员以权谋私、任意改变收支的行为。绩效预算的引入，强化了公共支出负责人的责任，从公共项目立项之日起到项目完成，其各种行为都将置于预算监督之下，而且要对项目的最终"产出"进行综合绩效评估，对于滥用公共资源的行为严加惩处。

第二节　政府预算制度

预算制度的产生得益于民主政治的发展。历史发展到今天，民主政治制度已取得了长足的进步，在这一个历程中，政府预算经历了由简单到复杂，由粗陋到精细的一个不断完善和发展的过程，其核心即它的编写形式和方法也是几经调整，从世界范围来看，其主要形式有单式预算、复式预算、绩效预算、项目计划预算（类似于我国的部门预算）和零基预算。

一、政府预算制度及其评价

（一）单式预算

单式预算是将全部的财政收入与支出汇编在一个预算内，形成一个收支项目安排对照表，而不区分各项财政收支的经济性质的预算形式。由于单式预算能从整体上反映某一个年度财政收支的状况，编制方法简单，所以便于立法机关审批和社会公众了解，但是它不利于政府对复杂的财政活动进行深入的分析和管理，透明度较差。在第二次世界大战以前，世界上大多数国家都采用单式预算的形式。

（二）复式预算

复式预算是在单式预算的基础上发展起来的。它的出现与政府开支的大幅度增加有很大的关系，尤其是在20世纪30年代的大危机之后，随着国家干预和福利国家的发展，人们越来越感到单式预算已不适应经济形势的发展，复式预算应运而生。它是把预算年度内的全部财政收支，按收入来源和支出性质的不同，分别编成两个或两个以上的预算，从而形成两个或两个以上的收支对照表。其典型形式是双重预算，即按经济性质把财政收支分别编入经常预算和资本预算。经常预算包括政府一般行政收支；资本预算反映政府有关公共事业的投资支出及其借款、变卖资产所得和各种资金结余。它的另一种形式是多重预算，即由一个主预算和多个分预算组成。1927年，丹麦编制了世界上第一个复式预算，此后，瑞典、英国、法国和印度等国也纷纷采用这一种预算形式。

复式预算的优势在于：明确资本形成的资金来源，并了解公共资本的储蓄动向；预算内容的细化，使决策者可以针对不同的项目采取不同的预算政策；使预算政策摆脱了狭义的预算平衡观念，对资本支出可以按经济情况予以必要的调节。

复式预算与单式预算相比有其相对优势，但我们在运用复式预算时也需注意的是：有些收支项目很难清楚地对其进行分类，造成表格项目交叉，对预算收支之间的对应关系的稳定性造成干扰；经常性收支的赤字会因向资本预算转移而被缩小或掩盖；资本性预算的单独列示，可能造成对经常性支出的挤压而自身却不断膨胀，并加重以后的负担。

（三）绩效预算

绩效预算是 20 世纪 50 年代初，由美国胡佛委员会针对当时的分项排列预算（与我国的基数预算类似）出现的一些问题，因而建议在联邦预算中推行的一种预算形式。进入 20 世纪 90 年代以后，随着新经济时代的到来，传统的官僚管理模式受到了很大冲击，绩效预算被广泛推广。所谓绩效预算，就是以项目的绩效为目的、以成本为基础而编制和管理的预算。绩效预算由三个部分组成：政府事务的项目和活动的类别、绩效度量、绩效报告。在编制绩效预算时，要求政府各部门先制定有关事业计划或工程计划，计算出每项施政计划的成本和效益，然后择优列入预算。在绩效预算执行完毕后，要对行政部门使用预算资金的绩效进行考核。

绩效预算的优点在于：它以成本的观点来衡量工作成果，对每个项目都必须经过科学论证和评估，进行严格的成本效益分析；通过将过去与现行计划相比，借以考核成本变动情况，及时地对计划进行调整。因此，绩效预算对于监督和控制支出、防止浪费有积极作用。但绩效预算也有自身不容忽视的缺点：

1. 着眼于管理上的经济效率，却往往忽视了政府活动的政治性。

2. 政治活动中的一些无形成本、抽象成本很难进行具体的成本效益分析。

3. 绩效预算的大量数据有利于成本效益分析，但不利于立法机关的审查，缺乏直观性。

4. 强调单一年度预算与计划的配合，但对未来政策目标设计的考虑较少。

（四）项目计划预算

项目计划预算是美国 20 世纪 60 年代联邦政府推行使用的一种预算形式，进入 20 世纪 70 年代以后被英国、澳大利亚等国广泛采用。它的全称为项目计划与预算制度，是指审视一国长期的政策目标与机会，以及国家当前所达成之目标与可运用之资源，利用一切分析工具，评估各种公共计划书的成本与效益，协助国家最高当局拟订最佳决策，以利于国家资源合理分配的预算制度。它是一种将政府目标的设计、规划与预算编制融为一体的预算，它以项目为中心，试图将政府的所有支出都纳入项目方式管理，按项目成本来确定预算的模式。它的工作程序可以分为三个阶段：第一个阶段为项目设计阶段，即由部门提出项目的名称和项目的支出计划，以及项目实施要达到的绩效目标；第二个阶段为计划阶段，即政府通过项目的成本收益考核，确定项目安排的先后顺序；第三个阶段为预算阶段，即对于那些已经通过立法机构审查，纳入当年拨款计划的项目，政府进行拨款，并进行跟踪管理。

项目计划预算的优点在于：项目计划预算将设计、计划、预算三者融合为一体，注重设计功能的发挥，丰富了政府预算的管理功能；使长期政策计划目标之设定与短期预算之编制形成有机的联系，提高总体资源配置的效率；对于许多跨年度的项目，按项目安排预算，可以根据发展变化情况，对计划和预算进行调整；在严格的经济分析和评估的基础上，按支出的轻重缓急安排项目支出顺序，可实现公共资源的最佳配置，提高财政资金使用效率。

它的主要缺点有：并非所有的政府支出都适合于采用项目化管理，经常性支出就是如此；项目计划预算属于投入预算，其最大缺陷在于评估过程中强调项目效率，但事实上对于执行效果却很难考核；有些成本很难确定，尤其是间接成本和共同成本；以明确目标和量化方法解决问题容易导致政治冲突与对抗，特别是立法部门与利益集团之间的矛盾难以调和。

（五）零基预算

零基预算是在实行项目规划预算的基础上发展起来的一种预算形式。它对每一年（或每一个项目）预算收支的规模进行重新审查和安排，而不考虑基期的实际支出水平，是以零为起点编制的预算。它的基本特征是：要求在资金配置和履行的各个层次上检验项目。它产生于20世纪70年代的美国，最早运用于公共工程预算，自卡特总统时期开始被不断推广。

零基预算的编制步骤为：（1）确定决策单位。决策单位也称"基本预算单位"，确定决策单位就是要确定预算的最低层级的组织或计划单位，而且每个单位皆配置有管理者负责该单元内的整体行政业务的运作。（2）一揽子决策。每一个决策单位的管理者对其所负责活动的目的、功能、成本和效益进行分析，并提出总报告。（3）根据决策单位管理者提供的报告，确定每个项目在预算安排中的优先顺序。（4）编制详细预算。

零基预算的优点在于：以零作为预算编制的基础，不受往年预算金额的约束，并对新旧预算计划进行严格的考核，避免传统预算累积加成与持续膨胀的弊端；按项目效益确定其预算安排顺序，排除低效益项目，有效利用公共资源；在继承项目计划预算、长期规划与近期预算编制相结合优点的同时，有效利用主管人员的知识与经验，弥补了系统分析人才的不足，而且决策由基层人员拟订，符合下情上达，注重与基层沟通，使成本效益分析更具现实意义。

零基预算的缺陷在于：从预算表上来看，这也是一种投入预算，即在财政视野内并不反映拨款效果怎样，预算与效果脱节；零基预算要求对政府活动进行详细的分解统计分析，这无论是在人力上还是在技术上都有很大困难；零基预算过多地看到部门的消极作用，而否定了它的积极作用，但实际上部门在政府预算管理中是相当重要的。

二、我国的政府预算制度

在新中国成立之初，我国就建立了单式预算的编制方法，伴随着我国社会主义民主制度和社会主义市场经济的发展，我国的政府预算制度主要经历了由单式预算向复式预算的转变、由基数法预算向部门预算的转变、1990年实行零基预算试点的改革三次重大变革。

（一）由单式预算向复式预算的转变

新中国成立以来，我国的政府预算一直采取单式预算的编制方式，即把政府的全部预算收支汇编在一个统一的预算表中。它的优点是：预算结构比较简单，可简单地反映预算收支的全貌。其缺点是：不能全面地反映预算各项收支的性质、财政赤字的原因以及解决赤字的资金来源。随着经济体制改革的深入发展，我国的财政收支结构发生了很大的变化。为此，1991 年 3 月七届人民代表大会第四次会议通过的《国民经济和社会发展十年规划和第八个五年计划纲要》中明确规定，"八五"期间政府预算要实行复式预算，从 1992 年在中央和省（市）级开始编制复式预算。

我国实行复式预算编制的必要性和可行性在于：第一，我国的经济是以生产资料公有制为主体的，国家不仅具有一般的管理职能，而且具有管理和指导经济发展的职能。复式预算可以将这两种职能分别在预算中列示出来。第二，经过几十年的发展，我们已形成了较完整的编制制度和方法，而且预算编制人员的素质也大大提高了。第三，我国经济建设"一要吃饭，二要建设"的方针客观上要求将经常性预算和建设性预算分开进行编制。第四，复式预算将各项预算收支按经济性质分类，便于根据资金的来源分析各类资金的使用情况，加强对经常性预算的监督和对建设性预算的考核。

目前我国的复式预算模式是，将各项预算收支按其不同的来源和性质划分为经常性预算和建设性预算。经常性预算包括国家以管理者身份取得的一般收入和用于维护政府活动的经常费用，保障国家安全与稳定、发展教育科学卫生等各项事业以及用于人民生活方面的支出；建设性预算包括国家以资产所有者身份取得的收入，以及国家特定用于建设方面的某些收入和直接用于国家建设方面的支出。由于我国现行的复式预算只是在原有基础上对现行的预算收支科目按性质和用途进行划分，不免存在以下一些问题：政府的收支活动和范围没有得到全面的反映，如电力建设基金、车辆附加费等基金和收费还处于预算体外循环；债务收支管理滞后，资金运行缺乏透明度；现行预算编制程序、部门和单位的预算和财务的编制方法，都没有按复式预算的要求进行改革，仅在科目的划分上进行了一些技术性处理。

为不断完善我国政府预算的功能作用，全面准确地反映政府的活动范围和方向，体现对不同性质的预算资金采取不同管理方法的原则，我国复式预算应逐步建立包括经常性预算、国有资产经营预算、社会保障预算和债务预算等多种预算体系。

（二）由基数法预算向部门预算的转变

1. 基数法预算

我国现行的政府预算制度是在 20 世纪 50 年代的计划经济时代形成的，其基本特征是"基数加增长"，即基数法预算模式。其基本做法是：以费用论为基础、以人头经费供给为主的预算资金分配制度；把整个政府部门的资金分割成预算内资金和预算外资金两个部分，各设一套相应的管理制度；在预算分配中强调部门和单位的支出基数，即以前年度的支出数。单位预算由"基数"和"本年增长数"两部分组成。后者通常采用统一比例；以各支出单位为基础来设定预算资金使用制度，分为一、二、三级预算管理制度；以各单位自行采购物资、自行发放工资为主的预算资金管理制度。

基数法预算不能适应市场经济要求的表现：以"养人预算"为标志，以人头经费保障为特征的基数法预算模式，不利于克服财政困难，无法实现财政平衡；基数法预算是一种"软预算约束"，无法解决预算外资金的膨胀问题；基数法预算无法解决行政开支膨胀，行政机构人浮于事的问题。

2. 部门预算

部门预算是指以部门为对象的预算。部门是指支出部门，即直接与财政发生拨领款关系的政府部门。它与我们前面介绍的项目计划预算比较类似。通过调查研究，针对基数法预算的问题，财政部作出了以编制部门预算为核心的预算模式改革的决定。在 1999 年 9 月下发的《关于改进 2000 年中央预算编制的通知》中，财政部正式提出了部门预算，这标志着我国的支出改革进入了实质性阶段。改革的主要思路为：

（1）部门预算将预算支出分成基本支出预算和项目支出预算，并采用不同的管理方式。基本支出预算是指行政机构的经常性支出预算，包括人员经费预算和公用经费预算两部分，按财政部分类核定的"人均支出水平"和部门的行政人员编制计算决定。项目支出预算是指除部门经常性预算以外的其他支出，根据项目支出预算按项目的方式进行管理。

（2）部门预算要求支出部门编制预算时，要将项目支出预算与本部门发展规划结合起来。

（3）建立申报审核程序，财政部按项目的效率和急需程度进行评审排序，财政部建立项目库。

（4）项目支出计划列入预算后，由各支出部门组织项目的实施。在实施过程中，支出部门应建立项目进度报告制度，由财政部进行监督。

2000 年 9 月，财政部颁发《关于 2001 年国家计委等十个试点部门编制项目支出预算的通知》，这标志着项目支出预算正式启动。部门预算的优点在于：有利于发挥支出部门的预算管理作用，控制机构和人员膨胀；采用项目支出与经常性支出分开管理的思路，有利于解决预算编制的技术难题；采用项目支出管理办法，有利于提高财政资金效率。

但部门预算的编制也具有一定的操作难度：不同项目之间缺乏可比性，在排序上有一定的难度；事业性支出的项目化管理难度较大；项目的绩效考核有一定的困难。

（三）1990 年实行零基预算试点的改革

为克服基数加增长的弊端，构建公平、科学、高效和透明的预算决策机制，控制和优化支出结构，自 1990 年起，我国部分地区和部门试行零基预算，其特色是以定编、定员、定额为决策依据，其运作方法如下：

1. 机构经费的供给标准按定员定额核定。我国行政机关、事业单位分别确定机构预算经费。经费预算内容按管理要求分为经常经费、专项经费和基建支出，并按项目轻重缓急安排经费支出。机构经费按支出对象分为人员经费和公用经费。人员经费易于核定，刚性较强；公用经费不易核定，需随价格变动调整，但仍需要通过定额严加控制。

2. 定编、定员、定额需要科学化。定编、定员、定额是核算经费的基础，定编设计预算供给范围和机构改革，会极大地影响预算决策；定员、定额是机构预算决策的基础，核定一定要科学。第一，人员预算问题包括职位数目以及支付结构，定员要保证雇用人数的经济合理和政府支付的平等一致。定额指国家根据单位工作性质、特点和任务所规定的财力、物力的消耗补偿、资产配备或利用等方面的指标额度。定额既是支出控制的手段，又是预算决策的基本依据，一般按平均先进水平制定。人事部门和财政部门应根据情况的变化及时调整和修正现存的定员、定额标准，定员、定额的客观标准必须考虑计划目标所确定的工作量，并使其具有先进性和约束力，这就要求必须有效核实单位的统计数据。

3. 我国实行零基预算的配套措施。完备的零基预算是一种集配置和资金使用效率于一体、事权与财权相结合、决策民主化和科学化相统一的模式。要建立有效的零基预算机制，必须有相关的配套措施：（1）健全的单位预算管理；（2）建立具有替代性关系的一揽子决策方案；（3）以财政部门为中心，建立完整、有效的信息传输系统。

零基预算具有一定的适用范围，具有专门用途的专项资金不大使用零基预算，只能按照有关部门的法律、法规执行，虽然法定支出在总量确定上不适合采用零基预算，但零基预算在总量之下的具体机构之间的配置具有适应性。零基预算的工作量较大，级次较多的机构不宜采用零基预算。

第三节　政府会计和政府财务报告

一、政府会计

政府会计早在有组织的政府预算形成以前就已存在，具有悠久的历史。但在 19 世纪以前，政府会计仅仅是一种采用复式记账的簿记，没有形成一套完整的理论。进入 19 世纪以后，它逐渐发展成为具有财务信息的收集、传递，以及政府经济活动记录等功能的现代会计。20 世纪以后，成本会计和管理会计的发展也对政府会计产生了很大的影响。简单地说，政府会计是一种有关存量、流量、权力要求和其他政府业务的数据记录过程，它通过对预算执行的经济数据进行分析、记录、汇总、评估和说明，对政府活动进行管理和控制。其重要作用在于：

第一，向决策者提供全面、准确的信息和数据，为其决策提供参考。

第二，借助会计信息对不同的公共支出项目进行成本收益比较，有效评估政府行为并使有限的公共资源得到高效的利用。

第三，健全、透明的会计信息系统是立法机关和广大公众监督政府行为的有力工具。

（一）政府会计与企业会计的比较

从应用主体的角度来划分，会计可以分为政府会计和企业会计。作为会计，两者有很多的相似之处：两者组成一个完整的经济系统；两者都必须获得稀缺性资源并把它们转化为各自的商品或劳务；两者有类似的财务管理程序和可行的信息系统；两者运用相同的会计概念甚至相同的会计过程。但是，作为两种不同的会计，两者在组织目的、资金来源和规则及控制方面有很大的不同：

1. 政府的业务不是利润推动型的，其目标是以最少的费用提供最好的服务。而对于私人部门来说，利润动机和利润计量构成私人部门的自动调节器。

2. 政府会计受到内部和外部的法律、法规影响。

3. 资金来源不同。各级政府可以通过税收、规费、罚没来强制性获取资金。

4. 在会计制度方面不同。在私人部门中，各种"基金"或基金会计不被运用，而在政府会计中，各种基金是需要的。在私人部门，固定资产及折旧的管理是清楚的，固定资产必须作为财产记入平衡表，而且在预期寿命期间折旧；在政府部门中，固定资产和折旧根据基金的不同类型可以记入或不记入平衡表。

（二）政府会计准则

在法律控制下运行的社会中，政府会计同其他的行政管理工具一样，必须遵照一定的法律规范和准则行事，因此，各国都确立了适合本国经济和组织状况的会计法律和相关的会计准则（如表6-1所示）。美国全国政府会计委员会确认了13条政府会计的基本原则，美国注册会计师协会重申了这些规则，这对各国会计准则的确定有很大的借鉴意义。

表6-1　　　　　　　　　　　　　　　　　会计准则

被合并的美国注册会计师协会的会计规则	相应的全国政府会计委员会会计原则
1. 遵守法律的原则	1. 依法和财务经营原则
	2. 会计原则和法律之间的冲突
2. 预算和预算会计的原则	3. 预算和预算会计的原则
3. 基金会计原则	4. 基金会计原则
	5. 基金类型原则
	6. 基金编号原则
	7. 基金账户原则（部分）
4. 长期负债原则	
5. 固定资产会计原则	8. 固定资产的估价原则
	9. 折旧原则
6. 会计基础原则	10. 会计基础的原则
7. 财政决算原则	11. 账户分类原则
	12. 统一术语和分类的原则
	13. 财政报告原则

（三）政府会计基础

会计基础涉及何时记录财务交易事项和什么是会计事项，不同的会计基础采用不同的方法对会计事项进行登记。各种经常使用的会计基础之间的区别是记账时间、报告的准确性以及涉及的工作量。政府会计的会计基础有以下几种形式：现金制、权责发生制、修正的权责发生制、承诺制以及成本制。它可以同时采用两种或三种会计基础。

以现金制作为会计基础时，只要现金或等价物发生收付，就可以登记这笔经济事项。现金制比较直观并容易使用，迄今为止，它仍然被广泛采用。但它有两个缺陷：第一是组织的财务状况容易通过操纵现金交易的流量或记录而被扭曲。例如，发生延期支付时，就会隐藏政府的债务。第二是现金制在收集信息时，提供的经济事项可能是最晚的记录。到了信息被记录时，发生的事件已不可逆转，所以很多采用的是权责发生制。

权责发生制使用法定义务的概念来记录经济交易事项。在权责发生制下，当发生有法律强制性的经济义务时，就需要登记经济交易事项。例如，在收到附有账单的办公用品或某人开出的纳税账单时，依据权责发生制，我们就需要对其进行会计记录。权责发生制会计系统中也记录现金交易。企业和内部服务基金通常采用权责发生制。权责发生制负有更大的会计责任，因为现金和政府负债需要受到更为严格的控制，但是，由于盘存不被记录，所以它也会扭曲收入和政府的现金头寸，从而造成管理上的疏漏。

修正的权责发生制类似于权责发生制。修正的权责发生制意味着：收入作为收到现金的记录，支出根据权责发生制记录，但它也有例外的情况。它与权责发生制的主要区别在于应计收入。由于公共收入不可预计而且很难衡量，所以修正的权责发生制要求只有在当前会计期间收入既可计量又可支配时，才可记录为公共组织的收入。根据权威的会计标准，大多数基金必须使用修正的权责发生制。权责发生制和其修正形式可提供有关经济交易的信息，尤其是支出要早于现金制系统。

承诺制依赖于承诺的概念，它提出了最早的支出记录，在作出承诺时记录经济交易。承诺制仅用于支出类账户。承诺制不是在收到商品或劳务时，而是当填写订单甚至在作出开支决定时就记录了承诺支付额。通过为开支决定记账，你可能留置已经承诺的资金，因此就有了有关支出的可能发生的最早信息。有些承诺可以被撤销。同权责发生制一样，承诺制也记录涉及资金实际流转的经济交易。权责发生制或修正的权责发生制与承诺制可以一起使用。

对公共组织来说，成本制显得不太重要，它依赖于使用或消耗资源的概念来确认一项会计事项。它的作用在于把报告拨款余额的状态转变为提供商品或劳务的实际成本，而不是作为一种收集信息的方法。公共组织很少使用成本制，尽管成本制在某些情况下很有用，尤其是在由公共组织出售的商品或劳务的定价上。

（四）政府会计的组织管理模式

1. 会计、审计合并的集中化模式。这是把会计和审计职能合并在一个单一的机构内，并独立于政府体系之外的模式。会计职业同时包括会计和审计，便于事前审计，重点在各种基金收支和负债的会计责任。审计长负责履行会计和审计的职能，包括办理政府支出的事前审计、从事会计核算以及对政府经济活动的事后审计。它充分利用了会计审计相互联系的特性，简化了处理过程，增加了审查的客观性和处理问题的及时性。但从另一个角度而言，会审合一又限制了财务管理除授权支用之外的财务计划和资源配置等职能的发挥；会使审计人员陷入机械化的会计工作之中，导致其不能进行精确的审查；繁杂的支付手续也会给公众带来不便。

2. 会计集中化的模式。在政府内部有一个中央会计部门，通常是由设置在财政部内的会计机构负责进行日常会计核算，它通过属于不同部门和地区的一系列基层会计单位进行工作，并负责事前审议、支付款项和政府会计账户的汇总，各级核算仍由各个支用机构负责。采用的账户结构和在全部过程中实施的一般控制，同会计、审计合并机构的做法相同，主要区别是把会计机构设置在行政部门之内，是一种介于集中化与分散化之间的方案。

3. 会计分散模式。此模式把支出核算的责任交给各个支用机构，但保留一个以协调和汇总为目的的小型中央会计部门。集中化的模式忽视了会计作为各部门支出核算工具的灵活性，而分散模式正好弥补了这一点。而且，分散会计责任便于与政府的功能分配相一致，能够缩小会计管理和政策管理之间的缺口，做到最大限度地减少会计方面的办事拖拉，以及减少公众在联系工作中的种种不便。

二、政府财务报告

（一）政府财务报告主体及其内容

1. 政府财务报告的主体

政府财务报告的主体包括作为一个整体的政府、单个的政府组织以及政府管理的基金和其他非政府公共实体。财务报告的范围不应限定为预算的范围。有些国家已采用了"政府财务报告实体"的概念，如政府负责的实体，非政府公共交易和活动都被包括在政府财务报告范围内。确认必须提供财务报告的政府实体的规则和标准，既可由立法机关建立，也可通过会计原则的形式加以界定。从目前来看，确认报告主体主要采用融资、所有权以及控制三个标准，其中控制最为重要。

2. 政府财务报告的内容

（1）合并的财务状况报告。这是反映作为一个整体的政府在报告期内财务状况的分析性报告：该报告应根据 GFS（国际货币基金组织政府财政统计）标准编制，并在应计制会计基础上提供关于债务、取得核实阶段的支出以及欠款方面的信息。报告应分别反映中央政府、地方政府和一般政府的财务运营情况。关于基金（如政府的社会保障基金）的财务信息应合并到相应级别政府的账户中。另外，报告应至少覆盖两个财政年度，以便进行年度间比较。

（2）国内拖欠的存量与流量报告。这一报告区分了对私人部门、国家级政府实体和非政府公共部门的拖欠。

（3）政府规划的执行报告。该报告中的支出，既包括按照功能和规划（如果存在）分类的预算支出，也包括采用相同分类的基金中的支出：经常性支出与资本性支出在报告中应区分开来。该报告应包括至少两年的数据，以便使用者能够进行年度间比较。其报告主体为中央政府、地方政府和一般政府。报告中所需要的各种表格和备忘项目应作为附录提供。

（4）中期外部债务报告。该报告应反映各种类别的中期政府债务、直接负债和担保等形式的负债以及未来 5~10 年的偿债方案等方面的信息。

（5）短期借款报告。这种报告的格式应取决于一个国家金融市场的发育程度。根据各个国家债务组成与组织安排的具体情况，这种报告既可以并入中期债务报告，也可以单独编制。

（6）赠款报告。这种报告反映报告主体所收到的来自上级政府或其他方面的赠款补助。

（7）贷款报告。这种报告应当说明已签订合同的贷款、当期利息和本金支出，按照受益人的主要类型区分的拖欠存量和流量。这种报告应当采用叙事方式说明收回债务人付款中遇到的主要问题，并对未来的风险进行评估。

（8）远期承付款项报告。为了实现对立法机构的责任制，远期（跨年度）承付款项报告应当说明远期承付款项和按照职能、计划以及部委机构编制的预期支出时间表。

（9）现金流量报告。如同一份正式的商业银行月报一样，该报告应反映现金收入和现金支出的流量以及现金余额。该报告应包括政府的所有现金和银行（存款）账目，通常应直接根据政府账目编制。

（10）税式支出报告。该报告应反映按部门功能和税收减让类别分类的税收支出的估计数。

（11）其他负债报告。在可能的情况下，除了债务报告外，这种报告还应当说明其他负债所有事项，如退休金负债和保险负债。

（12）所选择的部门规划的实物资产和投资报告。针对基础设施部门的这种报告应反映最重要的资产、权责发生制基础上的投资（如实物资产的增加额）、维护性（包括欠下的维护性）开支，这些信息是非常重要的。该报告可包括在"开发与投资支出报告"中。政府机构内部的其他资产或投入通常也需要作为绩效标尺而在报告中反映。

注意，以上报告中除了最后一项外，其他所有报告的主体都是作为一个整体的政府。

（二）政府财务报告的编制原则

无论政府财务报告的形式如何，高质量的财务报告都应当符合一定的基本要求和原则，以便更好地发挥其职能和作用。

1. 完整性。总体上，报告应当覆盖报告实体任务的各个方面。

2. 规范性。在形式上和内容上必须符合既定的要求，方便其服务对象的使用。

3. 可理解性。对应报送报告和利益相关的使用者而言，报告应易于理解；报告传达的信息应当可以被快速地获得和易于交流，报告应对预算术语和专用方法予以解释和说明。对非财务人员而言，财务报告非常难以理解，如果可能应加上图表和说明以改善其可读性。当然，不能仅仅因为难以理解或一些使用者不使用，就去掉报告中那些最基本的信息。

4. 可靠性。在报告中提供的信息应该是可检验、无偏见的，应如实反映其所要反映的内容。可靠性不等于精确性和确定性。对某些项目而言，适当的解释性的估计所提供的信息比没有估计更有意义（如税式支出、或有事项或养老金负债）。

5. 相关性。提供的信息必须满足有明确要求的需要。年终报告的传统职能是让立法机构审核预算的执行。财务报告更多的目的是考虑各种使用者不同的需要。政府的财务报告通常被批评为冗长而无用。

6. 一贯性。一贯性是指不仅在一段时间内，而且在整个过程中，一旦采纳某一种核算或报告方法，除非特别必要，一般不做改变，它应使用于所有类似的业务。如果报告的方法、范围或者财务报告的主体已经改变，报告应反映这种变化的影响。

7. 及时性。时间的流逝通常削弱信息的有用性。及时的估计可能比较长时间处理的准确信息更有用。无论如何，即使在初步报告公布之后，也不应排除及时地对数据进行汇总和检查。

8. 可比性。财务报告应帮助使用者在类似的报告主体间进行相关的比较，如对具体职能或活动的成本比较。

9. 有用性。财务报告既要对机构内部使用者有用，又要对机构外部使用者有用，应有助于使用者理解这个机构现在和未来的活动情况，了解机构资金的运用、来源及其使用的勤俭性。

（三）政府财务报告的功能和服务对象

1. 政府财务报告的功能

政府财务报告是政府报告的重要组成部分，它的目的是为评价管理效果和资源占用情况提供有用的信息。财务报告通过对过去预算执行情况的评价来提供财政能动性的经营效果和财政约束指标。根据英国财务行政学者利克尔曼的见解，政府财务报告的主要功能包括以下几点：

（1）承诺与职务。财务报告为上级单位或权责机关以及使用者提供一种保证，确认该组织在使用经费资源时确实遵照相关法令的规定与要求。

（2）责任和回溯报告。公共部门财务报告一方面可衡量施政管理的绩效，以作为组织与组织之间，或者不同时期公共部门执行者预算绩效的比较；另一方面也可向外界提供有关该部门产品或服务的成本信息，以评估其资源使用的效率与效能。

（3）规划与授予信息。提供规划未来政策与行动的基础；同时也为未来即将委办的经费支出提出支持性的信息。

（4）生存能力。向外界证明组织的生存能力，并向社会说明其未来可以继续提供产品或服务。

（5）公共关系。为组织提供一个机会，向有影响力的使用者、员工和社会大众介绍施政绩效与成果。

（6）事实与数字的来源。提供给其他有兴趣想了解该组织的个人或团体（如学术界）有关财务上的资料来源。

2. 政府财务报告的服务对象

（1）纳税人。政府公用资金的主要来源是税收，广大的纳税人应该享有对公用资源使用情况的知情权。通过财务报告了解资金的使用方向，运作效率以及政府未来的税收趋向。

（2）投资者。投资者主要包括购买政府债券的人、以信用为基础向政府提供商品或劳务的人、想在政府权限范围内投资的人。这些人因为拥有对政府的债权，所以对政府的财务状况非常地关心。

（3）民意代表。公共部门财务报告对于民意代表而言，是一份相当重要的信息资料。民意代表往往以政府的财务报告为依据，来评估和监督政府政策的效果或经费支出的情况。

（4）决策者。对于任何一个好的决策来说，信息是动力和关键条件，被选举和任命的立法者和行政官员需要信息是为了进行决策。在财务报告中提出来的，有关过去的和政府下属单位计划执行情况的详细资料，有助于决策者选择怎样的政策、计划或方案将是适用的，以及这些选择将怎样影响该级政府总的财政状况。

（5）公务员。公共部门的公务员会比较关心本身的就业保障与工资调整，因而也会试图从政府财务报告中了解一些情况，预测和评估经费的增减是否会影响到本身的权益。而高层行政管理人员也可以从政府财务报告中发掘过去经费使用的问题或本身负责单位执行预算的绩效，以取得对未来的改进。

第四节 政府采购管理和政府财务审计

一、政府采购管理

政府采购是指各级国家机关、事业单位和团体组织，使用财政性资金采购依法制定的集中采购目录以内的或者采购限额标准以上的货物、工程和服务的行为。我国从 1996 年进行政府采购试点，2000 年全面铺开，并于 2003 年 1 月 1 日正式颁布实施了《政府采购法》，这标志着我国的政府采购制度已不断地走向成熟。然而，政府采购的规范化、制度化最终还是要靠科学的管理来实现。按照我国相关法律的规定，各级人民政府的财政部门是负责政府采购监督管理的部门，依法履行对政府采购活动的监督管理职责。同时，政府监察部门、审计部门也同样负有责任对政府采购进行监督管理。政府采购监督管理部门的监管对象主要包括：政府采购的采购人、采购代理机构和政府采购供应商。监督的内容主要包括：监督检查政府采购过程中的法律、法规和规章的执行情况；监督检查政府采购集中采购范围、采购方式和采购程序的落实情况；对政府采购人员的职业素质和专业技能行使监督检查权；供应商法定资格的审查与管理；对政府采购中出现的纠纷进行仲裁与处理等。政府采购管理主要包括政府采购计划与预算管理、政府采购供应商管理、政府采购信息管理和采购人员执业资格管理这四个方面的内容。

（一）政府采购计划与预算管理

1. 政府采购目标与计划

政府采购计划是政府采购政策和目标的具体化，政府采购必须体现政府一系列社会经济发展的政策目标。在政府采购计划中以下目标必须加以考虑：政府采购必须有效、恰当地满足社会需要；政府采购必须做到"物有所值"；政府采购必须有利于促进市场公正和有序的市场竞争；政府采购必须能够贯彻保护民族产业、扶持落后地区和中小企业发展、调节经济平衡等社会经济政策的政策意图。

政府采购计划的具体内容包括：采购目录与项目计划、采购数量计划、采购程序、采购方式、采购时间、委托代理对象、交货方式及时间与地点、验收程序与验收人员等。在整个采购计划中，以采购资金安排为主要内容的采购预算是最基本、最重要的计划。

2. 政府采购预算的编制

政府采购预算由政府采购预算方案提出，政府采购预算支出计划的政府有关部门和单位负责进行编制，然后，各级政府财政部门要对各部门和单位编报的采购预算加以汇总，并纳入本级总预算。政府采购预算的编制内容包括：（1）项目分类，政府采购分为货物、工程和服务三大类；（2）按省级以上人民政府规定的采购要求编制商品目录；（3）明确表达购买需求；（4）采购估价；（5）资金来源；（6）采购方式与执行时间；（7）采购预算的批复与调整。

3. 政府采购资金的拨付

2001 年 2 月，财政部与中国人民银行联合发布了《政府采购资金财政直接拨付管理暂行办法》。《政府采购资金财政直接拨付管理暂行办法》明确规定，相关财政国库管理机构必须在有资质的代理银行设立政府采购资金专户，政府采购所需的预算资金必须通过专户视不同情况以财政全额直接拨付、财政差额直接拨付、采购卡支付三种不同方式进行拨付。财政直接拨付由资金汇集、上交支付申请、实际支付三个步骤构成。

（二）政府采购供应商管理

供应商是政府采购的重要参与主体，由于供应商的经营资格、经营实力与财务状况、信誉与履约能力等，都直接关系到政府采购的质量和效果，因此，为参加政府采购市场的供应商建立相应的管理制度就显得至关重要。政府采购供应商资格审查的方式主要有以下三种：

1. 事前预审

事前预审就是指在采购人或采购机构需要采购之前，就对潜在的供应商发出政府采购供应商预审公告，在公告中明确提出对供应商的要求，希望符合标准的供应商提出申请并接受审查，审查通过后列入供应商名单，并发出邀请函，但并不表示没有参加供应商资格预审和预审不合格的供应商不能参与政府采购项目的竞争。

2. 开标或询价前审查

开标或询价前审查是指政府采购机构在发布政府采购公告以后，所有有兴趣的供应商都可以参加投标，并交纳投标保证金，采购机构在开标或询价前，需要供应商按照相关要求出示资质证明，并通过采购机构的审查。在审查过程中，供应商对自身出示的证明要承担法律责任。对于审查不合格的供应商则取消其参与本次采购竞争的资格。

3. 供应商资格注册登记制度

政府采购机构按照规定的条件，对提出申请的供应商资格进行审查，审查合格的供应商，将被纳入政府采购供应商储备库。只有进行了政府采购供应商注册登记的供应商，才能成为政府采购投标供应商。供应商注册登记制度有两个基本要求：一是如果供应商的情况发生变化，相应的注册登记资料必须进行调整；二是政府在政府采购过程中，如果供应商不讲信誉，有明显的违规行为，政府采购相关管理机构可以取消供应商的注册资格。

（三）政府采购信息管理

信息管理主要包括信息收集、信息发布、信息记录、信息储存与信息查阅等内容。需要收集的信息主要有：政府采购法律法规资料、产品信息、供应商信息、采购案例信息。各种信息既可以通过建立专门的调查队伍获取，也可以借助报纸、刊物、网络等渠道获取。相关的政府采购信息和最新的法规条文必须及时、准确、规范地发布，保证政府采购平等、透明、顺利地进行。我国的《政府采购法》还规定每项政府采购的采购文件和采购过程必须妥善记录、保存，以便相关各方查阅、监督。

（四）采购人员执业资格管理

《政府采购法》明确规定"集中采购机构的采购人员应当具有相关职业素质和专业技能，符合政府采购监督管理部门规定的专业岗位任职要求"，要定期对采购人员的专业水平、工作实绩和职业道德状况定期进行考核。政府采购执业人员的资格要求主要包括：

1. 技术资格要求：（1）经济学原理及国家宏观经济政策、采购原理与理论、国际经济规则与政府采购的国际惯例等综合知识；（2）对象所涉及的专业技术与知识；（3）市场分析与判断技术；（4）采购原理、采购程序与方式等采购技术；（5）缔约与履约验收的知识与技术；（6）政府采购管理技术与知识。

2. 职业道德要求：（1）公平、正直，秉公执法；（2）诚实、守信；（3）对社会、对人民的高度责任感。

鉴于我国目前政府采购工作尚处于起步阶段、各个方面的情况还比较复杂的现实情况，政府采购人员执业资格制度的建立，可以考虑从单一执业资格模式、双重执业资格模式、三重执业资格模式中，选择其中一种模式进行设计。所谓单一执业资格模式，就是政府采购人员只在从事某一个方面工作时，需要专门的执业资格认证，而从事其他与政府采购相关的工作，不需要特定的资格认证。如果是单一的执业资格模式，则应以政府采购合同签约资格为基本资格模式。所谓双重执业资格模式，是指在政府采购工作中，必须有两种特定的执业资格认证，可以考虑建立合同签约资格模式和履约验收资格模式。所谓三重执业资格模式，就是设想除签订采购合同、验收签字必须具备执业资格以外，其他从事政府采购管理和一般操作的人员也要通过资格认定，即取得政府采购从业资格。

二、政府财务审计

（一）政府财务审计的目标

1. 控制

审计在公共部门和非营利部门中的主要目标在于确保资金按计划使用，在财务管理系统中作为一种控制，对政府资金的使用活动进行监督和约束。政府和许多民办的非营利机构依赖于以税收的形式从公众那里强制获取资源来从事各项活动。这些机构的管理人员有责任有效、充分地利用这些资源，但光靠人员的责任心是远远不够的，有效的审计控制正好可以提供可信的独立裁决，从外部监控相关人员的经济行为，并对资金使用效率进行考核，使各项支出严格依照预算列明的项目和程序使用资金。

2. 管理和计划

审计为管理者提供了有助于改进其整体经营的信息。通过评价组织所取得的成就及其为实现目标所使用的过程，审计员能发现经营过失，并追究其根源，为未来计划的制定和实施提供参考，提出合理的政策建议。

（二）政府财务审计的准则

政府和非营利部门审计准则有两大主要来源。一是美国注册会计师协会（AICPA）提供的"公认审计准则"（GAAS），决定审计员判断财务报表和组织财务状况的准确程度的能力。美国注册会计师协会审计准则列举了审计应遵循的审计过程和程序，及其受"公认会计准则"（GAAP）指导。二是总会计署首脑总计长发布的"公认政府审计准则"（GAGAS），它包括内部控制以及比财务和符合性审计更为广泛的涉及面。美国注册会计师协会和总会计署总计长共同关心的因素是：（1）政府审计员的专业能力；（2）审计员的独立性；（3）审计本身的恰当范围；（4）审计报告本身的可读性、有用性及相关性；（5）审计员在发现欺诈方面的作用和责任（审计员的责任不是发现欺诈，而是注视内部控制，使欺诈更加难以实行）；（6）政府审计准则对特定类型的审计活动的运用。

（三）政府审计的分类

从实施审计的组织机构来看，如果这些审计的目的在于满足一个组织内部管理的要求，则为内部审计，通常有组织内部机构实施；如果这些审计的目的在于满足某种强制性义务，则为外部审计，通常由外部审计实体或其他独立审计者实施。从实施审计的出发点来看，审计一般可以分为财务审计、符合性审计、经济效率审计、绩效项目成果审计四种类型。

1. 按实施审计的组织机构不同来划分

（1）内部审计

内部审计员的职责是"独立、客观地分析、审查和评价现存的程序和活动，报告所发现的情况，以及当他认为必要时向管理和经营人员建议考虑改变或采取其他行动"。它通常由一位主要管理官员直接监督。报告除了要发放给首席执行官外还要发给组织的决策机构。大型公共组织通常具备正式内部审计的能力，在其内部对机构的项目、经营或活动都有专门的审计部门。

（2）外部审计

在帮助管理者建立和维持有效的控制系统方面，外部审计也起着很大的作用。政府的外部审计典型的由独立的组织审计机构进行，它通常向立法机关、公众或被审计实体本身报告审计结果。审计的重点取决于各国的具体情况。例如，在政府组织的内部控制不佳时，可能需要对单笔交易进行深入的事前审计和合规性审计。为确保可信度，保持外部审计机构的独立性至关重要。

2. 按实施审计的出发点不同来划分

（1）财务审计

审计最通常的形式就是财务审计，"它为了对财务报表的公正性或可靠性发表意见而对机构财务系统、交易和账户进行审查和评价。"财务审计涉及的是控制方面，旨在确定出入组织的货币是否到了应该到位之处，确定财务年报是否准确反映了组织的财务状况和经营情况。它关注的第一件事是符合公认会计原则，第二件事是要遵照预算拨款。财务审计能揭露不适当的单据、不准确的数字、未能符合公认会计原则的现象以及在极端的情况下故意的欺诈和滥用财务职权。

（2）符合性审计

符合性审计关注的是组织在执行其义务和职责时是否遵循预算法律和法规。这些法律与财务活动相关，但是它们也关注非财务领域。国家审计署和高级政府管理部门对符合性审计十分关注，而在地方政府和非营利机构则不常见。这是因为，其内部审计缺乏实施这一种行为的人员，而外部审计员很可能对当地法律不熟悉。

（3）经济效率审计

经济效率审计是"确定实体是否以一种经济、有效率的方式管理或利用其资源（人员、财产、空间等），确定一些低效率或不经济操作的根源，还包括管理信息系统、管理程序或组织结构的不适当性"。换句话说，这类审计关注的并不是资金流，而是执行组织所需的活动是否以最低的成本来花费资金。这些审计经常运用以管理为导向的分析方法，如各种形式的成本分析、作业流程和时间研究分析，来作为这一个过程的一部分。

（4）绩效项目成果审计

这是一种较新的审计类型，它主要对与该组织所规定的目的、目标相关的完成情况进行审计。换句话说，这类审计设法确定机构所要取得的结果是否被完成。这一种审计的难点在于它要求有可定量的目的和目标，清晰地阐述任务，以及对以结果为导向预算的强烈承诺，这样审计才可能成功。否则，审计员在开始衡量绩效之前将花费过多时间确定组织设法完成什么。

（四）审计程序

1. 获得实施审计的批准

审计过程的第一步是选择或授权一个个人、团体或组织执行审计。美国的政府财务官员协会和总审计署都提倡设立审计委员会以监督审计员的指定和批准，特别对外部审计员的雇用更是如此。这些委员会的委员通常由具备各类专业知识的专业人士组成。审计委员会的益处包括：维护过程的公正；便于管理部门和外部审计员的交流；增加审计过程所包含的专门技术知识；以及为管理部门采纳审计员建议的变革提供支持。

2. 建立审计计划

审计计划的内容包括审计范围、实施审计的日程安排、各类资料需要、人员要求。这就需要收集信息并增进对组织和所建议范围的了解。例如，审计计划要明确哪些资金和会计团体需纳入审计范围，每一项资金由谁负责，以及对与每一项资金相关的哪些组织单位审计，这对于财务审计是至关重要的。审计计划的开展都必须与组织运作方面关键的财务和非财务人员进行讨论。通过面谈和讨论能进一步确定审计范围，从而决定将要实施的特定的审计类型，并进一步确定与之相符合的审计员。财务计划还必须对以往的财务系统信息有充分的了解，以便于审计的进一步进行。财务计划中必须详细列明审计过程中各个项目的负责人和相应的时间框架，使审计得以快速有序地进行。

3. 进行审计调查

美国用于一般目的的公共机构的公认审计准则和公认的政府审计准则要求实施审计调查。一项熟练进行的调查应提供的信息包括：实体活动的规模、范围和一些内部控制薄弱的领域，不经济或低效率的经营，实现已定目标时缺乏有效性，不服从适当的法律、法规。调查的要点包括：组织结构、法律要求、财务信息、数据处理系统的结构、特别的问题或争论点、公共机构自身的具体报告要求。审计调查是搞好政府审计的重要前提。

4. 审查和测试

完成调查之后，要采取更为具体的步骤以确定标准用于测试及审查具体的内部控制、数据系统、合规性系统、操作程序、人事实践和组织所采用的采购程序，这些依赖于实施的审计类型。通过较为详细地建立这类标准并审查审计过程的每一个具体步骤，审计员就能确切地决定需要采用什么测试以便充分建立审查组织。审查和测试是对审计计划的进一步明晰化，使每一步显得更加有的放矢。

5. 实施详细审计

一旦计划、调查、测试和审查程序完成了，就要开始真正的审计。审计的组成部分应该说明审计过程中的验证、交互核对、详细抽样决策和方法、直接观察、检查和文件提供的重要性。验证和交互核对使提供支持书面记录的文件成为必要程序，而这些书面记录可能是一套财务账户或描述符合特定法令的一份文件。详细抽样决策主要由审计员从某一个特定报告期间中所有已发生的交易进行分析选择作出的。所运用的抽样方法将决定审计结果的概括性以及审计报告的整体准确性。观察、检查以及文件提供都同实际实施审计相关联。观察交易记录、检查书面记录和提供支持这些记录的文件方法，对于审计的准确性及有效性都是极为重要的。

6. 准备和出具审计报告

审计员审计后要产生财务审计书和管理书。审计书（也叫审计报告）除写明审计范围以外，还应包括以下事项：审计员是否运用了公认审计准则；组织的财务报告是否公正地反映了组织的财务状况；组织的财务报表是否同公认会计准则相一致。审计书还要附上资产负债表、报告期间的合并财务收支对照表、该期间的资金收支的比较等财务报表。在某些情况下，管理书有其单独封面。管理书包括审计员对改进公共机构管理系统的各种建议。审计建议可能包含的项目有，如何改进诸如内部控制、各种报告实务、基金间交易以及文件提供之类的事项。这些建议通常并不公开而作为机构管理的指导方针和方向。审计书是审计报告中最常见的部分，但是，审计员的口头交流或以书面管理信件形式所提出的建议对于公共管理者而言可能更为有用。

小　　结

通过本章的学习，可以看到公共预算制度随着民主政治的发展而产生、发展和完善。作为政府管理的有效工具，它经历了从单式预算、复式预算到绩效预算、项目计划预算、零基预算的发展历程，更好地发挥了其总量控制、资源配置、运营效率等职能。多年来，我国的政府预算制度已取得了长足的进步。政府会计是一种有关存量、流量、权力要求和其他政府业务的数据记录过程。它与企业会计有很大的不同。政府会计有自己的准则，不同情况可采用不同的会计基础和会计管理模式。政府财务报告是政府会计的结果，它丰富的内容全面地反映了政府活动的各个方面，是各个相关利益群体有效监督政府活动的窗口。政府是社会上最大的购买者，政府采购是改善政府支出效率的重要手段。然而，只有切实加强政府采购计划与预算、政府采购供应商、政府采购信息和采购人员执业资格等各方面的管理，才能更好地发挥作用。政府财务审计在政府活动的控制和管理中有至关重要的作用，它以严密的程序对政府活动的各个方面进行考核。以上各个工具为实现有效的公共治理起到了很大的作用。由于篇幅所限，我们只能对其进行概述性的介绍，许多具体的细节和深入性的问题还需要通过参考相关书目做进一步的学习和研究。

重 点 名 词

政府会计　现金制　权责发生制会计　政府财务报告

复习思考题

1. 如何界定公共部门和公共预算？如何理解公共预算的性质？
2. 公共预算的作用和原则是什么？
3. 正确认识不同预算制度的优缺点，并对我国预算制度的发展作出合理的评价。

4. 政府会计的会计基础包括哪几种，其各自特点是什么？

5. 如何界定政府财务报告的主体，政府财务报告主要包括哪些内容？

6. 政府财务报告的编制原则和功能是什么？

7. 怎样搞好政府采购管理？

8. 政府财务审计可分为哪几种类型？

9. 政府财务审计的准则是什么，它是如何具体运作的？

第七章　社会保障管理

第一节　社会保障管理的内容

一、社会保障管理的概念

社会保障管理是指国家和政府为实施社会保障制度，成立专门的社会保障机构，组织社会保障的专业人员，对社会保障活动进行决策、计划、监督、调节以及对社会保障基金进行筹集、运营、管理和保险费的给付等活动。

二、社会保障管理的内容

社会保障管理的内容有三个方面：其一是社会保障的行政管理，如社会保障法律、法规的制定和社会保障组织机构的建立。其二是社会保障的基金管理，如社会保障基金的筹集、发放和运营等。其三是社会保障的对象管理，即对受保人的管理。

（一）社会保障的行政管理的内容

1. 社会保障立法管理。社会保障管理的主体是国家，社会保障活动是从国家制定有关的法律、法规开始的。社会保障管理的首要环节是制定社会保障法律、拟订基本法规，以此来规定社会保障的实施范围和对象，规定享受社会保障的基本条件、资金来源、待遇支付标准与方式，确定社会保障活动中国家、单位和个人三者的责任、权利和义务等。社会保障法律由国家直接颁布，具体法规由政府主管部门颁布，实施条例、细则、办法主要由地方政府制定。

社会保障立法应遵循以下原则：

（1）社会公平与社会效率兼顾原则

社会保障立法过程中公平与效率之间的关系，主要体现在以下两个方面：其一，分配领域中的公平与效率的关系。社会成员之间收入差距过大，会导致分配上的不公平。为此，国家对于收入水平过高的劳动者，依法征收累进制的个人所得税，防止社会成员之间收入差距过分悬殊；同时，对于丧失劳动能力的或收入水平过低的社会成员，由国家提供必要的生活保障。通过合理的政策，可以调节社会成员因收入差距过大而可能引起的社会矛盾。其二，国家投入社会保障资金与其所发挥的实际作用问题上的公平与效率的关系。也就是说，在社会保障内部存在着一个投入与产出的关系。如果社会保障体制本身存在问题，如工作效率低、规定不合理、管理不严等，在同等投入的情况下，就必然降低保障资金的使用效率、造成浪费，无法实现预期目标。因此，在市场经济活动中，一定要建立公平与效率相统一的社会保障法律制度，保证创造出一个良好的经济竞争环境，保持社会的稳定。

（2）权利与义务相统一的原则

国外社会保障的历史表明，权利与义务相脱节是社会保障发展过程中的缺陷。在社会保障立法过程中，必须坚持社会保障的权利与义务相统一的原则。也就是说，社会保障的收益者并不是无条件地享受社会保障，要享受社会保障的权利就必须承担相应的缴费义务，而履行了缴费义务就应当享受相应的社会保障权利。

（3）统一性和多层次性相结合的原则

统一性是指社会保障法应由国家立法机关统一制定，社会保障机构必须是国家组织的统一保障机构，实行统一协调的社会化管理。多层次性是指法律、法规等法律体系的多层次性，法律内容的多层次性，从中央到地方管理机构的多层次性。

（4）原则性和灵活性相结合的原则

社会保障具有公平性，它是让所有受保者都有同等的机会享受社会保障的待遇，这就要求社会保障法律制度必须有统一的原则性，即对社会保障的性质、职能、项目、范围、标准、管理体制等在法律制度中予以规定。但同时又要有灵活性，即在坚持原则性的前提下，对不同时期的保障待遇有所区别，对同一个时期内不同受保者的待遇有所区别，对不同区域根据特定情况制定具体行政法规。

（5）循序渐进原则

这是指社会保障法律制度的确定，要按照生产力发展的水平，随着社会的发展和社会保障事业的发展，由低级到高级、由不完善到完善循序渐进地发展。

2. 配置高效的社会保障管理机构，配置精干的社会保障管理人员，明确社会保障管理组织的职责。

我国是一个发展中的社会主义大国，为了便于社会保障管理，需要根据政权结构和行政区划的要求，将社会保障行政管理机构划分为若干层次。它一般分为中央社会保障管理机构、地方各级社会保障管理机构（包括省、市、县）、基层社会保障管理机构（包括乡镇、街道）。各层次社会保障管理机构的职责是有所不同的。

（1）中央级社会保障机构的职责

根据国家社会保障立法，制定统一的社会保障政策、提出立法建议；制定战略目标和长远的年度规划；对地方社会保障机构提供政策指导；编制预算决算，筹集和分配社会保障资金；协调本系统与其他机构、本系统各分支机构的关系；培训专业人员；总结交流经验；参与社会保障的国际合作；直接举办和管理示范性、规范性较大的社会保障设施。

（2）地方各级社会保障机构的职责

执行国家统一的社会保障政策和法律；结合本地区实际情况制定国家社会保障政策和法律实施细则；制定地方性行政法规和政策；编制地方社会保障发展规划，包括年度计划；编制地方社会保障预算决算，筹集、分配和管理社会保障资金；协调地区内本系统与其他机构、本系统分支机构的关系；指导基层社会保障办事机构的工作；参与工作人员培训；直接兴办和管理社会保障部分设施。

（3）基层社会保障管理机构的职责

　　调查和掌握社会保障对象的具体情况，并造册登记；审查和确定社会保障对象；根据政策和法律规定，准确、及时地向合格对象支付保障金和提供各种服务；通过直接兴办和管理的社会保障资源和设施，为受保人提供服务；提供咨询，为需要者提供帮助；依法直接征收和管理社会保障资金，接受捐赠；组织、管理志愿者服务队伍，提供必要的协助；向上级社会保障机构提供情报并提出意见和建议。

　　3. 制定社会保障计划，检查社会保障计划的执行情况，并不断完善社会保障计划。

　　4. 落实和监督社会保障法律、法规、政策的实施情况，确保社会保障法律、法规和政策得到认真地贯彻和实施。

　　5. 调解和处理社会保障活动中出现的纠纷。

　　(二) 社会保障基金管理的主要内容

　　1. 筹集社会保障基金

　　社会保障基金主要采取以下几种筹集形式：

　　(1) 税收

　　税收是筹集社会保障基金的传统形式，也是社会保障基金筹集的一种重要形式。税收是政府征集财政收入的最主要的形式和手段，是一种以国家的强制力为依托的筹集行为，它的征税主体是国家或者代表国家的政府。税收具有强制性、无偿性、固定性的特点。税收的"三性"是其作为国家的收入手段所固有的特征，它成为纳税过程顺利进行的重要保障，也是税收成为社会保障基金筹集的重要形式的基本依据。

　　在一般情况下，税收在筹集社会保障基金中的应用是以开征社会保障税的形式进行的，社会保障税一般以纳税人的收入所得为征税对象，这种纳税人一般是收入达到一定水准的自然人和法人。采取社会保障税来筹集社会保障基金是世界各国政府，特别是西方国家普遍的做法，它可以使社会保障事业在政府收入中有对应的项目，从而使社会保障基金的来源更加稳定。

　　(2) 社会保险费

　　社会保险费是指政府按照法定的项目、比率和程序，以收取社会保险费来筹集社会保障基金的形式，它是筹集社会保障基金的另一种重要形式。

　　(3) 社会捐款

　　社会捐款是以社会募捐的方式筹集的社会保障基金，它具有自愿性、专门性和不稳定性的特征，是筹集社会保障基金的辅助形式。

　　(4) 社会保障基金的投资收益

　　社会保障基金的投资收益是以社会保障储备基金投资并通过收益转化来积累社会保障基金的形式。尽管它在社会保障基金的筹集中不占主导地位，但其意义是非常重要的，表现为它是社会保障基金自身的增值，是社会保障基金本身经营效益的体现，是在不增加社会成本的基础上社会保障基金的扩充。因此，要重视这种筹集方式，发挥其积极作用。

　　2. 支付社会保障基金

　　(1) 社会保障基金支付水平的确定

　　社会保障基金的支付是社会保障的专门机构按照社会保障法规定的项目、条件和标准，支付被保障人或收益人应享受的保障待遇的过程。社会保障基金的支付水平是与社会保障支出的总规模相联系的，支付水平高，则支出总规模就大。也就是说，社会保障的项目构成一经确定，如何合理地确定社会保障各个项目的水平，就成为社会保障基金支出总规模的关键。支付水平的确定，应当从下面几个方面去考虑：①保障基本生活水平应当是确定社会保障基金支付水平的基准。应当从基准出发，根据不同地区、行业、单位之间的实际情况，制定合理的支付水平。社会保障支付水平要与经济、社会发展水平协调一致。②社会保障基金的支付要兼顾效率和公平。忽视经济效率或公平都会导致片面性。③保障基金支付水平的提高要建立在经济发展的基础之上。也就是说，支付水平要立足于本地区生产力和国民收入的现实基础，并根据物价上涨与下跌的具体情况来上下调整社会保障基金的支付水平。

（2）社会保障基金的支付方式

① 现金支付

现金支付，也称货币支付，是以向受保对象发放货币资金，如救济金、养老金、保险金等来支付社会保障基金的形式。它是社会保障基金支付的基本形式和主要形式，尤其在社会保险、贫困救济等社会保障项目中被使用得最为普遍。

② 实物支付

实物支付是以向受保对象发放实物的形式来支付社会保障基金，它是社会保障基金支付的另一重要方式，在社会救济金的发放中被应用得最为普遍。

③ 提供服务

提供服务是通过向受保对象提供服务来满足其保障需求，进行社会保障基金支付的方式。这是一种特殊的支付方式，它是以购买服务手段和服务人员的劳动力，并将其转化为社会保障服务，进而实现社会保障基金的支付的形式。它在社会福利、优抚安置等保障项目中经常应用。

3. 运营社会保障基金

（1）社会保障基金运营的基本原则

社会保障资金实行基金制度后，面临着社会保障基金的贬值与增值问题。要使社会保障基金在运营中保值和增值，必须遵循以下原则：

① 安全性原则

这是基金进入货币市场最基本的条件。进行社会保障基金投资选择时，首先要考虑的是安全性原则，只有切实保障其安全，才能保证受保人按时定额领取保障金。如果投资风险过大，不仅得不到预期的投资收益，而且投资本身都可能无法收回，这将难以保证社会保障的需求，从而影响社会保障功能和作用的发挥，进而影响社会安定团结。

② 营利性原则

这是指社会保障基金的投资在符合安全性原则的前提下，能够取得最大的收益，获得最大的利润。如果社会保障基金投资能获得最大的利润，就能保证社会保障基金的增值，通过不断增值和积累，扩大社会保障基金的规模，有利于减轻国家、集体和个人的负担，保证社会保障基金的良性运行。

③ 流动性原则

这是指社会保障基金能随时变现并发给符合条件的被保险人，以维持其生活和生存。尤其对那些短期的社会保障，投资的流动性原则更为重要，否则会引起收支矛盾，导致入不敷出。

（2）保障基金的投资方式

①有形资产的投入。这种方式风险大，预期收益也高，所以投资上要慎重。

②存入银行，逐年获取利息。这是一种风险小，收入稳定且简便易行的增值方式。

③购买债券。这是社会保障基金投资最普遍的一种方式。债券一般分为政府债券、公司债券、国际债券。政府债券风险最低，但收益率也较低。公司债券收益率较高，但风险也较大。国际债券发展潜力较大，收益率也高，但其价值易受汇率变化等因素的影响，因此不确定性也高。所以，投资债券时，要注意各种债券的投资组合。

④贷款。由社会保障管理部门作为信贷机构，直接运用其掌握的社会基金面向国内贷款，也可以面向海外资本市场投资。这种投资要求投资管理人员具有较高的业务素质。

⑤委托代管。将社会保障基金的管理权交给由相关部门参与的"保障基金管理公司"，国家负责制定相关政策法规对其运作加以限制和保护，使基金运行商业化。

（三）社会保障对象的管理

这方面管理的内容主要是为社会保障的对象提供一系列必要的服务。

在岗工作的社会保障对象，主要由其所在的单位提供有关的服务，对他们的管理也主要由其所在的单位负责。对情况特殊的社会保障对象如退休、离休、退职的老人，残疾人和失业者等社会救济对象，要进行特别的管理。

根据社会救济对象的不同情况采取不同的管理方法，如为老年人、残疾人提供社会福利设施；帮助贫困、优抚对象发展生产；为劳动者提供疗养、休养场所；组织失业人员进行职业培训，帮助他们生产自救；组织身体好、业务能力强的退休、离职职工参加社会急需的生产活动等。

从性质上来讲，社会保障对象的管理属于群众性服务工作，除了有专门的机构和配备专业人员，多数工作需要招聘社会保障对象来承担，让他们自己管理自己、自己服务自己、自己教育自己。政府主要是制定政策和协调处理社会保障对象管理中的各方的关系。

社会保障管理的三个方面的内容是紧密相关的。行政指挥系统履行立法职能，并对业务管理机构实施监督；事业管理机构形成社会保障管理的执行系统；对社会保障对象的管理，则是社会保障管理不可分割的服务系统。

第二节　社会保障管理体制

一、社会保障管理体制的含义

社会保障管理体制，是在中央与地方政府之间、政府各个部门之间划分社会保障管理的权利和责任的一项根本制度，是处理社会保障管理中权、责、利关系的根本制度，也是规定社会保障运行机制的基本制度。

二、建立社会保障管理体制的原则

（一）法制化原则

社会保障是国家通过立法以行政手段推行的，具有鲜明的强制性和法制性。社会保障制度在各个环节都有相关法律、法规和政策的制约，以及在具体实施过程中公开的社会监督。

（二）统一决策与分级管理相结合

举办社会保障事业是国家或政府行为，必须由政府建立统一的机构，制定统一的方针、政策，进行统一集中的决策管理。只有这样，才能实现实施对象、享受条件、支付标准、资金来源、管理方式之间的协调配套；实现资金缴纳统筹、储存运用、保值增值、分配使用之间的调节平衡，从而有效地克服多头领导、政出多门带来的问题和矛盾，使社会保障事业协调、健康地发展。

社会保障的统一决策还应与分级管理结合起来，即地方保障机构也享有一定的或相当的社会保障管理权限。这便于地方保障机构从本地区的实际出发，因地制宜地发展自己的社会保障事业，以充分发挥各级政府及社会保障机构的积极性。分级管理体现在三个方面：一是根据中央制定的方针政策、规章制度，制定出适合本地区发展要求的实施细则；二是对多层次的社会保险，如养老保险，国家统一决策管理的是法定的基本养老保险，同时允许地方举办和管理地方补充养老保险和个人储蓄养老保险，以适应各个地区之间经济发展的不平衡，使经济发达地区的劳动者享受较高水平的社会保险，而经济落后地区的劳动者的基本生存权也能得到保障；三是某些保险项目，如工伤保险、失业保险，由于各个地区的情况不同，适宜由各省、市制定实施办法进行管理。

（三）社会化管理与单位管理相结合，以社会化管理为主

所谓社会化管理，就是由中央政府的社会保障职能部门统一制定社会保障的基本制度，并由社会保障专管机构统一管理社会保障基金和社会保障对象。具体来说，社会化管理要做到：一是保障对象社会化，即把全体社会成员纳入到社会保障的覆盖网络之内；二是组织机构社会化，既然社会保障的对象涵盖全体成员，社会保障事业必然要由一个面向社会统一管理的专门机构来统一管理；三是服务人员社会化，这要求参与社会保障服务的人员既要有政府公务人员、业务工作者，也可有兼职服务者、志愿服务者等；四是资金筹集社会化，即社会保障基金的建立不仅靠政府财政的支持，更离不开社会各界尤其是企事业单位和社会成员的鼎力相助，资金来源呈现多样化格局，以便更好地体现社会事业社会办的原则；五是给付管理社会化，即社会保障的享受对象、支付标准及其等级、给付方法等也应由国家或政府根据一定时期内的社会因素加以确定，并在一定范围内统一实施。

由于社会保障基金由受保对象及其所在单位和国家共筹，特别是我国受保对象人数众多，受保对象的资格认定、管理服务等各项工作与受保对象所在单位关系密切，因此，有些具体的管理事务还需要由各个单位分散管理。

（四）内部控制与外部控制相结合，以内部控制为主

建立完善的外部控制机制主要是确立政府和其他社会团体对社会保障管理工作的监督职能。过去，由于政、事、监不分，政府职能部门自己立法、自己执法，无所谓监督职能，致使社会保障事业的发展缺乏制约机制，因此，在建立社会保障管理体制时，需要建立起一套科学的监督程序，同时建立起一套外部控制机制，按照既定的监督程序，政府主管部门内部从中央到地方逐级监督；政府与业务部门之间由政府主管部门对社会保障业务管理部门实施直接监督。

在建立外部控制机制的同时，更重要的是建立内部控制机制，通过改革现行的管理体制，建立起社会保障管理体制自身的制约机制。其具体做法：一是在改变免费制度的基础上，规定受保对象及保障基金的提供者参加管理，调动他们主动参与社会保障管理的积极性；二是在管理工作中引入经济管理手段，用经济规律调节保险费用的收入与支出，形成自动控制系统。

三、社会保障管理体制的主要类型

世界各国社会保障管理体制因其政治、经济、文化、历史背景和民族传统不同而有很大差异，归纳起来主要有三种模式：集中管理模式、分散管理模式、集散结合管理模式。

（一）集中管理模式

集中管理模式，是指把养老保险、失业保险、医疗保险、工伤保险以及其他社会保障项目全部统一在一个管理体系内，建立统一的社会保障管理机构，集中对社会保障各个项目基金运营、监督等实施统一的管理。在实行集中统一管理模式的国家里，一般从中央到地方都设立专门的行政管理机构和业务机构，配备专职的工作人员。

集中管理模式优点：一是有利于社会保障的统一规划、统一实施、统一监督，避免了政出多门、多头管理所产生的诸多利益冲突，使社会保障功能更有效地发挥；二是有利于社会保障各个项目之间、社会保障运行机制各个环节之间的协调和社会保障基金的集中管理与在一定范围内调剂使用，形成规模效益，真正发挥社会保障的互济功能；三是有利于社会保障管理机构精兵简政，降低管理成本，控制管理费用；四是对社会保障业务和基金的集中管理，有利于增强透明度，便于加强社会监督；五是集中管理能使企业从应付多头的社会保障管理部门中解脱出来，只面对一个社会保障管理机构，从而减轻企业工作量，使企业更好地集中精力从事生产和经营活动。

集中管理模式的局限性：一是某些社会保障项目的管理与政府业务主管部门往往难以协调，进而影响管理效果，如失业保险、工伤保险与劳动就业部门的就业促进、工伤预防等工作往往很难协调配合；二是这种模式往往以国家行政管理为主，受行政干预较多。

（二）分散管理模式

分散管理模式，是指不同的社会保障项目由不同的政府部门管理，各自建立一套保障执行机构、资金运营机构及监督机构，各类保障项目之间相互独立，资金不能相互融通使用。其基本特征：一是各级政府及社会保障部门事权独立；二是各级政府及社会保障部门社会保障预算独立；三是政府间的社会保障联系是间接的，政府将社会保障事务委托给社会保障经办机构管理，只对社会保障进行监督，并根据各类保险项目的财务状况进行必要的平衡。

分散管理模式的优点：一是各个管理机构具有较大的自主性，能根据自己所管理社会保障项目特点制定详细、周全的管理法规，较灵活地适应社会保障发展的需要；二是管理的独立性强，能根据客观实际及时调整保障项目和内容，较灵活地适应社会生活的需要。

分散管理模式的局限性：一是管理机构多，管理成本高，如德国养老保险的管理费用占所缴养老保险金的 3%，而同期日本、美国的养老保险管理费用只占 1%；二是因机构庞杂和相互独立导致工作的反复，给被保险人和保险机构管理增添了许多难题。

（三）集散结合管理模式

集散结合管理模式，是指将社会保障共性较强的项目集中起来，实行统一管理，而将特殊性较强的项目单列，由相关部门分散管理。最普遍的是将养老保险、医疗保险等集中起来，由统一的社会保障部门管理，而将失业保险、工伤保险交由地方保障部门管理。其显著特征是根据社会保障项目的不同，把集中统一管理和分散自主管理有机地结合起来。

集散结合管理模式的优势：一是它既能体现社会保障社会化、一体化的要求，又能兼顾个别项目的特殊要求；二是有利于调动各个方面的积极性，提高工作效率，降低管理成本，更好地促进社会经济发展。可以认为，集散结合管理模式兼具了集中管理模式和分散管理模式的优点，又在一定程度上避免了两者的缺点。当然，这种模式的顺利进行需要有较为有利的内外部条件和管理环境。美国、日本都采用这种模式。日本的厚生省负责管理年金和医疗保险，而劳动省负责失业保险；美国的失业保险也由劳动部门管理，而老年和遗属保险、残疾保险、住院保险则由社会保险署统一管理。

第三节　社会保障的国际经验

一、国际社会保障的主要类型及其特点

社会保障制度自诞生以来，经过不断地发展，已成为由社会救助、社会保险、社会福利等组合而成的梯度递进的保障体系。由于各国的文化背景不同，社会经济发展状况各异，因此各国实施的社会保障制度具有不同的特色。

目前世界上社会保障类型主要有四种：福利国家型、社会保险型、国家保障型和个人储蓄积累型。

（一）福利国家型

这种类型是以英国的庇古、凯恩斯和贝弗里奇的经济理论为基础构建起来的一种以国家为主的全民保障模式，以英国和瑞典为代表。它是以"普遍性"为原则，主张实行"收入均等化、就业充分化、福利普遍化、福利设施体系化"的社会保障制度。它的总目标是消除贫困。

福利国家型社会保障类型的特点有：保障对象的普遍性和保障项目的全面性，社会保障覆盖全民且保障内容广泛，有人称之为"从摇篮到坟墓"的社会保障模式；推崇社会公平，而不惜以牺牲效率为代价；以社会保险为社会保障体系的中心；保障资金的筹集是以征税资助下的现收现付制；社会保障总支出占国民生产总值的比重较高，国家财政负担较重。

（二）社会保险型

这种类型是德国的俾斯麦首创的，强调"选择性"和"个人责任原则"，主张给付与收入和交费联系，分配有利于低收入者，支付有一定的期限。保障费用主要由雇主和雇员

缴纳，国家只给予适当的补贴，并由国家的专门机构管理。其社会目标是通过"人人为大家，大家为人人"的互助原则，以达到既保护私有财产从而维护经济发展的活力，又尽量保证劳动者的权益，使他们在现有的社会秩序中有所得。

社会保险型社会保障的特点有：突出社会保障制度中权利和义务的关系，筹资方式为三方（国家、企业、个人）负担，政府或国家一般为最后的保证；社会保障以维护社会安全和国民经济稳定及均衡发展为目的，它具有公平的内涵，但更强调自助与安全。实行社会保险型的国家主要有德国、美国、日本、荷兰等。目前，许多实行市场经济的国家都在注意利用这种类型的经验。

（三）国家保障型

这种类型由前苏联创造，其理论来自马克思的《哥达纲领批判》中的"必要劳动"和"剩余劳动"。剩余劳动部分，包含了丧失劳动能力的人们的赡养费用。因此，在社会主义国家，传统观念上认为社会保障费用已经由国家做了"扣除"的安排，个人交纳保障费是不必要的。

国家保障型主要存在于前苏联、东欧国家。其基本特征有：社会保障完全由国家出面包办，规定个人不用缴纳任何保障费用；实行区别待遇，优待特殊人群；社会保障范围广泛，国家大量举办疗养所、休养所、养老院等集体保障事业。由于前苏联和东欧国家的政治经济体制的变化，国家保障型正处于变革之中。

（四）个人储蓄积累型

这种类型是由国家通过立法，强制劳资双方按一定比例以职工个人名义存入专门管理机构（如新加坡储备局）的费用，当职工退休、购房、治病等情况发生时，才可以动用自己账户上的资金，职工个人之间没有互济关系，也不共同承担风险，属于自助型的社会保障模式。个人储蓄积累型被新加坡等东南亚国家采用。

个人储蓄积累型社会保障的特点有：国家立法强制实行，经费由雇主和雇员分担，政府不提供资助，完全是一种"自助式"的保障模式；由于实行的是个人负责制，因此不受人口结构老龄化的影响；国家负担轻，也不存在"养老代际转嫁"问题，但存在着易受价格影响和导致长期积累的基金贬值的风险，须配备得力的保值措施。

二、世界各国社会保障制度模式比较

（一）各国社会保障制度的共同特征

世界各国特别是西方发达国家经过长期市场经济的发展，建立起了比较完善的社会保障制度。虽然各国历史条件不同，社会制度存在差异，但由于市场经济的共有规律，决定了它们的社会保障制度显示出某些共同特征。其具体表现在：

1. 社会保障功能基本相同。各国社会保障功能一般包括：（1）保障功能，即为满足人们基本生活需要提供物质保障的功能。全体社会成员，不论男女老少，也不分职业，当其基本生存权利受到威胁的时候，都由社会保障来承担。（2）调节功能，即在实施保障过程中，调节社会经济生活的功能。它一方面表现为社会保障是国家对经济进行宏观调控的"内在稳定器"，它会随经济的盛衰而自动收缩或扩张支出规模，进而达到收缩或扩张社会需求，以均衡经济发展的宏观调控目标；另一方面表现为通过社会保障的再分配缩小贫富差距，促进整个社会收入分配趋于公平。

2. 覆盖面具有广泛性。各国的社会保障，尤其是西方国家的社会保障几乎囊括了人的生、老、病、死、伤、残的各个方面，达到无所不"保"，无所不"包"的程度。正如一些学者所指出的，西方国家对每一个公民从怀胎到死亡，从物质到精神，从衣食住行到工作学习，从正常生活到遭受意外事故的一切方面，都给予了充分的考虑和安排。

3. 社会保障经费来源大体相同。各国的社会保障经费主要由雇主、雇员和政府三者按比例共同承担。国家、企业、个人三方界限清楚，互不错位，即使企业破产倒闭，个人所应享受的社会保障也不受影响。这是从综合的社会保障经费来源角度考虑的，具体到每个险种情况又有一定的差异。例如，医疗保险，大多数国家由雇主、雇员和政府三方负担，但有的国家只由雇主和政府（如瑞典和丹麦）或只由雇员和政府（如澳大利亚和新西兰）两方负担；失业保险，除了英国、澳大利亚、新西兰等国全部由政府负担，意大利由雇主和政府负担外，大部分国家由雇主、雇员和政府三方负担。

4. 开征社会保障税是大多数国家普遍采用的一种筹资形式。到目前为止，世界上建立社会保障制度的 140 多个国家中，有 80 多个国家开征了社会保障税，通过开征社会保障税筹资使保障项目简单明了，且缴税、管理和支付都有严密的法律规定，具有较强的法律约束，不受主客观条件的限制，所有参加社会保障的单位和个人，都必须按统一的税率缴纳社会保障税。在西方国家，社会保障税约占国家全部税收的一半。

5. 具有完善而独立的执行与监督机构。各个国家在推行社会保障制度的同时，建立了一套完善而独立的执行与监督机构。其权力不但涉及社会保障的方方面面，对社会保障工作进行全方位的管理与监督，而且对商业保险起监督作用，并与工商税务等职能部门有机结合在一起，对经济发展起宏观调控作用。它在全国各地设立分支机构，配备专职人员，形成全国范围内的管理网络，实行社会化管理。

6. 法制化程度高。各国普遍通过国家立法，把社会保障纳入其社会经济体制内，使之具有制度上的合法性。这样，政府不仅仅把提供社会保障看做是一种恩赐，而是当成一种职能；人们也不再仅仅把享受社会保障当做一种补偿，而是作为一种基本权利。

此外，各国社会保障制度的共同点还表现在：都是工业化过程中生产商品化和社会化的产物；都是为保证劳动力再生产的进行提供基本的物质条件；绝大多数国家的社会保障制度是国家通过国民收入的分配和再分配去组织实施的；它是引导消费投向、调整经济结构的重要措施等。

（二）各国社会保障制度的实质性差别

尽管各国社会保障制度存在着共同的本质特征，但也有不少实质性的差异，其差异主要表现在：

1. 目标选择的价值取向不同。促进社会公平并据此促进经济发展以及实现社会稳定本是社会保障制度的内在要求，但公平和效率两者之间如何排位却长期困扰着许多国家。一些老牌福利国家开始建立社会保障制度时，往往把公平放在突出的位置，他们标榜的公平就是"收入均等化"，其手段主要是通过对高收入者征收累进所得税，并将其以转移支付方式转移给低收入者和无收入者来实现的。实施的结果是贫困人口的比重有所下降，社会矛盾有所缓和，但并未实现"收入均等化"的目标，反而使福利国家陷入"福利危机"

而难以自拔。实行前苏联社会保障制度模式的国家，长期以来把公平目标混同于平均主义加以追求，不但牺牲了效率，而且滋生和助长了社会成员的懒惰情绪和依赖性。这种奉行低效率的公平原则的最终结果是造成在低水平基础上的直接贫困。相比之下，社会保险型和个人储蓄积累型社会保障制度模式在目标的选择上更侧重于效率。由于该模式是自助性的，强调社会成员在保障过程中权利与义务的对等，既增强了个人的自我保障意识，使体制具有活力，又在很大程度上减轻了国家财政负担；而且把一部分消费基金转化为积累基金，有利于增加对生产的投入，进而促进经济发展。

2. 国情不同。社会保障项目各有侧重，欧洲发达国家大多受到低出生率的困扰，为了必要的人口数量和劳动力资源，历来十分重视采用鼓励生育的家庭津贴制度和儿童津贴制度；日本存在严重的人口老龄化问题，因此日本政府十分重视老年人的福利保障，除了建立保障老年人基本生活需求的养老金、退休金制度外，老年社会服务和福利设施都比较齐全。

3. 各国社会保障基金分配形式不同。各国社会保障基金分配形式大致有三种：现收现付制、完全积累制和部分积累制。现收现付制是一种以近期横向收支平衡原则为指导的资金分配形式。这种形式容易实现全社会成员之间的互助共济，而且管理相对简便，管理成本低，又不易受通货膨胀的影响。但适应性不强，稳定性差，受人口老龄化的冲击较大，而且企业交纳的社会保障金往往要随着社会保障费用的变化而不断调整，不利于企业制定和实施长期的经营发展计划。完全积累制是以远期纵向收支平衡原则为指导的资金分配形式。这种形式强调谁积累谁受益，因而具有较强的激励作用，且能保证社会保障有稳定可靠的资金来源。只是积累的货币基金易受通货膨胀的影响，故其测算复杂，管理难度较大。部分积累制则是把近期横向收支平衡和远期纵向收支平衡原则相结合作为指导的一种资金分配形式。它兼具以上两种形式的优点，因而受到越来越多国家的推崇。

4. 管理体制不同。在社会保障管理体制上，前苏联和东欧国家，除前南斯拉夫外，都实行中央集权管理体制，由政府和工会共同管理社会保障事务，政府主要负责立法和监督检查等行政管理，工会主要负责具体业务管理。西方国家的社会保障管理体制很复杂，有的实行集权管理，有的实行分权管理，有的实行行政管理与业务管理的合一，有的则实行两者分离。例如，英国实行的是中央集权制，德国和法国既有中央最高行政管理机关，又有自治团体以及社会保障理事会等组织。日本设有卫生福利部和劳工部作为最高行政机关分别集中管理，各层次均设有专门机构，在 10 人以上的企业还组织互助协会，进行自我管理。美国实行中央和地方分权，联邦、州和地方各级政府及各个团体组织都设有管理机构，有高度的自治权，层次繁多，机构臃肿，但法制健全，均依法管理。

三、中国与世界各国社会保障制度的相同点和不同点

（一）中国与世界各国社会保障制度的相同点

1. 社会保障制度的内容基本相同。中国社会保障制度由社会保险、社会救济、社会福利、优抚安置、社会互助和个人储蓄积累这六个部分组成，这与世界各国社会保障制度的内容基本相同。社会保险包括养老保险、失业保险、医疗保险、工伤保险等。到 1997 年底，全国共有 1.2 亿人参加了上述几类社会保险。由于中国地域辽阔，自然灾害较多，

因此，国家社会救济的规模不断扩大，每年受社会救济的人数超过40万。在社会福利和优抚安置方面，主要是对孤、老、残、幼等有特殊困难的社会成员和对社会有过特殊贡献的社会成员及其家属实行基本生活保障。目前中国的社会福利和社会优抚事业有了长足的发展。

2. 社会保障的基本原则相同。各国社会保障的基本原则主要包括：（1）社会均等分配原则。无论是中国还是发达国家，都把社会保障看成是国家和社会为使法定保障对象的基本生存权得以保护而为其提供资金、物资或服务的行为。当全体社会成员的基本生存权受到威胁的时候，他们都可机会均等地享受社会保障。享受社会保障待遇是公民拥有的正当权利，而为公民提供各种社会保障待遇则是国家应尽的义务。（2）强制保险原则。它一方面表现为任何一位社会成员，只要符合社会保障的有关规定，都必须参加社会保障并受其保障；另一方面体现在其资金的筹集方式上，任何单位和个人，如果符合有关社会保障税法和社会保障基金统筹法令、法规的缴纳条件，都必须依法缴纳保险税（费），否则将受到法律的制裁。（3）多方集资原则。社会保障是一项社会事业，该项事业的发展，不仅靠国家财政的大力支持，而且靠社会各界的鼎力相助。大多数国家在发展本国社会保障事业时，都坚持依靠各个方面力量的原则，广泛开拓渠道来筹集资金。

3. 社会保障的主体和保障对象基本相同。各国的社会保障都是以国家为主体，由国家或政府设立或委托专门部门举办和管理，并为贯彻实施国家某些社会政策和经济政策服务。在保障对象方面，各国都是以企事业单位的劳动者及其家属为保障对象。

4. 社会保障的直接作用相同。中国和世界各国的社会保障制度一样，都能起到维持劳动力再生产、安定社会秩序、缓和社会矛盾、巩固现存制度的作用。

（二）中国与世界各国社会保障制度的不同点

1. 社会保障制度的经济基础不同。世界各国尤其是西方发达国家的社会保障制度，是建立在以私有制经济为基础、市场经济充分发展、生产力水平很高的基础之上的。而中国的社会保障制度，是在以公有制经济为基础、正在由社会主义计划经济体制向市场经济体制转轨、生产力水平较低的基础上建立与发展起来的。

2. 社会保障的范围不同。世界各国特别是西方发达国家的社会保障制度，对其保障对象虽然也有一定限制，但是加上各种辅助制度，实际上包括了所有公民。中国由于生产力发展水平不高而且层次多，再加上各地区发展不平衡，因此，社会保障的保障水平还较低，覆盖面只能局限于城镇职工及家属，然后才能逐步扩大到全体公民。

3. 社会保障的项目不同。世界各国的社会保障包括了从生、老、病、死、伤、残，到子女抚养、各种收入保障和医疗服务等各个方面。特别是一些实行福利国家型社会保障制度的国家，对每个公民从"从摇篮到坟墓"都给予了安全保障。保障项目的绝大部分由国家负担。而中国的社会保障项目虽然齐全，但由于经济发展水平不高，还无法承担过高的社会保障支出，所以保障水平较低，许多保障项目还有待落实。

4. 社会保障管理体制的完善程度不同。相比之下，如今发达国家大多先后建立起了社会化程度高，政、事、企分离，行政管理与基金运营分开，执行机构与监督机构分设的分工明确、职责不同的社会保障管理体制。而中国至今尚未形成一套科学、完整、行之有效的社会保障管理体制。

四、世界各国社会保障制度对中国的借鉴意义

中国的社会保障制度改革要从中国的国情出发，但借鉴其他国家的有益经验也是十分必要的。社会保障制度从最初在西方国家萌芽，至今已有了很长的历史。在此期间，世界各国积累了丰富的社会保障制度建设经验，其中有不少值得中国借鉴，具体来说主要表现在以下几个方面：

（一）以渐进方式扩大社会保障覆盖面，提高社会保障水平

有些发达国家为了缓和社会矛盾，不断增加社会保障项目，扩大社会保障覆盖面和提高保障给付水平。其结果是在解决部分矛盾的同时，又产生了新的矛盾和问题，给各国政府和国民经济发展造成巨大压力。这个教训应当引起我们的足够重视。中国是发展中国家，虽然经过改革开放以后，近些年国民经济有较快的增长，但是生产力水平仍然不高，加上人口众多，特别是拥有 8 亿多农民，城乡差别较大，因此，目前社会保障的水平不宜定得过高，可以根据地区、行业、职业和城乡等具体情况，实行不同水平的社会保障。同时，采取渐进方式逐步扩大社会保障的覆盖面。

（二）尽快开征社会保障税

开征社会保障税，具有客观必要性。

1. 开征社会保障税，深化社会保障制度改革，实现企业保障向社会保障的转化，有利于转换企业经营机制，建立现代企业制度。

2. 开征以在职职工劳动报酬为征税对象的社会保障税，从根本上割断企业劳保费用负担轻重与退休职工多少之间的联系，有利于解决目前国有企业与非国有企业在养老、医疗等费用上负担不公的矛盾，使国有企业从"小社会"环境中解脱出来，公平地参与市场竞争。

3. 开征社会保障税，以法律形式保证社会保障基金收缴，不仅可以增强个人的自我保障意识，树立正确的社会保障观念，而且有助于克服社会保障基金征集过程中的主观随意性和分散性，既保证社会保障基金及时、稳定、足额地筹集，也大大地减轻了国家和企业的负担。

4. 开征社会保障税筹集资金，筹资成本相对较低，也便于国家自上而下对其进行管理和监督。

（三）建立与经济发展和个人收入水平反向关联的弹性保障支付机制

中国应改变目前按人头实施保障的传统做法，建立起与经济发展和个人收入水平反向关联的弹性保障支付机制。这就要求社会保障待遇标准必须与经济发展、个人收入保持内在关联，个人收入水平越低，其享受的社会保障待遇标准应相应越高。而对有自我保障能力的人，则应取消其保障资格（面向全民实施的福利性保障除外）。进而，一方面发挥社会保障均衡收入差距功能，实现收入公平分配的社会目标；另一方面则形成随经济波动自动调节社会需求的弹性保障支付机制，实现均衡社会总供求关系、促进经济稳定增长的经济目标。

（四）选择部分积累制分配社会保障基金

人口老龄化是困扰发达国家和部分发展中国家社会保障事业的一个严重问题，中国也

将面临同样的问题。在人口老龄化即将来临的情况下，如果仅以现行的现收现付方式分配社会保障基金，必将出现入不敷出的问题。而完全积累制，又因缴费率和管理水平的要求太高，不符合中国国情，所以，应选择部分积累制。这样，一方面既能满足现阶段支出的需要，另一方面又能为迎接人口老龄化的到来积累一定的储备基金。

（五）建立政企分开的社会保障管理体制，实现社会保障的社会化管理

在社会保障的管理体制中，我国目前存在的主要问题，一是社会保障分部门管理；二是社会保障基金的管理政企不分，造成职能交叉，政策不统一，效率低下，保障基金使用不合理。中国与世界各国，尤其是与发达国家相比，社会保障管理体制还很不完善。这有待于借鉴世界上社会保障社会化程度高、管理先进的国家的经验，加快中国社会保障管理体制改革，使其走上社会化、法制化管理的轨道，以促进整个社会经济有序发展。

第四节　我国社会保障管理体制改革与完善

一、我国社会保障管理的现状和存在的问题

我国现在的社会保障管理体制是按保障项目和管理对象划分的，没有统一的法律、法规。不同的管理部门分管不同的项目，劳动部门管理城镇企业职工的社会保险和社会福利，人事部门管理国家公务员和事业单位职工的社会保险，民政部门管理农村养老保险、农村合作医疗、城乡社会救助、社会优抚安置、社会福利。每个部门都根据自己所管理的对象和保障项目，制定相应的管理方法。例如，劳动部门制定企业职工工伤保险施行办法，发布关于加强社会保险基金收缴工作的通知，民政部门发布乡镇企业职工养老保险办法。同时，各部门也都按照自己确定的方式、方法征收社会保障基金。

这种社会保障管理体制是在特定的历史条件下形成的，是与计划经济体制相适应的。从总体上来讲，这种管理体制对于保证公民的基本生活、维护社会稳定和促进经济发展，都起到了积极的作用。但是，随着我国社会保障事业的发展，特别是近十几年来经济体制改革的不断深化，传统的社会保障管理体制的弊端日益显露。弊端主要有以下几个方面：

1. 多头管理，政出多门。由于多个管理部门的地位和利益不同，容易出现社会保障运行中各部门的"本位主义"，导致相互之间的冲突。各个管理部门在制定管理办法时，各自为政，各有自己的规定和管理办法，相互之间难以协调统一。各个管理部门自成系统，都有自己独立的运行机制和管理机构，导致社会保障管理机构重叠、人员臃肿，增加了管理成本。各个管理部门都有自己的筹集社会保障基金的方式，根据自己的需要确定社会保障基金的缴纳比例、标准，容易加重企业的负担，影响企业的管理。在社会保障基金的运营上也是各个管理部门封闭运行，社会保障基金运营分散，不能形成规模效应。

2. 立法滞后，缺乏完整的立法和有效的监督。由于缺乏统一的法规和有效的监督，社会保障管理过程中存在各种形式的违法、违纪、违规现象，不仅浪费了社会保障基金，也降低了社会保障的功能。

3. 阻碍社会保障的改革和完善。多头管理、政出多门，还严重阻碍了社会保障改革的进程。因为在这个过程中，一旦涉及一些部门利益的调整时，就会互相争论，甚至互相

指责，使改革方案迟迟不能出台，即使出台了，也不积极配合，影响改革的进程。

二、改革我国社会保障管理体制的必要性

为了发挥社会保障应有的功能和作用，促进劳动力和人才的流动，进而促进经济建设的良性发展，必须改革原有的社会保障管理体制，建立统一协调的社会化管理的社会保障管理体制。这是因为：

1. 现代社会保障是面向社会全体成员的。它不仅包括国家公务员、企事业单位职工，也包括农民；不仅包括国有、集体企业职工，也包括外资企业、私营企业等多种经济形式的职工。社会保障范围的宽覆盖性、社会保障对象的多元化和复杂性，要求国家出面进行组织管理，统一体制，统一政策，统一管理，才能更好地调节各方面的利益关系，才能实现社会公平的目标。

2. 社会保障政策的制定，是国家宏观调控经济的重要手段。如何制定社会保障政策，受到国家宏观经济环境和社会环境等因素的影响，必须通盘考虑，才能真正使社会保障作为国家宏观调控的手段发挥其作用。

3. 传统的社会保障运行机制已经不适应市场竞争的需要。例如，过去的国有企业、集体企业承担了职工的就业保障、医疗风险、工伤保险以及福利等，导致企业负担过重，降低了企业的市场竞争力。为了增强企业活力，需要给企业"减负"，要求社会保障工作从企业中分离出来并由社会承担。社会保障运行机制的转变必然要求社会保障管理体制也相应地转变。

4. 社会保障的核心是社会保险，它要求遵循"大数法则"，即在尽可能广的社会范围内统一筹集资金、统一调剂，这样做才能有利于分散风险损失。所以，要在大范围内统筹和调剂基金，必须实行统一集中的管理。

三、建立新的社会保障管理体制的原则

改革原有的社会保障管理体制，建立新的统一协调的社会化管理的社会保障管理体制，必须遵循以下原则：

1. 由部门化转向社会化。我国原有的社会保障体制是多头管理、各自为政，以政府综合部门为主，按部门自上而下建立分支机构，形成条块分割。这种部门化管理的模式导致社会保障管理政策不统一，管理效率低下。现代社会保障是面向社会全体劳动者及居民的，只有打破部门界限，实行社会化管理，才能适应市场经济和社会化大生产的需要。

2. 由稳定社会转向发展经济。我国原有的社会保障管理体制的重点在于稳定社会，维护社会安定，这是必要的，但从长远来看，这又是不够全面的。因为社会保障作为政府宏观调控经济的重要手段，也应当在调整产业结构、稳定和发展经济上发挥作用。而且，稳定的社会和稳定发展的经济是相辅相承、互相促进的。

3. 法制化原则。我国社会主义市场经济是法制化经济，社会保障的管理也应依法进行。原有的社会保障管理是多头管理、各自为政，主要通过各主管部门制定一些政策和文件来推行的，其主要特征是行政管理。由于缺乏统一的法制管理，往往导致管理混乱，随意性强，对一些违规、违纪行为的处罚缺少相关法律有力的支持。因此，随着社会保障事

业的发展，必须制定一整套完整的社会保障法律体系，使社会保障做到依法管理。

4. 建立城乡一元化管理的原则。由于我国原有的城乡二元化结构，导致社会保障管理体制是采取城乡有别的模式。这种模式建立在原先我国农村社会经济发展水平很低的基础之上。当时农民被束缚在农村，被束缚在土地上，但是，随着我国经济全面的发展，农村劳动力被大量解放，大批涌入城市务工和定居，这些人的社会保障问题以及广大农村人口的社会保障问题，对保障社会公平、维护社会稳定和促进经济发展显得越来越重要，因此，在城乡一体化的过程中，社会保障管理体制也应该由城乡二元化转向城乡一元化，建立统一的社会保障管理体制。

四、我国新的社会保障管理体制的确立

新的社会保障管理体制的基本特征是：建立统一的社会保障管理机构，制定和颁布统一的社会保障法律法规，建立相对独立的社会保障基金经办机构，建立专门的社会保障监督组织。

为此，1998 年 3 月，九届人民代表大会一次会议审议通过了《国务院机构改革方案》，新的一届中央政府中，在原劳动部的基础上组建劳动和社会保障部，把人事部、民政部、卫生部及原国务院医疗制度改革办公室管理的有关社会保险事务划归到劳动和社会保障部统一管理。1998 年 4 月 1 日，新组建的劳动和社会保障部正式成立，下辖的养老保险司负责城镇各类劳动者的养老、伤残、遗属保险；医疗保险司负责城镇各类劳动者的医疗、疾病、工伤、生育保险；失业保险司负责城镇各类劳动者的失业保险；农村社会保险司负责农民的养老保险；社会保险监督司负责各类社会保险基金管理的监督工作。

我国最终形成的社会保障管理体制如图 7-1 所示：

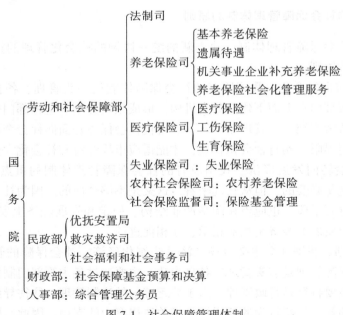

图 7-1 社会保障管理体制

小　结

社会保障是国家和社会通过立法，采取强制手段对国民收入进行再分配，形成社会消费基金，对由于年老、疾病、伤残、死亡、失业及其他灾难发生而使生存权出现危胁的社会成员，给予物质上的帮助，以保证其基本生活需要的一系列有组织的措施、制度和事业的总称。社会保障的特点是：广泛性、公平性、强制性、互济性、激励性、福利性。

社会保障功能：1. 社会保障是实现社会稳定和社会公平的重要机制；2. 社会保障制度的建立是社会主义市场经济的内在需要；3. 社会保障的发展，能提高劳动生产率，促进生产的发展，同时，也能起到协调经济和稳定经济的作用。

社会保障的内容主要有：社会保险、社会福利、社会救济、优抚安置。

社会保障管理是指国家和政府为实施社会保障制度，成立专门的社会保障机构，组织社会保障的专业人员，对社会保障活动进行决策、计划、监督、调节以及对社会保障基金进行筹集、运营、管理和保险费的给付等活动。社会保障管理的内容有：社会保障的行政管理；社会保障基金的管理；社会保障的对象管理。

社会保障管理体制，是在中央与地方政府之间、政府各个部门之间划分社会保障管理的权利和责任的一项根本制度，是处理社会保障管理中权、责、利关系的根本制度，也是规定社会保障运行机制的基本制度。

社会保障管理体制的原则有：法制化原则；统一决策与分级管理相结合；社会化管理与单位管理相结合，以社会化管理为主；内部控制与外部控制相结合，以内部控制为主。

社会保障管理体制主要有三种模式：集中管理模式、分散管理模式、集散结合管理模式。

传统的社会保障管理体制的弊端主要有：1. 多头管理，政出多门；2. 立法滞后，缺乏完整的立法和有效的监督；3. 阻碍社会保障的改革和完善。

社会保障管理体制改革的必要性是：1. 现代社会保障是面向社会全体成员的；2. 社会保障政策的制定，是国家宏观调控经济的重要手段；3. 传统的社会保障运行机制已经不适应市场竞争的需要；4. 社会保障的核心是社会保险，它要求遵循"大数法则"，即在尽可能广的社会范围内统一筹集资金、统一调剂，这样做才能有利于分散风险损失。

改革原有的社会保障管理体制必须遵循以下原则：1. 由部门化转向社会化；2. 由稳定社会转向发展经济；3. 法制化原则；4. 建立城乡一元化管理的原则。

新的社会保障管理体制的基本特征是：建立统一的社会保障管理机构；制定和颁布统一的社会保障法律法规；建立相对独立的社会保障基金经办机构；建立专门的社会保障监督组织。

重 点 名 词

社会保障管理　　社会保障管理体制　　集中管理模式　　分散管理模式　　集散结合管理模式

复习思考题

1. 简述社会保障管理的内容。
2. 简述社会保障管理体制的内容。
3. 建立社会保障管理体制应遵循哪些原则？
4. 简述国际社会保障的主要类型及其特点。
5. 世界各国社会保障制度对我国有什么借鉴意义？
6. 我国原有的社会保障管理体制存在哪些主要问题？

第八章　公共信息资源管理

第一节　公共信息与公共信息管理

随着电子计算机、网络技术的广泛应用，人类社会正跨入一个全新的信息时代。作为一种重要的软资源，信息在社会生活的各个领域起着越来越重要的作用，已成为经济和社会发展的一个关键性制约因素。信息革命不仅对私人及公共部门管理产生了影响，而且对组织、人员以及道德伦理也产生了极为深远的影响。

一、信息的概念

信息在人类社会和自然界中普遍存在，是物质形态及其运动形式的体现。就信息的运动（产生、流通、利用）而言，它不仅包括人与人、组织与组织之间的消息交流，人与社会、人与组织以及组织与社会之间的各种交往，而且还包括人与自然界以及自然界中生命物质世界与非生命物质世界之间的交流和作用，甚至包括生物体细胞的自我复制与遗传等。由此可见，信息不仅是生命物质和非生命物质运动的产物，也是人类社会活动的产物。目前，关于信息的定义不下上百个，都从不同的侧面反映了信息的某些特征，但尚无一种定义可以被大家一致接受并承认其内涵的全面性。这也反映了信息的丰富多样性和抽象性的特点。

概括起来，信息的定义可以从如下三个方面来理解：

1. 信息是对客观世界中各种事物的变化和特征的反映，客观世界中不同的事物是千差万别的，从而在人们对它们认识的过程中形成了不同的信息。

2. 信息是客观事物之间相互作用和联系的表征。世界上任何事物之间都是相互联系、相互作用的，这种联系和作用可通过一定的信息表征出来，如股票市场的变化可以通过综合指数和各种动态指标来表征。

3. 信息是客观事物经过传递后的再现，这种再现不是物质上的再现，而是通过多方面信息的综合、分析和归纳，定性、定量地再现事物的重要特征，根据这些特征，我们在认识某一个事物时，不必一定要亲自接触它就能在认识上理解这一事物。

二、公共信息的本质

对于公共管理来说，公共管理更依赖于信息。公共管理各部门的首要任务就是处理信息，从某种意义上来讲，政府便是"信息处理企业"（Information Procession Business）。

一般来讲，公共信息指由政府活动产生的或由政府管理的各类社会静态和动态统计数据和分析报告，如人口数据、国民经济运行数据、行政区域数据、各类行业统计数据、教育文化体育卫生数据、各级政府活动、法律法规、历史档案、行政档案等。社会公共信息是国家的基础信息资源，是国家在"数字地球"背景下全球竞争中的战略资源。目前，政府生产并管理的信息约占全社会信息总量的8%。

公共信息资源具有两重含义：

第一，政府本身是一个特殊的信息源，这类信息主要在政府工作部门内部传递，内容主要涉及各种政府指令及其执行情况。为此，一部分政府机构已经建立了内部区域网，使政府信息传递更迅速、及时。

第二，政府还管理着社会其他公共信息，如人口、经济、教育、医疗、社区等。

因此，凡是公共管理部门涉及公共利益的信息，都应属于公共信息。这里不仅包括各级政府及其部门，还应包括人大、政协、法院、检察院以及各种公共团体。具体属于公共信息范畴的有：（1）人大的法律、法规；（2）政府的行政法规，包括规章、规范性文件、政府工作报告、机构调整、行政区划变动、人事任免决定、各工作部门发布的规范性文件等；（3）其他公共团体应予以公开的信息。

三、关于公共信息管理

美国学者尼古拉斯·亨利认为，我们可以把信息革命给公共部门带来的挑战称为公共信息资源管理（Public Information Resource Management），或者是协调与实施关于公共部门中信息技术、资源、人员以及系统的公共政策与程序。

公共信息管理工作的范围极其广泛。根据卡尔森和欧佛门的看法，公共管理者在信息管理方面的工作，包括表8-1所示的四大类活动：信息系统管理、电脑应用、平面文件信息系统、表格管理与记录安全。

表8-1　　　　　　　　　　　　　　**公共信息管理工作**

大项活动	细目活动
A. 信息系统管理	1. 系统设计
	2. 与决策者的界面
	3. 资料输入的处理与分析
	4. 资料库管理
B. 电脑应用	1. 资料处理
	2. 软件发展
	3. 硬件购置与管理
	4. 电脑辅助指导
	5. 信息手机系统
	6. 文字处理
	7. 决策辅助系统

续表

大项活动	细目活动
C. 平面文件信息系统	1. 档案管理 2. 文献管理 3. 图书馆行政 4. 印刷与复印 5. 微软片与档案服务 6. 语音与视听服务
D. 表格管理与记录安全	1. 安全规范与系统 2. 记录存放

随着经济一体化进程的快速进展，全球范围内的竞争不断加剧，各国政府行政管理的功能目标从"管理"转向提供公共"服务"的趋势非常明显，即政府行政管理的重点放在了扩大提供公共服务的范围和力度方面，以便更好地保护本国民众的利益。例如，美国的政府再造计划、加拿大的公共服务计划，这些改革的内容主要集中在重新调整政府与市场的关系和加强政府的公共服务方面。资源有效配置的前提条件之一是信息的充分性，无论是提高国内市场对资源的配置效率还是应对入世以后的激烈竞争，加强信息供给是当今信息社会政府应该提供的最为重要的一项公共服务。它可以使本国国民在竞争和贸易摩擦中处于有利地位，因此，"公共信息服务"乃是当今信息社会政府应该提供的最为重要的一项公共服务。

时间是管理者最重要的资源。像赫伯特·考夫曼在《联邦首长的行政行为》一文中指出的那样，公共管理者的绝大部分时间都花在对信息的积累和利用上。管理的一个重要功能是确保信息被恰当地组织起来并经过筛选。管理者自己对时间的运用，就像其上级和下级对时间的运用一样，都会受到信息的强烈影响。公共组织面临的问题比私人组织面临的问题要复杂得多，其决策环境也更加复杂。公共程序和政策比私人活动吸引更多的注意，而只有非常复杂或由个人无法解决的问题，才进入公共讨论的范围，因此，公共部门对信息的需求一般比私人部门更大，成功的信息管理对于公共管理者显得尤为重要。

学者尼古拉斯·亨利认为，信息技术对组织（尤其是公共组织）的管理层次具有实质性的影响，重点体现为公共组织权威与控制、组织结构、非人性化和异化以及决策制定等方面的影响。其中，在组织的权威与控制方面的影响尤为突出。

一项针对美国 42 个市政府 1 500 名雇员深入的实证分析发现，计算机技术使得信息精英对组织的控制能力大大增加。公共部门员工越是大量地处理数据，该员工就越有工作主动性。这项研究的研究者区分了四种市政府服务工作人员的角色：管理者（高级行政官员，通常要依靠整理过的信息来决策）、幕僚专业人员（提供建议给管理者的数据分析人员）、街区官僚（直接为市民提供公共服务的业务人员）、桌面官员（主要负责处理大量的信息）。

在引进计算机以后，幕僚专业人员的工作在较少受人监督的同时，反而对他人有了更多的影响力，但时间上的压力增加了。由于能够掌握并使用电子数据，他们有可能获取更多的组织权威。管理者能够扩大他人施加的影响，但同时发现自己处于别人更为紧密的监督之下。因此，管理者的时间压力有所下降。桌面官员与街区官僚丧失了对他人的影响力。但除了在这一点上是相同的以外，这两种工作角色受计算机的影响力有点不同。桌面官员发现他们的工作较少受人监视，但时间压力却增加了；而街区官僚（那些在日常工作中必须应付市民与顾客的官僚）则发现他们受到了更多的监督，而时间上的限制减少了。

第二节　公共管理的信息系统

一、管理信息系统及其构成

目前，政府管理信息资源具有两种类型，即管理信息系统和决策支持系统。一般来说，一个管理信息系统归纳人口、设备、薪水、提供的服务、库存清单、雇员等信息，并根据管理者的需要提供这些数据。

管理信息系统（Management Information System，简称 MIS），是指一个由人、计算机等组成的能进行信息的收集、传送、储存、维护和使用的系统，能够实测组织的各种运行情况，并利用过去的历史数据预测未来，从组织全局的角度出发辅助组织进行决策，利用信息控制组织的行为，帮助组织实现其规划目标。这里给出的定义强调了管理信息系统的功能和性质，也强调了管理信息系统中的计算机对组织管理而言只是一种工具。管理信息系统是信息系统的重要分支之一，经过 30 多年的发展，已经成为一个具有自身概念、理论、结构、体系和开发方法的覆盖多学科的新学科。其结构图如图 8-1 所示：

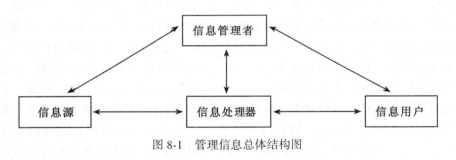

图 8-1　管理信息总体结构图

从概念上，管理信息系统由四个部分构成：信息源、信息处理器、信息用户和信息管理者。它们的联系如图 8-1 所示。信息源是信息的产生地；信息处理器承担信息的传输、加工、保存等任务；信息用户是信息的使用者，利用信息进行决策；信息管理者负责信息系统的设计、实现和维护。

管理信息系统一般被看做是一个金字塔形的结构，分为从底层的业务处理到运行控制、管理控制和最高层的战略计划。最基层由繁杂的事务信息和状态信息构成。层次越高，事务处理的范围越小，针对的也是比较特殊和非结构化的问题。

一个组织的管理信息系统可分解为如下四个基本部分：

1. EDPS 部分，主要完成数据的收集、输入，数据库的管理、查询、基本运算、日常报表的输出等。

2. 分析部分，主要在 EDPS 的基础上，对数据进行深加工，如运用各种管理模型、定量化分析手段、程序化方法、运筹学方法等对组织的生产经营情况进行分析；

3. 决策部分，MIS 的决策模型多限于以解决结构化的管理决策问题为主，其决策结果要为高层管理者提供一个最佳的决策方案。

4. 数据库部分，主要完成数据文件的存储、组织、备份等功能，数据库是管理信息系统的核心部分。

二、管理信息系统的任务及特点

（一）管理信息系统的任务

管理信息系统辅助完成组织日常结构化的信息处理任务，一般认为 MIS 的主要任务有如下几个方面：

1. 对基础数据进行严格的管理，要求计量工具标准化和程序、方法能被正确使用，使信息流通渠道顺畅。有一点要明确，"进去的如果是垃圾，出来的也是垃圾"，必须保证信息的准确性、一致性。

2. 确定信息处理过程的标准化，统一数据和报表的标准格式，以便建立一个集中统一的数据库。

3. 高效率地完成日常事务处理业务，优化分配各种资源，包括人力、物力、财力等。

4. 充分利用已有的资源，包括现在的和历史的数据信息等，运用各种管理模型，对数据进行加工处理，支持管理和决策工作，以便实现组织目标。

（二）管理信息系统的特点

1. MIS 是一个人机结合的辅助管理系统。管理和决策的主体是人，计算机系统只是工具和辅助设备。

2. 主要应用于解决结构化问题。

3. 主要考虑完成例行的信息处理业务，包括数据输入、存储、加工、输出，生产计划，生产和销售的统计等。

4. 以高速度低成本完成数据的处理业务，追求系统处理问题的效率。

5. 目标是要实现一个相对稳定的、协调的工作环境。因为系统的工作方法、管理模式和处理过程是确定的，所以系统能够稳定协调地工作。

6. 数据信息成为系统运作的驱动力。因为信息处理模型和处理过程的直接对象是数据信息，所以只有保证完整的数据资料的采集，系统才有运作的前提。

7. 设计系统时，强调科学的、客观的处理方法的应用，并且系统设计要符合实际情况。

三、关于公共管理信息系统

针对政府部门的管理信息系统，1986 年美国雪城大学的波兹曼与布莱特施纳德将管理信息系统（MIS）运用到公共部门，提出了公共管理信息系统（Public Management Information System，简称 PMIS）的概念，在他们看来，公共管理信息系统的特征在于：

1. 经济权威。公共部门因独占行政服务以及公共权利，且评估公共组织的经济效率相当困难，因此，经济效率分析不过是众多评估 PMIS 的重要指标之一。

2. 政治权威。政治循环以及法规限制影响 PMIS 的长远规划，且 PMIS 的设计规划，必须考虑政府各部门之间的互动性及互依性，并尽可能与外在环境（公民）的需求相结合。

3. 人事系统。因为 PMIS 将造成组织冲击、受法律保障的公务员可能拒绝学习新的工作法则，且缺乏足够的诱因留才、用才。

4. 工作环境。实行 PMIS 可能改变公共管理的日常工作习惯，且涉及改变组织结构，因此必须有较长的测试和发展时间。

公共管理信息系统（PMIS）是公共管理人员可以获取的一种以计算机为基础的信息技术。一个设计出色、管理良好的公共信息系统可以提高政府的追踪能力，既能追踪它自己的活动，也能追踪工作环境中多个对手的活动。适当的公共管理信息系统是这样的，政府对其机构活动的追踪是通过一个秘书来实现的，这位秘书坐在电话旁的文字处理系统前。每周，这位秘书会往代理机构的部门办公室打电话，往她的文字处理系统中输入至少100 个数据，然后写出一份关于跟踪组织过程的简短报告。预先格式化的屏幕是为顾客设计的软件包的一部分，这个软件包先收集部门报告，然后产生一系列非常简单的报告。设计这样一个简单的公共管理信息系统，占用的时间不超过 1 个月，花费也少得多。重要的一点是，一个设计良好、简单的公共管理信息系统可以极大地改善组织内的信息流动。在一个有效的管理信息系统中，那些对组织过程追踪非常重要的数据经过概括提炼，会被广泛传播。但是，要使管理信息系统发挥作用，管理部门必须把信息需求排个轻重缓急，然后把实质性的信息和非实质性的信息区分开。

第三节　公共管理决策支持系统

一、决策支持系统及其构成

决策支持系统目前在技术上已渐趋成熟，但是对于其定义，人们却有着许多不同的理解。实际上，决策支持系统的含义是随着信息技术的发展及其在决策过程中的应用程度而不断变化和扩展的。

决策支持系统（Decision Supporting System，简称 DSS），是以管理科学、运筹学、控制论和行为科学为基础，以计算机技术、仿真技术和信息技术为手段，针对半结构化的决策问题，支持决策活动的具有智能作用的人机系统。该系统能够为决策者提供决策所需的数据、信息和背景材料，帮助明确决策目标和进行问题的识别，建立或修改决策模型，提供各种备选方案，并且对各种方案进行评价和优选，通过人机交互功能进行分析、比较和判断，为正确决策提供必要的支持。

DSS 的概念是 20 世纪 70 年代提出的，在 20 世纪 80 年代获得发展。它的产生基于以下原因：传统的 MIS 没有给企业带来巨大的效益，人在管理中的积极作用要得到发挥；人们对信息处理规律认识的提高，面对不断变化的环境需求，要求更高层次的系统来直接支持决策；计算机应用技术的发展为 DSS 提供了物质基础。

　　DSS 的概念结构由会话系统、控制系统、运行与操作系统、数据库系统、模型库系统、规则库系统和用户共同构成。最简单和实用的三库 DSS 逻辑结构（数据库、模型库、规则库）如图 8-2 所示：

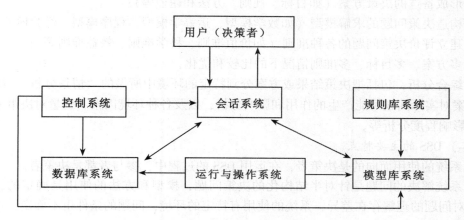

图 8-2　三库 DSS 逻辑结构图

　　DSS 的运行过程可以简单描述为：用户通过会话系统输入要解决的决策问题，会话系统把输入的问题信息传递给问题处理系统，然后问题处理系统开始收集数据信息，并根据已有的知识，来判断和识别问题，如果出现问题，系统让会话系统与用户进行交互对话，直到问题得到明确解决；然后系统开始搜寻解决问题的模型，通过计算推理得出可行性方案的分析结果，最终将决策信息提供给用户。

　　DSS 的技术构成包括：

　　1. 接口部分，也就是输入与输出的界面，是人机进行交互的窗口。

　　2. 模型管理部分，系统要根据用户提出的问题调出系统中已有的基本模型，模型管理部分应当具有存储、动态建模的功能。目前模型管理的实现是通过模型库系统来完成的。

　　3. 知识管理部分，集中管理决策问题领域的知识（规则和事实），包括知识的获取、表达、管理等功能。

　　4. 数据库部分，管理和存储与决策问题领域有关的数据。

　　5. 推理部分，识别并解答用户提出的问题，分为确定性推理和不确定性推理两大类。

　　6. 分析比较部分，对不同方案、模型和运行结果进行综合分析比较，得出用户最满意的方案。

　　7. 问题处理部分，根据交互式会话识别用户提出的问题，构造出求解问题的模型和方案，并匹配算法、变量和数据等，运行求解系统。

　　8. 控制部分，连接协调系统各个部分，规定和控制各个部分的运行程序，维护和保护系统。此外技术构成还包括咨询部分、模拟部分、优化部分等。

二、决策支持系统的任务和特点

（一）DSS 的主要任务

1. 分析和识别问题；
2. 描述和表达决策问题以及决策知识；
3. 形成备选的决策方案（如目标、规则、方法和途径等）；
4. 构造决策问题的求解模型（如数学模型、运筹学模型、程序模型、经验模型等）；
5. 建立评价决策问题的各种准则（如价值准则、科学准则、效益准则等）；
6. 多方案、多目标、多准则情况下的比较和优化；
7. 综合分析，包括把决策结果或方案分到特定的环境中所做的"情景分析"，决策结果或方案对实际问题可能产生的作用和影响分析，以及各种环境因素、变量对决策方案或结果的影响程度分析等。

（二）DSS 的主要特点

1. 系统的使用面向的是决策者，在运用 DSS 的过程中，参与者都是决策者。
2. 系统解决的问题是针对半结构化的决策问题，模型和方法的使用是确定的，但是决策者对问题的理解存在差异，系统的使用有特定的环境，问题的条件也不确定，这使得决策结果具有不确定性。
3. 系统强调的是支持的概念，帮助加强决策者作出科学决策的能力。
4. 系统的驱动力来自模型和用户，人是系统运行的发起者，模型是系统完成各环节转换的核心。
5. 系统运行强调交互式的处理方式，一个问题的决策要经过反复的、大量的、经常的人机对话，人的因素如偏好、主观判断、能力、经验、价值观等对系统的决策结果有重要的影响。

三、决策支持系统与管理信息系统的比较

（一）DSS 与 MIS 的联系

DSS 是从 MIS 的基础上发展起来的，都是以数据库系统为基础，都需要进行数据处理，也都能在不同程度上为用户提供辅助决策信息。

（二）DSS 与 MIS 的区别

1. MIS 是面对中层管理人员，为管理服务的系统；DSS 是面对高层管理人员，为辅助决策服务的系统。
2. MIS 是按事务功能（生产、销售、人事）综合多个事务处理的 EDP；DSS 是通过多个模型的组合计算来辅助决策的。
3. MIS 是以数据库系统为基础、以数据驱动的系统；DSS 是以模型库系统为基础的、以模型驱动的系统。
4. MIS 分析着重于系统的总体信息的需求，其输出报表模式是固定的；DSS 分析着重于决策者的需求，其输出数据的模式是复杂的。

5. MIS 追求的是效率，即快速查询和产生报表；DSS 追求的是有效性，即决策的正确性。

6. MIS 支持的是结构化决策。这类决策是可知的、可预见的，而且是经常的、重复发生的；DSS 支持的是半结构化决策。这类决策既复杂又无法准确描述，处理原则又涉及大量运算，既要应用计算机又要用户干预，才能取得满意的结果。

四、政府决策支持系统的建设

政府是全社会拥有信息量最多的部门，政府对社会事务的管理过程就是通过对已有信息的收集、加工、处理等环节，作出大大小小的决策，从而推动社会向更高层次发展。决策是否正确、有效，直接影响到了政府的形象、效率及对其社会价值的认同与否，决策支持系统作为信息技术运用于政府运作的产物，正是适应了公众对政府的种种期望，以及政府力求提高决策质量、改善自身形象的要求。

政府决策支持系统的建立和实现，不仅是引入和应用现代信息技术的问题，而且还要涉及许多方面的变革，是建立在许多因素相互作用的基础之上的。具体来说，政府决策支持系统的实现与下列因素密切相关：

1. 技术因素。决策支持系统是现代信息技术应用于决策过程的产物，它需要有一系列的技术和工具来支持系统的基础运作，如数据库、模型库等。

2. 环境因素。政府决策支持系统能否良好运作，是与其运行的环境密切相关的。它主要包括：

（1）信息环境。决策支持系统需要有畅通发达的信息网络向其数据库中不断地填充新数据。

（2）组织环境。决策支持系统不是独立存在的，是政府这个组织中密不可分的一个组成部分，它要与政府中的其他要素，如机构设置、人员配备、政府程序和工作流程完全相容。

（3）心理因素。政策支持系统是现代科学技术应用的产物，是新生事物，面对传统决策方式的悠久历史，决策支持系统的引入无疑会带来旧有习惯决策方式者的强烈的心理排斥，因此需要有一个决策观念转变的过程；

（4）管理因素。从系统论的角度来看，决策支持系统是一个开放的，层次分明的系统，这个系统中的各个要素又自成系统；决策支持系统又是政府组织中的一个子系统，它们处于既相互联系，又彼此独立的状态中。因此，存在着这诸多子系统如何相互耦合和良好运作的问题，这取决于决策支持系统管理质量的优劣。

小　结

公共信息资源是指由政府活动产生或由政府管理的各类社会静态和动态统计数据和分析报告。

公共管理信息系统是公共管理人员可以获取的一种以计算机为基础的信息技术。一个设计出色、管理良好的公共信息系统可以提高政府的追踪能力。它既能追踪它自己的活动，也能追踪工作环境中多个对手的活动。

决策支持系统是以计算机技术、仿真技术和信息技术为手段，针对半结构化的决策问题，支持决策活动的具有智能作用的人机系统。决策支持系统是信息技术运用于政府运作的产物，决策是否正确、有效，直接影响到了政府的形象、效率及对其社会价值的认同与否。

重 点 名 词

信息 管理信息系统 决策支持系统

复习思考题

1. 信息管理在公共管理中有何重要作用？
2. 举例说明信息技术对公共管理有哪些主要影响？
3. 公共信息资源的本质和内涵体现在哪些方面？
4. 何谓管理信息系统，其构成是什么？
5. 公共管理信息系统的特征体现在哪些方面？
6. 何谓决策支持系统，其构成是什么？

第九章　电子政务管理

第一节　电子政务的概述

一、电子政务的概念

关于电子政务，国内外有多种多样的提法，如电子政府、政府信息化、数字政府、网络政府等，这些提法从不同的角度揭示了电子政务的概念与特征。

电子政务一词是相对于传统政务和电子商务而言的，是快速发展的电子信息技术和政府改革相结合的产物。

由于电子政务是借助电子信息技术而进行的政务活动，所以其概念的内涵和外延在很大程度上取决于我们对电子信息和政务活动所下的定义。

政务有广义和狭义之分：广义的政务泛指各类行政管理活动，而狭义的政务则专指政府部门的管理和服务活动。目前，大家所谈论的电子政务建设，更多的是指政府部门的信息化建设，但实际上，就我国而言，党委、人大、政协、军队和企事业单位等同样进行一定的行政管理活动，而这些活动同样可以借助电子信息技术来进行。所以，电子信息技术在公共管理中的应用，实际上要远远超出政府系统的范围。

从狭义上讲，电子政务就是应用现代电子信息技术和管理理论，对传统政务进行持续不断的革新和改善，以实现高效率的政府管理和服务。从广义上讲，电子政务不但包括了政府的电子信息化，而且也包括了党委的电子信息化、人大的电子信息化、政协的电子信息化和军队的电子信息化。

为了方便起见，我们采用狭义的电子政务概念。本章中的政务仅指政府部门的管理和服务活动。

电子政务主要包括三个组成部分：（1）政府部门内部的电子化和网络化办公；（2）政府部门之间通过计算机网络进行的信息共享和实时通信；（3）政府部门通过网络与民众之间进行的双向信息交流。

具体地讲，目前我国各级政府部门所广泛使用的办公自动化系统，属于第一类电子政务的范畴。国家已开展的"三金"（金桥、金关和金卡）工程和电子口岸执法系统则是第二类电子政务的典型例子。政府部门通过自己的互联网站发布政务信息以及进行网上招标、网上招聘、接受网上投诉等就属于第三类电子政务的范畴。

电子政务系统是基于网络符合因特网技术标准而面向政府机关内部、其他政府机构、企业以及社会公众的信息服务和信息处理系统。它是一个利用信息和通信技术，有效地施行行政、服务及内部管理功能，在政府、社会和公众之间建立有效服务系统的结合。一个完整的电子政务系统，应该是上述三类系统的有机组合。

总体来说，电子政务系统的目的有三个：（1）政府机构各部门实现办公自动化、网络化和信息化，帮助提高政府在行政、服务和管理方面的效率，积极推动精简机构和简化程序等工作；（2）利用政府内建立的网络、信息资源和现代化手段，为社会提供优质的多元化服务；（3）以政府信息化的发展推动和加速整个社会信息化的发展。

二、电子政务的实质

从电子政务的定义中，我们可以看到，电子政务是一个具有广泛实用性的概念。电子政务的实质包括：

1. 电子政务是现代电子信息技术在政府工作中的全面应用

电子信息技术，特别是网络技术的高速快捷、全球联通的特点，使得政府信息的生产和传播、政府管理的手段和方式发生了深刻的变化。政府在某些领域具有更强的信息获得与控制能力，从而拓宽了政府的职能领域，更有效地实现对社会的控制；同时，面临来自社会各个方面的竞争，政府在信息获得和控制方面的垄断优势也将被打破，从而导致某些政府职能的压缩和流失。这些都将给政府管理方式带来革命性的变化。

2. 电子政务是一种全新的政府管理理念

电子政务不是传统政务和电子信息技术的简单叠加，不是用电子信息技术去适应落后的、传统的政务模式，而是借助电子信息技术对传统政务进行革命性的改造，以更好地实现政府为公众服务的宗旨。

3. 电子政务是一个动态的过程

电子政务不是一个结果，而是一个动态的过程，是一个持续不断地运用技术手段改革政府管理模式和政府管理手段的实践。电子政务需要用系统工程的方法对政府管理流程不断进行改革和完善。

三、电子政务的产生

社会信息网络化是电子政务产生的内在动力。国际互联网和电子数据交换技术为电子政务奠定了物质基础和技术基础。

电子政务之所以在20世纪末得到迅速的发展，并被视为传统政务的必然发展方向，有着特定的社会根源。分析电子政务的提出和发展历程，可以归纳出电子政务产生和发展的一些条件和诱因。

首先，电子政务的产生源于现代信息技术的发展和广泛应用。信息技术的发展和广泛应用对政府管理的影响是革命性的。一方面，它使信息的收集、整理、加工、分析和传播更为有利，缩短了政府、企业和公民个人之间的相对距离，加强了管理主体和客体之间的信息沟通和信息反馈，从而加强了两者之间的密切联系和相互作用。另一方面，信息技术也增强了公民和社会在信息和知识方面的占有量，从而削弱了传统政府的优势地位，向传统政府官僚体制提出挑战，使政府、企业、社会组织、公民个人的共同管理、民主管理、参与管理成为一种需求和可能。

其次，电子政务是政府改革的内在需求。传统的政府管理体制是建立在韦伯的科层制理论基础上的，是一种金字塔型的管理机构。它是工业技术革命的产物。20 世纪 70 年代以来，在经济全球化、信息网络化和新公共管理理论的推动下，西方国家纷纷掀起了以市场导向为价值取向，以权力下放、规章制度精简、管理层级压缩、公务员队伍裁减为手段的政府改革运动。

以美国政府为例，1993 年成立了以副总统戈尔挂帅的"美国业绩评论委员会"（National Performance Review，简称 NPR）。在短短 5 年内，美国联邦政府就精简了 35 万雇员，占联邦雇员总数的 16%，其中联邦人事总署裁减的幅度就高达 47%。

我国于 1998 年开始实施的中央政府机构改革，将原来的 47 个重要部级单位调整为29 个，国务院系统的机关干部从 33 000 人减少到 16 000 多人，加强了宏观经济管理部门，减少了专业职能部门，机构改革取得了明显的成效。利用先进电子信息技术手段，提高政府工作效率，推进政府改革，成为各国政府的重要战略，在这种形势下，电子政务应运而生了。

第二节　电子政务的内容和作用

一、电子政务的内容

电子政务虽然是政府部门办工自动化、网络化、电子化的产物，但绝对不仅仅像政府互联网那么简单。它包括网上信息发布、政府政策公开等多方面的资源建设。

1. 政府的信息服务

各级政府在互联网上建有自己的网站，公众可以查寻其机构构成、政策法规、政务公告，相当于政府的"窗口"。网站一方面为公众提供信息服务，另一方面加强了政府与公众的沟通和联系。

2. 政府的电子贸易

政府的电子贸易也就是政府的电子采购，既能提高政府工作的透明度，促进廉政建设，又能够节省政府开支，提高政府工作效率。

3. 电子化政府

随着政府办公的自动化、网络化，不仅各部门内可以形成局域网直接连通，而且各部门也可以相互间连通起来，实现资源共享、信息互通，这是许多政府已经做到的一部分。政府在网上办公，比网下办公的效率要高得多，用安全认证等技术作保证，同样具有可靠性、保密性。

4. 政府部门重构

随着"信息高速公路"的发展，传统的政府工作模式已经无法适应，必须通过上网的方式来改革政府工作流程，使之更加合理化，提高政府的工作效率。

5. 群众参政议政

老百姓可以通过上网的方式发表自己的意见，参与有关政策的制定，还可以给国家领导人发邮件。这是民主化进程的重要一步，是信息技术发展促进人类社会进步的更高阶段。

6. 电子身份认证

用一张智能卡集合个人的医疗资料、居民身份证、工作状况、个人信用、个人经历、收入和纳税情况、公积金、养老保险、房产资料、指纹等身份识别信息，通过网络实现政府部门的各项便民服务程序。

二、电子政务的作用

1. 有助于政府工作的公开，推动民主政治和廉政建设

电子政务的出现引起政府工作方式的变革，由集中权威方式走向分权民主方式。为了加强社会主义民主政治建设，需要让公众更多地了解国家和地方各方面的情况，尤其要使公众知晓有关切身利益的政府工作情况，取得对政府工作的理解、支持，为他们参政、议政创造条件。只有在法律上明确保障公众获取政府信息的权利，使他们透视政府机构的活动，享有充分的知情权，才有可能确保他们的参政权、议政权，将政府各部门及其公务员置于有效的监督之下，促进政府工作的民主化和科学化。另外，新技术的运用会导致绩效规范的突变性转换。政府决策通过新技术的运用将成为决策群体每个人的责任。有效的技术运用会成为改革的推动力，有利于职员接受变革的精神和程序；有利于保障在成功创业方面的个人所有权以及变革文化的持续发展。有效的技术运用会提高员工的积极性和主动性，推进创新文化的形成，使变革的阻力减少到最低。政府的行政组织变革和公务员的行为变化都因为新技术的变化而成为可能。

电子政务的工作方式体现了一种分权与民主的特征，捍卫了效率与理性，成为信息化潮流下的政府形态之一。它扩大了公民参政渠道，更新了参政技术手段，通过电子民意调查、电子公民投票、电子选举、电子邮寄等方式，使公民能够进行利益表达以影响政府的行为，政府倾听民意，作为决策的参考。互联网可以看做是政府与公民间的一座电子桥梁，它的参与推动了公民与政府的直接对话，提高了民意在政府工作中的分量，从而极大地促进了民主政治的发展。同时通过网络，政府的各项活动可以受到公众的监督，这对于发扬民主，搞好政府部门的廉政建设很有意义。

2. 提高政府工作效率，转变政府职能

传统的政府管理相对滞后，不能完全适应知识经济的要求。知识经济的发展必然要求有与之相适应的政府管理。我国政府管理由于长期以来受到计划经济的影响，市场经济体制还不够完善，还存在着许多与知识经济发展不相适应的地方，这些不适应的因素严重地制约了知识经济的发展。

面对这些困境，人们发现新的信息技术将促进政府转型。首先，信息技术的发展促进了信息资源的高度整合与利用，使"信息"成为权力运作和资源分配过程中最有分量的砝码。其次，信息技术的发展改变了信息收集、处理、储藏以及传送的方式，能有效地革除那些由手工作业或个人恶劣动机导致的信息匮乏和信息欺骗的行政弊端，还能通过最大限度地掌握资讯，改善决策者的有限理性，提高决策质量。

电子政务能使政府职能由管理职能向管理服务职能转变，从而促使行政办公效率的提高。一方面，网络化加强了政府的信息置换功能。政府可以使用各种新技术手段实现信息

化管理，收集信息、处理信息、传递信息、沟通信息将以更快捷、更经济的方式进行，政府的整体行政效率将大幅度地提高。另一方面，信息可以在组织内部为更多的人所分享，越来越多的问题在较低的层次就可以得到解决，以上传下达为主要工作内容的中层管理可以大大地精简，行政程序大大地简化，行政效率大大地提高。

基于网络的电子政务会有极高的工作透明度和前所未有的办公效率，数字化的办公方式也会使电子政务更加廉洁。

3. 可以推动行政管理现代化

（1）管理"硬件"的现代化

信息技术革命使现代行政管理系统的管理组织运行日益技术化，管理手段现代化。随着信息高速公路的开通和拓展，人们建立了许多从前无法想象的管理系统，办公自动化、多媒体、计算机设备成为行政管理中的重要硬件，管理越来越呈现数字化、模型化和计算机化。计算机网络是直接、高效的管理工具，并且与全球的管理系统融为一体。

（2）管理"软件"的现代化

在思想管理方面，管理者越来越强调办事的效率，并采用自然科学和社会科学等多学科的知识，管理从定性走向定性与定量相结合。在管理方法方面，可采用具有广泛外延的系统方法，如全面管理方法（包括全面计划管理、全面经济核算、全面质量管理和全面设备管理）、优选法、价值工程、网络技术、计划评审技术、预测技术等，将得到网络信息技术的支持并贯穿于整个管理过程之中。同时，采用具有远距离控制，分布式统一协调、动态网络计划等新的管理方法和管理措施也将成为可能。

（3）管理参与者的现代化

在行政管理系统中，人永远是最重要的因素。各种管理手段、管理方法、管理设备都需要人去掌握和实施。作为管理主体的行政人员，在网络时代将不得不具备丰富的知识、多样的技能，他们是通才而不是专才，他们拥有创新精神而不能因循守旧。同时，网络教育的发展也使得作为被管理的人获得较高的素质，并具有更强的自律性、自我组织能力和参与意识。管理对象特征的改变，将导致行政管理系统管理方式的革新。

4. 有助于推动组织决策发生变革

决策是行政管理运行职能的前提和核心。网络信息技术的发展和运行，对决策活动产生了深刻的影响。

（1）决策权的分化

在信息时代，行政管理环境的复杂性在不断地提高，非常规化、非程序化的决策增多，决策的目标更多的是面向未来，因而风险也在增大，使分散决策权成为必要；同时，对问题的快速反应和快速处理，不仅要求及时决策、就近决策，也要求决策权分散到各个问题的发生地；另外，行政组织权威的基础被建立在知识和信息之上，而知识和信息的分散决定了权威的分散性，进而决定了决策权的分散化。

（2）改进决策者的有限理性

根据管理决策理论的创始人西蒙的观点，在不能获得足够信息的情况下，人们的决策行为只能是有限理性的判断和决策，不可能存在最优模式。网络信息技术的发展使管理者在任何时候都可以得到恰当的信息，这就改善了决策者的有限理性。并且，使决策者可以根据信息及时发现问题，确定目标；可以根据信息确定尽可能多的方案；可以利用信息对每一个方案进行系统的分析，并对比择优，从而可以大大提高决策的科学性和合理性。以计算机互联网为基础的信息技术，对完成程序化决策的功能和效率是不言而喻的，对非程序化决策也可以提供强有力的信息支持。

（3）促进决策的科学化

科学的决策尤其是复杂的决策，需要先进的智囊系统和信息系统，也需要一些现代自然科学及统计学的方法，如系统分析法、可行性论证、群体讨论等。这些辅助系统和科学方法功能的发挥都是以全面、及时、经济、准确的信息收集和处理分不开的。网络信息技术使这些决策工具和方法的运用变得简单化、可操作化，从而大大提高了决策的有效度和效率。

（4）提高决策的民主化

在组织内部，层层参与决策、人人参与决策，智囊团和专家人员的意见能得到及时反馈，决策的民主化程度大大提高。在组织外部，社会公众和有关社会组织利用便利的互联网可以自由地发表自己的意见和看法，也可以及时提出自己的要求。对一些关系重大、影响面宽的复杂决策，政府组织的决策核心可以把决策的意图提出来，让大家在互联网上提出方案；也可以把已制定或收集的决策方案在网上讨论，充分利用大家的聪明才智作出科学决策。

5. 有助于推动组织领导方式的转型

在网络时代，行政组织的领导者将面临着前所未有的挑战：如何把分散的各部门整合在一起，既保持员工个人和团体的自主性，又维持他们行动的集中和协调；如何重整对外关系并创造新的机遇；如何在动态的网络组织中保持责任感；如何将持续的学习或培训和快速反应的能力融入组织的结构之中等。这就需要对传统的领导方式进行革新。

（1）人本管理

传统的领导者注重以"物"或"任务"为中心。领导者要求下属成为标准的"行政人"，以便实行规范的标准化管理。但这种使人异化为物的管理方式，不利于人的创造性的发挥。随着网络的发展，网络信息技术使组织管理更多建立在知识和能力之上，只有充分调动工作人员的积极性、创造性，才能取得较好的组织绩效。

电子政务能实现以人为本的领导方式，把传统的"管人"变成"解放人"、"开发人的智能空间"，重视知识和人才作用的发挥。这就要求组织者做到：不仅善于利用赞赏、表扬或荣誉等传统的精神激励及其他物质激励方法，而且善于授权和赋予下属责任感；善于利用咨询下属意见和建议、参与决策、自主管理、目标管理等参与管理方式；善于培养责任感与合作的团队精神，增强组织的凝聚力；善于组织员工利用信息共享来实现共同提高，善于组织和引导组织学习；善于集中下属智慧和统一行动；以身作则，勇于接受改变和发挥示范作用，充分施展领导的非权力影响。

（2）重视组织文化建设

传统的领导方式强调规章制度建设，而信息时代的领导方式则注重文化建设。组织文化是在组织管理领域产生的一种特殊的文化倾向，是组织管理精神世界中最核心、最本质的东西。组织文化是一个组织在长期发展过程中形成的，把组织内部全体成员结合在一起的日常行为方式、思维方式、价值观念和道德规范。良好的组织文化反映了该组织成员的整体精神，共同的价值标准、合乎时代的道德和追求发展的文化素质。它是维系着组织内部人与人之间的关系，保证着组织成员为实现组织目标自觉地团结协作；通过潜移默化来影响组织的行为；保证组织行为的一致性。它是一种文化管理、自我管理、内在管理，对组织标准管理和制度管理起到补充和强化的作用。组织文化是一种软管理和领导方式。它通过构筑共同的价值观和责任感、使命来保证组织职能的实现。在网络时代，组织领导者的主要职能之一就是塑造良好的组织文化，并引导组织文化不断发展。

（3）注重创新管理

面对不断变化的行政环境和多样化的管理需求，不断的创新将成为未来量度方式的主旋律。行政组织的领导者必须敢于面对挑战，以追求卓越的精神，并且不断地进行战略创新、制度创新、组织创新、观念创新，而不是传统的固守惯例。领导者要善于利用不断涌现的知识和信息来解决不断涌现的新问题。

三、电子政府与传统政府的区别

通俗地说，电子政府就是通过在网上建立政府网站而构建的虚拟政府。电子政府的实质是把工业化模型的政府——即集中管理、分层结构、在物理经济中运行的政府——通过互联网转变为新型的管理体系，以适应虚拟的、全球化的、以知识为基础的数字经济，适应社会运行的根本转变，这种新型的管理体系就是电子政府。其核心是：大量频繁的行政管理和日常事务都是通过设定好的程序在网上实施，大量决策权下放给团体和个人，政府重新进行职能定位。

建设电子政府就是运用信息技术打破原政府部门之间的界限，使人们可以从不同的渠道获得政府的各种政策信息和服务。政府部门之间以及政府与社会之间由电子化渠道进行相互沟通，并提供各种不同的服务选择，组成一个每天 24 小时运行的网络体系。通过建设电子政府，政府就可以借助互联网强大的信息收集和传递的能力，大大增强政府在收集信息、传递政策信息方面的能力，从而有助于增强政府协调和控制各种社会活动的职能。

传统政府和电子政府的区别见表 9-1：

表 9-1   **传统政府和电子政府的区别**

传统政府	电子政府
实体性	虚拟性
区域性	全球性
集中管理	决策权下放
政府实体性管理	系统程序性管理
垂直化分层结构	扁平化辐射结构
在传统经济中运行	在以知识为基础的数字经济中运行

第三节 电子政务的实施原则、关键和电子政务系统的技术模型

一、电子政务的实施原则

电子信息化已逐渐地从可有可无的从属地位和辅助工具，演化为政府办公必不可少的主要工作手段。为保障电子政务的顺利实施，必须遵循以下的原则：

（一）业务原则

实施电子政务必须做到：以公众为中心提供服务。服务的对象包括政府机关内部及其他机关、团体、企业和社会公众；充分利用政府内部资源和技能、建立完善的信息发布管理机制，针对不同类型的用户提供不同的信息。信息内容包括机关内部信息，可以在一定范围内流动的信息和可公开发布的信息；在联机提供服务的同时，也应加强其他服务手段，包括受理各种申请、投诉、建议和要求，既有信息发布与接受，也有交互的数据处理；建立稳固、稳定、强大管理功能的因特网网络平台，提供 24 小时服务；具有强大的数据访问、存储、操作与管理功能；建立容易扩展、容易二次开发的应用平台。

（二）技术原则

1. 实用性原则。系统必须保证实用，切实符合政府管理部门管理、决策、服务和办公自动化等各项业务与智能要求。

2. 可靠性原则。在网络设计时，关键部位必须有可靠性设备，对于重要的网络连接点采用先进的可靠性技术。

3. 开发性原则。网络系统开发性要好，应支持多种协议。

4. 安全性原则。网络应有健全的安全防范措施，从硬件、软件以及行政管理等方面进行严格管理，杜绝非法入侵和泄密，在必要的时候采用物理隔离方法。

5. 标准化原则。在网络设备和系统平台选型时，应该符合国际网络标准及工业标准，使系统的硬件环境、通信环境、软件环境相互间的依赖减到最小，使其各自发挥自身的优势。

6. 先进性原则。采用国际先进的线路技术、先进的互联网技术、先进的网络技术模式、先进的体系结构。

7. 扩展性原则。在网络设计时要充分考虑到将来网络扩展的可能性，并能够将各种格式的信息集成在电子政务平台上，能解决新旧系统间的信息更新与数据导入问题。

二、实施电子政务的关键

1. 安全保密是电子政务建设的关键

我国国务院规定，安全保密技术与信息技术发展同步——也就是同步发展、同步规划。政府各部门内部的局域网都应该设置密码。在加密、防黑客、防病毒等信息安全技术应用之前，政府内部的局域网不应该传输机密文件。

2. 研制自主知识产权的产品

在核心技术上，也就是在 CPU 和操作系统上，我们基本上是被别人牵着鼻子走，目前我们大多采用 Intel 系列的计算机芯片，自主知识产权的产品基本没有。在国家的扶持下，我们应该加大对自主知识产权产品在资金、技术、人力方面的投入，并在尽可能短的时间内生产出以自主知识产权技术为核心的产品，取代外国产品，掌握主动权。

3. 资金问题

政府各级单位进行电子政务建设需要大量的资金投入。电脑网络设备更新换代比较快，每年更换设备的花费较大，加上改造网络的资金，信息化工作的行政经费很紧张，所以我们只能是分步走，分步实施。

4. 推动电子政务建设还需要组织保证

现在国务院各部委负责信息化工作的部门多数是在政府机构改革的过程中成立的，大多数称为信息中心。因此，还需要国家进行统一组织和管理，进一步确立国家主导电子政务建设的格局。

三、电子政务系统的技术模型

（一）电子政务系统的网络模型

根据国际的有关法规，电子政务的有关网络必须区分为内网和外网。政府内部信息交换必须运行在内部的高速网上，属于政务公开和网上交互式办公内容的，则运行在互联网上，内网和外网之间需要物理隔离。电子政务系统的网络模型如图 9-1 所示：

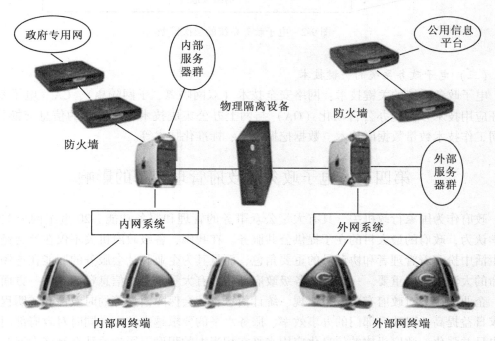

图 9-1　电子政务系统的网络模型图

（二）电子政务系统的层次模型

电子政务系统的层次模型包括以下四个层次（见图9-2）：

应用层：税务、采购、工商注册、统计和信息服务等；

资源共享与信息交换层：XML（可扩展标记语言）、信息共享与交换标准；

数据资源层：地理信息、人员管理、企业信息、经济信息、政策法规；

网络层：数据中心（Internet Data Center，简称IDC）、呼叫中心、网络互联。

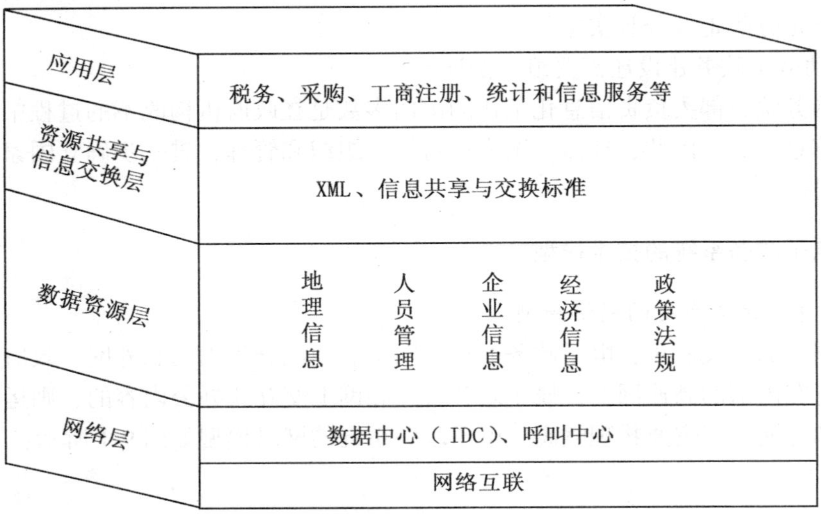

图9-2 电子政务系统的层次模型

（三）电子政务系统的关键技术

电子政务系统的关键技术：网络安全技术（双网隔离、子网隔离）、CA（电子签章）认证应用技术、传统办公自动化（OA）与网上办公集成技术、跨平台的信息交换技术、协同工作技术数量数据库技术、数据挖掘技术、标准化技术等。

第四节 电子政务对政府管理变革的影响

政府作为国家行政机关，具有大量公众事务的管理和服务功能。20世纪的公共管理哲学认为，政府的最大目的在于提供公共服务。在我国，各级政府机关不仅在社会经济文化生活中扮演着管理者和协调员的重要角色，而且其为企业和社会服务的职能在这场信息革命的大潮中日趋重要。一方面，各级政府部门拥有大量宝贵的信息资源；另一方面，公众、企业和社会对政府有关政策法规、统计信息、社会保障信息等的时效性和透明程度的要求日益提高，对政府部门的办事效率、服务水平的要求越来越高，同时对政府部门的监督也日益强化。政府机构的信息化应用水平在相当大的程度上影响着社会经济发展和社会信息化进程。

信息技术的进步，使政府能够充分发挥潜力，迎接挑战，网络技术为政府改革提供了基础，使其能提高效率、降低成本，为公众、企业和社会提供优质的服务。电子政务的建立和发展，为政府管理科学化和现代化提供了强有力的技术支持，将在政府职能的转变、政府效率的提高、政府决策的科学化、政务的公开透明以及政府开支的节约等方面产生重大而深远的影响。

一、电子政务系统的应用和实施将从服务、管理、消费三个方面使政府的职能发生重大转变

1. 服务方面

资料电子化。电子政务系统通过对外宣传主页的发布和管理系统使公众迅速了解政府机构的组成、职能和办事章程、政策法规，增加政务的透明度，政府服务部门和科研教育部门的各种资料、档案、数据库的上网使政府的服务更加完善，更好地为社会服务。

沟通电子化。电子政务系统能在网上建立起政府与公众之间相互交流的桥梁，便于发挥公众的主观能动性，同时还可以就一些问题在网上展开调查，作为政府各部门工作的参考。

2. 管理方面

办公自动化。电子政务系统的作用之一就是实现网上办公。通过建立文件资料电子化中心，交税、项目审批等与政府有关的工作就可以在网上完成。

调控电子化。在价格调节、财政税收等方面，实现网上调控。政府通过网上的虚拟市场获得真实、全面、准确、及时的企业信息，由政府建立大型的专门数据库，对数据进行汇总、处理、加工，并建立决策支持系统，应用统计系统进行分析、计算，来帮助政府进行决策，从而调节政府政策，最后通过电子文件来传送政策命令。同时，可在网上设立电子公告栏，发布电子命令，实现其调控作用。

监督职能电子化。在实施电子政务系统中，信息全部为电子式信息，即进行"无纸化办公"，政府计划中的不足将得到监督，并针对不足和错误进行调整。

3. 消费方面

政府采购电子化。电子政务系统利用互联网络发布政府采购信息，通过网络进行电子招标，完成采购过程。这样可以节省工作时间和精力，提高工作效率，并在网上实现政府采购国际化。

二、电子政务的建立和发展，极大地提高了政府的工作效率和政府决策的科学化和民主化水平

电子政务为政府工作人员提供了现代化的办公手段和应用工具，降低了信息传输的时间和人力成本，节约了原来靠人脑处理文件信息所消耗的大量时间和精力，将政府工作人员从常规的事物性工作中解脱出来。网上办公、远程会议、虚拟机关的产生，打破了政府工作的时空界限，加强了政府各部门之间以及政府与公众之间的信息沟通和互动，使以前无法想象、无法实现的政府服务成为现实，使政府管理和服务更加精干和高效。

电脑网络能够实现行政流程的集约化、综合化、高效化，从而缩减了政府组织规模，政府上网使政府组织结构向扁平化方向发展。传统的政府管理中管理层级多，形成了政府组织的金字塔型结构。金字塔型的组织结构中庞大的中间管理层所起的作用是上情下达和下情上呈。它是信息交换手段落后的产物，其局限是组织的高层不能与基层进行直接的协调和沟通。多层次的管理组织不仅减缓了信息的传递速度，还容易造成信息的过滤、堵塞、失真或扭曲。

现代网络技术广泛应用于行政组织系统，使处于基层的民众可以了解国家高层权力机关的决策并与之对话。决策者与执行者直接沟通，中间层也就失去了存在的意义，管理层次的减少使组织由金字塔型向扁平型发展，更具灵活性和适应性。

精简机构和人员，一直是我们追求的目标。改革开发以来，我国已经进行了四次全国性的机构改革，但是效果并不明显。虽然原因是多方面的，但是有一点不可否认，办公手段落后是一个重要因素。在手工抄写、传递阶段，大量的人员陷于了文牍事物之中，数字弄不准，传递不及时，信息利用率低，严重影响了政府机关的办事效率，在这种情况下要精简机构和人员谈何容易。网络时代的行政管理以人与计算机的结合为基本工作平台，以实现信息技术来代替人力，建立标准化、简单化的行政流程，以前需要几个人干的事情现在一个人就可以把它做好。许多例行性和常规性的组织工作被编制为程序，实现了无人化操作和管理。

同时，电子政务在一定程度上也打破了传统政府部门之间的条块分割、等级森严的格局。电子政务的实施使各级政府部门的子部门拥有了统一的服务平台。公众在这个电子服务平台上，面对的是一个虚拟的一体化的政府，他不必关心自己与之打交道的是哪一级政府的哪一个部门，只要获取服务就可以了。这样就使公众可以在很短的时间内完成原来要数天甚至数月才能完成的事情，政府也可以每天 24 小时，每周 7 天向公众提供政府的各种服务。这样就大大提高了政府的服务效率，为公众节约了大量的时间和金钱。

在传统政务中，管理决策的基础是西蒙所提出的有限理性学说，并且，信息的有限理性是影响人们进行理性决策的直接原因之一。现代办公模式需要适应现代社会信息量巨大、因素众多、条件纷繁复杂的特点。作为政府领导，要作出正确的决策，需要掌握的信息、资料越来越多，电子政务通过建立决策支持系统（DSS），为政府决策者提供必要的决策信息，改善决策者的有限理性，使决策者在全面了解决策所需信息的前提下进行决策，避免了依靠经验决策和由于决策信息不完备导致的盲目决策现象，从而提高了政府决策的科学化水平。

同时，电子政务系统使决策实施情况及时反馈成为可能。科学决策的目的在于实现决策的目标，决策的制定只完成了一半，决策的实施更为重要。这是因为，决策是否正确只是在实践中才能得到检验。如果决策失误，可以通过反馈信息不断加以修正和完善。依靠网络高速、交互的特点，在决策之前，政府机关可以将拟推行的重大举措放在网上征求公众的意见；决策后，政府机关又可以通过网络及时获得决策实施过程中的反馈信息，了解和掌握发展变化的最新信息，并据此追踪或完善决策。

民主决策制度是人民当家作主的一个重要方面，也是我国民主政治建设过程中应当加强的环节。尽管各级政府机关也先后建立了一些决策民主化的规则制度，但是往往流于形式，并未能认真贯彻实施。究其原因，有观念上的，也有手段上的。由于缺乏合适的手段，致使决策民主化往往难以落实。政府上网使这一问题迎刃而解。

三、电子政务的建立和发展，为政务公开提供了方便、有效、快捷的载体，有利于政府的勤政、廉政建设

政务公开是政府按照法律、法规要求，向公众提供非保密性政府信息的检索。政府不仅掌握着大量的公共信息，又是法律、法规、规章制度的制定者，相对于公众，它处于信息的强势地位。在农业社会和工业社会，由于信息传递的局限性，政府信息常常为少数人或利益集团所掌握，制度运作成为暗箱操作，公众对涉及公众利益和切身利益的信息情报知之甚少，因而无力维护自己的合法权益。

在信息社会，电子政务为政务的公开奠定了技术基础。国家制定的各种法律规章、人大代表的背景资料、政府制定的各种规划方案、重大工程的酝酿决策、大案要案的侦破、审判机关的判决等公众关心的信息，都能通过现代化的政府信息网络，在第一时间到达公众手中。政府运作成为"阳光作业"，从而在最大程度上保证了政府管理的公开性，保护了公众的利益。

电子政务可以增加政府办公的透明度，在廉政方面可以起到监督的作用，它可以防止信息被少数人垄断或是有选择性地公开，可以防止信息被更改、掩盖，还可以建立一套相对严格的制度，将信息发布交给机器，防止人为干预，还可以建立资信管理系统，对任何人的任何行为实施全程监控。实施电子政务后，由于所审批的程序流程都是可视的，每一个部门的办事情况都可以被看到，所以时间也都可以被查出来，有利于对领导的监督，并且把办事的规范归纳为标准的东西，人为因素被大大地减少了，同时也降低了不确定因素，从而增加了政府办事的透明度。

四、电子政务为政府节约开支提供了新的途径

实行电子政务需要一定的投资，但是通过政府业务流程重组和电子交易可以减少费用，从长远来看，电子政务将为节省政府开支提供新的途径。以下是几个通过实施电子政务在政府开支节约方面已取得显著成绩的例子。

新加坡在 2000 年进行了第四次人口普查，由于借助了互联网和新的人口统计计算机系统，仅动用了 600 名统计工作人员，花费了 2 400 万新元。如果按照传统的人工普查办法，至少要动用 6 000 名统计工作人员，花费 7 000 万新元，这费用节约是十分明显的。此外，新加坡在使用电子报税系统后，每年费用节约达到 2 000 万新元。

在欧盟，电子政务的实施至少可以使欧盟国家的政府预算每年减少 20%。欧盟国家每年的政府预算总额约为 7 000 亿欧元，其中的 20% 无疑将是一笔巨大的数额。

澳大利亚政府的网上订购信息公告栏每天更新信息服务，公布有关近期政府购买合同的信息。在不到 12 个月的时间里，西澳大利亚就有超过 25 000 家小企业通过政府网站获得了技术合同，而只用了不到 100 万美元的政府开支。目前，澳大利亚正在开展全面网上采购战略，使政府可以以低价在网上采购大量的用品，这种创新被称为政府电子市场（Government Electronic Market，简称 GEM），GEM 节省了交易过程和产品定价过程中的费用开支，政府采购的交易成本将因此节省 70%～90%。

小　结

电子政务是借助电子信息技术而进行的政务活动，是快速发展的电子信息技术和政府改革相结合的产物。电子政务的产生和发展有其特定的背景，在我国，电子政务产生后，对国家的行政活动产生了很大的影响：推动了政府政务公开化；提高了政府效能；转变了政府职能；促进了行政管理现代化；推动了组织决策发生变革；带动了组织领导方式的转型。

目前，我国在实施和发展电子政务时，必须要考虑到其发展的原则，突出重点，把握关键，全面、迅速、健康地推动电子政务的发展。

电子政务的实质是把工业化模型的政府——即集中管理、分层结构、在物理经济中运行的政府——通过互联网转变为新型的管理体系，以适应虚拟的、全球的、以知识为基础的数字经济，适应社会运行的根本转变，这种新型的管理体系就是电子政务。因此，电子政务革新了传统的政府管理模式。

重 点 名 词

电子政务　电子政府

复习思考题

1. 参考其他资料，了解电子政务的详细发展过程。
2. 网络化是如何改变政府的行政环境的？
3. 简述我国"电子政务"的现状、存在的问题及发展的前景。
4. 电子政务对政府管理变革的影响表现在哪些方面？

第十章　资源与环境管理

第一节　自然资源与自然资源管理

一、自然资源及其分类

所谓自然资源，就是自然界中能为人类所利用的物质和能量，如土地、矿藏、海洋、生物、水资源等。它是人类生活和生产资料的来源，是人类社会和经济发展的物质基础，同时也是构成人类生存环境的基本要素。

根据自然性质和对自然资源利用的目的要求，对自然资源可进行多种分类，但按自然资源固有的性质特征能否再生进行分类，自然资源可分为可耗竭资源和可更新资源两大类。这种分类方法有利于研究自然资源的可持续利用问题，它提醒我们，为了人类的长远利益，要研究怎样提高可更新资源的承载能力，保证其可以被永续利用；要对可耗竭资源更合理地利用和管理，以提高其效益和使用时限。

（一）可耗竭资源

若在任何对人类有意义的时间范围内，资源质量保持不变，资源蕴藏量不再增加的资源，就叫做可耗竭资源。可耗竭资源按其能否重复使用，可分为可回收的可耗竭资源和不可回收的可耗竭资源。

资源产品的效用丧失后，大部分物质还能够被回收利用的可耗竭资源称为可回收的可耗竭资源。可回收的可耗竭资源主要指金属等矿产资源。例如，汽车报废后，汽车上的废铁可以回收利用。不过，资源的可回收利用程度是由其经济条件决定的。只有当资源的回收利用成本低于新资源的开采成本时，回收利用才是可能的。需要强调的是，可回收的可耗竭资源也是会枯竭的。这是因为它不可能百分之百地循环利用，只要回收利用率小于100%，资源最终就会被消耗殆尽。

在使用过程中不可逆，而且使用之后不能恢复原状的可耗竭资源称为不可回收的可耗竭资源。不可回收的可耗竭资源主要指煤、石油、天然气等能源资源。由于不可回收的可耗竭资源使用过程的不可逆性，决定了使用机会只有一次，如果在一次使用中资源得不到充分利用，就会造成巨大浪费。因此，提高资源利用率是减缓不可回收的可耗竭资源耗竭速率的重要途径。

（二）可更新资源

能够通过自然力以某一增长率保持或不断增加流量的自然资源称为可更新资源，如太阳能、大气、森林、农作物等。有些可更新资源的可更新性受人类利用方式的影响较大，合理开发利用可以使其再生甚至不断增长；不合理开发利用，其更新过程就会受阻，蕴藏量会不断减少甚至枯竭。有些可更新资源的蕴藏量和可持续性则不受人类活动的影响，如太阳能。

根据财产权是否明确，可更新资源可分为可更新商品性资源和可更新公共物品资源。可更新商品性资源是指财产权可以确定，能够被私人所有和享用，并能在市场上进行交易的可更新资源，如私人土地上的农作物。可更新商品性资源具有完全明确的财产权、专有性、可转让性和可实施性的特点。可更新公共物品资源则是指不为任何特定的个人所拥有，但却能为任何个人所享用的可更新资源，如空气、阳光、公海的鱼类资源等。可更新公共物品资源具有如下特征：一是消费不可分性或无竞争性，指某人对某物品的消费不会减少或干扰他人对同一物品的消费；二是消费无排他性，指不能阻止任何人免费消费该物品。

二、自然资源管理的意义及特征

（一）自然资源管理的意义

自然资源管理，指国家综合运用经济、法律、行政、技术、教育等手段，对自然资源开发、利用和保护活动在宏观上进行管理，以期实现资源和经济的协调发展。自然资源管理的根本依据在于资源的稀缺性。在资源占有量极为丰富的历史时期，人们对资源的开发利用在种类和品位选择上具有较大的灵活性，但当这种优势递减到一定程度，资源的稀缺性日渐凸显，且在不断加重时，资源作为不同群体、不同利用方式的受体，不同的利用方式带来的效益与结果大不相同，这迫使人们不断探索资源高效利用的途径。要达到这个目的，就必须加强自然资源管理。另外资源开发利用中的"外部不经济性"可能影响公共利益，这也要求加强自然资源管理。

自然资源管理具有非常重要的意义，主要表现在：

1. 自然资源管理是人类生存和发展的需要。自然资源是人类生存和社会发展的基本物质条件，自然资源如果一旦出现短缺甚至枯竭，就会给人类的生存和社会发展带来一定的威胁。过去，由于人类掠夺式地开发资源，破坏了自然生态平衡，带来了森林破坏、草原退化、水土流失、土壤盐碱化、沙漠化、气候异常、物种减少以及资源枯竭等一系列问题，影响着当代人类社会的正常发展，也危及着子孙后代的生存。我们再也不能对自然资源肆意掠夺了，而要合理地开发利用它，实施有效的管理手段，维护人与自然的和谐，以资源的可持续利用支撑社会经济的可持续发展。

2. 自然资源管理是实现社会再生产的客观要求。自然资源为人类生产活动提供生产资料，使社会再生产得以顺利进行。当资源遭到破坏，退化甚至枯竭时，就难以保证社会生产活动的原料供应，从而影响到社会再生产过程的顺畅。为此，要加强自然资源管理，坚持"谁开发，谁保护"的方针，控制开发量，使其与资源的再生相平衡，实现自然资源再生产和社会再生产的良性循环。

3. 自然资源管理也是保护环境的需要。当今社会面临着环境污染和生态破坏两大问题，生态破坏的主要原因是由于不合理地开发利用自然资源造成的，生态的破坏又会导致生态功能下降，使生态环境自然净化污染物的能力下降，从而进一步加剧环境污染。因此，保护资源就是保护环境，通过有效的管理，使自然生态系统逐步实现良性循环。

（二）自然资源管理的特征

根据自然资源本身的特性，自然资源的管理具有以下特点：

1. 管理手段多样化，但以经济手段为主

自然资源的管理可以通过行政手段、经济手段、法律手段、技术手段、教育手段等进行，但经济手段应该是中心，这可从自然资源的特点以及资源管理的目的中看出。自然资源的稀缺性要求自然资源的开发利用必须遵循经济原则。尽管自然资源开发应当是经济效益、社会效益和生态效益的相对统一，但应以经济效益为基础。如果在资源开发中缺乏应有的经济效益，那么开发活动自身缺乏内在动力，开发规模及其发展就会受到严重限制，从而使社会效益和生态效益都难以充分有效地体现出来。因此，自然资源管理应当以经济手段为主，依靠经济规律进行自然资源核算，征收自然资源使用费、环境补偿费等，只有这样，法规政策才能真正落实，行政管理才能够有效实施，才能有力地改变有法不依的局面。

2. 资源管理客体的分散性

资源管理客体的分散性是由自然资源的区域性产生的，如一些地区拥有丰富的矿藏和石油燃料，而另一些地区则拥有肥沃的土地和广袤的森林。各个地区的资源开发历史也不相同，发达地区由于长期的资源开发，已耗尽了绝大部分的优质资源，只有依靠其先进的技术、雄厚的经济实力去利用其他地区的资源。这种资源分布的分散性及生产在空间上的不一致使资源的统一管理趋于复杂化。

3. 管理过程的层次性

在资源系统中，有不同特性的自然资源，不同的开发模式和目标，不同的区域特征，因而资源的管理也应当是多层次的。资源管理的基层是自然保护过程，包括建立自然保护区、进行自然区域划分等。中间层是经济管理过程，即基于生态经济原则，考虑资源开发利用过程对社会经济系统及各部门之间的影响，如经济规划、区域发展规划等。资源管理的最高层是社会需求管理，即对资源开发利用和生产活动的最终目的——消费进行设计和引导。

第二节　我国资源管理中的问题和对策

一、我国资源管理中存在的问题

我国的资源管理中存在的问题较多，主要有：

（一）模糊的资源产权制度

在我国传统的自然资源产权制度下，国家是自然资源的所有者，具体由各级部门或地方政府代行管理，有关的企业或个人是这些自然资源的经营使用者。由于所有者缺乏明确的人格化代表，造成事实上责权关系不明确，使得使用权与所有权不分，带来了管理上的混乱。例如，在利用自然资源的过程中，需要将使用强度控制在一定的范围内，不能超出自然资源的承载能力，否则就会使自然资源的质量下降。而实际上，使用者往往从自身的短期利益出发，采取"竭泽而渔"的方式，滥采滥伐，使得节制使用的管理很难实施。另外，我国资源产权管理上的混乱，还突出表现在现行的资源产权关系缺乏灵活的产权转让形式和资源产权转让的市场机制。我国法律明确规定任何个人、集体不得出售或出租转让任何自然资源。资源产权不能在使用者之间流动转让，这实际上就形成了谁占用资源，谁就垄断了资源使用权，从而阻碍了资源有效使用和合理配置，使自然资源的使用和配置长期处于低效率状态。

(二) 无价的资源价格制度

传统观念上人们认为自然资源是大自然的馈赠，是没有价值的，这种资源无价的观点是形成资源退化的最根本原因，产生了诸多弊端。首先，在资源产品的价格制定上，由于自然资源的价值被排斥在外，造成资源产品价格低下，使资源产品的价格与价值严重背离，从而严重制约了基础原料产业的发展，基础原料工业陷入"增产越大，亏损越大"的怪圈，日趋萎缩，使国民经济发展出现了原材料供应紧张的"瓶颈"。其次，它导致人们对资源的开发利用不加珍惜。在开发上，以掠夺式的滥采滥挖、滥砍滥伐为特征，在生产上，以粗放经营、大量消耗资源为特征，在消费上，以大量浪费为特征，致使人类赖以生存的珍贵资源过度开发和严重浪费。再次，难以用经济手段加强对资源的管理和保护。资源价格的扭曲使得资源的消耗速度和稀缺程度难以反映出来，从而在客观上造成了缺乏对资源短缺与否的关注，运用经济手段管理和保护自然资源也就成为一种幻想，资源退化在所难免。

(三) 不计资源消长的国民经济核算体系

国民经济核算体系有两种：一种是"国民账户体系"（System of National Account，简称 SNA），它是 1953 年联合国制定的，1968 年进行改进，现被大多数西方国家所采用，它主要包括国内生产、收入与支出、资本贸易、国际收支四个综合账户及投入产出、资金流量表、资产负债表等。另一种是"物质产品平衡体系"（System of Material Product Balance，简称 MPB），它最早产生和发展于原苏联，主要包括综合财政表、投入产出表、劳动力平衡表、资产平衡表、非物质平衡表、物质产品平衡表等。我国的国民经济核算体系曾采用 MPB，1994 年开始采用以 SNA 为主体的新核算制度。不管是 SNA，还是 MPB，它们都存在着缺陷，主要表现在没有将自然资源作为国民财富加以核算，只注重经济产值及其增长速度，而忽视了资源的消长和环境质量的变化，其后果是：一方面自然资源持续减少，另一方面国民生产总值却虚假增长，使得社会经济的发展缺乏后劲，形成经济快速发展过程中的资源"空心化"现象。

(四) 资源再生产不受重视的产业政策

资源日益紧缺的原因，既有破坏、浪费的一面，也有再生产不足的一面。资源的再生产过程，是自然再生产过程和社会再生产过程的结合。在我国人口不断增加、经济持续增长而对资源需求日益扩大的情况下，单纯依靠自然再生产来增加资源已远远不能解决资源短缺的矛盾，必须强化其社会再生产，即通过资源产业，增加社会投入，进行保护、恢复、再生、更新等来增加资源量，才有可能满足今世和后代经济社会发展对资源的需求。目前，我国尚未确立资源产业的地位，国家对资源的社会再生产投入不足，资源的再生产大多依赖于资源本身的自然再生产过程。因此，资源恢复和再生的速度远不及其耗损的速度，大多数资源已出现"赤字"现象。

二、加强资源管理的对策

（一）明晰资源产权关系

首先，我国自然资源产权制度改革应该针对所有者"缺位"的问题，明确自然资源的所有权主体。要真正塑造出具有人格化的自然资源所有权主体，必须建立具有权威性的自然资源产权管理机构，如自然资源管理委员会，赋予这些人格化的所有权代表权力，让它们行使征收自然资源使用费用和监督经营使用者利用自然资源的行为规范等权力，承担自然资源增值和自然资源使用过程中的环境保护等责任。在此基础上，清晰地界定自然资源所有权主体、经营使用权主体应享有的权力、利益及应承担的责任，使它们之间形成法律、经济等方面的内在约束，让自然资源的使用强度、自然资源增值和环境保护之间达到合理的平衡点。

其次，要建立符合市场经济体制要求的自然资源产权流转制度。在企业（或个人）向政府租赁自然资源时，应按均额有偿租赁（如土地资源的家庭承包制）或公开招标租赁（如某些矿产资源的公开招标开采制）方式进行，以减少租赁过程中的寻租行为，保持自然资源使用的公平性。在此基础上，建立产权流转制度允许经营使用者之间按市场规则进行自然资源使用权的自由交易，以提高自然资源的配置和使用效率。

（二）确立资源价值观

我们必须纠正长期流行的资源无价的观念，树立资源有价的新观念。英国皇家学会会员艾伦·科特雷尔教授曾指出："无论什么样的社会形式，都必须承认有限的、会枯竭的自然资源都有价值。因此，必须以这样或那样的形式给资源制定价格，以便限制消耗和给予保护。"资源价值首先决定于它对人类的有用性，其价值大小则取决于它的稀缺性（体现为供求关系）和开发利用条件。应根据不同的资源特点，确定不同的资源价格。在此基础上，全面推行资源有偿使用制度。资源价格政策包括：（1）国家作为资源的所有者，有权对资源经营者征收资源耗竭补偿费和资源税。资源耗竭补偿费主要是价值补偿性的，要根据经营者和使用者占用资源的价值多少，进行一次性或分期性补偿，其作用在于促使使用部门对资源的合理开发利用，促进资源扩大再生产。资源税则主要是调节性的，要按超额利润征税，其目的主要是将那些因自然丰度不同而产生的级差利益归国家所有，以平衡因资源条件不同而产生的价格不均，有利于资源开发经营部门之间的平等竞争。（2）对于需求随地区和季节变化的资源，实行差价管理，以缓和资源利用高峰期的供需矛盾。

在制定资源价格的基础上，必须调整现行不合理的资源产品价格体制，提高资源初级产品价格，理顺不同资源产品之间的比价关系，调整部门之间的利益，促进基础原材料工业的发展。国家要充分运用价格这个灵敏、有效的经济杠杆，合理引导原料的流向，从而提高资源的利用效益。

（三）建立资源核算制度，并将其纳入国民经济核算体系

自然资源核算是对自然资源的存量、流量以及自然资源的财富价值进行的科学计量。只有对资源进行核算，并将其纳入国民经济核算体系，才能揭示经济发展的实际水平和资源耗竭的实际程度；才能把经济发展与资源有效利用和保护有机地结合起来；才能避免经

济发展中资源短缺和资源空心化现象的出现。

资源核算的基本思路是：先进行资源实物量核算，再进行价值量核算；先做单项资源核算，再进行综合资源核算。然后，将资源核算纳入到国民经济核算体系中去，这可通过以下三条渠道进行：（1）将资源核算纳入国民财富核算。此即将资源看做一种资产，把它和固定资产、流动资产加总起来就构成整个国民财富。（2）把资源核算与国民生产总值（GNP）和国民生产净值（NNP）等国民经济产值连接起来。此即把一定时期内的资源增加量当做资本形成来看待，把一定时期内的资源减少量当做资本损耗来处理，并据此对国民生产总值和国民生产净值做出修正和调整，得出新的 GNP 和新的 NNP。（3）对资源产业活动进行投入与产出平衡核算。此即将资源产业与其他物质生产部门同等看待，纳入物质生产部门间的投入与产出平衡表，进行总体投入与产出核算。

（四）资源再生产要实行产业化

所谓资源产业，是指从事自然资源再生产活动的生产事业，也就是通过社会劳动投入，进行保护、恢复、再生、更新、增值和积累自然资源的生产过程。资源产业生产活动主要包括矿产资源的勘探、土壤改良、耕地恢复、采种育林、育草、水产育苗、海洋调查与勘探、废气废水的净化、资源保护等。

资源产业属于原料产业的前身，是基础产业的基础。按照物质生产领域的逻辑排序，资源产业应该排在最前端，即资源产业、农业、采掘业、加工工业、运输业、建筑业。若按照一、二、三次产业划分理论，资源产业也处于前面位置，可称之为零次产业或前一次产业。在物质生产领域中划分出资源产业的目的是，面对日益严峻的资源供需矛盾，必须不断增加对资源的社会投入，保持并扩大资源总量和供给能力，以满足国民经济和社会发展对资源日益增长的需求。因此，必须强化资源产业的基础地位，把资源产业的发展作为我国基础产业的基础来抓，增加相关的政策、资金和科技投入。

第三节　环境管理的内容和基本职能

一、环境管理的含义

随着人们对环境问题认识的不断深化，环境管理的概念也在不断发展。

早在 20 世纪 70 年代，人们把环境管理狭义地理解为环保部门采取各种有效措施和手段控制污染的行为。如通过制定国家环境法律、法规和标准，运用技术、经济、行政等手段来控制各种污染物的排放。这种狭义的理解仅停留在环境管理的微观层次上，把环境保护部门视为环境管理的主体，把污染源作为环境管理的对象。

到了 20 世纪 90 年代，随着环境问题的发展以及人类对环境问题认识的不断提高，人们发现，传统上对环境管理的理解已越来越限制环境管理理论与实践的发展，要想从根本上解决环境管理问题，必须站在经济和社会发展的战略高度采取对策和控制措施，从区域发展的综合决策入手，因此有必要扩展环境管理的含义范围。

从广义上讲，所谓环境管理是指依据国家的环境政策、环境法律、法规和标准，坚持宏观综合决策与微观执法监督相结合，从环境与发展综合决策入手，运用各种有效管理手段，调控人类的各种行为，协调社会经济发展同环境保护之间的关系，限制人类损害环境质量的活动以维护区域正常的环境秩序和环境安全，实现区域社会可持续发展的行为总体。其中，管理手段包括法律、经济、行政、技术和教育五种手段，人类行为包括自然、经济、社会三种基本行为。

从环境管理的这个广义概念中，我们可以知道：第一，环境管理是针对次生环境问题而言的一种管理活动，主要解决由于人类活动所造成的各类环境问题。第二，环境管理的核心是对人的管理。传统上的一个误区就是把污染源作为环境管理的对象，却忽视了对人的管理。其实人是各种行为的实施主体，是产生各种环境问题的根源。只有解决人的问题，从人的三种基本行为入手开展环境管理，环境问题才能得到有效解决。第三，环境管理是国家管理的重要组成部分。环境管理的目的是解决环境污染和生态破坏所造成的各类环境问题，保证区域的环境安全，实现区域社会的可持续发展。环境管理涉及包括社会领域、经济领域和资源领域在内的所有领域。环境管理的内容非常广泛和复杂，与国家的其他管理工作紧密联系、相互影响和制约，成为国家管理系统的重要组成部分。

二、环境管理的内容

管理的内容是由管理目标和管理对象决定的。环境管理的根本目标是协调发展与环境之间的关系，涉及人口、经济、社会、资源和环境等重大问题，关系到国民经济的各个方面，因而，其管理内容是广泛的、复杂的。从总体上说，可以按照管理的范围和管理的性质来分类。

（一）按管理范围分类

1. 资源管理

自然资源是国民经济与社会发展的重要物质基础。随着工业化及人口的增长，人类对自然资源的巨大需求和大规模的开采及使用已导致资源基础的削弱、退化、枯竭。如何以最低的环境成本确保自然资源可持续利用，已成为现代环境管理的重要内容。其主要内容包括：水资源的保护与开发利用；土地资源的管理和可持续开发与保护；矿产资源的合理开发利用与保护；草地资源的开发利用与保护；生物多样性保护；能源的合理开发利用与保护等。

2. 区域环境管理

环境问题与自然环境及经济状况有关，存在着明显的区域性特征，因地制宜地加强区域环境管理是管理的基本原则。如何根据区域自然资源、社会、经济的具体情况，选择有利于环境的发展模式，建立新的社会、经济、生态环境系统，是区域环境管理的主要任务。其主要内容包括城市环境管理、流域环境管理、地区环境管理、海洋环境管理、自然保护区建设和管理、风沙区生态建设和管理等。

3. 专业环境管理

环境问题与行业性质及污染因子有关，存在着明显的专业性特征。不同的经济领域会产生不同的环境问题，而不同的环境要素往往涉及不同的专业领域。有针对性地加强专业化管理，是现代科学管理的基本原则。如何根据行业性质和污染因子（或环境要素）的特点，调整经济结构的布局，开展清洁生产和生产环境标志产品，推广有利于环境的实用技术，提高污染防治和生态恢复工程及设施的技术水平，加强和改善专业管理，是环境管理的重要内容。按照行业划分，专业管理包括工业、农业、交通运输业、商业、建筑业等国民经济各部门的管理，以及各行业、各企业的环境管理。按照环境要素划分，专业管理包括大气、水、固体废弃物、噪声，以及造林绿化、防沙治沙、生物多样性、草地和湿地、沿海和滩涂、地质等环境管理。

（二）按管理性质分类

1. 环境计划管理

计划是为实现一定目标而拟订的科学预计和判定未来的行动方案。计划主要包括两项基本活动：一是确立目标；二是决定实现这些目标的实施方案。计划能促进和保证管理人员在管理活动中进行有效的管理。环境计划管理的主要任务是制定、执行、检查和调整各部门、各行业、各区域的环境规划，使之成为整个社会经济发展规划的重要组成部分。

2. 环境质量管理

环境质量管理是环境管理的核心内容。质量管理是指组织必要的人力和其他资源去执行既定的计划，并将计划完成情况和计划目标相对照，采取措施纠正计划执行中的偏差，以确保计划目标的实现。环境质量管理是为了落实环境规划、保护和改善环境质量而进行的各项活动，如调查、监测、评价、检查、交流、研究和污染防治等。

3. 环境技术管理

环境技术管理需要综合运用规划、法制、行政、经济等手段，培养高素质的管理人才，采用先进的管理手段，建立和不断完善组织机构，形成协调管理的机制。要实现这一目标，必须不断健全环境法规、标准体系，建立现代管理体系，建立环境管理信息系统，加强环境教育和宣传，加强科学技术支持能力建设，加强国际科技合作和交流。所有这些活动就构成了环境技术管理的主要内容。一句话，加强技术管理就是加强技术支持能力建设，依靠科技进步，实现规范、有效、科学的管理。

应该指出，以上按管理范围和管理性质所进行的管理内容分类，只是为了便于研究问题。事实上，各类环境管理的内容是相互交叉渗透的，如资源环境管理当中又包括计划管理、质量管理和技术管理的内容。现代环境管理是一个涉及多种因素的综合管理系统。

三、环境管理的基本职能

环境管理的职能是指环境管理活动应有的功能。如果说环境管理的内容属于管什么的问题，那么环境管理的职能则属于怎么管的问题。环境管理的基本职能有四个：计划（规划）、监督、协调、指导。

（一）计划（规划）职能

所谓计划（规划）职能，是指对未来的环境管理目标、对策和措施进行规划和安排，也就是在开展环境管理工作或行动之前，预先拟订出具体的内容和步骤。它包括确立短期和长期的管理目标以及选定实现管理目标的对策和措施。

由于环境的污染和破坏无论在时间上还是在空间上，都是一个渐变的过程。一旦出现长时间积累的大范围的环境污染和破坏，要想改变它使之恢复到良好状态，绝非短时间内所能办到，而且要付出极大的努力和代价，甚至有些遭到污染和破坏的环境是根本无法恢复的。环境问题的这一特点决定了必须制定规划和计划，用以指导环境管理工作。

计划职能的主要内容有：一是分析和预测环境管理对象未来的变化情况；二是制定环境管理目标，包括确定任务、对策、措施等；三是拟订实现计划目标的方案，作出决策，对各种方案进行可行性研究，选出可靠的满意方案；四是编制环境保护的综合规划，环境保护的年度计划和各专项活动的具体计划；五是检查和总结计划的执行情况。

环境保护计划按计划期限的长短可以分为长期计划、中期计划和短期计划三种。

十年以上的计划属于长期计划，环境保护的长期计划也称长期环境规划。例如，国家在 1996 年制定的环境保护 2010 年远景规划就是一个环境保护的长期计划。长期计划主要回答两个方面的问题：第一是环境保护的长远目标和发展方向是什么，第二是怎样去实现环境保护的长远目标。

五年计划属于中期计划，环境保护的中期计划也称为中期环境规划。例如，国家和各级地方政府制定的"十五"环境保护计划就是中期计划。中期计划与长期计划的内容基本一致，但更为详细和具体，具有衔接长期计划和短期计划的作用。长期计划以问题为中心，而中期计划以时间为中心，它包括各年的计划。中期计划往往依照管理组织的各种职能进行制定，并着重各计划之间的综合平衡。它使比较松散的长期计划有了比较严密的内容，从而保证计划的连续性和稳定性，所以说，中期环境保护计划赋予了长期计划具体内容，又为短期计划指明了方向。

在中期计划指导下制定的一年或一年以下时间范围内的计划属于短期计划，例如，各地区为实现"十五"环境保护计划所制定的环境保护年度计划就是短期计划。它比中期计划更为详细具体，能够满足具体实施的需要。环境保护的短期计划可以是综合性的计划，也可以是单一目标的计划。短期计划由于对各种活动有了非常详细的说明或规定，因此在执行当中选择的范围很小。此外，短期计划涉及的环境要素比较确定，容易预测，也容易评价。

（二）监督职能

环境管理的监督职能是指管理主体监督被管理者在实际活动中的行为和结果是否偏离管理目标，并督促他们按照环境方针、政策、规划、法规、标准等办事的管理活动。监督职能是由相互衔接的两个方面的管理活动构成的：一是通过监督，取得实际活动的信息、查明偏差及产生偏差的原因。二是督促被管理者纠正偏差，保证管理目标的顺利实现。

监督职能的充分体现必须具备两个基本条件：一是监督的依据必须是充分健全的，环境规划、环境法规、环境标准和环境监测是执行监督职能的四个基本依据，有了健全的依据，才能查明偏差并纠正偏差。二是管理主体必须有国家法规所赋予的监督权力，否则管理主体就失去了督促被管理者纠正偏差的权威性。

按照监督的时序划分，环境管理监督包括预先监督、现场监督和反馈监督三种。

预先监督也称前馈监督或环境计划监督。它是指环境管理部门对依法赋予环境保护责任和义务的其他行政单位、企业的行政主管部门以及企业环境保护计划的制定进行检查和督促，为防止计划执行过程中产生偏差而采取的管理行为。由于控制具有时间上的滞后性，为使管理控制更为有效，通过预先监督落实环境保护计划是必不可少的。但是在实践中，这类监督往往被管理者所忽视。

现场监督是在计划执行过程中，环境管理部门根据国家和地方政府的环境法律、法规和标准直接对各种经济行为主体的生产与经营活动、资源部门的开发与建设活动以及其他产生环境污染的行为主体进行现场检查、处理以制止环境污染和生态破坏的监督行为。现场监督是环境管理中最主要的监督形式。大量违法行为的查处和环境问题的解决都是通过现场监督获取第一手材料和信息的，例如，企业执行"三同时"情况，开发建设活动的项目管理，污染治理方案的实施和污染事故处理等都是通过现场环境监督来获取第一手材料的。

反馈监督是以过去的经验、数据等信息作为评鉴，指导或纠正未来管理行为的一种监督。这种监督主要是分析环境管理工作的执行结果，预测未来变化，找出已发现的或潜在的因素，以控制下一过程的变化。反馈监督在环境管理中运用较少。

（三）协调职能

所谓协调职能是指在实现管理目标的过程中协调各种横向和纵向关系及联系的职能。协调职能与监督职能的关系非常密切，强化监督管理离不开协调。

从宏观上讲，环境管理就是要协调环境保护与经济建设和社会发展的关系，实现国家的可持续发展。从微观上讲，环境管理就是要协调社会各个领域、各个部门、不同层次人们的各种需求和经济利益关系，以适应环境准则。环境管理涉及范围广、综合性强，需要各部门分工合作，各尽其责。因此，协调已成为环境管理者的重要任务。不论是环境机构组织的内部管理，还是环境机构组织的外部管理，都需要协调。

通过协调组织内部人们的思想认识和行动，消除矛盾、降低内耗、优化组织结构，实现组织的管理目标；通过协调消除或减少来自于外部的政府行政干预，加大环境执法力度；通过协调强化环境保护部门统一监督管理的职能；通过协调营造一个有利于实施环境与发展综合决策的氛围和环境；通过协调调动地方政府各部门环境保护的积极性，推进区域的环境污染防治工作；通过协调加强跨区域或流域的环境保护；通过协调减少各种环境纠纷，降低区域的不安定环境因素等。

总之，开展环境管理需要协调，只有通过协调，才能使步调一致，提高管理效率。例如，为了加强对汽车尾气的管理，需要环境保护部门、能源部门、交通部门和环境科研部门的共同配合与协作，其中任何一个部门都无法单独实现该管理目标。同样，开展建设项目环境管理和污染治理也离不开综合协调。

（四）指导职能

如果说前三个职能主要侧重让被管理者"做什么"，那么，环境管理的指导职能则是指管理主体指引被管理者应该"怎么做"的导向活动，指导职能的实质就是服务。指导在环境管理过程中是不可忽视的，管理者不仅应该要求别人做什么，而且应该尽可能告诉人家怎么去做，只有把二者有机地结合起来，才能充分发挥环境管理的整体功能。

概括地说，指导活动包括两个方面：一是指导如何搞好环境管理；二是指导如何搞好环境建设。具体来说，包括以下内容：第一，用专业知识指导污染的防治；第二，总结、交流和推广环境管理及污染防治的先进经验和技术；第三，指导环境科研攻关，为社会提供投资少、效果好的科研成果；第四，组织开展环境宣传和教育工作，提高全民特别是决策者的环境科学水平，这些指导活动，都是进行环境管理所必需的。

规划、指导、协调和监督，是整个环境管理过程的基本职能。四个方面的管理活动一方面在时间上是继起的，即规划——指导——协调——监督；另一方面在空间上是并存的，如规划不仅仅存在于管理过程的开始，对规划的调整和修订贯穿于管理的全过程。因此，管理活动在同一时点上，既要有所侧重，又要全面考虑其他的职能，避免管理的片面性。

另外，处于不同层次的管理活动其职能也应有不同的侧重。对国家、省级来说，规划和协调这两个职能显得更加重要，因为这一层次的管理活动属于宏观和中观环境管理。确定切实的规划目标，并且协调有关地区、部门、行业采取各种措施，促使规划目标的实现是宏观和中观环境管理的主要任务。市、县级以下的管理活动，主要侧重于指导和监督这两个职能，因为指导和监督的对象，主要是微观活动的企事业单位和城乡居民，其处在市、县级以下管理活动所涉及的范围内。

第四节　环境管理制度

我国自 1973 年召开第一次全国环境保护会议以来，在环境保护的实践中，经过不断的探索、总结，逐步形成了一系列符合中国国情的环境管理制度。这些制度是中国环境管理政策的具体化，它使环境法律和政策不再停留在宣传口号上，而是变成人们在环境保护实践活动中的行为准则，可以说，环境管理制度就是具体化、规范化的环境政策。

环境管理制度具有强制性，要求人们必须按规定办事，是强化环境管理的有力手段。我国制定的各项环境管理制度在推动环保事业的顺利发展方面发挥了重要作用。我国的环境管理制度包括以下几个方面的内容：

一、环境影响评价制度

环境影响评价是在拟建项目建设前，用科学方法对该项目在建成投产后，可能给环境带来的影响进行评价和验证，确定其可行性以及提出要求和对策。环境影响评价的概念，最早是 1964 年在加拿大召开的国际环境质量评价的学术会议上提出来的，1969 年美国把它作为一项法律制度写入《国家环境政策法》中，此后为各国所仿效。

1986 年国务院环境保护委员会、国家经委颁布了《建设项目环境保护管理办法》，在我国正式实施环境影响评价制度。随后在《中华人民共和国环境保护法》、《海洋环境保护法》、《大气污染防治法》、《水污染防治法》中都对环境影响评价制度作了相应规定，从而在立法上使这项制度成为一项较完整的制度。这项制度的具体内容包括：凡从事对环境有影响的建设项目，都必须执行环境影响报告书的审批制度；各级人民政府的环境保护部门对建设项目的环境保护实施统一的监督管理，负责环境影响报告书或环境影响报告表的审批；对未经批准环境影响报告书或环境影响报告表的建设项目，计划部门不办理设计任务书的审批手续，土地部门不办理征地手续，银行不予贷款；对从事环境影响评价的单位实行资格审查制度，承担建设项目环境影响评价工作的单位必须持《建设项目环境影响评价资格证书》，按照证书中规定的范围开展环境影响评价工作，并对评价结论负责。

环境影响评价制度的作用在于：第一，从国家的技术政策方面对新建项目提出了新的要求和限制，以减少重复建设，杜绝新污染的产生，贯彻"预防为主"的环境保护政策。第二，对可以开发建设的项目提出了超前的污染预防对策和措施，强化了建设项目的环境管理。第三，促进了国家环境科学技术、监测技术、预测技术的发展。第四，为开展区域环境影响评价，实施环境与发展综合决策创造了条件。

二、"三同时"制度

"三同时"制度是我国环境保护工作上的一项创举，是指凡从事对环境有影响的建设项目，其防治污染及其他公害的设施，必须与主体工程同时设计、同时施工、同时投产。这项制度的目的是保证工厂建成后，各项排放物能符合环境排放标准的要求，控制新污染源的产生。

在执行"三同时"制度时，必须注意以下问题：第一，"三同时"的标准不能搞"一刀切"，应针对工厂规模的大小、环境污染轻重等不同情况实行不同的要求。第二，在时间界限上，防治污染的设施要区分当前标准和未来标准。对建设期限较长项目的防治设施，标准要适当高一些，具有一定的超前性，否则待项目建成后，原来的防治设施可能不符合那时的要求了。第三，应探讨如何把污染的分散治理与区域集中治理结合起来，因为工厂的排放物有的适于分散治理，如烟尘；有的适于区域集中治理，如污水的处理。如果不加区分，一律要求分散治理，不仅花费大，而且效果也不一定好。

三、排污收费制度

排污收费制度是一项贯彻"谁污染，谁治理"的管理思想，以经济手段保护环境的管理制度。排污收费制度最初规定凡是符合国家或地方规定的污染物排放标准的，不征收排污费，只对那些超过规定标准的数量和浓度征收费用。经过实践摸索，这项制度又有了新发展，除坚持"超标收费"的规定外，又增加了"排污收费"规定，即对排污符合规定标准的也要按数量和浓度收取排污费。这是因为随着经济的发展，排放的污物越来越多，需要实行更严格的限制。

排污收费制度的理论根据是，企业、单位或个人排放污染物损害了环境，也损害了经济和社会的发展，由此产生的防治污染费用和损害赔偿费用，应该由污染者负担，而不应该转嫁给社会。排污收费的作用在于：明确了环境责任，促进了工艺和技术的进步与污染的防治；有效地筹集了防治污染的资金；有利于防止和控制污染的增加。

四、环境保护目标责任制

环境保护目标责任制是一项综合性的管理制度，它通过目标责任书确定了一个区域、一个部门或单位环境保护主要责任者和责任范围，运用定量化、制度化的目标管理方法，把贯彻执行环境保护这一基本国策作为各级地方政府和决策者的政绩考核内容，纳入到各级地方政府的任期目标之中。

实施环境保护目标责任制有利于加强各级政府及单位对环保的重视，增加环境保护的投入；有利于协调政府各部门相互配合协作，共同抓好环保工作；有利于强化环保部门的执法监督；有利于由分散的单项治理转向区域综合治理，实现大环境的改善；有利于建立环境与发展综合决策和公众参与机制。

环境保护目标责任制的实施程序，通常有四个阶段。首先是制定阶段，主要由各级政府组织有关部门和单位，根据环境目标的要求，通过广泛调查和充分协商，确定实施责任制的基本原则，建立考核指标体系，制定责任书的具体内容；其次是责任书下达阶段，以签订责任状的形式，把责任目标正式下达，把各项指标逐级分解，层层落实；再次是实施阶段，在各级政府的统一领导下，责任单位和责任者分头组织落实，采取有效措施，保证责任目标的完成，政府和有关部门对责任书的执行情况进行定期检查；最后是考核阶段，责任书期满，先逐级自查，然后由政府组织力量对完成情况进行考核，根据考核的结果给予奖励或处罚。

五、城市环境综合整治定量考核制度

城市是我国环境保护的重点，城市环境综合整治是解决城市环境问题的根本出路。所谓城市环境综合整治，就是把城市环境作为一个系统，运用系统工程理论和方法，采取多目标、多层次、综合的对策和措施，对城市环境进行综合规划、综合治理、综合控制，以最小投入换取城市环境质量的优化，实现城市的可持续发展。

城市环境综合整治定量考核，是把城市环境综合整治的基本内容划分为大气环境、水环境、噪声控制、固体废物综合利用和处置、城市绿化五个方面，共21项指标，如城市大气总悬浮颗粒（TSP）年日均值、烟尘控制区覆盖率、饮用水源达标率、工业废水处理率、工业固体废物综合利用率、区域环境噪声平均值、城市人均绿地面积等。再对这些指标规定一个标准，并赋予一定分值，按分数进行考核，比如，TSP 小于 $0.15mg/m^3$ 为 7分，小于 $0.3mg/m^3$ 为 6分，小于 $0.4mg/m^3$ 为 5分等。根据最后的综合评价，将城市分为 10 个等级，如总分为 90~100 分的为一级，80~90 分的为二级，70~80 分的为三级等。这样通过一个城市属于哪一级，就可综合看出这个城市的环境质量。

城市环境综合整治定量考核分国家级考核和省级考核两种。国家级考核范围是 46 个城市，其中包括 4 个直辖市、26 个省会城市（西藏除外）、5 个经济特区（城市）、11 个沿海开放城市，均按照统一的指标由国家统一进行考核。省级考核以国家级考核为基准，考核范围和指标不确定，由各个省根据具体情况自行决定，考核结果要向群众公布，增加环境状况透明度，便于公众监督。

六、排污许可证制度

排污许可证制度是以改善环境质量为目标，以污染物总量控制为基础，对污染排放权进行交易管理的制度。实行排污许可证制度，通常有三个环节：一是排污的申报登记，二是污染物排放总量的规划分配，三是审核发证及许可证的监督管理。对于违反规定的持证人，发证机关可以中止、吊销其许可证。

采用排污许可证制度的作用在于：一是可以把各种排污活动纳入国家统一管理的轨道，限制在国家规定的范围之内；二是具有较大的灵活性，可以根据不同情况，在许可证中规定必要的限制条件和特殊要求；三是有利于从总量上控制污染，维护和改善区域环境质量。

七、污染集中控制制度

污染集中控制制度是指以改善流域、区域等控制单元的环境质量为目的，依据污染防治规划，按照污染物的性质、种类和所处的地理位置，实施集中治理，用尽可能小的投入获取尽可能大的环境、经济、社会效益的制度。

污染集中控制是与单个点源的分散治理相对的，是从我国环境管理实践中总结出来的。污染治理不仅应该谋求整个环境质量的改善，而且应该讲求经济效率，以尽可能少的投入获取尽可能大的效益。可是我国以往的污染治理过分强调单个污染源的治理，追求其处理率和达标率，这实际上是"头痛医头、脚痛医脚"，零敲碎打，尽管花了不少钱，搞了不少污染治理设施，但是区域总的环境质量并没有大的改善，环境污染并没有得到有效控制，在此情况下，提出了污染集中控制。

污染集中控制制度符合我国国情，受到许多中小企业的欢迎。这些企业由于资金不足、技术水平低、场地小等原因，无力单独兴建污染处理设施，它们乐于按照"谁污染谁负担"的原则将污染物的处理委托给专门的机构，并支付合理的费用。这样做有利于集中有限的资金，采用相对先进的技术和标准，提高污染控制水平，改善整个区域的环境质量；有利于节省防治污染的总投入，充分发挥规模效益的作用，提高经济效益。

推进污染集中控制制度，要求能够实行集中治理的都应该集中治理，但不排除特殊情况下的分散治理。另外，实行污染集中控制制度，涉及不同部门和不同单位，规划管理和协调管理就显得特别必要。

八、污染限期治理制度

污染限期治理制度是一项行政管理制度，是指各级政府，为了解决某一环境问题，或为了实现某一环境目标，对于造成污染或其他环境问题的某些单位，发布限期治理的决定或命令，也就是要求其必须在某一规定的限期内治理好某项污染，或解决某种环境问题。

污染限期治理项目的确定要考虑需要和可能两个因素。所谓需要就是对区域环境质量有重大影响、社会公众反应强烈的污染问题作为确定限期治理项目的首选条件。所谓可能就是要考虑限期治理的资金和技术的可能性，具备资金和技术条件的实行限期治理，不具备资金和技术条件的实行关闭或停顿。

污染限期治理包括三个类型：一是区域限期治理，是指对污染严重的区域或流域实施的限期治理，如淮河流域的限期达标排放、太湖流域限期达标排放等。二是行业限期治理，是指对行业性污染实施的限期治理，如造纸行业污染限期治理、化工行业污染限期治理等。三是点源限期治理，这是指对污染排放源进行的限期治理，我国最初实行的限期治理就是点源限期治理。

无论是区域限期治理，还是行业限期治理，最后都要落实到点源限期治理上。因此，在这三种污染限期治理中，点源限期治理是最基本的形式，是其他限期治理的基础。但这绝不意味着点源限期治理可以代替其他形式的限期治理。实际上，这三种形式的污染限期治理是相互促进、相互补充，缺一不可的。没有点源限期治理，其他形式的限期治理就失去了内容和基础，没有其他形式的限期治理，只有单纯的点源限期治理，对区域环境质量的改善就不明显。所以，在环境污染治理的实践中，要善于将这三种形式的限期治理有机结合起来，充分发挥地方、行业、企业的环保积极性，落实各方面的环境责任。

九、环境预审制度

所谓环境预审制度，是指根据国家的环境保护产业政策、行业政策、技术政策、规划布局和建设项目的生产工艺，在项目立项阶段进行审批的一项管理制度。环境预审的作用有两个：一是对违反国家环保产业、行业、技术政策，不符合环境规划和清洁生产要求的拟建项目在立项阶段即予以否定，从而减少了拟立项单位因为环境影响评价而造成的不必要的经济损失和时间浪费。二是对符合国家环保产业、行业、技术政策，符合环境规划和清洁生产要求的项目批准立项，同时提出是否进行环境影响评价的进一步要求。

环境预审是从政策、规划布局和生产工艺角度来审查建设项目合理性问题的。只有同时符合国家环境政策（包括环境产业政策、行业政策和技术政策）、规划布局及生产工艺要求的项目才能批准立项。

环境预审与环境影响评价都是贯彻"预防为主"环境政策的建设项目管理制度，两者既有区别又有联系。其区别在于两者对应于建设项目管理的两个不同阶段，环境预审要求环保部门提前介入项目审批过程，属于建设项目的前期管理制度，而环境影响评价属于建设项目的中期管理制度，是由专门的机构对已立项处于可行性研究阶段的项目进行的。两者的联系在于环境预审是从环境保护的相关政策、规划布局和生产工艺角度对建设项目进行定性审查，环境影响评价是从技术角度对建设项目进行定量审查，定性与定量的结合起到了建设项目管理的"双保险"作用。

十、污染强制淘汰制度

所谓污染强制淘汰制度，是指国家以调整产业结构、促进经济增长方式转变、防止环境污染为目的，定期公布严重污染环境的工艺、设备、产品或者项目名录，并通过行政和法律的强制措施，限期禁止其生产、销售、进口、使用或者转让的一种管理制度。

污染强制淘汰的内容非常广泛，除了15种产业外，还包括大量的污染工艺、设备和产品。如1997年6月5日由原国家经贸委、国家环保局和机械部联合发布的《第一批严重污染大气环境的淘汰工艺与设备名录》中列入了水泥、小平拉玻璃、土窑烧砖、铁合金电炉等15种污染工艺、产品及设备。1999年1月22日，国家经贸委发布的《淘汰落后生产工艺和产品的目录（第一批）》，涉及10个行业，共114个项目，均属于生产方式落后、产品质量低劣、环境污染严重、原材料和能源消耗高的落后生产工艺和产品。1999年8月9日国家经贸委发布了《工商投资领域制止重复建设目录》，该目录涉及17个行业，共201个项目，其中有相当部分属于严重污染环境的落后工艺项目，如单机容量在10万千瓦/时以下的常规燃煤火电机组。

十一、环境与发展综合决策制度

环境与发展综合决策是指国家和地方各级决策部门在其决策过程中，对环境、经济和社会发展进行统筹兼顾、综合平衡、科学决策。也就是说，从决策开始就要在环境、经济、社会之间寻找最佳结合点，使三者协调发展，实现经济发展、社会进步和环境的改善。

过去普遍存在着一种认识误区，即把环境与经济分开来看待，这样把发展的任务交给经济部门，而把改善环境的任务留给环保部门。这种机构职能上的分隔带来了经济决策部门对环境后果不承担责任，而环境管理部门缺乏经济决策权力的"环境与经济相互分割"的问题，造成了从根本上消除环境问题的困难，因为负责进行"发展"或"开发"的那些机构，无论在规模、能力、强度上，都远远大于负责"环境"事务的机构。只要环境与发展的职能分隔，那么环境得到改善和恢复的速度就注定要远远落后于环境受到影响和破坏的速度，其最终结果是环境危机不断加重。因此，这种机构上（或制度上）的缺陷应被视为造成环境退化的根本性原因，这意味着在克服环境危机的对策中，改革现行机构的职能，即加强环境与发展的综合决策居于极其重要的地位。它可以从宏观经济发展的源头控制环境污染和生态破坏，是解决环境问题最经济有效的途径。

环境与发展综合决策需要遵循以下基本原则：（1）产生新增效益的原则。环境与发展综合决策主要体现在其"综合"特性上，它所考虑的因素要多于单项性或分隔性决策时的因素，目的是为了克服分隔决策所造成的对环境的损害，因此在实施综合决策时，就自然要求环境效益得到保存，这种效益相对于分隔决策时，是一种新增效益。如果一个决策过程不能产生保护环境方面的应有效益，就不能视为成功的"综合决策"。当然，新增效益可能不完全是环境效益，经济发展的效益也应该获得提高，达到一种双赢的境界。（2）决策成本适度原则，或决策有效率原则。由于增加了综合的过程而支出了额外的成本，这种成本必须控制在可以接受和合理的范围内。决策的综合程度越高，它的制定过程就越复杂，以时间、人力、财力等形式表现的成本就越多。从这个意义上来说，综合决策应该有一个合理的"度"，并非规模越大越好。（3）决策参与者的多样性和代表性原则。尽管综合决策的规模可以不是很大，但参与综合决策的各主体的代表性和多样性却应予以保证，否则综合性特点和综合决策的本意不易实现。在这一方面，可以作出分层次的安排，也就是在不同的问题上考虑不同的代表性程度。对于那些基础性的决策规划、长远方针等问题，决策时应该选择尽可能广泛的代表性，而在若干专题性、专业性的决策问题上，可以由代表性较窄的核心层决定。

小　　结

自然资源就是自然界中能为人类所利用的物质和能量，它是国民经济与社会发展的重要物质基础，可分为可耗竭资源和可更新资源两大类。由于资源的稀缺性和资源开发利用中的"外部不经济性"，需要加强自然资源管理。

我国的资源管理中存在着模糊的资源产权制度、无价的资源价格制度、不计资源消长的国民经济核算体系、资源再生产不受重视的产业政策等问题，相应的加强资源管理的对策为：确立资源价值观、明晰资源产权关系、建立资源核算制度并将其纳入国民经济核算体系、资源再生产要实行产业化。

按管理范围分类，环境管理包括资源管理、区域环境管理和专业环境管理；按管理性质分类，包括环境计划管理、环境质量管理和环境技术管理。环境管理的基本职能有四个：计划（规划）、监督、协调、指导。

　　我国的环境管理制度包括：环境影响评价制度、"三同时"制度、排污收费制度、环境保护目标责任制、城市环境综合整治定量考核制度、排污许可证制度、污染集中控制制度、污染限期治理制度、环境预审制度、污染强制淘汰制度和环境与发展综合决策制度。

重点名词

　　环境管理　环境影响评价　"三同时"制度　环境保护目标责任制　城市环境综合整治　环境与发展综合决策

复习思考题

1. 自然资源管理的特征是什么？
2. 我国的资源管理中存在哪些问题，如何解决？
3. 环境管理的基本职能有哪些？
4. 环境管理的内容是什么？
5. 试述我国的环境管理制度。

第十一章　第三部门管理

第一节　第三部门概述

一、第三部门的概念

第三部门一向有不同的称谓，如非营利部门、非政府部门、慈善部门、志愿部门、独立部门、社会团体、免税部门等。由于这些名称强调的角度和重点不同，因此，在国内外尚没有一致公认的名称。从近几年的有关出版物看，第三部门和非营利组织（或部门）使用频率最高，但对这两个概念的定义还存在着差别。本章所采用的定义是中国学者陈振明在 2004 年出版的《公共管理学》中的定义，该书认为："第三部门就是指介于政府部门与营利性部门之间，依靠会员缴纳的会费、民间捐款或政府财政拨款等非营利性收入，从事前两者无力、无法或无意作为的社会公益事业，从而实现以服务社会公众、促进社会稳定与发展为宗旨的社会公共部门，其组织特征是组织性、民间性、非营利性、自治性和志愿性"。把握第三部门的含义应注意这样几个方面：一是第三部门是依法设立的组织，它不属于松散的"人"的集合；二是第三部门设立的目的是为促进社会公益事业的发展，而不是为营利或其他政治目的的需要；三是第三部门的活动集中于公众需要，而不是在市场上出售商品或服务；四是第三部门是在自愿的基础上设立的民间性的组织，而不是国家有关部门强制设立的机构；五是第三部门执行不产生利润的社会职能，专门提供那些不能由企业和政府充分提供的社会服务，具有补充性质，但不能由企业或政府组织来取代；六是第三部门属于社会服务组织，它不是民主党派等政治组织。

二、第三部门的基本特征

1. 属于依法设立的组织。它必须是合法注册的具有常规的组织机构和管理体制，并开展经常性活动的组织。第三部门具有像公司一样的法律地位。这种地位使得第三部门可对外以法人的身份订立合同，管理者不会因执行该组织的义务而使个人承担财务责任。

2. 属于民间性的非政府组织。它必须是非政府的、私人的或民间的组织，在组织机构上与政府相分离，不承担政府的职能，而且其理事或董事会的成员不应由政府官员兼任。这也是人们往往将其称之为非政府机构的原因。

3. 不以营利为目的。它设立的目的不是为经营者创造利润。它可以收费，在某些年度可能会获得一些利润，但该机构理事会成员不能分红，而且收入的盈余应当全部投入符合宗旨的事业之中。这正是第三部门与营利组织的根本区别。在非营利方面，政府也是非营利性质的，但本章所论述的第三部门不包括政府。作为第三部门管理者的主要任务是利用现有资源提供尽可能多而好的服务，一个第三部门的组织管理是否成功，取决于其所提供服务的数量与质量，取决于其对社会公共福利的贡献大小。

4. 不排斥营利精神和商业行为。虽然它不以营利为目的，但在其行为过程中，并不否认其能赚取利润。美国经济发展的实践证明，第三部门的有效经营管理恰恰需要引入营利精神和商业行为。首先，公益组织的服务对象并非是不可划分的社会整体。因此，在实施任意一项公益活动时，目标人群的利益应该也可以被突出。由于营利性的管理和某些商业手段对提高服务质量和效率大有裨益，因此，它完全可用于针对某些特定人群服务。其次，有些公益事业预算拨款和慈善捐赠金额有限，且发放时间不定，完全依靠这些资金建设公益事业的计划往往会因力不从心而流产。自谋财源、开发营利项目以弥补公益支出已成为第三部门的普遍趋势。另外，公益组织往往缺乏透明度，社会对它们的日常工作缺少有效监督，绩效评价也缺乏客观标准，特别是难以体现在财务数据上。将营利性组织的一些经营方法应用于第三部门，有利于解决上述问题，提升公益组织的廉洁度和公众信赖感。

5. 属于志愿参与型的社会组织。它所从事的行业大都是营利性机构不愿涉足的领域。如慈善事业、环境保护等。由于第三部门的一般工作人员的待遇通常比营利性组织低，使命感促使他们对所从事的事业具有志愿参与的特性，这些工作人员对服务的对象无比细致，能够兢兢业业，对付出的心血无怨无悔，通常要求对该项事业具有奉献精神。特别是从事残疾人事业、希望工程、青少年发展基金会、自然科学和社会科学基金会、扶贫、孤儿、慈善、妇女儿童权益保护、环境保护以及其他一些志愿者协会等方面工作的人员，更要求他们有使命感和奉献精神。

三、第三部门组织的特点

与营利组织以及政府机构比较，第三部门组织还有以下的特点：（1）不以营利为目的，不存在利润考核指标。（2）在税收上享受相对优惠的政策。由于非营利组织旨在从事社会公益事业，因此，大多数非营利组织都可以享受一定的税收优惠政策，它们可以免交收入所得税、财产税或销售税。如果企业和个人向第三部门组织捐赠或购买这类组织的债券，那么这些公众可以获得一定的减免税。（3）以提供社会服务为基本目的，其服务缺乏系统的评判标准。（4）目标与战略受外部条件的影响和制约性强。例如，一所大学不可能随时增加或停止一个学院的课程。第三部门组织虽然可以决定某一项服务的数量多少，但却不可以终止这些服务项目。而且，许多第三部门组织所提供的服务项目不是由董事会或高层管理人员所决定的，而是要受到外界的引导。例如，私人的服务组织必须服从国家政府的指导方针。第三部门组织在章程中都明确规定了其提供服务项目的范围。另外，好多捐赠人在向第三部门机构捐赠时会事先规定资金的用途。（5）运营资金主要不是来源于顾客。（6）具有商业化经营趋势。

四、第三部门的分类

从不同的角度可以对第三部门进行的分类。

（一）从第三部门所从事的行业分类

美国约翰——霍布金斯大学非营利机构比较研究中心设计了一个分类体系。其分类标准依据以下原则：一是尽量与各国的第三部门的实际情况相结合；二是尽量靠近联合国国际标准产业分类体系（ISIC），以便研究者能充分利用联合国收集的各国国民收入数据。该研究中心设计的第三部门的国际分类体系把第三部门分成12个大类：

（1）文化与休闲：文化与艺术；休闲；服务性俱乐部。

（2）教育与科学研究：中小学教育；高等教育；其他教育；研究。

（3）卫生：医院与康复；诊断；精神卫生与危机防范；其他保健服务。

（4）社会服务：紧急情况救助；社会救济。

（5）环境：环境保护；动物保护。

（6）发展与住房：经济、社会、社区发展；住房；就业与职业培训。

（7）法律、推进与政治：民权与推进组织；治安与法律服务；政治组织。

（8）慈善中介与志愿行为鼓动。

（9）国际性活动。

（10）宗教活动和组织。

（11）商会、专业协会、工会。

（12）其他。

上述分类比较完整，但这一分类中包括了政府组织，这是与本章中关于第三部门所研究的范畴不一致的地方。

（二）从第三部门组织的经费来源角度分类

1. 自给自足型。这些组织在经费上完全自负盈亏。如大多数医院，必须为所提供的服务设置一个合适的收费标准，以便得到适当的收益来补偿全部开支，维持正常的营运。

2. 半收费型。这些组织能得到政府财政拨款和有关方面的捐款。因此，所提供的服务或产品收费标准可以低于其平均成本。如我国公立普通高等教育所收取的学费仅占培养学生平均成本的一部分，随着市场经济的发展，学费会逐步提高，但仍将低于其运行成本。

3. 无偿提供型。这些组织完全靠政府的财政拨款或捐款支持运行，即无偿提供服务，不收取任何费用。最典型的是消防、天气预报、地震报警等。

（三）从第三部门活动的宗旨角度进行分类

1. 具有切身利益的第三部门组织。这是指该组织是为参加本组织的成员谋取直接切身利益的组织，如妇联、工会、学联等。

2. 具有社会福利性质的组织。这类组织是为谋求社会共同福利事业的组织。参加社会福利组织的成员不但不一定能谋取自己的切身利益，反而有时还须做出某种奉献和牺牲，如教育、卫生、残疾人福利组织等。

3. 具有共同志愿的组织。这类组织是基于成员共同的愿望、意向和爱好所建立，力图通过集体的活动，以达到推动某项事业发展的组织。志同道合是该类组织的突出特征。如文化、体育、学术团体等。

（四）从第三部门组织的活动范围角度进行分类

可分为地方性组织、全国性组织和国际性组织。

（五）从第三部门组织的组织结构角度进行分类

可分为松散型组织、紧密型组织、金字塔型组织和网络型非营利组织。

五、第三部门发展的原因

进入 20 世纪 90 年代后在全球范围内兴起的"结社革命"引起了众多学者的关注。萨拉蒙在不同文献和场合都提及西方第三部门兴起的原因。在 1994 年发表的《非营利部门的兴起》一文中，他将出现"全球结社革命"的原因归纳为四次危机和两次革命性变化。这四次危机分别是福利国家危机、发展危机、世界性的环境危机以及社会主义危机。这些危机的暴发促使了世界各国的政府对其行政目的、管理领域、政策工具、发展战略以及第三部门的地位等一系列根本性问题进行了深刻的反思。反思的结果就是对政府角色和政府与第三部门关系的重新定位，以及由此兴起的全球性的公共管理改革运动。这两次变化是：在 20 世纪 70 年代和 80 年代期间兴起的通信革命，为大众组织和具体行动提供了必需的条件；教育水平和识字率的显著提高使得对民众的组织和动员比以往容易得多。此外，20 世纪 60 年代和 70 年代早期发生的全球性的可观经济增长和由此带来的资产阶级革命也是一个重要因素，它不仅带来了物质改善和使民众产生一系列新的期望，而且在第三世界国家造就了城市中产阶级，从而促进了私人非营利组织的出现。在《美国的第三域》一书中，他对"为什么要有非营利领域"这个问题进行了更加深入的思考。在该书中，他概括了五个方面的原因：一是历史原因，人们习惯于在志愿组织中与别人一起行事，愿意自己解决问题；二是市场缺陷，即指市场无法很好地提供公共物品，存在严重的搭"便车"行为，第三部门存在的意义在于给人们提供了政府之外的又一选择；三是政府缺陷，即政府无法为少数人群提供特定的支持，或是由于机构臃肿、不负责任和官僚化而无法为大多数人提供满意的服务；四是第三部门推进了社会多元化和自由的价值；五是第三部门反映了一种凝聚情感的机制，这在崇尚个人主义的社会中显得特别重要。

而在 1999 年"非营利部门与中国发展国际学术会议"上，萨拉蒙在其所作的报告中再次归纳出产生这一现象三个方面的原因：一是市场和政府的内在缺陷恰恰是第三部门的优势所在，第三部门可以执行的四项职能对于解决当今许多紧迫问题是日益需要的，即第三部门是价值（人的首创精神）的保卫者，是对问题作出快速反应的服务提供者，是决策过程的倡议者和参与者，是社会资本的建设者。二是社会上存在着一些既有能力又有抱负的人们在创造这些组织，而且公民对更好服务和参与的要求不断增强，社会上层也存在发展第三部门的动机和激励。三是科学技术特别是通信技术的迅猛发展以及第三部门已将促进公民社会的发展作为其组织使命的一个重要组成部分等因素，增进了人们对第三部门将如何服务于他们的需要的理解。

中国学者王绍光认为，出现"全球结社革命"的一般性原因是经济增长提高了社会的教育水平，扩大了中产阶级的比例，导致社会需求出现多元化趋势。然而，对于不同类型的国家，有不同的特殊原因，即西方发达国家，面临的是福利国家模式的危机；转型国家面对的是国家资本主义计划模式的危机；对第三世界国家，发展模式的危机是特殊原因。把这些归结为一点，即不同国家面临的不同危机表明"对政府主导社会事务的能力和意愿产生怀疑"。"正是在这个大背景下，市场的作用受到强调，民间非营利、非政府组织趁势而起。总之，近一二十年来的"结社革命"绝不是偶然的，它有着深刻的历史背景。

综合各家的观点，可以将西方国家第三部门兴起的原因归纳为以下几点：

1. 政府改革的需要

政府面临严峻的信任危机、巨大的财政压力和行政压力，积极干预政策无法应对日益复杂的社会情况，原有的社会福利制度遭到质疑，政府服务的不断扩张已经超出了公众支付相应款项的意愿，公共行政方式需要进行根本性变革，政府放权社会成为必然。第三部门是承接政府原有的部分社会职能最理想的单位，应得到政府的大力扶持。

2. 市场失灵和政府失灵并存赋予了第三部门的社会价值

自由资本主义造就的资本垄断局面，让人们看到了单纯依靠市场调节社会经济发展的重大缺陷，凯恩斯主义动用政府力量积极干预经济又让人们了解了政府干预也不是万能的。社会资源的有效配置是由不完善的市场和不完善的政府共同完成的，而市场和政府之间存在的空隙需要由第三种力量来填补——这就是第三部门在现代社会发展中的意义，也是第三部门越来越受到政府重视的原因所在。

3. 第三部门从传统的慈善、公益领域转向现代公共领域获得了更为广阔的发展空间

当前第三部门所从事的活动已经摆脱了传统的"福音主义"而转向填补市场和政府都不愿做、没有做好或不能做的社会发展空白领域，如环境保护、消除贫困、落后地区教育等。在这些领域中，第三部门有时表现得比政府更加出色、更有效率，已经得到了人们的认可。社会对第三部门的优势形成了新的共识。

4. 第三部门自身的不断成熟

第三部门在发展中逐步形成了较为成熟的管理规范、营销战略、治理思路等。这些做法经受了实践的检验，具有很强的可行性和创造力，取得的行为效果能产生良好的社会效应。因此，第三部门在不断成熟，也在不断改善其发展环境。

5. 信息技术的支持作用

现代通信技术，特别是网络技术的发展打破了第三部门原有的非正式性、分散性的组织体系。基层的第三部门组织与全国性的第三部门乃至国际性的第三部门组织之间，发达国家与发展中国家的第三部门之间以及第三部门与其资助者之间都能进行网络化沟通交流，从而大大提高了第三部门的生存能力和发展空间。

6. 学术研究对第三部门发展的推动

随着学术界对第三部门研究的不断深入，第三部门的社会价值、发展战略、组织结构、行为模式等都得到了广泛的宣传，第三部门的专业人才得到了系统的培养、训练，第三部门的形象得到了极大提升。总之，学术界对第三部门的研究扩大了社会对它的了解，使其在筹集资金、提供服务等方面得到更多的便利条件。

六、第三部门的作用

我国第三部门在社会经济发展中正在发挥着越来越重要的作用，这已经逐步得到了社

会的认可。例如，俞可平认为第三部门在我国的治理变迁中能够发挥四种作用：奠定了基层民主特别是社会自治的组织基础；能够成为沟通政府与公民的一座重要桥梁；已经成为影响政府决策的重要因素和推动政府改革的强大动力源；对政府行为构成了有力的制约。赵黎青认为，第三部门有可能成为与政府-国际体系和企业-市场体系并列的第三种力量，推动我国社会经济的发展。这表现在：第三部门可以在教育、扶贫、妇女儿童保护、环保、国有企业下岗职工再就业以及人口控制等领域发挥作用，可以在动员、组织和支持民众参与社会经济发展方面发挥作用，可以促进政府机构改革与政府职能转换，可以促进与社会主义市场经济相适应的新型伦理道德体系的形成，可以促进社会主义民主政治建设等。综上所述，我国第三部门的作用可以概括如下：

1. 促进经济增长

第三部门已经成为西方国民经济增长贡献的巨大力量。如在 1995 年，美国第三部门的支出为 5 020 亿美元，约占国内生产总值的 6.9%；英国第三部门支出为 74.9 亿美元，占 GDP 的 6.06%，如果加上志愿行为贡献的附加价值，其经济贡献占 GDP 的 8.7% ~ 9.2%。

2. 增加就业机会

第三部门创造了大量的就业机会，而且还蕴藏着巨大的就业潜力。如在 1995 年，美国雇用了约 860 万名全职的新工人，第三部门的就业人数大概是最大的私人公司就业人数的 21 倍，超过了三个制造工业就业人数的总和；英国第三部门雇用了近 150 万名志愿者，超过整个经济领域就业人口的 6%，在整个公共部门的就业人口中每 4 个人就有一个是第三部门的职员。第三部门的发展对缓解我国面临的日益突出的就业压力有重要作用。

3. 提供公共物品和弥补市场与政府缺陷

现今西方第三部门已经进入了教育、卫生保健、社会服务、环保、文化等社会公共部门的核心领域，以其巨大的经济能量和社会号召力，动员社会各方面参与社会发展，填补政府用于社会发展方面的资金不足，帮助政府解决一些容易被忽视的边缘问题。

4. 增加资源运用的透明度和合理性

由于广大群众的参与，第三部门在社会的直接监督下进行，能够较好地避免贪污和浪费，而且能够充分利用社会过去闲置或未能利用的各种资源。

5. 保证社会资源得到公正、合理和高效率的配置

我国第三部门的发展环境还比较脆弱，需要它们以其强烈的进取精神和较高的行动效率去赢得社会的信任，换取生存所需的发展空间。与政府部门相比较，新兴的第三部门运作更加透明、灵活，其一举一动将受到社会更为严格的监督。这将促使第三部门更为谨慎地运作，不断提高行动绩效，从而保证社会资源得到公平、合理和高效的配置。

6. 分担政府责任，促进社会公平和稳定

我国的第三部门正在逐步向原先由政府完全把持的公共领域的核心地带渗透，教育、医疗卫生、社会福利、扶贫、农村发展以及救灾等领域已经成为第三部门开展工作的主战场。如中国青少年发展基金会、中国扶贫基金会、中国人口福利基金会、社会救助站，在扶贫工程、自然之友、北京地球村、绿色家园志愿者在环保领域、社会救助等方面正发挥着越来越大的作用。

7. 促进基层民主建设

以直接选举、村民自治和社区自治为主题的基层民主建设，是我国近十几年来政治改革最重要的内容。作为自治主体的农村村民委员会和城市居民委员会是在中国共产党领导下的非政府机构组织，它们将在管理农村和社区事务，协调村民、居民与政府之间的关系，组织他们参与政治选举，维护其切身利益等方面发挥不可替代的作用。

8. 净化社会风气

第三部门将给我国社会带来清新的伦理道德空气。改革开放和市场经济建设带来的一些道德疑惑始终困扰着我国这个转型社会，腐败问题、社会诚信问题、公共责任问题等越来越突出。第三部门以其实际行动表现出当前社会缺乏的志愿精神、社会公德、责任感和同情心，成为我国转轨时期一股健康而有力的道德力量，为提倡社会公共精神树立了榜样。

9. 扩大社会公平

第三部门有利于扩大社会公平，推动社会关注与帮助在经济和社会发展中资源和人力薄弱的某些部门，以及遭遇困难的弱势群体，缩小经济发展中产生的贫富差距。通过为其提供各种信息、资金和其他资源，第三部门能促使发展滞后的地区和弱势企业转变，帮助它们脱离困境。

10. 培养人们的互助协作精神

第三部门的发展有利于培养人们的互助协作精神。培养伦理道德的最佳方法就是让思想渗透到实践之中，第三部门中志愿性的工作不仅让人们感觉到互助合作的好处，而且在潜移默化地影响着行动者、受益者和旁观者。

11. 在国际事务中发挥监督和协调作用

第三部门逐渐参与到国际事务中，在其中发挥了越来越重要的监督和协调作用，例如参与政府间国际组织的决策。英国学者爱德华兹等人探讨了第三部门在国际行动中出现的许多选择方案。它们是：影响民族国家政府外交政策的运作，使其超越"现实主义"思维方式；监督地区性力量在维和中的效率，以判断北方国家是否有理由避免更广泛的军事行动；考察联合国怎样才能恢复它的信誉，发展有效维和能力，协调各个成员国的行动，探讨各种战略，帮助政府面对复杂的政治突发事件；监督私营部门，阻止企业从战争经济中获利等。

第二节　第三部门运营管理

一、第三部门运营管理的方法和内容

（一）第三部门运营管理的方法

管理方法在整个第三部门现代化中占有十分重要的地位。第三部门管理方法很多，主要的有经济方法、数学方法、思想政治工作方法和行政方法。

1. 经济方法。对第三部门进行管理的主要经济手段有工资、价格、税收和罚款等经济杠杆以及经济合同、经济责任制等。经济方法是第三部门管理的重要方法，它既是提高

第三部门组织成员的积极性，完成其共同任务和目标的行之有效的手段，又是政府协调各部门之间的关系，对第三部门进行宏观管理的有效途径。

2. 数学方法。第三部门管理中的数学方法主要有规划论、排队论、对策论、概率论、数理统计、模拟方法等。随着第三部门管理现代化的发展，数学方法在其管理中的作用也不断增长。在运用数学方法管理时不仅要注意实事求是，以质的分析为前提，而且要以准确的计算、数据为基础，注意同其他管理方法并用。

3. 思想政治工作方法。第三部门管理的思想政治方法就是做好该组织及其成员的思想政治工作，从而达到对非营利组织进行指导、协调和控制的方法。做好第三部门组织及其成员的思想政治工作必须遵循思想政治工作的规律和针对该组织及其成员的实际情况进行。具体地说，要对第三部门组织及其成员进行调查，了解组织内部情况及组织成员的思想状况；思想政治工作主体应努力提高自己的政治素质和业务素质以及思想政治工作水平；遵循思想政治工作的规律，运用科学的思想政治工作手段和方法；搞好思想政治工作的评价、总结和监督。根据第三部门的实际情况和特点，思想政治工作是搞好该部门管理的重要保证，也是政府对第三部门管理的重要方法和手段。

4. 行政方法。第三部门管理的行政方法是依靠行政机关或该组织管理机关的权威，通过行政命令、指示、规定、下达任务的方式对该组织的发展变化、第三部门组织的活动等进行管理的必要方法。行政管理方法具有强制性的特点，但它并不等于官僚主义和强迫命令，而是建立在充分认识和尊重第三部门发展变化活动规律的基础上的。行政管理方法在第三部门管理中有重要的作用，是动员第三部门组织成员完成共同目标和任务的重要手段，也是政府对第三部门进行管理，正确贯彻执行国家方针、政策的重要保证。

（二）第三部门运营管理的内容

第三部门管理的内容包括外部与内部两个方面：在外部，主要是政府部门的监管；在内部，主要是该组织的自我管理。作为一个系统的管理工程，对第三部门管理的主要内容如下：

1. 对第三部门的调研是实现其有效管理的基础。对第三部门组织的调研是对其进行管理的基础工作；调研是有计划、有目的地收集该组织的某一方面情况的材料，然后对其进行分析整理，得出关于该组织某一方面的结论，这些结论是对第三部门组织进行管理的依据。对第三部门的调研内容比较广泛，有第三部门组织调查、发展状况调查、组织成员思想状况调查、第三部门同各方面的关系调查等。对第三部门的调查方法也很多，常用的有普遍调查法、个案调查法、抽样调查法、典型调查法、专家调查法、访谈法、实验法、文献法、黑箱法等。进行第三部门调研是该组织管理部门的重要任务，也是调研主体作用于调研客体系统的动态过程，因此，调研主体应本着从实际出发、实事求是、从群众中来再到群众中去的原则，本着矛盾分析、分析与综合、调查与研究相结合、调查与应用相结合的原则，在收集调研材料，对调研材料进行分析、综合、整理的基础上，及时做好评价推广和应用。对第三部门的调研在其管理中有重要作用，是第三部门决策和管理的基础。

2. 第三部门的宏观管理是该部门发展的必要条件。这主要指从社会发展与平衡的角度对第三部门之间及该部门组织的建立与发展，对该组织的活动等方面进行指挥、控制、协调，使其有利于社会公益事业的发展和社会经济的进步。对第三部门的宏观管理涉及到对该组织的建立和发展进行指导与控制，对其组织的活动进行弹性管理、对其经费实行计划管理等。随着我国改革开放的深入发展，社会主义市场经济的逐步繁荣和科学技术的不断进步，第三部门组织不断地增多，该部门的范围、作用和影响也越来越大，该部门与各方面的关系也越来越复杂。因此，对其从社会发展的角度进行宏观控制协调和管理，使其与社会经济的同步发展具有十分重要的意义，同时，第三部门的宏观管理也是该部门自身不断完善和发展的重要条件。

3. 对第三部门的微观管理是该部门自身完善的重要根据。这里的微观管理主要指该组织自身进行的管理活动，是该组织自身的协调、控制和完善。第三部门组织的微观管理的主要内容有该部门的组织、队伍、经费、活动、信息等方面的管理。该组织的微观管理应坚持实事求是，有利于社会公益事业的发展，有利于正常的社会秩序的建立，有利于该部门自身的发展与完善的原则，遵循科学的管理原理、方法与手段。第三部门组织的微观管理是该组织自身发展和完善的重要基础，是保证该组织成员完成共同目标和任务的重要条件。

4. 协调第三部门组织的运作机制是其进行有效管理的方式方法。该部门的运作机制一般包括计划管理、经费管理、组织队伍管理、信息管理、公共关系管理五种运作机制。(1) 计划管理主要指对该部门活动计划的管理；第三部门活动计划是在一定的时间内该部门组织活动目标、途径、方法与条件的结合。其活动计划主要有长期活动计划和短期活动计划两类。长期活动计划是指其在较长时间内所要完成的任务和所要达到的目标。短期活动计划是指在当前或较短一段时间内所要达到的目标。制定第三部门组织的活动计划必须依据国家经济、社会发展的需要，要注意计划的主体性、科学性和可行性，处理好计划的连续性、持续性和创新性的关系。活动计划在实施过程中，要积极做好计划的宣传、检查和总结，如发现计划有错误应及时纠正。(2) 经费管理是指对第三部门的经费来源、筹集、使用等进行科学指导、协调、控制与监督，以保证该部门工作的正常开展。第三部门组织的经费管理主要是，对第三部门的经费积极进行筹划。筹划的方式主要有争取专项资金赞助，收取会费、团费等，加强第三部门决策过程中的经济分析和经费预测、预算，并努力将其制度化，即建立必要的规章制度，按照该部门经费使用的有关规定对经费使用情况进行及时检查，用好和用活经费。第三部门经费管理是实现该部门组织目标的基础条件，是该部门自身发展的保证。(3) 组织队伍管理包括该部门的组织管理和队伍管理两个方面。组织管理是根据其组织原则、组织制度，搞好该部门的组织发展和组织整顿，使该部门充满生机和活力。队伍管理主要指对该部门进行及时的吸收、发展培训和使用，充分调动其成员的积极性，促进该部门的自身发展和组织活动的正常开展。第三部门的组织和队伍管理是该部门存在和发展的基础，是该部门完成目标和任务的关键。(4) 信息管理指对第三部门的信息交流与传递进行科学的指挥、组织、控制和协调，以促进该部门工作的正常开展。该部门信息管理的主要环节和内容包括信息的收集、信息的处理和储存、搞好信息情报的评价和运用、建立双向信息传播系统，与社会公众搞好信息传递与交流等内容。(5) 公共关系管理指的是该部门内部公共关系管理和外部公共关系管理。其中的内部公共关系管理就是要求运用科学的公关手段，协调好该部门内部组织与组织、组织与成员之间的关系；形成有利于组织发展变化的良好的内部环境；外部公共关系管理则要求科学地协调好第三部门与外部公众之间的关系，形成该部门存在与发展的良好的社会关系环境。第三部门公关管理的中心是在该部门内部和外部树立组织的良好信誉和印象，为社会团体的存在与发展、各项活动的开展创造良好的环境基础。第三部门公关管理的主要手段有公关调查、公关宣传、公关信息交流、公关预测、争取谅解等。

5. 实现第三部门管理的现代化是科学管理的重要内容。第三部门管理随着时代的发展而逐步得到发展，在科学技术不断发展的今天，它也要实现现代化。第三部门管理的现代化主要体现在：（1）管理思想现代化，包括民主管理的思想、管理系统化的思想、重视知识信息的思想和讲究效益的思想等。（2）管理组织现代化，即根据现代化组织机构的原则，建立一个精简、统一、协调、高效的领导体制和管理组织。（3）管理方法和手段的现代化，即在总结继承传统的行之有效的管理方法和手段的基础上，积极推广运用先进的科学管理方法和手段。（4）管理人才的现代化，即必须有一批具有现代化管理知识，富于实际经验，具有创新精神和开拓能力的管理人才。

二、第三部门运营管理

（一）第三部门资金筹措管理

第三部门资金筹措直接影响组织目标的实现，因此，加强资金筹措管理是该部门管理的首要任务。在资金筹措方面，第三部门应结合自身的实际，选择适合自身的筹资渠道并强化资金筹措的管理。

1. 全部依靠慈善支持性的资金筹措。第三部门组织领导人在审查了所有可能的选择以后，可能无法找到更具吸引力的潜在商业收入来源，因为所有的可选方案都与组织的宗旨和价值不符。如果是这样，他们就只有考虑采用一种合适的慈善性资助组合：现金捐助、非现金捐助或者志愿劳动。对大多数组织来说，现金捐助提供了一条使用更多商业性劳务和进行购买的途径。许多新的和小型的社会服务性第三部门组织都采用这样的经营方式，几乎根本不依赖商业性收入。对于依靠慈善性支持所获得的资金，第三部门组织必须有完整的财务计划,合理使用这部分资金并接受政府及社会各方面的监督,而作为政府监管部门也应强化对这部分资金的取得和使用的监督。我们知道,第三部门组织可以接受财物的捐赠,也可以享受税收上的优惠,而且该组织的活动又是依托着基金而开展的。因此,有关部门或社会公众有权了解其财务活动是否合法。我国政府对第三部门组织的财务监督体现在捐赠法、审计法、会计法等有关的法规中,具体来说,包括以下内容:(1)非营利性的约束。这是第三部门组织开展各种活动所应遵守的一个基本原则。我国于 1989 年发布实施的《社会团体登记管理条例》中第四条明确规定:"社会团体不得从事以营利为目的的经营性活动。"《捐赠法》第四条也规定:"不得以捐赠为名从事营利活动。"《基金会管理办法》中也规定:"基金会不得经营管理企业。"对于通过捐赠而获得的资金或物品,必须做到财务公开。所谓财务公开是指第三部门组织的财务账目应当接受政府有关部门的监督,同时向社会公众和捐赠人公开,接受社会监督。我国的《社会团体登记管理条例》规定:"社会团体应当向业务主管单位报告接受、使用捐赠、资助的有关情况,并应当将有关情况以适当的方式向社会公布"。该条例中还规定:"社会团体必须执行国家规定的财务管理制度,接受财务部门的监督;资产来源属于国家拨款或者社会捐赠、资助的,还应当接受审计机关的监督。"《捐赠法》中规定:"受赠人每年度应当向政府有关部门报告受捐财产的使用、管理情况、接受监督。必要时,政府有关部门可以对其财务进行审计。"该法中还规定:"受赠人应当公开接受捐赠的情况和受捐财产的使用、管理情况,接受社会监督"。对于因捐赠而获得的资金或物品有关法规还对其使用用途作了规定。如我国的《捐赠法》规定,公益性社会团体应当将捐赠财产用于资助符合其宗旨的活动和事业。对于接受的救助灾害的捐赠财产,应当及时用于救助活动。基金会每年用于资助公益事业的资金数额,不得低于国家规定的比例。

2. 对于资金部分自给的第三部门组织的管理;有些第三部门组织可能得出这样的结论:他们所能获得的商业收入来源只能部分地补偿必要的日常性开支,即使把可能获得的非现金捐助和志愿劳动计算在内也是如此。它们需要现金捐助,以支付余下的开支和启动成本,并进行资本投资。大多数高等教育机构就是以这种方式经营的。学费只占总成本的一小部分,政府拨款和社会捐助填补了其余部分。这类组织面临的困难是如何确定适当的捐助补贴水平。为了确定这个标准,它们不仅要评估可能获得的商业和慈善性收入,也要评估竞争性因素、组织活动的价值以及与办学宗旨相关的目标。对于这种形式的资金筹措,政府监管部门除了对这类组织的运行实行系统管理外,对于获捐赠的部分仍按捐赠的有关规定强化监管。同时,对这类组织的获捐赠的真实数额必须清楚。

3. 现金流自给自足的第三部门组织的监督。许多第三部门组织的社会性企业都希望获得商业收入,但不希望支付市场水平的成本。它们用商业收入来抵补现金支出,但它们的成本低于市场平均水平,因为它们很容易得到慈善性投资(如拨款和低于市场水平的由基金会发放的与项目有关的投资资金)、志愿者(或者低于市场水平的工资)以及非现金捐款(或折扣)。这样的组织在技术上能自给自足,甚至还有额外的现金去支持其他的与组织宗旨有关的活动,但它们实际上也是依靠非现金的慈善性资助,对于这类组织的监管重点在于对其业务活动宗旨的把握,主要是阻止以公益事业为名骗取政策上的优惠从事营利为目的的行为,进行不正当的竞争,损害社会公益事业。

4. 日常经费自给自足的第三部门组织的管理。该类组织也许能够用自营收入来填补日常经费的支出,哪怕这些支出是按照市场平均价格支付的。它们可以先取得一些捐款或低于市场利率的贷款,以抵补部分启动资金和资本支出,此后,就开始自力更生,不依靠任何形式的额外慈善捐助,包括志愿者或非现金捐助。这种类型的第三部门组织不多。即使在管理上要求以自给自足为目标,大多数新企业在启动阶段还是需要某些形式的补贴。对于这类组织的管理重点是对其启动资金的管理和其设立宗旨的把握,防止企业行为与社会目标发生冲突。

5. 全方位商业化的第三部门组织的管理。全方位商业化的组织的收入,足以按市场平均价格支付所有成本,包括按市场利率支付资金成本,即使是其起始阶段的支出,也没有一点来自慈善性的资助。组织以市场平均回报率对启动资金还本付息,其利润可观,足以为扩展业务吸引新的投资。极少数第三部门组织能达到全方位的商业化,因为它们不能接受股权式投资,也很难完全靠举债融资,这类组织往往转变为营利性的企业。那些对商业化有强烈倾向并独立于慈善性资助之外的第三部门组织,面对着一个难度颇大的平衡问题。一方面,它们要表现出商业企业的特征,保持灵活性,愿意放弃亏损的项目并寻求新的收入来源;另一方面,它们又要在公益宗旨范围内办事业,不依靠慈善性的资金来源,不必对慈善性扶持者负责，该类组织的领导者在面对商业压力时要把公益宗旨牢记在心。对于这类组织，监管的重点就是要划清其是否仍属于第三部门组织，如果其已经转化为营利性企业，就必须按监管企业的有关法规实施监管。

6. 对混合型经营的第三部门组织的监管。许多社会性企业实际上都是搞多种经营的，主营项目有着不同的财务目标和不同的资金来源结构。一个大型博物馆可能有一个营利性的目录册业务和高度依靠资助的研究及采购部门。为了谋取利润，创造就业机会，也为了保护环境，自然保护协会建立了名为"某某可持续发展公司"的营利性机构。某些多种经营的社会性企业是营利性的，但拥有非营利性的附属组织。对于这类组织，监管中必须强调其准确划分其业务范围，防止转移收入，隐藏利润，偷逃税款，影响社会公益事业的发展和良好的竞争秩序的建立。

（二）第三部门投资活动管理

第三部门组织通常需要进行投资活动以保证实现基金的保值和增值。政府对该机构投资活动的一些规定即为投资规制。各国对该组织的投资活动都有相应的管制规定，这些规定不尽相同。下面以英国为例介绍政府对第三部门组织投资的管制措施。1995 年，英国慈善委员会发布了题为"慈善基金的投资"的文件，对该组织的投资管理作了具体的规定。

1. 董事会负责制。董事会对第三部门机构投资活动负有全面责任。投资要有健全的投资政策。这一政策应满足两个方面的需求：投入的资本能够保值，可能的情况下要实现增值。如果董事会成员用基金进行投资活动并遭受了损失，个人会被要求承担相应的赔偿责任。

2. 专业咨询和投资经理制。一般来说，第三部门机构在进行任何一项投资之前（不论其投资额的大小）都要进行适当的咨询。为了避免或减少风险所带来的损失，投资咨询是非常必要的。提供咨询者必须具有相应的资格和投资方面的经验，建议一般必须以书面形式提出。

3. 投资的基本原则。对于第三部门组织来说，投资应该遵循安全和道德两个基本原则。所谓"安全原则"是指该组织要确保其投资的安全性，进一步讲，就是要求该组织成为基金资源的消极持有者，而不是财富的积极创造者。为了确保投资的安全性，该机构应进行多样化的投资和对某些风险大的投资类型进行限制。

4. 投资类型的限制。这主要是指投资必须获得有关部门的批准或认可。对投资类型进行限制，主要是出于投资安全性的考虑。此类限制涉及以下几个方面：一是商品的买卖和昂贵艺术品的购置。昂贵艺术品价格波动较大，即使有回报也完全取决于市场状况。不能适应于第三部门组织有关活动的需求，并且在保存期间不会产生任何收入。二是投机行为和期货交易。三是房地产投资。房地产投资被认为是风险比较大的投资，因此，这种投资类型不受鼓励，具体来说是因为房地产投资需要较高的投资技巧，需要不同的专业知识；另外，购置的房地产需要认真加以管理，这样会给组织造成一定的财政负担；还有，房地产在存续期间，并不一定能够保证其升值。

（三）第三部门财务管理

现代社会中，一个社会服务机构的商业化程度取决于在获取资金、分发产品和服务等方面与企业的相似程度。一个组织越企业化，依靠慈善机构的程度就越低。几乎没有哪个社会性企业能够纯粹是慈善性或纯粹是商业性的，它们中的大多数都是把两种因素结合起来，达到一种高效的平衡。这种情况下，第三部门组织的收入就包含了从组织的目标受益人处获得的收入、在组织行动中有既得利益方的收入以及组织可能为之增值的其他各方面的收入。对于这些收入，各国都有相应的财务管理规定。政府对第三部门组织所做出的财务管理方面的一些规定（也可叫财务规制），是保障第三部门组织实现其财务责任的重要手段。它涉及到募集资金的使用、筹款募捐、纳税等活动。强化对第三部门组织的财务管理，其主要目的是防止该组织浪费、欺诈、舞弊等行为，保护利益相关者的正当利益。结合各国的情况，对第三部门组织的财务管理主要包括以下内容：

1. 盈余分配约束。第三部门组织盈余不可以在领导层和管理层进行分配。如美国1969 年的税法改革的条文中就规定，一旦基金会正式成立，捐赠者不得从该基金会的资产中获取收益。

2. 有关支出比例的规定。有些国家的政府对第三部门组织的支出比例作出规定。如加拿大的有关法律就规定，在财务年度结束时，慈善机构的支出额必须达到总收入额的90% 以上，即剩余不得超过 10%。

3. 行政方面开支的比例规定。许多第三部门组织的开支可以分为两类：项目开支和行政开支。项目开支直接用于有关活动的组织实施，行政开支则用于维持机构的运营，例如有关工作人员的工资、差旅费用等。一般来说，行政开支要从捐赠者的捐赠收入中支出，但要保持一定的比例，一般为 15%~20%。

4. 财务公开的规定。财务公开的基本目的是为了便于广大社会公众及有关部门对第三部门机构的有关活动进行监督。比如，1992 年英国的慈善机构法就明确规定：只要交付一定的费用，任何人都有权查阅慈善机构的年度账目和财务报告。

第三节　我国第三部门发展中的问题和对策

一、我国第三部门发展中的问题

1. 缺乏资金、人才等组织发展的基本条件

在现今我国第三部门组织中，无论是官办的、半官办的还是纯民间的，绝大部分都存在经费不足的问题。资金匮乏，已经成为制约我国第三部门发展的头号因素。之所以人才不足，是因为我国尚缺乏专门的第三部门专业人才培训机制，而且第三部门吸纳了大量政府淘汰的人员和离退休人员，妨碍了优秀人才进入第三部门。

2. 缺乏独立性和自主活动能力

政府与第三部门关系极其模糊，第三部门组织往往是政府行政权力的衍生物，缺乏本应有的独立性和自主活动能力。这主要表现在我国第三部门由政府机构领导，其行为方式、工作作风都具有很强的行政性质，有的成员还具有国家公务员身份。因此，我国第三部门与政府保持着千丝万缕的联系。事实上，按照西方国家第三部门的基本特征评判我国第三部门，很难找出西方国家意义上的第三部门。而且，解决政府与第三部门之间的混乱

关系存在一个复杂的过程，这将限制我国第三部门的变革速度。按照王名等人的观点，在我国社团从政府选择过渡到社会选择的过程中存在一个矛盾：从政府的角度看，社团应该首先增强能力，完善自身的体制建设，然后才是独立性问题；而从社团的角度来讲，政府部门应当先放弃对社团的行政干预，然后才能放弃资金支持。这种矛盾的解决只能依靠双方长时间的相互博弈，速度是很缓慢的。

3. 法律、法规不健全

相关的法律、法规不健全在一定程度上影响了第三部门的发展。西方学者在"非营利部门与中国发展"国际学术会议上对我国相关法律的评价是："这些新条例表明中国政府试图为中国传统的非营利组织形式……提供一个它们可以在其中运作的法制环境……然而，这些新条例授权政府对非营利组织进行控制的一些方式，并不完全符合世界银行的《非政府组织法律的好经验》手册中提出的一个真正有利于非营利组织发展的法制环境的标准。"

4. 对第三部门权威、常规性的监督机制尚未真正建立起来

由于政府与第三部门的关系模糊，而且相关的法律、法规不健全，我国第三部门在实际运作中不会受到强有力的监督，如此造成的后果就是给各种违章操作制造了很大的活动空间，增加了社会的交易成本。2002年被《财经》杂志揭发的银广夏事件引爆了我国会计师行业的信誉危机就是此问题的一个典型案例。

5. 公众缺乏对第三部门的认同感

对于官办性质浓厚的第三部门组织我国公众往往将其作为第二政府对待；而对于实力弱小的草根组织，公众往往对其能力持怀疑态度，从而忽视它们的存在或坚持对它们进行谨慎的评价。此外，在这个集权化明显的社会中，公众尚不能真正体会到第三部门的存在和发展对他们的生活将产生何种影响。因此，第三部门能否得到深层次的认同也就可想而知了。

6. 分类过细、层次过多

在繁多的第三部门组织中，相同或相近的行业、组织团体很多。以第三部门组织中的社会团体为例，相关的组织团体，如某省的计算机行业，就有省微机协会、省计算机协会、省软科学协会等，据陕西省有关部门统计，省文联系统的美术家协会，原有18个不同画种和风格的二级学会，后来又相继成立了7个画种艺术委员会，将原来的18个学会降为三级学会，分属7个画种艺术委员会，由于各画种的艺术风格不同，各自成立不同的学会，如国画画种就成立了"臼花"、"土风"和"春潮"3个国画学会。此类情况在其他省市也屡见不鲜。此外，同一性质的社会团体又分一级、二级、三级甚至四级等多层组织，造成一些企业参加多个团体。如陕西电力公司参加了各类学会、协会、研究会组织42个，该公司仅企业管理处这一个部门，就参加各类学会14个。如此繁杂的组织体系不仅不利于组织本身的功能发挥，也使参与者的积极性受到极大的限制。

7. 组织形式集中，干部兼职过多

由于历史的原因，我国的第三部门组织中有相当数量为"官办"或"半官办"，是在各级政府机关的投资、指挥、控制下成立的，其生存取决于它所挂靠的那个上级单位。这些组织一般按照行政机关设置机构并配备人员，按级别区分，有部级、厅局级、处级和科

级的非营利组织，并配备相应级别的管理干部。以浙江省为例，20 世纪 80 年代末，在 441 个各级社会团体中，由党政领导人兼任主要负责人的有 310 个，占社会团体总数的 70%。其中省级领导兼职的有 104 个，占总数的 24%；厅局级领导人兼职的有 206 个，占总数的 46%。有的党政领导身兼数职，社会活动应接不暇。第三部门组织形式的高度集中和行政干部兼职过多，带来了许多的弊病。一是造成社会所需要的第三部门组织无法产生，而社会所不需要的第三部门组织又因为专人设置难以淘汰；二是第三部门组织的隶属关系决定了，其生存取决于某个国家机关，从而难以形成主体意识，谈不上组织活力、效率的发挥；三是由于政府机构不能充分发挥第三部门组织的作用，从行政角度包办或代替了许多应由社会组织承担的任务，致使第三部门组织的功能萎缩，也成为政府部门林立、行政机构臃肿的原因之一；四是第三部门组织中党政干部兼职过多，易促成第三部门组织政府机关化，形成以单一的行政组织形式代替丰富多彩的第三部门组织形式，大大影响其他成员参加活动的主动性和积极性；五是由此产生的第三部门组织从事商业性行为时"官商"化严重，影响了第三部门组织的声誉；六是因政府官员的参与，使得社会有关部门对第三部门组织管理困难重重。

8. 有名无实，内部混乱

由于各种原因，第三部门组织名称很大，但有名无实。如"某某国际贸易协会"、"某某人事现状研究基金会"等。这些组织虽然名声较大，但实质上可能是无资金、无场地、无人员的"三无"组织。还有一些第三部门组织成立以后，开展活动少，工作质量差，管理制度不健全，组织存在参加人员混乱、档案资料残缺、经费来源非法、财务账目不清、出版物杂乱等一系列问题，影响着第三部门组织的声誉和组织活动的正常开展。

9. 私设第三部门组织，从事地下政治或经济活动

在我国的第三部门组织中，群众自发组织起来的组织数量也不少，其中部分组织的人员和活动情况都比较复杂。据有关材料介绍，一些城市在 20 世纪 80 年代成立"振兴某某区（县、乡）经济联谊会"一类的群众组织盛行，仅浙江省估计就有几千个。这些组织一无章程、二无宗旨，十分松散，一年搞上几次活动，且多为游山玩水、吃吃喝喝。个别组织的违法活动也时有发生，如有的以"文学社"、"诗社"、"茶座"等名义，通过写作和讲座的活动方式散布错误言论或赚取非法收入；有的以成立"基金会"、"博览会"形式搞诈骗活动；还有的组织利用成立第三部门组织图谋政治目的，如 20 世纪 90 年代末的"法轮功"组织就是典型的例证。

二、我国第三部门发展的对策

相对于西方国家而言，我国第三部门尚处于发展的初期，面临着生存与发展、满足社会需求以及承担政府改革压力三重挑战；但是，也遇到了"全球结社革命"、民主化浪潮以及市场经济日趋成熟三种机遇。可谓是挑战与机遇共存，困难与希望同在。在这种形势下，我国第三部门的发展需要采取如下对策：

1. 政府对第三部门的重新定位

我国第三部门与政府关系密切并不是问题的根本，西方国家第三部门同样与政府关系密切。问题的关键在于我国的第三部门容易受到政府的控制，丧失独立性，从而染上浓重

的官办色彩。第三部门是作为政府机构的附属物或是"第二政府"而存在。如果这一基本前提不改变，第三部门将得不到实质意义的发展。随着我国社会主义民主制度的逐步建立和完善，国家与社会的关系也在不断改善，"国家-民众"的二元结构也在被"国家-公民社会-民众"的三元结构所取代。我国政府要在这一变化中赢得主动，就必须重新对第三部门定位：一是第三部门不应是接受机构精简人员和离退休人员的场所，而是承担政府部门某些社会职能的组织；二是第三部门不应是政府职能转变形式化的工具，而是公民社会最活跃的公共部门；三是第三部门的发展不是在与政府争权，而是在帮助政府治理社会。

2. 政府与第三部门关系明晰化

保持政府与第三部门之间的密切关系是我国第三部门发展变化的必要条件之一，也是西方国家第三部门发展的基本经验之一。但是这种密切关系体现在哪些方面，第三部门如何保持自身的独立性，是世界性的问题。对于我国这种官办性质显著的国家，这种问题尤为重要。依照现在的情况，我国政府与第三部门之间的关系应逐步明确以下几点：（1）政府应该承担第三部门发展所需的大部分资金，且财政拨款不应以左右第三部门自身运作为条件；（2）政府是第三部门发展的监督者，但是监督要依法进行；（3）政府不是第三部门的领导者，而是其合作者。

3. 理顺社会团体和国家行政事业机构之间的关系

我国在很长一段时间里政治体制的总特征是高度集中，这一方面表现为权力集中，另一方面表现为组织形式的集中。在第三部门组织方面也表现出类似的问题，即单一的行业组织形式代替了丰富多彩的社会组织形式，在某种程度上抹杀了各种第三部门组织的性质、地位和作用，混淆了第三部门机构与行政机构在组织上的差异。要改变这种状态，使第三部门组织充满活力就必须使第三部门组织从垂直的隶属性组织结构走向网络型的社会结构，并逐步从国家行政事业编制中分离出来。我国一度出现的党政不分、政企不分、政事不分、政群不分，一切组织行政化的混乱状态是有其历史和现实原因的。进行政治体制和法制改革特别是国家机构改革，转变政府职能，就要理顺第三部门机构和国家行政事业机构的关系，将第三部门组织和工作人员从国家行政事业编制中脱离出来，从根本上实现第三部门组织由"官办"转向"民办"的历史性变革，真正使非营利组织独立自主地开展活动，实现组织的自我管理，自我完善。

4. "官办"社团的改革

逐渐弱化与政府业务主管机构的关系是"官办"社团发展的趋势。随着这个趋势的发展，其原有的组织结构、管理体制、管理手段等都需要进行相应的改革，通过借鉴国外运作模式和国内的草根组织的发展经验，改原来权力集中化、组织行政化的封闭型组织结构为分权化、开放式的组织结构，主动迎接社会的选择。

5. 取消不合理的国家财政拨款，还第三部门组织自我发展的空间

伴随着第三部门组织从国家行政事业机构、人员编制的脱离，政府同第三部门组织间的财政经费的脱离也有待解决。国家财政经费应集中用于满足社会公共利益的需要，但并不是要满足所有第三部门组织的需要。所以，对于那些仅代表社会某个部分特殊利益的第三部门组织，不应依靠国家财政经费拨款，这些组织应依靠自己的社会活动获得相关利益

者（个人或集体）的支持或者自筹经费解决自身问题。从现实的情况看，我国相当数量的第三部门组织自筹经费很有必要。如果所有的第三部门组织的经费都单纯依靠国家财政拨款，这样就不可避免地产生两种倾向：一是第三部门组织的经费过多，致使第三部门组织经费使用无计划、无目标，造成社会资源的浪费；二是某些社会发展关系重大的公益事业因经费过少而影响其发展，因此，坚持第三部门组织自筹经费的原则不仅可以减轻国家财政的负担，而且还能真正支持了社会公益事业的正常发展。

6. 鼓励民间组织的发展

只有自生自发、自下而上兴起的民间组织越来越强大，我国第三部门才能逐渐走向兴盛，我国的公民社会才能走向成熟。这类民间组织的发展将刺激"官办"社团的改革，也将极大地活跃我国的公民社会。作为政府机构，要鼓励它们的发展，就应该在注册登记、筹措资金、改进技术等方面为其提供帮助，为其创造一个宽松的政策环境。

7. 对现有的第三部门组织进行复查登记、规范管理

对于第三部门组织的复查登记应从登记工作入手，这种方式既便于管理部门或机构全面了解第三部门组织的现状和存在问题，又便于加强双方的联系。通过对现有的第三部门组织运行必要的复查登记，可以起到以下四个方面的积极作用：一是改变目前第三部门组织情况不明，杂乱无序的状况；二是以必要的法定程序保证第三部门组织及其活动的合法地位，保护第三部门组织的合法权益；三是对于一些不法分子盗用第三部门组织名义进行违法活动现象给予制止，维护我国正常的社会经济和政治秩序；四是为我国第三部门组织管理立法提供好的经验并奠定工作基础。

8. 培养公众的志愿精神和互助品质

第三部门的工作要得到公众的认可，除了能够给他们带来更多、更好的服务外，最重要的就是能带动公众参与其中。志愿精神和互助品质是第三部门的精神精髓。公众从思想上认同了这些理念，才会全身心地投入志愿性的活动中。通过教育、宣传等手段，与参与实践相结合，在全社会提倡志愿精神和互助品质也是第三部门发展的一项任务。

9. 健全第三部门发展的相关法律和法规

缺乏完善的法律体系保护是我国第三部门发展的一大障碍，也是许多第三部门组织主动依附政府机构的重要原因。因此，健全第三部门相关法律和法规是维护其合法性、独立性和组织权益的基本要求，但是由于第三部门自身的复杂性，这将是一项艰巨的任务。

10. 积极参与"全球结社革命"

走出国门，与其他国家的第三部门组织、国际组织开展交流与对话，将为我国第三部门的发展赢得新的空间，同时也将改善我国在国际上的形象。吸取别国的经验教训为我所用，为世界了解中国开辟一条新的途径，应该是我国第三部门参与全球事务的基本任务。

小　　结

第三部门是指介于政府部门与营利性部门之间，依靠会员缴纳的会费、民间捐款或政府财政拨款等非营利性收入，从事前两者无力、无法或无意作为的社会公益事业，从而实现服务社会公众、促进社会稳定与发展为宗旨的社会公共部门。其组织特征是组织性、民间性、非营利性、自治性和志愿性。

第三部门的基本特征：是依法设立的组织；是民间性的非政府组织；不以营利为目的；不排斥营利精神和商业行为；是志愿参与的社会组织。可以从不同的角度对第三部门进行的分类。

第三部门的作用：促进经济增长；增加就业机会；提供公共物品和弥补市场与政府缺陷；增加资源运用的透明度和合理性；对社会资源进行公正、合理和高效率的配置；分担政府责任，促进社会稳定；促进基层民主建设；净化社会风气；扩大社会公平；培养人们的互助协作精神；在国际事务中发挥监督、协调作用

第三部门管理方法很多，主要的有经济方法、数学方法、思想政治工作方法和行政方法。

第三部门管理的内容包括外部与内部两个方面：在外部，主要是政府部门的监管；在内部，主要是该组织的自我管理。作为一个系统的管理工程，对第三部门管理的主要内容有：对第三部门的调研是实现其有效管理的基础；第三部门的宏观管理是该部门发展的必要条件；对第三部门的微观管理是该部门自身完善的重要根据；协调第三部门组织的运作机制是其有效管理的方式方法；实现对第三部门管理的现代化是科学管理的重要内容。第三部门运营管理包括：资金筹措管理、投资活动管理、财务管理。

我国第三部门发展中的问题：缺乏资金、人才等组织发展的基本条件；缺乏独立性和自主活动能力；法律和法规不健全；对第三部门权威、常规性的监督机制尚未真正建立起来；公众缺乏对第三部门的认同感；分类过细、层次过多；组织形式集中，干部兼职过多；有名无实，内部混乱；私设第三部门组织，从事地下政治或经济活动。

我国第三部门发展的对策：政府对第三部门的重新定位；政府与第三部门关系明晰化；理顺社会团体和国家行政事业机构之间的关系；"官办"社团的改革；取消不合理的国家财政拨款，还第三部门组织自我发展的空间；鼓励民间组织的发展；对现有的第三部门组织进行复查登记、规范管理；培养公众的志愿精神和互助品质；健全第三部门发展的相关法律法规；积极参与"全球结社革命"。

重 点 名 词

第三部门

复习思考题

1. 第三部门的基本特征、特点和作用有哪些？
2. 第三部门管理的内容和方法有哪些？
3. 我国第三部门发展中的问题和对策是什么？

第十二章 公共目标管理和质量管理

第一节 公共目标管理的含义和内容

目标管理最早出现于 20 世纪 50 年代的美国，以泰罗的科学管理和行为科学理论（特别是其中的参与管理）为基础，著名管理学家彼得·F·德鲁克在其《管理实践》一书中提出了目标管理的思想，到 20 世纪 80 年代发展为一套比较成熟的管理制度。目标管理是管理者以"目标"来管理部下，而不是用"手段"或"手续"来管理部下。凭借这种制度，可以使员工亲自参加工作目标的制定，实现"自我控制"，并努力完成工作目标。对于员工的工作成果，由于有明确的目标作为考核标准，从而使对员工的评价和奖励做到更客观、更合理，从而可以大大激发员工为完成组织目标而努力。在五十多年的时间里，目标管理已经由一种主要应用于工业领域里的管理工具或方法，发展成为一种非常成熟的管理制度，而且已经被世界许多国家的政府、社会组织、企业普遍使用，在整个管理领域产生了深远的影响。从 20 世纪 80 年代后期至今，我国各级政府也建立了目标管理的中国模式即目标责任制，它是以目标和责任的确定、完成和评价为核心的一种管理制度，已取得了良好的管理绩效。

一、目标

人类自觉的行为都是有着一定的目标的，管理活动就是围绕着目标展开的。所谓目标就是一定时间内期待于每个部门、需要每个人的努力才能完成的工作结果。目标具有客观性、层次性、多样性、网络性、时限性、可考核性等特点。

（一）目标的种类

对一个组织来说，在操作的层面上，我们可以将目标看做是组织内的人们在一定时期内要努力达到的预期结果。所以，目标至少包括两项指标：工作内容和达到程度。在表述组织目标时，常采用双向细目表的形式。

1. 层级目标

目标管理通过一种专门设计的过程使目标具有可操作性，这种过程一级接一级地将目标分解到组织的各个单位。组织的整体目标被转换为每一级组织的具体目标，即从组织整体目标到部门目标，再到分部门目标，最后到个人目标，这就是所谓的层级目标。如图 12-1 所示：

因为较低层部门的管理者也参与设定他们自己的目标，所以，目标管理的目标转化过程既是"自上而下"的，又是"自下而上"的。最终结果是一个目标的层级结构，在此

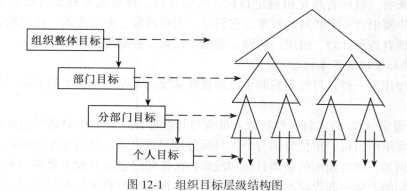

图 12-1 组织目标层级结构图

结构中，某一级的目标与下一级目标连接在一起，而且对每一位管理人员，目标管理都提供了具体的个人绩效目标。

因此，每个人对他所在单位成果的贡献都很明确，如果所有的人都实现了他们各自的目标，则他们所在单位的目标也将达到，而组织整体目标的实现也将成为现实。

2. 具体目标

目标的作用在于为组织中的各级管理人员提供适当的标准、方向和指导，所以目标必须具体化。这就是说制定的目标必须清楚地告诉组织中的人员必须完成什么、完成多少，由谁来完成和什么时间完成。只有这样才能达到预期的效果。

（二）目标的作用

1. 为组织指明方向。

2. 具有激励作用。

3. 具有凝聚作用。

4. 是组织考核的依据。

二、目标管理

（一）目标管理的含义

对于目标管理，学术界见解颇多。

奥蒂奥纳（Odiorne, 1965）认为，目标管理是一种程序，借助组织中上下层级的管理人员一起来确定组织的共同目标，并以对组织成员的期望结果来界定每一位成员的主要责任范围，同时依次指导每个部门的活动，并评估每一位成员的贡献。

韦里奇（Weihrich, 1985）认为目标管理是一套以系统的方式整合诸多管理的关键活动，有意识地引导组织与个人目标能有效率地完成。

因此，可以认为目标管理是由参与管理者制定目标，并经过自我管理和自我控制等管理方式，建立各级人员的责任心和荣誉感，最终实现组织绩效的一套管理系统。这套管理系统是由下级与上级共同决定具体的绩效目标，并且定期检查完成目标的进展情况，而奖励则是根据目标的完成情况来确定。目标管理实质上是一种面向成果的管理。它对人们提出的要求并不在于工作本身，而是在于工作成果。"一切为了成果"是目标管理的口号。

从整个过程来看，目标管理是由制定目标、实施目标、评价成果和支付报酬等步骤组成的。在这些步骤中有 4 个共同的要素，它们是：明确目标、参与决策、规定期限和反馈绩效。中间穿插着各种计划、组织、协调、激励、监督、控制等具体活动。

（二）目标管理的基本内容

目标管理作为一种以目标为控制手段的管理系统，不是一个孤立的方法。其基本内容为：

1. 目标设定（Goal）。每一位行政人员应与其管理者对于工作的结果达成协议，然后以书面形式将组织目标、单位目标与个人目标分别呈现出来，分清相互之间的关系及排定优先顺序。例如，制定组织的整体目标和战略；在各部门之间分配主要的目标；各部门的管理者和他们的上级一起设定本部门的具体目标；部门的所有成员参与设定各自的具体目标；管理者与下级共同商定如何实现目标和行动计划等。

2. 预算（Budgeting）。目标的达成与资源配置相联系，通过预算以货币的形式将目标予以落实。

3. 自主（Autonomy）。自主性就是目标执行过程中赋予组织成员适当的权力与责任，使其在执行和实施目标时，可以控制自己的行为及活动，依其自定的工作方式，主动解决问题，并对结果负责。

4. 反馈（Feedback）。反馈在目标管理中居于重要地位，通过信息的反馈以保证目标能如期达成或适当修改，所以应定期检查实现目标的进展情况，并向有关单位和个人反馈。

5. 奖赏（Payoffs）。根据激励原理，为了目标的达成，奖赏系统的设计是不可或缺的，绩效的奖励将促进目标的成功实现。如果缺乏适当的奖赏，目标管理也不会成功。

（三）目标管理的作用和局限性

1. 目标管理的作用

（1）可以使各项工作都有明确的目标和方向，可以避免工作的盲目性、随意性和被动状态，避免形式主义和无效工作。

（2）通过目标管理的系统分析，可以提高计划工作的科学性和整体协调性，有助于最大限度地调动所属人员的进取性、责任感和荣誉心，充分发挥每个人的内在潜力和积极性，齐心协力，共同实现整体目标。

（3）目标管理还可以解决控制的两个难点，即指出控制标准和控制手段。

（4）目标管理也有助于增强全体组织成员的团结合作和组织的凝聚力。

2. 目标管理的局限性

虽然目标管理有着一定的功效，它的缺点也是明显的。

（1）目标难定。因为目标是为未来而设，而未来又有不可避免的不确定性，所以往往很难设定切实可行的具体目标。显然，任何计划尤其是目标应该包括预计达成的工作的重点，而不只是陈列待办的工作。如何设定预达成的目标，在实施目标管理的最初阶段是特别困难的事。人们易于设定过高的目标或长远的目标，但在制定下一阶段要完成的工作时却很难。

（2）量化的难处。目标必须是可考核的。使目标具有可考核性的最方便的方法是使之定量化。但是，许多目标是不宜用数量来表示的，硬性地将某些目标数量化和简单化的做法可能是危险的，其结果是有可能将管理工作引入歧途。因此，有些不能定量化的目标可以设定为定性化的目标，通过详细说明或其他目标的特征和完成日期的方法来提高其考核的程度。

尽管如此，目标管理仍然是一种行之有效的管理方法。如果我们根据具体情况，依据科学管理和权变管理等理论方法，在制定目标管理的框架和标准时做到实事求是，留有充分的余地，并设定纠正偏差的方法，目标管理定能实现它的功效，促进管理绩效的改善。

（四）目标管理在公共部门的引进

目标管理是在以利润为中心的工商企业中发展起来的。因此，公共部门在决定采用目标管理方法之前，必须检查这种管理制度对自身的适用性和价值；同时，还必须让管理者，尤其是高层管理者充分了解这些价值，加深他们的认识，激发他们的热情，这是成功地开展目标管理的前提和保证。

1. 适用性考虑

考虑目标是否适用于某个公共部门，首先应对该部门作全面的审视，检查它自身有哪些特征限制着目标管理的应用。例如，与私营组织相比，公共部门的目标通常是多元化和模糊的，其管理手段、程序也受到较严格的法律限制；还有政府公务员的工资、福利、奖金等报酬制度是由国家的法律规定的，任何人都无权改变这种报酬制度，即使这样做可以激发下级的积极性。因此，公共部门在采用目标管理方法前应当考虑以下问题，以明确这种方法在具体部门应用的适用性与特殊性。

（1）该部门有无明确的任务？是否有充分的理由支持该任务的实现？

（2）上级部门是否将资源（资金、人员、设备等）委托给该部门？

（3）该部门是否对上级部门负有使这些资源保值或增值的责任？上级部门是否赋予该部门一定的利润任务？

（4）是否具备履行和完成上述责任和任务的工作重点？

（5）能否实行计划管理？

（6）是否意识到必须对该部门实行更加有效的管理？

（7）能否确定关键人员的职责？

（8）能否将关键人员的努力协调成一个整体？

（9）能否建立必要的控制与反馈系统？

（10）关键人员的工作绩效能否被测量？

（11）该部门有无建立奖惩制度的权力？

（12）该部门的管理人员之间的职责（计划、组织、指导等）是否相同或相似？

（13）工作人员能否立刻接受经过改进的管理方法？

通常，如果对上述问题的回答以"是"居多，则该部门就比较适合采用目标管理；反之，则采用目标管理的意义不大。

2. 高层管理者的认识

开展目标管理，获取最高层管理者的支持无疑是很重要的。如前所述，目标管理是以目标为基础的，而这个目标的展开又是以最高管理层所确定的整个部门的目标为基础的。

因此必须使最高管理层认识到目标管理的意义和实行目标管理的必要性。

（1）使高层管理者认识到目标管理是提高公共部门绩效的有效方法

虽然公共部门的很多人都关心组织绩效，但是在此方面受到压力最大的，同时也最关心工作绩效的应该是最高管理层。因此，让他们了解和认识目标管理是提高公共部门绩效的有效方法之一，将会激发他们采用目标管理的热情。

（2）使高层管理者认识到目标管理能改进本单位管理中的弱点

无论哪个单位，都不可避免地存在着一些使高层管理者感到棘手的问题。目标管理在解决这些棘手问题方面有它的优势。

（3）使高层管理者认识到目标管理是改善上下级关系的有效方法

对管理者来说，如果他能向高层管理者证明，目标管理是形成上下级之间保持良好关系的有效途径之一，就会产生一定的说服效果。同时还可以聘请专家，经常向高层管理者介绍新的管理思想及目标管理的知识，并通过国内外公共部门进行目标管理的成功案例，来提高高层管理者对目标管理的认识，使之产生推行目标管理的动力。

3. 基层管理者的认识

在引进目标管理时，最大的阻力可能是基层管理者。由于现有的公共组织大都是按照传统的科层制设计的，各个部门都只考虑自己的工作，很少考虑整个工作的最终目的。这种传统目标上的错位，使得部门很难从整个组织的目标出发来制定自己的目标。引进目标管理后，管理层需要研究上级的目标，并予以具体化，提出自己的目标，然后要对下级公布这项目标，并以此为根据调整并确定下级的目标和进度，下放管理权限，检查下级目标完成进度。这时，管理层与下级的接触无疑比以前更加频繁了，工作量也加大了。对于习惯了旧有工作方式的管理者来说，这确实是一种挑战。当他们不理解目标管理的本质时，这种挑战就变成了实行目标管理的阻力。

因此必须采取一系列教育和培训手段，激发基础管理者的动机与热情，深化他们对目标管理的认识，培养其制定目标、推进目标实现的能力。培训要点有：

（1）使基层管理者认识采用目标管理的目的。目标管理的直接目的是提高公共部门的工作绩效。此外，它还是充分发挥各层级人员（尤其是中下层人员）的主动性和创造性，建立良好的人际关系的主要手段。

（2）使基层管理者认识目标管理程序上的要点。实行目标管理的具体程序多种多样，不能一概而论。因此，在培训时，要让管理人员抓住要点，例如"目标不仅仅是定额标准"、"制定目标必须与下级协商"、"目标要与下级人员的能力相适应"、"尽可能放权"等。

（3）使基层管理者认识信息交流的重要性。目标管理本质上是一种全员管理，在管理过程中整个公共部门内的信息交流是十分必要的。在培训过程中要特别提醒管理人员注意到这一点，并传授一些信息交流、信息沟通方面的方法与技巧。

（4）使基层管理者认识管理和管理行为必须转变。目标管理意味着管理和管理行为方式的重大转变。引进目标管理之前，要运用现代管理理论（尤其是行为主义的有关理论）和现代培训方法，对管理者和管理对象进行培训，促使其行为方式与目标管理的要求相一致。

第二节 公共目标管理的制定和实施

一、公共目标管理的制定

一项完整的目标管理活动，大致可分为目标的制定、目标的实施和依据工作成绩进行奖惩等阶段。公共目标管理是从制定目标开始的，制定目标是把主客观条件统一起来的决策或计划过程，是把主观需要、主观条件与客观环境结合起来形成组织努力方向的过程。制定适宜的目标是首要环节，同时因为公共部门的目标通常是多元化的、模糊的，且受到法律法规的严格限制，所以也是公共部门实施目标管理时最困难的环节。

（一）制定目标的依据

公共部门目标的确定，依赖于环境对它的要求，以及为应付环境的挑战而对组织自身提出的要求。一般说来，这些要求大致如下：

1. 法律政策要求

公共部门活动的最大特征在于它服务的公共性，公共部门活动的产出属于公共产品，经常以法律和政策的形式出现。法律通常规定了公共部门活动的最一般的规则，政策则限定了公共部门在特定阶段的活动内容和方向。法律政策中关于公共部门的职能职责、工作任务、权力范围的有关规定，是公共部门制定活动目标的最基本的依据。同时，法律和政策也具有较强的权威性，公共部门的目标必须遵从它，至少不得与其相抵触。

2. 上级要求

上级要求是公共部门活动目标的又一权威性依据。它既反映了某一公共部门所属系统的总体目标，又是该部门具体目标的合法性基础。一般地说，上级的要求具有动态性，比较具体，能为公共部门制定目标提供基本方向和目标、任务的大概范围。

3. 服务对象的要求

在传统的科层制体制下，公共部门通常被要求只向上级负责。现在，这种观念已经开始转变，"质量"、"服务"、"顾客"等口号越来越响亮，人们的注意力也越来越集中于如何才能提供更便捷、更有效的服务，如政府的社会保障与社会救济部门要建立社会保障与社会救济的目标，必须建立在对被救济对象的困难程度和其需求的了解之上。毕竟，服务是公共部门的天职，也是其赖以生存和发展的基础。要提供好服务，公共部门就必须了解服务对象的意愿，并通过各种科学的方法和技术预测顾客需求的发展趋势，以此作为采取行动的依据。

4. 前期目标完成情况

这包括本部门上年度的目标任务完成情况，原有基础以及没有完成的目标和仍然存在的问题。这是因为公共部门的管理工作具有一定的联系性和延续性，新的目标是原有目标的继承或延续。因此，弄清这些因素就是为了体现这种联系性和继承性。同时，也是为了总结经验教训，为新的目标制定提供借鉴和启示。

5. 组织现状

组织现状主要包括组织中的人、财、物的状况，组织的制度建设、组织发展等因素。

这些因素中有的对实行目标管理有利，有的则不利，公共部门要对此有清醒的认识，并在此基础上制定出切实可行的目标。

上述五个方面的因素，都是公共部门目标制定的直接影响因素。除此之外，特定时期的社会、政治、经济、文化、历史、人口等环境因素，也会对公共部门目标的制定产生各种影响，制定目标时也要充分考虑。

（二）目标的制定程序

目标管理的制定由准备工作、初步拟订目标、初拟目标的讨论与修订、制定目标实施计划、填写目标卡片几个步骤组成。

1. 准备工作

准备阶段的任务是建立一个情报或信息基础，管理人员在此基础上制定目标。在准备阶段，上级宣布自己的方针和目标，明确对下级的要求，这是下级制定目标的前提。因而，上级应明确意识到这一点，并主动做好此项工作。需要指出的是，上级提出的方针、目标和要求，应当经过和下级参与计划的责任感，使下级感到上级的方针和目标不是强加于己的，而且要使下级能够了解自己组织的整体目标，进而建立一个稳定的协作机制。

2. 初步拟订目标

在进行了充分的准备工作后，公共部门应该开始目标的拟订工作。通常，有些人员是根据本部门的工作说明来进行的。但是，这种做法是不恰当的，工作说明并不能用来代替目标，这是因为：（1）工作说明的重点在于将要采取的行动，而不是放在要达到的目的上；（2）工作说明很少变动，不能反映组织工作重点的不断变化，也没有规定组织业绩必须不断提高；（3）工作说明强调的是工作，而不是人，它不能充分体现目标管理的人本主义和激励的特色。从总体上来看，工作说明属于一种静态的制度，而目标管理则是动态的。实践表明，工作说明对于非管理人员（生产人员和办公室人员）可能还有些价值，对管理人员则不太适用，甚至会产生消极作用。那么，应该如何拟订目标呢？实践中最有效的方式就是寻找并确定关键目标因素，在此基础上再确定初步目标。

所谓关键目标因素，是指在目标管理中制约和决定着工作成绩的大小和管理成败的工作环节和内容。它主要表现为以下几个方面：（1）工作的主要领域，即为了尽可能取得良好的结果，必须在这些领域作出良好的成绩。（2）工作成功的主要关键环节。（3）目标阶段的主要课题。（4）管理人员必须取得最终结果的那些领域。（5）制约和影响整体工作成功或失败的关键领域。（6）要取得目标阶段成功，应该优先考虑的课题。关键目标因素的意义在于帮助管理人员将有限的资源用于最重要的事务，并努力从这些事务中取得最大收益。有了关键目标因素，管理人员就可以避免陷入碌碌无为的境地，工作就会更有成效。

3. 初拟目标的讨论与修订

目标草案拟订之后，管理人员要征求上级的意见并与下级、同级进行民主讨论，在此基础上再进行科学修订。讨论的重点除了目标本身外，也要考虑与上级、同级其他部门目标的契合问题。

4. 制定目标实施计划

经过讨论、修订后的目标，如果没有一套具体的实施计划，就只是一纸空文。目标实施计划就是如何达到目标的详细办法，它提供了实现目标的行动时间表，同时也为目标的实施提供了监督和控制的基础。

制定目标计划的步骤通常有四个：（1）清楚地说明目标；（2）确定完成目标的手段，以供选择；（3）权衡并选出较好的手段；（4）为选出的手段制定计划。其中，第四步是关键。

5. 填写目标卡片

目标卡片是关于目标及其实施计划的书面说明，它以表格的形式将目标计划记录下来，作为管理、监督和评价工作成果的依据。

（三）有效目标的标准

按照上述步骤进行操作，我们最终得到的是一套有效的目标体系。显然这里的有效，既是对各个目标的要求，也是对整个目标体系的一种限定。在实践中，人们很难就"什么是有效的目标"达成一致性意见。这是因为人们各自的工作性质不同。这里提供的是有效目标的基本准则：

1. 具体

目标是对要达到的最终结果的具体描述，它规定必须完成什么、何时完成。在最大可能的限度内，目标应规定数量，即对金钱数量、出勤率、产量单位、培训时间等都应明确说明。

2. 切合实际

这是针对目标的可行性而言的。最好的目标，应该是那些经过努力便可达到的目标，就像树上的果实，人们只要跳一跳就能摘得到。现实中常见的错误是，人们要么从主观热情出发将目标定得太高，要么存有畏惧心理而将目标定得太低。这两种现象，无论对管理者个人还是对整个组织都是有害无益的。

3. 与权限相一致

管理人员的目标必须与他的权限相一致。批准他的目标而又不授予相应的执行权限，等于让他自找失败；倘若他自己努力去完成目标，则会引起与其他管理人员之间的权限纠纷。

4. 表述明确

目标应该采用下级和上级都能清楚理解的语言来表述。如果上级和下级对目标的解释不一致，目标管理的效果就会受到损害。例如，有一份目标草案包括这样一条目标：尽可能提高会议质量。这种意思含糊的说明不可能用来指导管理人员和下级。因而必须对"会议质量"和"尽可能提高"进行明确定义。通过重新措辞，上述目标就可改为：每次会议的议题不得超过三个，议决率应达到85%。同时，为使目标表述明确，应尽量采用书面形式。

5. 具有弹性

管理人员总是希望通过目标管理取得不断进步，因此，制定的目标总是从难从严，这种做法非常危险。这是因为，目标是针对未来的行动方向，其制定依赖于对未来情况的预测，而预测通常会与客观实际存在一定的距离，因此，制定目标时应充分意识到这一点，让目标保持一定的弹性。

6. 数量适当

对所有的管理人员来说，目标的数量没有固定的要求。由于目标所包括的只是最重要的内容，根据经验，大多数管理人员的目标一般应为五至七条。有些管理人员的目标定得很多，很琐碎，把日常事务也纳入目标之中，这是不妥的。

7. 一致性

制定出的目标首先要纵向一致，即本级部门的目标应是上级目标的一部分，本级目标的制定要协助上级目标的实现；其次要横向一致，即本级部门的目标应与其他部门和单位的目标协调一致。

8. 科学性与预见性

目标的科学性是指：其一，目标必须在对象、要求和时限上都是明确的和单一的；其二，目标必须尽可能地量化；其三，目标要具有先进性、合理性和切实可行性；其四，目标要具有可衡量性。目标的预见性是指目标是可预先确定的。

二、公共目标管理的实施

好的目标只是成功的开始。对管理人员来说，真正的挑战主要存在于目标的实施过程中。目标实施过程中的管理是否成功，决定了所制定的目标是否能全面实现。目标的实施应做好以下主要工作：

(一) 授予权限

权限是为了实现预定目标而必须具备的支配他人和事物的能力。它是责任的基础，也是执行目标的条件。要使下级担负起责任，实现既定目标，必须授予他们有效的权限。比如，下级必须拥有对一定范围的人、财、物的支配权，拥有决定行动与否的权力。而且，在既定的范围内，这种权力不得受上级的随意干预；权限必须与下级人员职责的广度和深度相等，必须与管理人员的目标及其执行计划相一致；权限必须在确定目标阶段就明确具体地授予，而不是管理人员在行动之后才由上级加以追认。否则，下级就不能制定出有效的目标和计划，也就不能承担起实现目标的任务；授权应采用书面形式，并在一定范围内公开；权限应尽可能授予低级的管理人员，因为只有他们才是目标管理的主体。上级要对他们寄予充分的信任，尽量不干预其行为，哪怕是出自关心的干预也不行；当然在授予的权限中，处理例外事件的权限应为上级保留，上级还应保留一定的监控权。

在公共部门的实际工作中，要想真正做到上述要求不太容易。尤其在那些实行严格科层制的公共部门，权力大都集中在上级手中。上级对于将自己的权限转移到下级手中颇多担忧，经常会自觉不自觉地干预下级的事情，而下级也不知道自己应有的权限范围。这会使下层管理人员的工作积极性降低。

(二) 分配资源

既定目标的实现，除了必须拥有相当的权限外，还需要拥有一定的物质资源。在传统的管理过程中，分配资源的工作被称为"编制预算"。在目标管理中，我们将其称为"分配资源"。它不仅仅是一个名称的改变，而是工作目的和意义的全部转化。

传统的预算通常被视为对未来收入或支出的计划或结算，它是控制的一种重要手段。其特征为：(1) 在预算过程中，除了被动参与，向高层管理者提供已经事先决定了的数字外，管理人员基本上被排除在活动之外；（2）高层管理者拒绝关于资源的任何竞争，部门的工作效率与资源的分配无关；（3）高层管理者在指导其下属做活动计划时，根本没有要求他们考虑自己的工作重点和任务。从总体来看，这是一种强调上级对下级的控制方法，没有考虑对下级的激励。

目标管理的资源分配则不同。它是按照管理人员的目标对资源进行有计划地分配。这个过程与传统预算的不同主要表现在：（1）资源分配是由目标产生的，而预算中规定的目标则是在计划收入减去计划成本的基础上产生的。（2）资源分配意味着管理的作用在于最佳利用公共部门现有的资源，其重点在于强调使用该资源所带来的效益；而预算则意味着管理的目的在于对现有资源的明确利用，它虽然也包含着一定的效益观念，但重心在于强调对资源使用的可控性。（3）为了使资源得到最有效的利用，资源分配必须允许鼓励、促进管理人员为获得资源而展开竞争。在目标与资源分配的关系上，目标根据组织工作重点而制定，而资源分配又根据目标来确定。

这种不同，能突出关键目标因素，突出公共部门的工作重点，同时，允许多部门展开资金的竞争，更有利于资源的合理配置，也会对各部门产生较大的激励作用。

（三）控制

控制是矫正偏差的一系列活动的总称。为了使制定的目标和计划能顺利实现，管理人员必须使用一系列控制手段，使目标实施活动沿着既定的轨道进行。

在目标管理中，控制主要是管理人员自己的事情。各级管理人员在自己的权限内展开各项活动，实施自我控制，不再依靠上级的严格监控。上级控制的重心主要放在重大意外事件和下级目标最终能否实现上。无论是自我控制还是上级控制，都包括三个主要阶段：首先明确对管理人员的工作有重大影响的因素；其次是建立预警和监测系统，预测和衡量这些因素的变化及其影响；最后是采取纠正行动以适应这些变化。在实施过程中，抓住主要控制点是非常重要的。一般地，管理人员的控制点主要有五个：环境、目标、计划、资源和日常工作。

1. 环境控制

环境是制定目标和计划的基础。目标和计划应随环境的变化而变化，因而在制定目标和计划时，应该对环境情况予以清楚地说明和记录；所以有必要建立一种预警系统，对环境进行不断地监测，以确定当初制定的目标和计划是否有效。

2. 目标控制

目标的基础性作用之一就是用以进行控制。目标必须尽可能地明确、具体。同时，要在目标实施过程中建立反馈机制，以确定管理人员是否能够如期接近目标。在实践中，最常见的反馈措施就是定期检查和报告制度。

3. 计划控制

计划应制定得十分详细，即计划可以分为若干个不同的步骤，而且每个步骤都有一个确切的时间表时，这样计划才能真正起到控制作用。

4. 资源控制

管理人员通过竞争争取到一定量的资源后，竞争所确立的资源使用标准就成了控制的一种手段，管理人员必须按照这些说明或标准来使用资源。传统的管理方法已建立了一套有效的会计和审计制度，目标管理应尽量充分利用其控制功能。

5. 日常工作控制

日常工作是组织目标的保证和重要体现，日常工作控制也应成为目标实现过程中的一种主要控制手段。和传统管理方式一样，目标管理中的日常工作控制也主要是借助标准化的制度来实现的。它们之间的主要区别在于，传统管理方式通常要求上级对日常工作进行严格控制，而目标管理则将其交给基层部门和各位管理人员进行处理。

在上述五个方面的控制过程中，也需要管理人员对与目标实现相违背的活动采取必要的矫正措施。这些矫正措施既包括对以前的管理方式方法、行动步骤进行改进，也包括对目标、计划或资源分配方案进行调整，以使目标管理更为完善。

第三节　公共质量管理的含义和内容

随着社会的进步、科技的发展和全球贸易竞争的加剧，质量管理越来越成为所有组织管理工作的重点。一个组织应具有怎样的组织文化，以保证向顾客提供高质量的产品呢？质量管理的理念正在引起工业界的革命，当前，各国政府中的这种变革也越来越明显。在新型的全球一体化的经济中，工业正处于生死攸关的时刻，而政府也一直承受着压力，即用越来越少的资源提供越来越多的服务。

一、全面质量

全面质量管理是为了能够在最经济的基础上，并在考虑到充分满足用户需求的条件下进行市场研究、设计、生产和服务，把企业各部门的设计质量，过程控制质量和质量改进等活动构成一个有效体系。简而言之，就是产品质量的好坏不仅来自于最后检验手段或检验方法的优劣，更来自于市场调查、研究开发、生产控制以及后勤物流等产品制造的所有环节。只有经历了这一过程的产品或服务才具备全面质量。

现在全面质量管理的提法已经广为人知，这主要是几位质量管理大师所做的工作。如P. 克罗斯和J. 朱兰积极主张对工作人员进行教育和训练，让他们端正质量意识和无废品的态度，要求他们严格执行产品和服务规范。W. E. 戴明提倡的是统计程度很高的质量管理方法，要求广泛利用图表信度和废品率，以此确保工作人员的工作质量达到最好状态。大多数质量改进制度和训练方面的工作为主要途径，同时特别强调管理部门和工作人员所应承担的义务。

全面质量管理对公共部门意味着什么？政府质量问题较为复杂，但是并没有降低对提高质量的要求，而且人们对政府的服务质量不是很满意。要确实地提高公共部门的质量，应更多通过提倡自愿等方式让人们选择提高质量所需要的具体手段。美国于1988年6月成立了联邦质量研究所。它的职责是同管理和预算办公室、人事管理局、总统改进管理委员会一起工作，所起的作用类似于情报交换所（传播全面质量管理方面的信息）、教育中心（主要向资深政府官员介绍有关部门情况）和网络协调人（选择全面质量管理和取得成功经验的有益信息向其他机构介绍）。联邦质量研究所将质量管理定义为：从第一次和每一次都满足顾客的要求、需要和期望。同时该所也确定了一些重要的因素，这些因素可用来帮助质量管理工作：高层管理部门的支持；顾客的重点；长期战略计划；雇员训练和认识；雇员得到的授权和协作；产品和过程的测量分析；质量保证。

（一）产品质量

产品质量是指产品或服务在满足顾客需要方面所具备的特性的总和。这是顾客对产品或服务要求的集中体现，它标志着产品或服务的使用价值甚至价值的大小。

由于产品质量是相对于用户的需要而言的，因而并不存在一种绝对的衡量标准。那么，怎样才能评价产品或服务质量的优劣呢？通常，人们将用户对产品或服务的要求归为六个方面，以此来作为质量标准。这六个方面是：

1. 性能。性能是指在产品或服务在设计时综合用户要求而设定的，在产品或服务提供过程中加以保证的，产品或服务的规定的性能任务，也即某种产品或某项服务所应发挥的效能和作用、性能。一般可分为使用性能和外观性能，前者是指产品的用途，后者则指产品在满足顾客的审美、情感需求方面的价值。如一件衣服不仅要保暖，而且还要美观等。随着社会的发展与人们生活水平的提高，顾客对产品的外观性能的要求也会越来越高。

2. 可靠性。可靠性指在规定的时间内和条件下产品或劳务的实现能力。可靠性关系到顾客对产品或服务的实际享受程度，因而是关系到产品或服务质量的大事。在现代社会中，产品的可靠性还包括产品的可维修性。

3. 安全性。安全性指产品或服务在流通、传输过程中，对顾客、环境及社会的外部性或危害程度。这也是至关重要的一种质量特性。

4. 经济性。经济性指产品或服务必须价格低廉，使顾客能消费得起。

5. 适应性。适应性指产品或服务适应环境变化的能力。质量好的产品或服务能广泛适用于不同的环境和不同顾客的偏好。

6. 时间性。时间性指厂商在规定的时间内满足顾客对产品或服务的提供期限和数量要求。有些产品在超过一定的时间期限后可能会失效，而有些服务在过期后也会毫无意义。

由于公共部门从事的主要是服务，这里再专门介绍一下服务质量的概念。按照 ISO 900 系列的规定，所谓服务是指为满足顾客的需要，供方与顾客接触的活动和供方内部活动所产生的结果。一般而言，顾客对服务的需要主要表现在物美价廉、及时周到、安全卫生、舒适方便、热情诚恳、礼貌尊重、亲切友好、谅解安慰八个方面。这八个方面可以概括为服务的特性。第一，舒适性。它指服务过程的舒适程度，包括服务设施的完善和适用，方便和舒服，环境的整洁、美观和有序。第二，文明性。它指顾客在接受服务过程中精神满足需要的程度，包括自由、亲切、尊重、友好、自然与谅解的气氛，和谐的人际关系等，这也是服务特色之所在。

由于各个公共部门从事服务的性质不同，上述指标在各项服务中的重要性也就不同，例如在财务部门，可靠性很重要；而对于交通运输业，安全就是第一位的要求。

（二）工作质量

工作质量是为了保证和提高产品或服务质量所做的工作的质量，如市场开发、设计、提供服务、服务业绩的改进与分析等工作的质量。

任何产品更新换代或服务的质量，都取决于人、材料、机器设备、方法和环境五个方面的因素。每个因素又受到其他因素的影响。要想获得较高的产品和服务质量水平，只能在管理过程中很好地控制这些因素，使之处于较稳定状态，也就是说要维持较高的工作质量水平，这是管理学中过程管理思想在质量管理中的体现，也是全面质量管理的基本内涵。

二、全面质量管理

全面质量管理是以质量为中心，建立在组织全体员工参与基础上的一种管理，其目的是通过顾客、本组织成员和社会收益来达到长期成功。

（一）全面质量管理的具体含义

1. 对全面质量的管理

全面质量管理针对的是全面质量。它不仅要对产品质量进行管理，也要对工作质量进行管理；不仅对产品或服务性能进行管理，也要对经济性、时间性、舒适性等进行管理；不仅要对人进行管理，也要对物进行管理。全面质量管理是整个组织和部门管理的重心。

2. 全过程的管理

为使顾客得到满意的产品和服务，不仅要对产品和服务的形成过程进行质量管理，还要对此以外的各项工作的各个环节进行质量管理。

3. 全员参与的管理

产品或服务的质量涉及组织内的各个部门和各个成员，他们的工作都直接或间接地影响着产品和服务的质量。因而，为了获得所期望的质量，必须要求组织内所有部门、成员都参与质量管理活动，不断改进和提高质量水平。全体员工的参与和创造性是全面质量管理的一大特色。在实践中，有员工组成的质量控制小组在全面质量管理中发挥着至关重要的作用。

4. 科学的管理

全面质量管理是现代管理的一种模式。它使用以统计方法为主的科学方法，并将其与新型经营管理技术结合起来。当然，全面质量管理并不排斥其他管理模式。在实践中，要将其与其他管理模式结合起来。

（二）全面质量管理思想

1. 质量第一

质量是组织管理工作的重要组成部分。虽然它不能替代其他的管理，如采购管理、财务管理、人事管理等。但是随着竞争的加剧与人们需求水平的提高，质量已成为关系到组织前途和命运的头等大事。质量管理也就成为组织各项管理工作的重点和中心环节。

2. 为顾客服务

质量就是满足顾客要求的能力和程度。全面质量管理就是在产品或服务的形成、传输和使用时，要以顾客的需求为考虑问题的出发点和检查效果的归宿。与其他管理模式不同，全面质量管理中的顾客属于广义的顾客，它不仅包括组织系统以外的服务对象，而且包括组织内部得到前一个单位服务的后一个单位。如公共部门内的人事、财政、办公室、研究等机构的顾客不仅包括部门外的其他人员和机构，而且包括本部门内的其他业务机构。任何组织都依存于他们的顾客，因而组织应理解顾客当前和未来的需求，满足顾客需求并争取超过顾客的期望。

为了达到这一目标，首先必须全面地理解顾客对于公共服务、可依靠性等方面的需求和期望，并将这些需求和期望传达至整个组织，测定顾客的满意度并为此而努力。

3. 预防式管理

全面质量管理理论认为，仅靠产品或服务的质量检验不可能真正提高质量水平。只有在质量管理过程中，采取先进、规范的管理方式，将质量问题消灭在萌芽之中才能达到目的。因此，全面质量管理特别注意预防式管理，通过建立一整套质量保证体系来达到防范于未然的目的。

4. 大家受益

全面质量管理将质量理解为"大 Q"，意即质量的受益者包括五个方面，即顾客、业主、员工、供应者和社会。全面质量管理的目的在于在使这些受益者受益方面达到长期成功。作为一种现代管理方法体系和现代企业文化，全面质量管理着眼于通过系统优化来实现组织的长远宗旨和方向，因而它摒弃就事论事，摒弃短期行为和眼前利益。

5. 领导作用

领导者建立组织相互统一的宗旨、方向和内部环境。所创造的环境能使员工充分参与实现组织目标的活动。作为领导，应努力进取，起领导的模范带头作用；了解外部环境条件的变化并对此作出响应；考虑到包括顾客、所有者、员工、供方和社会等所有受益者的需求；明确地提出组织未来的前景；在组织的各个层次树立价值共享和精神道德的典范；建立信任感、消除恐惧心理；向员工提供所需要的资源和在履行其职责和义务方面的自由度；鼓舞、激励和承认员工的贡献；进行开放式的和真诚的相互交流；教育、培训并指导员工；设定具有挑战性的目标；推行组织的战略以实现这些目标。

6. 全员参与

各级人员都是组织的根本，只有他们的充分参与才能使他们的才干为组织带来效益。例如全体管理人员应承担起解决问题的责任；主动地寻求机会进行改进；主动地寻求机会来加强他们的技能、知识和经验；在团队中自由地分享知识和经验；关注为顾客创造价值；对组织的目标不断创新；更好地向顾客和社会展示自己的组织；从工作中得到满足感；作为组织的一名成员而感到骄傲和自豪。员工能够有效地对改进组织的方针和战略目标作出贡献。员工承担起对组织目标的责任，员工参与适当的决策活动和对过程的改进，员工对他们的工作岗位更加满意，积极地参与有助于个人的成长和发展。

7. 过程方法

将相关的资源和活动作为过程来进行管理，可以更高效地达到预期的目的。应该对过程给予界定，以实现预期的目标。识别并测量过程的输入和输出。根据组织的作用识别过程的界面。评价可能存在的风险，因果关系以及内部过程与顾客、供方和其他受益者的过程之间可能存在的相互冲突。明确地规定对过程进行管理的职责、权限和义务。识别过程内部和外部的顾客、供方和其他受益者。在设计过程时，应考虑过程的步骤、活动、流程、控制措施、培训需求、设备、方法、信息、材料和其他资源，以达到预期的结果。整个组织利用确定的过程，能够增强结果的可预见性、更好地使用资源、缩短循环时间、降低成本。了解过程能力有助于确立更具有挑战性的目标。采用过程的方法，能够以降低成本、避免失误、控制偏差、缩短循环时间、增强对输出的可预见性的方式得到运作的结果。可降低在人力资源管理（如人员的租用、教育与培训等）过程的成本，能够把这些过程与组织的需要相结合，并造就一支有能力的劳动力队伍。

8. 持续改进

持续改进是一个组织永恒的目标。应将持续地对产品、过程和体系进行改进作为组织每一名员工的目标。应用有关改进的理论进行渐进式的改进和突破性的改进。周期性地按照"卓越"的准则进行评价，以识别具有改进的潜力的区域；持续地改进过程的效率和有效性。鼓励预防性的活动。向组织的每一位员工提供有关持续改进的方法和工具方面的教育和培训，如：PDCA 循环、解决问题的方法、过程重组、过程创新；制定措施和目标，以指导和跟踪改进活动；对任何改进给予承认。

9. 以事实为决策依据

有效的决策是建立在对数据和信息进行合乎逻辑和直观的分析基础上。要达到这一点，必须对相关的目标值进行测量，收集数据和信息；确保数据和信息具有足够的精确度、可靠性和可获取性；使用有效的方法分析数据和信息；理解适宜的统计技术的价值；根据逻辑分析的结果以及经验和直觉进行决策并采取行动。

第四节　公共质量管理的工作程序和质量保证体系

全面质量管理思想是一个组织在质量管理方面的总体原则，这些原则需要通过具体的活动得到体现。其应用可分为质量管理和质量保证两个层面。质量管理要考虑的是作为一个公共部门组织管理的重要组成部分，怎样保证目标的实现。组织要生存、要发展、要提高效率，当然离不开顾客，离不开质量。就质量保证来说，主要目的是取得足够的信任以表明组织能够满足质量要求。因此，所开展的活动主要涉及：测定顾客的质量要求、设定质量方针和目标、建立并实施文件化的质量体系、最终确保质量目标的实现。从中可以看出，质量管理要开展的活动就其深度和广度来说，要远胜于质量保证所需开展的活动。下面就从全面质量管理的工作程序和质量保证体系分别阐述。

一、全面质量管理的工作程序

（一）全面质量管理的 PDCA 循环

全面质量管理是一套规范的管理模式。美国管理学家戴明在研究和指导日本企业进行质量管理时提出过称为"PDCA 循环"的工作程序，其工作程序为：

1. 计划（Plan）——搜寻质量管理问题，针对性地制定质量方针、目标，奖励质量标准和工作制度等。

2. 实施（Do）——根据计划阶段的方案，采取具体行动和措施，贯彻执行计划。

3. 检查（Check）——检查实施阶段的各种任务和活动是否遵循计划阶段制定的标准，结构是否达到预期要求。如果没有，存在的问题及其原因又是什么。

4. 处理（Action）——根据检查结果采取相应措施。如果导致问题产生的因素是有利的，则可以在认真实验后固定下来；如果这些因素是不利的，则应防止其再次发生。

以上四个方面构成质量管理工作的一个周期，形成循环的工作圈。如图 12-2 所示。

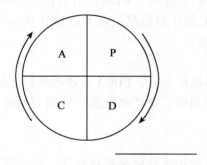

图 12-2　PDCA 循环

对于一次 PDCA 循环而言，在循环的处理阶段，应将该次质量管理的成功经验和教训加以总结，以形成更为标准和科学的工作程序。只有如此，质量管理工作才会每经过一次循环而提高一个台阶，后面的每一个环节都高于前一个环节，但又能环环相扣。如下图 12-3 所示。

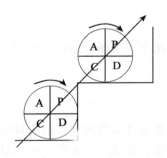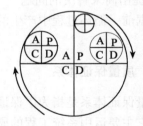

图 12-3　多次 PDCA 循环

对于整个部门而言，其中的任何分部门，或任何工作阶段，都存在着全面质量管理的 PDCA 循环。每一个循环都存在计划、实施、检查和处理阶段，形成一环扣一环，环环相扣的局面。

（二）公共部门的 PDCA 循环

PDCA 循环是公共部门开展全面质量管理工作的典型程序类。对公共部门而言，PDCA循环可被细化为八个步骤：

1. 问题的认定

公共部门在考虑如何提供最佳服务时，必须首先清楚该部门的工作性质，再确定问题存在的可能根源及大致的改进方向。

2. 分析产生问题的原因

3. 找出最大的原因

4. 制定计划

在一个完整的计划中，要能明确地回答"5W1H"的问题，分别是：必要性（Why）、目的（What）、地点（Where）、时间（When）、执行人（Who）和方法（How）。针对一些难度较大的问题，所制定的计划因尽量将其定位于实际可能达到的程度，主要利用PDCA循环来渐进地解决问题。

5. 执行计划

公共部门所制定的计划是在上一个 PDCA 循环的基础上制定的，所以具有一定的针对性和科学性，那么在执行计划时，要严格地落实计划与措施，以达到全面质量管理的效果。

6. 调查效果

由于公共部门的工作性质和活动成果很难量化，导致其质量改进的效果一般不太明显。如果调查方法不当，可能会挫伤管理人员的积极性，所以无论在调查方法还是在调查对象上都应多样化。

7. 巩固成绩

标准化是巩固成绩的主要途径。它是指在经济、技术、科学及管理等社会实践中，对重复性事件和概念，通过制定、发布和实施标准，达到统一，以获得最佳秩序和社会效益。公共部门可以将质量管理中的一些成功经验固定为标准，实行手册化管理，从而提高其服务质量。

8. 提出尚未解决的问题

根据前一循环过程中产生的但尚未解决的问题，提出下一个循环的针对性问题及解决方案。

二、质量保证体系

质量保证体系是指为了保证和提高产品和服务质量而在各组织内建立的一种质量管理系统。它主要运用系统工程的原理和方法，通过规定组织内各部门、各环节在质量管理方面的职责、任务和权限，并建立统一协调机构将它们严密组织起来，以保证产品和服务满足用户的需要。质量保证体系既是组织对顾客的一种质量保证，也是取得优质产品和服务的一种管理手段。这是全面质量管理深入发展的结果。

（一）质量保证体系的要素

作为一个管理系统，质量保证体系从静态上或从结构要素上可以分为组织机构、职责、程序和资源四个部分；从动态或从运作要素上，可以分为开发、设计、提供和改进四个环节。从总体上说，质量保证体系的构成要素如下：

1. 结构要素

它包括组织结构、职责、程序和资源四个部分。

（1）组织结构。在政府机构中，必须把全面质量管理纳入日常的组织结构中去，或者说将全面质量管理渗透到组织的标准运行程序、价值观念和组织文化中去，但不宜建立一个常设性的支持全面质量管理的部门，因为这样会妨碍全面质量管理与日常运作的结合。如果建立了独立的全面质量管理部门，项目就由该部门即全面质量管理办公室来协调，这会使员工觉得质量改进项目是一个独立的、与日常工作相分离的项目。所以，全面质量管理要在整个组织的各个层次和日常工作的各个方面加以实施。

（2）职责。公共部门内的各位员工从事的各项活动都在直接或间接地影响着整个部门的最终服务质量。所有人员都应承担起维护和提高工作质量的职责。这是全面质量管理的全员参与原则的要求。除此之外，有些机构和人员还承担着专门的质量管理职责。

（3）程序。程序是指为完成某项活动所规定的方法。它一般以书面形式规定为：满足顾客需要所进行的活动的目的和范围；应由谁来做；何时何地以及如何去做；应使用何种材料、设施及文件，以及如何控制和记录等。

（4）资源。保证员工具有满足组织的顾客所需的知识与技能。

为了实施质量体系，必须具备足够和适当的资源，主要是人力资源和物质资源。其中，人力资源的开发最为重要。科恩在《出色的公共管理人员》一书中指出，造成失败的最终因素是忘记了机构是由人组成的，人是至关重要的，管理可以看做是一门安排人去做的艺术。公共部门应从三个方面来开发人力资源：首先是激励。例如基于能力来选择工作人员；为员工提供良好的工作环境；注意开发员工的潜能；使员工充分理解工作任务和目标；给予适当的表扬和奖励等。其次是培训与开发。要分类培训；要注意各类人员质量意识和质量管理方法、技能的培训；要加强人员沟通能力、合作意识和技能的培养等。最后是沟通联络。通过培养员工的沟通技巧，建立正式的沟通渠道组织与顾客、组织内部人员之间的关系，以保证服务的及时性和运转流畅。它旨在处理结构僵化、群体内和群体间的竞争、组织感受性迟钝的问题在运用操作小组、问题定向小组、管理小组等形式时，组织允许雇员建立灵活的半自治工作小组，小组建设试图通过强调各种技术来改进组织质量和绩效，还通过建立学习型组织促进公共管理人员的教育培训。物质资源主要包括提供服务所使用的设备和储备品，运作过程中所必需的条件，质量评定用的设施和运作文件、技术文件等。

2. 运作要素

它包括开发、设计、提供以及业绩分析和改进四个部分。

（1）开发

开发是指从顾客和社会出发，识别和确定服务对象的需要，结合本组织实际情况，提出一个完整的服务纲要，说明服务的类型、规模、档次和质量要求等内容。

（2）设计

设计能够保证将目标直接与顾客的需求和期望相关联，将组织未来的前景转化为可测量的目标。依据服务纲要来解决如何进行服务的问题，其任务是定出规范，主要有：服务规范，即服务应达到的水准和要求；服务提供规范，即怎样达到服务设计过程中制定的服务规范的水准和要求。它应明确每一项服务活动怎样做才能保证服务规范的实现。这也是经常说的服务过程要程序化，服务方法要规范化；服务质量控制规范，即怎样控制服务质量过程的各个阶段的质量，特别是服务提供过程的质量。

（3）提供

它能够改进组织满足顾客需求的业绩，通过授权和员工的参与，实现组织的目标。

这一过程是按上述三个规范要求进行服务的实施，当服务提供结束并出现了服务的结果后，再对服务结果进行供方评价和顾客评价。该过程涉及服务组织各个部门和全体工作人员与顾客直接接触的过程，也是考察和评定服务纲要、三个规范及其实践的过程。

（4）业绩的分析和改进

在服务提供过程所作出的供方评价和顾客评价的基础上，进行服务业绩的分析和改进，并将分析和改进的结果反馈到开发和设计过程，以形成服务质量信息的循环系统。这一长期渐进的变革过程要求时常进行反馈，以确保变革不仅仅只是表面上的变化，而是真正成为公共部门的一种渗透性的文化的一部分。

（二）质量保证体系的建设

质量保证体系的建设直接关系到公共部门最终服务的优劣，具有一定的复杂性、相当大的难度和较大的工作量。这是一项系统工程，与PDCA循环相对应，其主要步骤和方法如下：

1. 统一认识和组织决策

（1）高层管理者统一认识和决策

全面质量管理最重要的构成要素来自于高层管理者的认识、支持和决策。高层管理者必须直接而且积极地投入，并为建立一个鼓励变革、鼓励创新，以工作为荣以及为了公共利益而持续不断地改进的组织环境而努力。同时，作为高层管理者，应对质量体系的重要性有着深刻的认识，并在此基础上作出相应的决策。

（2）建立精干的工作班子

精干的工作班子是建设质量保证体系的组织基础。它由最高管理层直接领导，代表最高管理者发动、组织、协调、控制和管理质量保证体系的建设工作。工作班子的规模依公共部门的具体情况而定，其成员要精干，具有较高的工作热情和工作能力。

它的基本思想是使少数重要的参与者更多地处理而不是研究或讨论问题。但是必须要群体计划并且实施切实可行的解决方案。

（3）制定工作计划

这是PDCA循环的P阶段。制定的计划要全面、明确，有一定的弹性。

（4）教育培训

教育培训贯穿于质量保证下建设的全过程。在本阶段，教育培训的任务主要是加深员工对质量保证体系的认识，了解其目标和要求，掌握其步骤和方法。

（5）制定质量方针和目标

2. 选择要素和开展活动

（1）现状调查

遵循已经制定的质量方针和目标，对本部门服务的全过程、各个方面进行详尽的调查，了解现状，发现问题，分析原因，并提出努力改进的方向。

（2）选择运作要素

质量保证体系是由若干运作要素支撑的。公共部门应在调查的基础上，根据自己所要解决的问题，来确定运作要素。

（3）将要素展开为活动

质量保证体系运作要素只有具体化为各项活动才有实际价值。因而，要根据本部门质量工作规律和选择的运作要素，确定一项具体活动，并充分发动有关人员参与、支持这些活动，以便质量工作能切实地向前推进。

3. 分解职责和配置资源

（1）建立健全组织机构

根据公共部门现有组织机构的状况，遵循质量活动的要求，对现有组织机构进行适当调整和重新设计。

（2）明确和正确地分解职责

（3）确使资源合理地配置

4. 编制质量保证体系文件

全面质量管理必须在规范的基础上进行，而规范的表现形式就是文件体系。因而，建设质量保证体系，必须建立起一套相应的文件体系。这套文件体系主要由四个部分组成：

（1）质量手册

这是质量保证体系文件中的总体性和纲领性文件，其目的是阐述公共部门的质量方针和整个质量保证体系。质量保证手册的内容包括：质量方针；质量目标；组织体系；运作要素；实施要点；质量体系文件的管理，包括文件的结构、制定和审批程序、分发、控制和归档等。

（2）质量计划

这是针对特定的产品、服务、合同或项目，规定专门的质量实施、资源和活动的文件。

（3）程序

这是有关质量活动的目的、步骤、方式、时间、资源等程序内容的文件。

（4）质量记录

这是为已完成的活动和达到的结果提供客观证据的文件。它包括实际服务过程的全部信息，如质量目标达到的程度，顾客的满意程度，质量改进状况，人员的技能和培训，与竞争对手的比较等。

5. 实施质量保证体系

这是质量保证体系建设的关键一步，应注意以下几点：

（1）不断组织教育培训，使各级员工掌握质量保证体系文件。

（2）注意随时掌握质量保证体系实施过程中的情况，加强组织协调。

（3）严格对有关程序、方法、条件、过程、产品和服务、记录进行连续监视和验证，以纠正偏离规范的情况。

（4）建立信息封闭管理系统，及时发现并纠正不符合质量保证体系文件要求的情况，并对质量体系文件本身存在的问题进行处理。

（5）组织对质量保证体系审核与评审。

小　　结

所谓目标就是在一定时间内期待于每个部门、需要每个人的努力才能完成的工作结果。目标管理是由参与管理者制定目标，并经过自我管理和自我控制等管理方式，建立各级人员的责任心和荣誉感，最终实现组织绩效的一套管理系统。这套系统是由下级与上级共同决定具体的绩效目标，并且定期检查完成目标的进展情况，而奖励则是根据目标的完成情况来确定。

目标管理的制定由准备工作、初步拟订目标、初拟目标的讨论与修订、制定目标实施计划、填写目标卡片几个步骤组成。

全面质量管理是为了能够在最经济的水平上，并在考虑到充分满足用户需求的条件下进行市场研究、设计、生产和服务，把企业各部门的设计质量，过程控制质量和质量改进等活动构成一体的有效体系。公共部门的全面质量管理包括八个步骤：问题的认定、分析产生的原因、找出影响最大的原因、制定计划、执行计划、调查效果、巩固成绩提出尚未解决的问题。

质量保证体系是指为了保证和提高产品和服务质量而在各组织内建立的一种质量管理系统。它主要运用系统工程的原理和方法，通过规定组织内各部门、各环节在质量管理方面的职责、任务和权限，并建立统一协调的机构将它们严密地组织起来，以保证产品和服务满足用户的需要。质量保证体系既是组织对顾客的一种质量保证，也是取得优质产品和服务的一种管理手段。这是全面质量管理深入发展的结果。

重 点 名 词

目标管理　关键目标因素　控制　质量　服务质量　全面质量管理　质量保证体系

复习思考题

1. 目标管理的概念和特点是什么？
2. 公共部门如何实施目标管理？
3. 如何确定关键目标因素？
4. 有效目标的标准是什么？
5. 目标实现中有哪些控制活动？
6. 何谓全面质量管理？如何在公共部门推行全面质量管理？
7. 试阐述全面质量管理的思想。
8. 什么是"PDCA"循环及其工作步骤？
9. 质量保证体系的要素有哪些？
10. 公共部门如何建立质量保证体系？

第十三章 公共部门的绩效管理与监督

第一节 公共部门绩效管理的概念和意义

一、绩效、政府绩效和绩效管理的概念

1. 绩效的概念和类型

绩效是指从过程、产品和服务中得到的输出结果，并能用来进行评估和与目标、标准、过去结果以及其他组织的情况进行比较。简单地说，绩效是指社会和经济管理活动的结果或成效。绩效一般包括三种类型：一是以顾客为中心的绩效，包括产品和服务绩效。它是指关于顾客感觉反映和行为的测量和指示物，以及相对于顾客的产品和服务特性的测量和指示物，包括顾客保留、投诉、顾客调查结果、产品可靠性、准时交付、顾客经验的缺点水平和服务反映时间等；二是财务与市场绩效。它是指关于成本、收入和市场地位的测量，资产利用、资产增值和市场份额的测量等；三是运作绩效。它是指人力资源和供应商在有效性和效率方面的测量和指示物等。

2. 政府绩效的概念和内容

政府绩效是指政府在社会经济管理活动中的结果、效益、效能，是政府在行使其职能、实现其意志过程中体现出来的管理能力。政府绩效的内容主要包括：其一是政治绩效。在市场经济条件下，它经常表现为制度安排和制度创新。其二是经济绩效。它主要表现在经济可持续发展上，即国民经济量的增长和质的变化。其三是社会绩效。它主要表现在社会全面进步，社会稳定和发展，而安全与犯罪、公平与正义、福利与贫困、稳定与动乱等指标是其重要的参数。其四是文化绩效。它主要是指精英文化和大众文化的互补与渗透以及文化的繁荣与整合。

3. 绩效管理的概念和内容

美国国家绩效评估中的绩效衡量小组给绩效管理下的定义是，利用绩效信息协助设定绩效目标，进行资源配置与优先顺序的安排，以告之管理者维持或改变既定目标计划，并且报告成功符合目标的管理过程。绩效管理的基本内容主要包括：其一是绩效评估。它是指一个组织为了达成某种目标，怎样达成以及是否达成目标的系统化过程。绩效评估可分为组织的绩效、计划的绩效和个人的绩效。其二是绩效衡量。它是管理者设计的足以衡量组织目标实现的绩效评估指标体系，以利于进行不同组织与不同时期的比较。其三是绩效追踪。它是指对组织的绩效进行持续的监测、记录与考核，以作为改进组织绩效的基本依

据。据此，绩效管理的概念可以作如下定义：绩效管理是指收集绩效信息，进行绩效衡量，设计与执行有效管理，推动绩效不断改进的整体活动和过程。

二、公共部门绩效管理的意义

在现代公共管理中，绩效管理愈来愈受到西方国家的普遍重视，并被大多数西方国家采用，这足已证明其重要性。实行公共部门的绩效管理的意义主要在于：

1. 有利于公共部门责任的落实

公共部门对公民的责任主要表现在四个方面：其一，政府的支出必须符合人民的意愿并符合正当的支出程序；其二，资源必须被有效利用；其三，资源使用必须达到预期的效果；其四，人们期望政治家能为自己作出的决定负责。这些责任都要求有一套能对绩效做客观评价的方式。如果不能正确和科学地评价政府的绩效，那么，公众就很难知道公共部门是否负起了责任。

2. 有利于衡量政府制定和实行的公共政策是否满足不同顾客的要求

公共服务面对各种各样的顾客，一项公共政策出台，受益者会拥护和支持它，受损者会不满和抵制它，利害关系人都希望政府的公共政策能够满足他们的利益。因此，公共管理者经常面临两难的困境，这就需要对公共管理的绩效进行评估和衡量，尽量兼顾和满足不同顾客的要求。

3. 有利于推动从重过程向重结果转变

传统的公共行政管理主要强调过程和投入，不重视结果，往往导致形式主义和官僚主义；而当代公共管理不仅强调程序和规则的重要性，更强调结果，即是否满足公民需要更为重要。因此，实行公共部门的绩效管理，有利于推动从重过程向重结果转变。

4. 有利于促进从重个人绩效的评估、研究转向个人绩效的评估、研究和组织绩效的评估、研究并重

在过去，几乎所有的公共部门都重视并进行公务员个人绩效的评估，但在个人与组织联系和互动日益密切的今天，仅仅进行个人绩效的评估和研究是不够的，个人绩效的提高并不一定会导致组织绩效的提高，只有将二者有机地结合起来进行评估和研究，才能促进组织整体绩效的提高。

5. 有利于激励机制和约束机制的建立与完善

任何管理，包括公共组织的管理，都需要某种诱因机制，才能充分发挥人的主观能动性，激发人的工作热情，组织的诱因机制最重要的是将绩效与奖惩联系起来。通过绩效评估，为组织的激励机制和约束机制提供了依据，有利于激励机制和约束机制的建立与完善。

6. 有利于改变政府机关铺张浪费的现象

在过去，政府机关的运作不计消耗、不计成本、不讲效益，铺张浪费的现象普遍。绩效管理作为一种管理工具，最重要的意义是在政府的运作和管理上，引进了成本和效益的分析，这就为杜绝政府机关铺张浪费，促进公共部门的资源优化配置奠定了基础。

第二节　公共部门的绩效评估

一、绩效评估的内涵、类型

（一）绩效评估的内涵

绩效评估已广泛地运用于管理学、组织行为学、人力资源管理学等学科之中，但到目前为止，对绩效评估还没有一个统一的大家公认的定义，人们都从各自学科的角度对绩效评估的概念进行界定，界定一般从对个人绩效评估和对公共部门的绩效评估两个方面展开。

对个人绩效评估的界定：美国学者史密斯·穆飞认为，"绩效评估是组织对雇员价值秩序的决定"。朗格斯纳认为，"绩效评估是基于事实，有组织地、客观地评价组织内每个人的特征、资格、习惯和状态的相对价值，确定其能力、业务状况和工作适应性的过程。"韦恩·蒙迪认为，"绩效评估是定期考察和评价个人和小组工作的一种正式制度"。中国学者吴国存认为，"绩效评估是对雇员与职务有关的业绩、能力、业务态度、性格、业务适应性等诸方面进行评定与记录的过程。"

对公共部门的绩效评估的界定：例如，有人认为，"绩效评估是一个适用于为评价政府活动、增强为进展和结果负责的一切有系统的努力的术语。"也有人认为，"绩效评估是评价达到预期目标的过程，包括以下信息：资源转化为物品和服务（输出的效率），输出的质量（提供给顾客的效果，顾客满意程度）和结果（与所期望目的相比项目活动的后果），政府在对项目目标特定贡献方面动作的有效性。"还有人认为，"绩效评估指政府体系的产出产品在多大程度上满足社会公众需要。"美国审计总署认为，绩效评估"是便于公共决策者获取相关信息的一种方法，比如关于某一问题，关于为解决或缓解该问题所采用策略的相对有效性，关于特定方案的实际有效性。"中国学者陈振明认为，可以"从三个方面去理解绩效评估的内涵：在微观层面，绩效评估是对个人工作业绩、贡献的认定；中观层面，便是政府分支的各部门，包括事业单位、非营利组织如何履行其被授权的职能，如政策制定执行的效果，项目管理实施的状况影响，给民众提供服务的数量、质量等；从宏观层面来说，是整个公共部门或狭义上指政府绩效的测评，政府为满足社会和民众的需求所履行的职能，体现为政治的民主和稳定，经济的健康、稳定与快速发展，人们生活水平和生产质量的持续提高，社会公正与平等，国家安全和社会秩序的改变，精神文明的提高等方面。"

（二）绩效评估的类型

绩效评估的种类日趋多样化。从评估机构的地位分：可分为内部评估和外部评估。内部评估是公共组织内部的评估者完成的评估，内部评估的最大优点是评估的主体本身就是该部门的决策者、管理者和工作人员，他们对该组织有更详尽的了解，在持续的、长期的评估中有很多优势。但是，由于受自私自利、本位主义和专业理论知识的缺乏等因素的影响，很难保证评估结果的客观公正；外部评估是公共组织外部的评估者完成的评估，此类评估者包括，营利性或非营利性的研究机构、学术团体、专业性的咨询公司、大专院校的专家学者等。外部评估的优点是比较客观公正，专业理论知识强。但是，也存在资料的获取比较困难等不足。因此，在实践中，应把内外评估结合起来，取长补短，提高评估质量。

从评估的对象分：可分为个人绩效评估和组织绩效评估。个人绩效评估是有组织地、客观地对雇员的特性、资格、能力、业务态度、工作适应性及对组织的贡献所作出的评估。公共部门的个人绩效评估源远流长，在方法上、技术上、流程设计和指标建构上都形成了一套比较完备的体系；组织绩效评估是指对公共部门产出的产品在多大程度上满足社会公众的需要所进行的评估。由于公共部门的组织行为比雇员个人行为复杂且难以界定，加之组织绩效评估的时间不长，因此这种评估相对难度较大，在科学化、规范化和制度化方面还显得不够完善和成熟。

从评估的目标分：可分为管理与改进型评估、责任与控制型评估和节约开支型评估。管理与改进型评估在竞争的压力下需要更多地使用市场测试、竞争力与标杆管理等更加灵活的管理工具和技术；责任与控制型评估只需要简单而透明的绩效信息系统，绩效指标与数据应是易于获得并被大众所熟悉了解的；节约开支型评估主要关注公共部门的投入。由于评估目标的多样性和混合性，各国并不会单一使用一种评估类型，往往根据具体需要将不同类型的评估混合使用。在实践中，复合式评估具有强化绩效评估的潜力。

二、公共部门绩效评估的构成要素

绩效评估的构成要素主要有：绩效评估的目标、绩效评估的途径、绩效评估的制度安排和绩效评估的信息系统。

1. 绩效评估的目标。绩效评估最根本的目的是评价公共部门的行为活动和运营状况，审查公共组织对资源的利用及所取得的成绩，以期向公众证明公共资金得到合理和富有效率及效力的使用，从而维护公共部门存在的合法性。根据评估的侧重点不同，评估可具体分为提高组织绩效、明确责任制和增收节支三个目标。通过绩效评估，促进公共组织内部功能的发挥，以达到持续提高组织绩效的目标，确定资源在公共部门与私营伙伴之间的分配，并进一步明确两者相应的责任和建立相应的外部监控机制，衡量并比较政府和公共部门的组织绩效（效率、效力和质量等），借鉴有效的管理制度、程序和方法，缩减公共组织不必要的活动，以实现节约成本、增加收益的目标。

2. 绩效评估的途径。实现绩效评估通常采用自上而下或自下而上的途径来进行，也可以采用全面式的推进或渐进式的推进。

3. 绩效评估的制度安排。制度安排涉及评估中各部门的地位和角色的安排。一般来说，财政和预算部门在指导评估的过程中起着重要作用。有些国家的财政部门中分别设有绩效评估管理机构和预算机构。如果财政部门中没有绩效评估管理机构，那么在财政部门中新设立机构以进行绩效管理和评估也是常见的做法。财政部长有时甚至对绩效管理和绩效评估直接负责。除了财政部门以外，中央其他部门和地方部门也能对与绩效评估相关的一些事情负责。同时，在现有部门内部建立专家管理机构来帮助开展绩效管理和绩效评估是十分必要的，专家管理机构的职责主要是起思想库的作用，而不是作为各部门绩效评估的竞争对手出现。此外，培训员工，获得员工对绩效管理和绩效评估的支持，创造以绩效为导向的文化氛围也是有效绩效评估和绩效管理中的重要因素，因此建立有关的培训制度，帮助组织成员转变观念和态度，也是制度安排的必要内容。

4. 绩效评估的信息系统。绩效评估的信息系统包括以下几个方面：第一，绩效评估体系的内容，一般包括产出、效益、财政结果、预先制定的衡量内容或服务质量、顾客满意程度等。绩效评估的内容不是一成不变的，它随着管理的需要在不断变化；第二，绩效评估的信息审核与评价制度。对与绩效相关的信息进行审核是产生有效绩效评估的关键步骤。审核的内容主要有，指标体系选择的适当性和有效性、资料收集和加工的可靠性、资料信息的准确性和完整性、用于评判的标准、对结果的解释和评估信息与决策的相关程度等。绩效资料和信息的审核一般需要专门机构来管理；第三，绩效评估信息的使用机制。对绩效进行比较和对结果进行评价是绩效评估的关键步骤，也是评估的意义所在。绩效评估信息可以在三个方面使用：使用绩效评估信息检验组织是否达到原先设定的目标；利用绩效评估信息来进行绩效预算的操作；在组织和个人层面上，利用绩效评估信息对个人和组织进行绩效激励。

三、公共部门绩效评估的程序

绩效评估的程序一般要经过整体规划——技术准备——资料和信息的收集——评估实施——结果反馈——提出改进方案六个阶段。绩效评估的整体规划，主要是确定决策者的需要、明确问题的性质和范围、制定评估的有效目标和全面的考核办法；绩效评估的技术准备，主要任务是确定有效的评估标准、建立评估的指标体系、选择评估的技术方法和培训评估人员；根据评估的内容和范围收集评估所需要的资料和信息；评估实施，包括制定详尽的研究计划、设立评估小组、建立联系渠道、选用方法对收集的资料和信息进行评估；绩效评估的结果反馈是有效的绩效评估不可缺少的步骤，因为绩效评估不仅可以测量组织的绩效状况，解释没有达到预期目标的原因，而且可以发现影响绩效提高的障碍，重新设定评估目标和侧重点。

四、公共部门绩效评估的指标体系

公共部门绩效评估中最重要最困难的是建立衡量的指标体系。从理论上讲，可使用一个包括以下四个方面的模式：输入（提高服务所需的资源、人员、物力、财力），过程（传送服务的路径），输出（组织活动或提供的服务），结果（每一个产出或服务产生的影响）。这种模式虽然可以反映一个组织的绩效，但更为常用的指标模式是用具体的概念来构建。有些学者将它们概括为 4E 标准（Economic, Effectiveness, Efficiency, Equity）即经济、效益、效率和公平。见表 13-1：

表 13-1　　　　　　　　　绩效评估的评价标准和说明性指标

标准类型	问　　题	说明性指标
效益	绩效结果是否有价值	服务的单位数
效率	为得到这个有价值的结果付出了多大的代价？	单位成本、净利润、成本与收益比

续表

标准类型	问　　题	说明性指标
公平	成本和效益在不同集团之间是否等量分配？	帕累托标准、罗尔斯标准、卡尔多—希克斯标准
	绩效结果是否符合特定集团的需要？	
回应性	偏好或价值观念	与民意测验的一致性

经济即成本标准。这种衡量只是说明花去了多少钱，或是否按程序花钱。当然，成本衡量能很好地体现出预算和实际成本之间的差距。然而，成本本身并不能衡量服务的效率和效果，因而单一使用成本衡量不能满足绩效评估的要求。

效益即质量标准。效益衡量是看情况是否得到改善，即用来衡量提供服务的影响和质量，看服务是否达到预期目的，它关心的是目标和结果。效益可分为两类：一是改变现状的程度；二是行为改变的幅度。每一项服务都有明确或含糊的指向顾客的目标。这些目标可作为界定效益衡量的基础。效益与技术密切相关，往往按照产品或服务的数量或它们的货币价值来计量。例如核电站比太阳能设置产生更多的能量，核电站就被认为是更有效的，因为它产生了更多有价值的东西。效益衡量应该将可能的负面影响或至少是能事先明确的负面影响包括在内，例如交通系统的环境污染影响。虽然对于效益是什么没有一致的意见，但下面的例子提供了可供参考的建议：对于娱乐和图书馆服务，可使用顾客满意和设施及服务使用的指标来衡量；对于就业、健康和社会服务部门，可使用就业率、收入的提高度、健康状况等指标来衡量；对于街道的清洁，可使用街道的清洁度指标来衡量；对于消防部门，可使用第一辆消防车到达后火势的控制情况来衡量；对于后勤支援性的服务机构及采购、数据处理和车辆维护，可使用所提供服务的时效和质量指标来衡量。所提供的服务质量应包括以下内容：时效、可获得、礼貌和公平。质量衡量阐述了服务是如何提供的。此外，回应时间的衡量在很多项目的效益评估中使用，它包括衡量修理路灯的时间、对公民投诉处理的时间、履行采购订单的时间，还有警察和消防部门换班、出警的时间。

效率即生产力标准。效率指为产生特定水平的效益所付出努力的数量。简单地说就是投入与产出的关系。产出与投入的比率被称为生产力。反过来，投入与产出的比率被称为效率或单位成本，其实它们是同一概念。效率与经济理性同义，它关心的是手段问题，而且这种手段是以货币方式加以表达与比较的。效率的计量方法有单位产品成本和服务成本（如每次医疗检查的成本），或者单位成本能提供的产品和服务的数量（如花费100美元可做50次医疗检查）。最低成本实现最大效益就是有效率的。

公平。公平标准指的是效果（如服务的数量或货币化的收益）和努力（如货币成本）在社会群体中的不同分配，它与法律和社会理性密切联系。公平作为衡量指标时，关心的是接受服务的团体或个人是否都受到公平的待遇，需要特别照顾的弱势群体是否能够享受到更多的服务。公平无法在市场机制中加以界定，因而公平很难衡量。但是，下列原则可以指导公平性的衡量。一是帕累托标准：使一个人境况变好的同时，不能使其他人的境况变坏。帕累托标准的目的是保障最低福利。二是卡尔多—希克斯标准：在效益上的净受益者能补偿受损者。该标准的目的是保证净福利的最大化。三是哲学家罗尔斯提出的再分配标准：使处于条件恶化的社会成员的收益增加，则是正义的行为，标准强调再分配福利最大化。

回应性。回应性指的是效益、效率和平等标准是否真实地反映了特定群体的需要、偏好和价值观。例如，一项娱乐方案可能实现了设施的公平分配，但对特定群体（如老人）的需要却没有回应性。回应性也是非常重要的评价标准。

根据上述评价标准可设立如下一些衡量指标：

（1）工作量完成的指标。这种衡量方法是最常用的。但工作量的完成情况根本不能反映出活动的效益，如果不与以产出为目的而进行投入的资源数量联系起来，工作量的完成情况也反映不了活动质量和效力水平，因而工作量完成的衡量比较适合于内部的管理目的。应当尽量避免片面地追求提高工作量，而不考虑提高的原因。如果工作量的衡量仅仅是作为应达到的或应超过的标准，而又不与成本相联系或不考虑完成工作的性质，那么对工作量的衡量反而会鼓励与目标相悖的行为。

（2）工作标准指标。这是效果衡量的一种特殊形式。工作标准或是某项活动应花去的标准时间量，首先被确定下来。然后，机构还应该确定产出的数量和得到这些产出所花费的总时间，计算出每单位的实际平均时间，然后将其与每单位的工作标准时间相比较，得到比率结果就是实际完成的工作与以工作标准为基础的目标的比较。系统性的、可靠的工作标准应通过对时间和动作的仔细研究而得出。为得出合理的工作标准，可遵循下列步骤：首先检查和确定得出结果的程序，然后通过系统的目标方法确定完成这些程序所需的时间。随着新技术、新方法、新要求的出现，工作标准应随之定期更新。当然，工作标准的使用范围有限，它比较适用于有固定程序和标准产出的重复性工作，如数据处理、键盘输入、事务性工作、街道维修、车辆维护、公园和建筑物的维护和各种各样的检查等。

（3）效率衡量和效果质量相结合的指标。这种衡量主要是用来弥补工作量完成衡量法的不足。如果不考虑工作质量而片面强调工作量的完成，会鼓励雇员牺牲工作质量而只顾去完成一定的工作量。有三种方法可以解决这个问题：第一，在计算产出时引入质量衡量，而不仅仅是完成了多少工作量。例如，就业、精神健康和社会服务部门在计算产出时就不要使用服务顾客的数目，而是采用实际得到帮助的顾客数目，其效果衡量描述为每单位货币得到帮助的顾客数目。当然，这就需要使用可靠的程序和方法以评估顾客是否真正得到帮助。对于公园和娱乐部门，就可以使用每年使用娱乐设施的每个家庭的开支和他们的满意程度来衡量其产出。第二，将质量控制引入计算产出的工作量中。只有那些符合事先设定的质量标准的工作才能被算做产出，而有缺陷的工作不能被计算在内。例如，街面的修理如果不能通过质量检查，或在规定的时间前就破损了，这种情况就应被排除在产出计算之外。第三，如果上述两种方法都不适用，可以将效果和质量衡量与投入产出比率一起使用，以说明效率在变化时效果如何变化。例如，如果发现单位成本上升了，而效果质量却在这一时期内下降了，就可能是以牺牲效果为代价来提高效率。这时，就应采取措施使效率和效果同步。

（4）资源利用指标。这种衡量是指生产服务的过程中可提供的或可获得的人员和设施时间利用比例。总的生产时间要包括设备和人员的停工时间。对于个人来说，需要衡量的是用在生产活动上的时间（而不是用在等待原材料和设备上的时间）占总生产时间的百分比。另外资源利用衡量还可以衡量在岗的平均人员数和"未被利用的能力"（例如，公共运输车辆的装载因素，和进入供水系统但又由于泄漏未被利用的水量）。这些衡量可以说明执行问题和资源的低效利用。资源利用衡量的目的在于增加利用资源价值的潜力。这种衡量并不直接反映效益，但能指出提高效益的潜在能力在什么地方。

（5）生产力指标。指数能反映出某段时间内绩效与设定的基础绩效（作为比较对象的基础时间内的绩效）相比较所发生的相对变化。某一时间的绩效如果被用做基础绩效，则其绩效之值设定为100。下一年的指数就是实际绩效与基础绩效年的绩效相比较得出的比率。例如，下一年的实际绩效比基础绩效年的绩效高出7个百分点，则下一年的指数为107。单个服务活动的不同指数，甚至是不同的服务活动的指数，还可以联合使用以反映出指数的整体情况。例如，第一项服务活动需要花去一年雇用时间中的25%，而第二项服务活动则要花去一年雇用时间中的50%，在计算整体生产力指数中，第二项活动的指数是第一项活动指数的2倍。

（6）成本与收益比率指标。经济学家们比较推崇这种衡量方法。成本与收益比率一般要求将产出转换成货币单位。如果比率是1:2，则说明每付出1元的成本会得到2元的收益。只要收益超过成本，项目就值得投资。然而，问题在于大多数的政府服务产出并不能完全转换为有意义的货币价值。例如，如何确定清洁的价值、人们感到满意的价值、优质水的价值。成本与收益比率比较适用于专门的课题研究中，而不适合政府的日常绩效衡量。

（7）综合性的绩效指标。上述单个衡量方法似乎都有些不足，在实际工作中，人们趋向于使用综合性的指标绩效衡量。其中，有一种叫做全面绩效衡量方法。全面绩效衡量将以工作量为导向的单位成本衡量、质量衡量、雇员态度衡量等多方面的信息综合起来。雇员态度调查的目的是界定为提高生产力而必须扫除的潜在的困难和障碍，而不是衡量雇员的满意程度。

以上说的只是一般性的衡量标准和指标。在实际的具体衡量中，不同的组织和机关，不同的政策和项目，衡量的具体标准和指标会有不同。

同时，在确定指标体系时还必须注意不要使用一些错误的衡量指标。这些错误的衡量指标虽然对政府官员的政绩有用，但并不能反映出效益、效力等绩效情况，如产品的总量、人均成本、人（或户）均收入、人均读书册数、人员与顾客的比率等。例如，获得警察保护的人均成本就根本不能说明人们能从这些支出中得到什么。又如，人（或户）均收入不能反映单人单户实际生活状况。再如，人均读书册数和人员与顾客的比率如果不同顾客的满意度联系起来，也反映不出服务提供的质量、效果和效率。因此，好的绩效指标的标准应该是：其一，界定清楚而有一致性；其二，必须和组织的需求及目标有关；其三，被评估的人或组织不可影响绩效指标的运作；其四，具有广博性和在一定的范围内；其五，使用的信息正确和广泛；其六，必须为组织的各级人员所接受，符合组织文化。

第三节 公共部门绩效管理中的问题和对策

一、公共部门绩效存在的主要问题

人们对绩效管理与评估的重视，始于 20 世纪初，到 20 世纪 80 年代以后，开始实施绩效管理，并且追求高绩效的公共组织成为公民与政府的共同目标。只有对政府绩效进行衡量，民众才能知道政府各部门的生产力如何，政府也才能真正了解自己到底做得如何。然而，公共组织的绩效管理，特别是绩效衡量实属不易，许多学者都认为绩效不易衡量公共组织的特征。

学者林奇和戴伊在回顾了美国公共部门的绩效衡量时，认为要有效地衡量政府绩效并不容易，因为，在实际工作中常常存在如下限制：

（1）内部无能的反功能。每一个组织的绩效衡量在理论上都应该量身订制，但公共部门内部缺乏具有分析背景的专业人才，使得绩效衡量的工作变得眼高手低。

（2）政府绩效的因果关系难以确认。公共部门的计划结果往往很难衡量，因为公共产品通常无法分割，所以公共输出不易描述，产出的价格和单位成本也不易衡量。

（3）公共部门组织很少能控制环境的因素，因此绩效衡量往往只限于直接的输出项。例如，公务员无法控制与公共安全及公共健康有关的所有因素，所以要求公务员对其负责是值得商榷的。

（4）政治考量经常是资源配置的重心，所以要获取客观的绩效衡量。

因此，如何进行公共部门的绩效管理，特别是进行绩效衡量，是十分困难的。具体而言，绩效管理制度共同的问题是：

（1）绩效管理的一个重要前提就是必须将所有绩效都以量化的方式呈现，再据此进行绩效衡量。此项做法对私人部门基本上不成问题，因为私人部门的服务是可以出售，并且可以以金钱价值衡量的。但公共部门则面临着如何将公共服务量化的问题。要精确算出"投入产出比"并不容易，这样我们便无法统计"效率"这项绩效。再说，即使绩效可以量化，以量化形式表现绩效是否适宜。

（2）功能相同的公共组织有地区性的差异，其规模大小也不一样，以同样的绩效指标来衡量它们之间的绩效，对其加以比较，并不公平。另外，分散于各个分支机构的绩效，能否总结起来当做中央机构的绩效，不仅在技术上有其困难，在实践上也令人怀疑。

（3）如何制定与品质绩效有关的指标仍是绩效衡量的主要限制。如前所述，政府的服务绩效有三个基本标准：经济、效率、效果。其中服务产出的品质也是一个关键之处，服务不仅要关注效率、效果，也要关注服务的品质。问题是大多数公共服务的品质好坏很难用客观具体的数据来衡量。

（4）绩效管理或衡量制度的成效，其主要因素之一既取决于绩效指标的制定是否周延、是否合理、是否客观、是否能涵盖该组织的重要绩效。所以，负责制定绩效指标的人是否拥有这样的能力，就变得非常重要了。因此，这个组织是否拥有从事绩效管理能力的专家，就成为绩效衡量的先决条件。许多组织推行绩效管理之所以失败，就是缺乏熟悉这方面的专家所致。

（5）绩效管理做得好不好、是否正确，有赖于信息是否可靠。如果所收集的信息错误，不够全面，就无法真正反映机关的实际绩效。基于这样的原因，在制定绩效指标时，上下级机关难免会在指标的数量、范围、权重等方面发生争议。因此，充分的沟通是十分重要的。

二、绩效管理成功的条件

绩效管理虽然会遇到许多困难，但并不意味着绩效管理是不可能的。许多公司、政府机关绩效管理的成就便是明证。美国会计总署 1983 年在对许多公司和地方政府实施绩效管理的做法进行调查后，确认了七项成功进行绩效改进的做法。这七项做法是：

（1）管理者要成为组织绩效的中心。中心可以是一个人，也可以是一个群体。绩效中心的作用在于促使绩效管理制度化；收集和传递绩效信息；向高层管理者提供绩效数据。

（2）高层的支持与承诺。这并不意味着行政首长仅仅阐述绩效的重要性，更重要的是，要求高层管理者定期地审查组织以及组织管理的绩效，促使组织成员要为绩效的改进负责。明确的高层支持可以使绩效改进具有合法性和有效性。

（3）制定绩效目标和绩效规划。一个组织必须在绩效改进方面有明确的目的和目标。目标可以是宏观的，也可以是具体的。尽管适应每个组织的规划可能千差万别，但规划本身是必要的，因为它向所有的组织成员阐明了目标以及如何实现这些目标。

（4）绩效衡量对组织要有意义。绩效衡量是绩效改进中一个重要的环节。绩效衡量并不一定要非常全面，但它必须是那些容易理解和计算，并且对管理者和组织成员有意义的。

（5）利用绩效规划和衡量体系使管理者负责任。除非得到运用，否则绩效规划和衡量体系没有任何价值。要通过阐明预期的绩效，比较现有绩效与预期绩效的差距，并运用这些信息评价管理者和组织的绩效等方法，促使责任的实现。每一个组织必须研制适合自己的绩效责任体系。

（6）意识到绩效的重要性，并促使组织成员参与绩效改进。要促使组织成员认识到绩效的重要性。组织的成员要参与到组织绩效改进的进程之中。

（7）要连续不断地发现问题和绩效改进的机会。要通过绩效评估，发现绩效管理存在的问题，并寻找机会加以改进。

此外，美国会计总署在 1997 年进行调查时，也提出了绩效管理成功的要点。其中包括对于绩效资料要有清晰的期望；对于绩效资料的收集要有足够的诱因；对于绩效管理要有熟练的技巧；绩效管理者要有权威性和公正性；最高决策层要认同和支持；必须培养互信自主的实施绩效管理的文化等。

第四节　公共管理监督

一、公共管理监督的含义和意义

（一）公共管理监督的含义

监督就是管理活动中上级对下级工作的观察、指导和督促。我国台湾的张金鉴教授在《行政学典范》中指出："行政监督指主管人员对部属的组织、领导、考核、督策行为。"这里监督的概念中强调了上级作为监督主体的作用，是所谓狭义的监督概念。公共管理的监督是广义的监督概念，即公共监督是指政党、国家机关、社会团体和公民对公共管理组织机构成员在公共管理过程中是否合法、合理进行的监察和督导活动。这个定义的内涵是：其一，公共监督的主体是多元的。在我国的政党监督就包括了中国共产党从中央到地方以及基层组织和党的纪律检查委员会的监督；国家机关监督是指国家立法机关、司法机关和国家行政机关本身的监督。同时，公共监督还包括事业单位各种社会团体和全体社会成员的监督。其二，公共监督的客体是指各级、各类公共组织机构及其管理人员。它既包括各级政府部门的行政机关和公务员，也包括事业单位以及中介组织的工作人员；当然，在公共组织实施内部监督时，它既是监督的主体，又是监督的客体，是两者集于一身。其三，公共监督的内容包括：一是对公共组织管理合法性的监督，即对公共组织做出的决策，实施的行为是否遵守国家制定的各项政策法规进行严格而全面的监督。二是对公共组织管理合理性的监督，即公共组织的管理人员是否遵守职业道德和伦理，行使非强制性的责任，体现管理相对人的意志而进行的监督。三是对公共组织管理有效性的监督，即公共组织在管理过程中是否遵循科学的程序和原则，运用科学的方法和手段，提高管理成效的监督。

（二）公共管理监督的意义

1. 公共管理监督是惩罚公共管理机构及其管理人员违法犯罪行为和保持正常的管理秩序的重要手段。为了保证公共组织正常运转，管理人员廉洁为民，遵纪守法，公共组织在法定的权力范围内恰当地行使职责，对各层级、各职能部门的管理机构的职权范围、工作规范、工作纪律等，必须做出明确的规定；并制定针对公共管理人员的贪污、受贿、索贿、行贿、渎职等行为的一系列规章制度。如果没有相关的政策、法律和规章制度约束，公共权力就泛滥和失去权威性，公共权力和责任就会错位，整个公共组织的管理就会因混乱而失效。正如孟德斯鸠指出的："一切有权力的人都容易滥用权力，这是万古不变的一条经验，有权力的人们使用权力一直到遇到有界限的地方才休止"。

2. 公共管理监督是保护社会整体利益和实现组织目标的客体要求。公共权力来自于全体社会成员，权力的行使必须反映社会成员的整体利益。因此，需要制定若干法律规范，采取多种监督制度和监督形式，确保社会整体利益的完整性。公共组织及管理人员在执行各种社会公共事务时，由于身处复杂的社会环境中，其行为难免受到种种因素的影响和干扰，完全有可能偏离既定的组织目标。尤其是当组织中上级确定的目标与下级部门利益或个别管理人员利益相悖时，不仅整体利益得不到维护，甚至会遭到来自下级部门和个别管理人员的抵制。如果没有有效的监督机制，公共组织的目标就不能顺利地贯彻。

3. 公共管理监督是提高公共组织工作绩效和实现科学管理的有效途径。公共管理监督不仅仅是对违反要求的行为予以惩治，更重要的是防止偏离要求行为的产生，保证整个管理过程的高效率。马克思说："为了防止国家和国家机关由社会公仆变为主人"，必须把"行政、司法和国民教育方面的一切职位交给普选选出的人来担任，而且规定选举者可以随时撤换被选举者。"建立和健全监督机制，正是为了履行这一职责，使公共管理人员的行为理性地遵守各项政策和法律，不断提高公共管理的效率。

二、公共管理监督的原则和方法

（一）公共管理监督的原则

科学规范地开展公共管理监督活动应遵循以下原则：

1. 合法性。一是公共管理的监督主体的权力是由法律赋予并保障的，它对监督客体行使的是一种法制监督。二是公共管理的监督活动必须严格以法律为准绳，依据法律规定的程序、权限、形式和内容，实施监督活动。三是公共管理的监督方式必须符合法律规定，以事实为依据，严格执法，善于监督，确保监督沿着法制化的轨道健康运行。

2. 公正性。公共管理监督必须遵循"公开、公平、公正"的原则，在具体监督过程中，对各监督客体依据统一的监督标准，做到公正廉洁，赏罚分明。同时，要加强监督工作的透明度，让一切不合理的行为及非法行为置于全社会的监督之下，这样不仅能克服官僚主义，提高公民对公共管理组织的信任感，而且还会大大提高监督的效力。

3. 经常性。有效的公共管理监督必须是贯穿于公共管理活动过程的始终，贯穿于组织、决策、执行等各个环节。因此，公共管理监督不能是一种临时性的措施，只有经常监督才能发现公共组织在管理环节上的缺陷和管理人员的越权失责行为，查明问题的原因，消除隐患，促使公共组织随时改进管理工作，提高管理水平。

4. 广泛性。公共管理监督不仅应该是经常的而且应该是广泛的。这种广泛性除了体现在监督主体的多元性，还体现在对监督对象和范围的广泛性上，只要是公共管理组织的行为，无论是执法行为，还是服务行为，都应包括在有效的监督范围内。因此，监督的范围涵盖了整个管理活动的全过程。

5. 系统性。现代公共组织活动功能日趋繁多，结构日益分化，因此要使监督产生良好的效果，还需要注意监督的制度化以及多元化的监督主体之间的协调工作。世界上许多国家都十分重视监督活动的制度保障和系统建设。实践证明，只有当各监督主体从组织到分工均趋于有序，并做到相互配合、减少内耗、共同作用、协调统一，公共监督的作用才能得以充分发挥。

（二）公共管理监督的方法

公共管理监督的方法是指监督主体为达到监督目的而采取的手段和措施，主要的方法有：

1. 视察、调查。一是指上级领导或特派员针对一些专项工作下驻到具体执行机构进行详细地检查；二是专门从事公共监督的部门对某一公共管理机构的工作合法、合理性的专项执法检查；三是监督主体为了了解情况、沟通信息、及时纠正发现的问题和进行绩效评价而开展的各种形式的调查活动。

2. 报告、汇报。一是指下级定期向上级汇报自己的工作情况，如年终鉴定等形式。通过下级自己的总结、分析，可以自己发现问题，及时改过；也可以由上级发现问题，责令下级纠正；二是指属于政府组织的机构，还要定期向同级人民代表大会做工作报告，人民代表大会听取并审议政府的报告并作出决议。

3. 考核、奖惩。它是指上级机关及其考核管理部门对下级机关的职能目标完成情况，以及管理者行为进行综合考核，做出评定，排出优劣等级，对管理工作执行较好的部门和人员予以奖励，对管理工作执行较差的部门和人员予以惩戒。通过考核，可以促进被监督部门与个人改进工作，提高效率；通过奖惩，使工作绩效与个人利益直接挂钩，提高了工作的自律性。

4. 审查、审批。一是指对监督对象的有关文件、计划、报告、制度及账册、单据等书面资料的检查，以判断其合法性和合理性；二是指上级部门或专门审批机构对下级部门及其工作人员的执行活动，如人、财、物的安排是否合理，活动是否符合法定要求，是否有高效率等，事先进行的查验制度。

5. 申诉、控告。它是指监督主体对公共管理组织机构及其人员在执行公务过程中的违法乱纪行为向有关部门提出的法律诉求行为。申诉是针对监督的客体在公务执行过程中侵犯了自身的权益而提出的；控告是针对监督的客体在公务执行过程中的违法乱纪行为而提出的。

三、公共管理的监督体系

公共管理的监督体系是指具有法定监督权的、多元的监督主体在对公共管理组织及成员进行监督时的任务和权限的划分。根据监督主体与监督客体之间关系的标准，将公共管理的监督体系划分为内部监督体系和外部监督体系。

（一）公共管理的内部监督体系

公共管理的内部监督，是指公共管理组织内部的某些部门和人员对另一些部门和人员进行的检查、督促等自主监督活动。世界各国在公共管理的内部监督体系上不尽相同，美、英和一些西欧国家在公共管理机构内部，除了设置财政监督或审计机构外，一般不再另设监督机构，而是由部长负责内部监督。在单一制国家，中央政府设有主管地方事务的机构，如日本的自治省，主要负责指导和监督地方政府实施法制，完成中央政府下达的任务，监督地方预算计划的制定并检查其完成情况。同时，由政府设立了监察机构，主要负责全面推进政府管理工作；了解公民意见、解决问题；通过对话，解决不良行为造成的后果。在联邦制国家，如在美国，各州政府享有很大的自治权利，建立了一套地方监督体制，当然，各州的各项立法不得与联邦宪法相抵触。同时，政府各部门内设监察机关，其他职责是监督本部门的审计和调查、指导协调本部门的工作，纠举违法行为，并提出改正措施。另外，基于司法制度的不同，各国的内部监督体系构成也呈现出不同特点。以大陆法系为司法制度的欧洲大陆国家，一般在政府组织内部设立行政法院，审查和裁定政府机关公务人员的违法案件。英、美、法系等国家，其公共管理中的违法案件，包括行政案件，由独立于政府部门的司法机关裁决。我国公共管理内部监督体系的主要形式有：

1. 职能监督，是公共管理组织各职能部门就其所主管的工作，在其职权范围内对其他有关部门实行的监督。例如公安机关对各部门、各单位依法实施的对安全保卫工作、消防工作的监督等。这种监督的优点是监督主体与监督客体虽无隶属关系，但在各自的业务范围内，可以相互监督。另外，由于这种监督是在法定的职权范围内进行的，具有强制力和保障力。

2. 一般监督，是指公共管理组织机构按直接隶属关系自下而上和自上而下所产生的垂直的双向监督。由于上级拥有领导权和指挥权，上级对下级的监督是组织内部实施的一种最经常，也是最普遍的监督形式。下级对上级提出批评和建议，实施监督，是组织内部的一种特殊的民主监督形式。一般监督确保了组织政令畅通和良好的工作局面。

3. 特种监督，是指公共管理组织机构普遍适用的专业性监督，如审计监督、物价监督等。其中审计监督就是国家审计机关进行经济监督的一种活动，它有权依法对政府组织、企事业单位以及其他同国家财政有关单位的财务行为进行全面的审查。如果发现有违法行为，审计机关有权责成有关单位予以纠正，并有权对其做出没收非法所得，处以罚款，停止财政拨款，终止银行信贷等处理。由于专业性监督主体在公共组织内部具有相对的独立性，它与被监督对象既无隶属关系，又无经济利害关系，从而使其监督具有较高的自主性、主动性和客观性。

4. 专职监督，是指由政府专设的监督机构，即监察机关对其他各机构实施的监督。监察机关的监督范围是：本级政府中各工作部门及其公务员；本级政府所属企事业单位中行政机关任免的领导干部；监督下级政府的主要负责人；受理下级监察机关的监察事项。我国监察机关的权限包括：检查监察对象贯彻执行国家政策、法规的情况，查处其违法行为；受理对监督客体违法、违纪行为的申诉和控告；审议本级政府任命人员的纪律处分事项；教育监察对象遵纪守法；制定、颁布监察工作相关的规章、命令和指示。

（二）公共管理的外部监督体系

公共管理的外部监督，是指公共管理组织以外的各种监督主体对公共组织及人员的管理活动所进行的多渠道的、多种形式的异体监督。外部监督体系的主要形式有：

1. 权力机关监督，是指国家立法机关对公共管理机构及其活动实施的监督，是具有法律效力的最高层次的异体监督。由于世界各国的政体和国体的不同，国家权力机关的监督内容与模式存在着差异性。在三权分立的国家，立法权、司法权、行政权分别交由不同的国家机关行使，以实现权力的相互制约、相互监督。因而，通常被称为议会或国会的权力机关，由选民选举的议员组成，行使立法职能并享有某种监督政府的权力，同时它也被政府监督。在实行"议行合一"国家，国家权力机关拥有国家主权和最高的法律地位，在国家体制中居于核心地位，任何机关没有制约它的权力。例如，我国的各级人民代表大会及其常务委员会，它决定了国家行政机关、司法机关的产生和组成。因此，理所应当成为公共管理最重要的监督主体。

世界各国的立法监督方式主要有质询、诘问、不信任表决、弹劾、审批、调查等。质询主要是指立法机关的成员在讨论会中就某个政府管理活动有关的问题向政府机关发问，并要求予以回答的做法，其目的是了解信息。诘问是指以严肃而正式的提问与答复方式对政府组织进行的立法监督活动。不信任表决是针对内阁制政府是否应当继续工作的议会表决，主要指当国会议员对内阁制政府行为感到严重不满时，可采用不信任表决的方式促使政府官员辞职。弹劾是指国会议员纠举违法失职的政府官员并罢免其职务的工作活动。弹劾的对象主要是各国的总统、副总统及高级公职人员。审批是指国会对于政府的重大措施所进行的审查批准的活动。调查是指各国国会在行使其立法职能的时候，都需要准确了解信息和资料，组织经常性的调查委员会从事信息和资料的收集工作。

我国由人民代表大会及其常务委员会实施的立法监督的主要工作方式有：（1）听取和审议同级人民政府的工作报告，其中包括年度报告；财政预算报告；各项重大措施和政策报告；政府各部门负责人工作活动报告等。（2）审查并撤销本级行政机关发布的不适当的法规、规章、命令和决议。（3）罢免同级行政机关的组成人员。（4）向政府及所属部门提出质询和询问，发表意见，同级政府组织的有关人员必须负责答复。（5）视察和检查政府工作，办理群众来信来访。它包括接受人民群众对政府机关及其公务员违法失职行为的控告，组织特定问题的调查委员会，处理某些紧急或特定的问题等。

2. 政党监督，政党是当今世界各国政治中最重要的组成部分，它在监督领域中占有重要的地位。在西方实行两党制和多党制的国家中，政党对政府组织的监督主要是通过两个方面来进行的：制造社会舆论来支持或反对政府的某些决策和行为；政党议员代表本党利益对政府工作进行监督。我国的政党监督是指执政党和各党派对公共管理组织及成员的监督，主要是指中国共产党从中央到地方各级党、党的纪律检查委员会组织以及广大党员对公共管理组织进行的监督，是中国共产党作为执政党实行领导的一种重要方式。它具体通过以下三个方面来实现监督的：一是通过制定正确的路线、方针和政策来规定行政活动的方向；二是通过党的纪检机关检查处理组织中党员的违法违纪行为；三是通过对党员的教育，促进和保证公共组织中的公务人员依法办事，自觉履行党的义务和职责，充分发挥党员先锋模范作用。当然，我国的政党监督中也包括了各民主党派对政府及非政府组织公共管理活动的监督。

3. 司法机关监督，是指国家司法机关对公共管理机构及其活动实施的强制性的监督。目前，世界各国的司法监督实践主要包括两个方面：一是由专门的宪法法院或普通法院系统对政府颁布的行政管理法规和行政措施进行审查，以判断其是否违反宪法。例如，美国的联邦司法审查制度规定，联邦最高法院可以对行政立法进行审查。二是由司法机关对政府管理有关的行政纠纷进行审理和裁判，以维护当事人的合法权益，即行政诉讼和行政裁判。在我国，司法机关是指人民检察院和人民法院，它们对政府机关及公务员的具体的、违法的行政行为行使检察权和审判权。我国的司法监督与"三权分立"制的国家不同，审判机关与检察机关不能对涉及行政立法的抽象行政行为进行监督，审判机关可以对大量的、具体的行政行为的合法性进行监督，而检察机关则对行政行为的合法性、合理性行使法定的监督权，它的监督往往必须依照司法程序实施。

我国人民法院作为国家的审判机关，主要是通过审理与公共管理组织机构及其人员有关的案件，处罚公共管理人员违法犯罪的行为、实施对公共管理的监督，审判机关的具体监督方式有：（1）通过审理刑事案件，追究违法、失职、侵犯公民权利的公共管理人员的责任。（2）通过审理民事案件，追究公共管理组织及人员在民事活动中的违法、侵权的民事责任。（3）通过审理行政案件，对政府组织及其人员管理活动的合理性、合法性进行监督，追究监督客体的行政责任，保护公民的合法权益。（4）通过提出司法建议的形式，向有关单位及其主管部门提出改进意见和建议，进行积极的监督。

我国人民检察院作为国家的法律监督机关，主要是通过对公共管理组织机构人员触犯法律的罪行和利用职权犯罪的事件进行侦查、批捕和提起公诉来实施监督的。检察机关的具体监督方式有：（1）法纪检察部门管辖以下案件：严重破坏国家的政策、法律、法规、政令统一实施的重大犯罪案；侵犯公民权利案；渎职案；检察部门认为需要直接受理的其他案件。（2）经济检察部门管辖以下案件：贪污案、行贿受贿案、玩忽职守案、重大责任事故案、挪用国家抢险救灾物资案等。（3）检察院在办案中发现问题，以司法建议书、司法建议通知书的方式，向发案单位及其主管部门提出改进意见和建议。

4. 社会监督，是指由各种社会组织和团体及人民群众对公共管理机构及其活动实施的广泛监督。公共管理机构的一切权力原本就是由社会和公民赋予的。因而，社会的各种组织、团体及人民群众有权对公共管理机构及人员的一切行为实施监督，这也是民众行使权力、参与管理的一种形式。虽然这种监督不具有任何法律强制力，不能直接改变和撤销公共管理机构的决定和行为，但这种监督的广泛性和灵活性仍然会对公共管理机构的权力形成一定的制约作用。

在许多西方国家，社会组织和团体的监督大多是由各种利益集团、群众团体、行业工会及一些特殊组织，通过请愿、游说、宣传、示威游行、罢工甚至暴力行为来实现的。在我国，社会组织和团体的监督是多元化的、有组织的、经常性的监督，其主要步骤是通过人民政协会议进行的。人民政协是中国共产党领导的由各民主党派、各人民团体和社会各方面代表所组成的爱国统一战线组织，它的主要职能是政治协商和民主监督。其主要监督方式包括：（1）对公共管理机构的工作情况进行视察；（2）列席各级人民代表大会，听取政府工作报告；（3）对公共管理工作提出批评和建议；（4）召开专题会议，讨论国家方针政策，人民政协对公共管理部门的监督是我国民主政治的一个重要特点。另外，工会、共青团、妇联、城市的社区委员会、农村的村民委员会等群众团体，作为社会某一阶层的特定利益代表，也积极参与了民主管理和民主监督，它们通过召开会议，提出要求、建议和批评等形式，广泛地实施各自的监督职能。

人民群众监督是社会监督中一种最经常、最普遍的监督，公民以个人名义实施的非组织化的监督有着其他监督形式无法替代的地位和作用，因而各国对此十分重视。日本在1955 年就建立了行政交谈制度，通过学习和倾听群众对公共行政反映的意见，进行自我反省，以求改善组织的管理工作。日本国民可以通过电话、口头等方式请求交谈委员会解决问题。《中华人民共和国宪法》第 41 条明确规定："中华人民共和国公民对于任何国家机关和国家工作人员，有提出批评和建议的权利，对于任何国家机关和国家工作人员的违法失职行为，有向国家机关提出申诉、控告或者检举的权利"。我国各地也出现了"现场办公"、"市长热线电话"、"价格听政"等多种接受群众监督的途径和方式，对公民的监督做了有益的探索和实践。人民群众通过对公共管理部门的监督，既约束了公共管理人员的权力和行为，也提高了自我的素养，起到了自我教育的作用。

5. 媒体监督，是指新闻媒体对公共管理机构及其活动实施的舆论监督。在信息时代，报纸、电视、广播、互联网、刊物、图书等大众传播媒体，包含的信息量大，传播迅速，覆盖面广，能形成广泛的影响和巨大的社会冲击力。新闻媒体往往与其他监督主体相配合，发挥其特殊而巨大的监督效力。西方国家将其视为与立法、行政、司法三权并立的第四权力，甚至视为制约三权的权力，被誉为"无冕之王，布衣宰相"。各国通过立法保障公共舆论的自由，使新闻媒体成为特殊的监督主体，随着我国对外开放事业的不断发展和新闻媒体业的兴起，新闻媒体对公共管理机构及其人员行为的监督正日益扩大。近些年来，许多违法、违纪案件的调查和处理，就是在新闻舆论的帮助和支持下进行的。新闻媒体通过公正、客观、负有责任心的舆论监督，对揭示公共管理工作的失误，纠举公务员的违法失职行为，评价公共决策，增强公共管理工作的透明度，消除官僚主义和腐败现象等，起到了无法替代和积极的监督作用。

（三）公共管理监督体系的协调与配合

公共管理监督体系是一个多元化的、开放性的系统，监督系统整体要与环境相互联系、相互作用，而监督系统内部的各部分也处于不断地相互联系与作用的活动之中，因此，公共管理监督系统必然要与外界环境相协调，使之能不断地适应环境变化的要求。同时，公共管理监督系统内部各部分之间也要相互协作，减少系统运作的内耗，提高系统的有序程度，发挥公共管理监督内、外两个体系的整体监督功能。一方面，在外部环境中，公共权力的合理配置和运行状况以及全体社会成员对防止公共权力的滥用，维护公共权力行使的公正性，提高公共管理的效率等都对公共管理的监督系统产生着直接的影响。公共管理监督系统的存在就是为了阻止公共权力运行中产生的失范和失效的负面效应。因此，公共管理监督系统的目标与工作内容就应不断适应社会对公共权力内容、运作范围和运作力度的要求的变化，加强、改进和调整监督系统的目标与内容，维护公共权力的正常运行。为了准确把握外部环境状况的变化，公共监督系统首先要了解、分析社会成员的需求信息，明确系统的监督重点和方向。例如社会腐败问题日渐突出，腐蚀着社会肌体，对社会稳定构成威胁，社会成员对此反应强烈。首先，公共监督主体应采取相应措施，加大对腐败现象的监督力度；其次，要跟踪监督公共权力运作的全部管理过程，针对实际操作过程的各个环节中出现的问题随时实施应有的监督职能；再次，要及时反馈社会成员对公共行政监督系统发挥作用的评价，从另一种途径分析社会成员的需求信息，从而调查系统整体的目标与重点内容，使监督系统自身不断协调与外部环境之间的关系，最终谋求适合自身发展的空间与条件。另一方面，在内部环境中，公共管理监督体系的构成是多元化的，各监督主体常常分别属于不同的管理系统，因此需要在内部各监督机构之间建立起合理的分工与协调机制，才能避免监督不力，才能避免"虚监""漏监"等现象发生。要达到这个目标，首先要使各监督机构统一于一个公共管理监督的体制之中，以切实有效的纽带把各个监督主体凝聚在一起，这样才能真正产生系统的整体监督功能大于部分的效果。在公共管理监督过程中，如果各监督主体因职能交叉重复，职责权限不清，再加上整个监督系统没有一个统一的体制，缺乏必要的沟通和协调，相互扯皮推诿的现象就会发生。这不仅严重影响了监督机构的威信，也减弱了监督系统的整体效能。其次，要对各监督主体的监督目标进行协调。公共管理监督系统与其他组织系统一样，有着其赖以存在和发展的统一的职能目标。尽管各监督主体分属各自的管理组织机构，有其自身的具体工作目标，但其具体目标不能背离统一的公共管理监督的总目标，而是要与总目标相协调。公共管理监督系统的目标要富有弹性，一旦外部环境发生变化，使总目标的重点内容也随之发生了变化，各监督主体的具体目标就应立即加以调整，或增减目标的内容，或将重点目标转移，使具体机构目标迅速与变化了的总体目标相协调。再次，要对各监督主体的实际监督过程加以协调。统一在一个监督系统之中的各监督主体，有其相对独立的责任范围，因此在实施公共监督的实际过程中，就要加强协调与合作。例如，内部监督体系和外部监督体系虽然在监督过程中既有区别，又密切联系，但如果不明确两种监督体系之间的分工与合作关系，将有碍于两种监督体系工作的顺利进行，并且会使监督工作因缺乏良好的衔接而造成互补功能得不到充分的发挥。总之，公共管理监督系统中要建立有效的协调机制，协调各监督主体的工作，使具有不同功能的各监督主体的力量得到有效的利用，才能保证监督工作的顺利实施。

第五节　我国公共管理监督中的问题和对策

为了防止公共权力的滥用，维护公共权力行使的公正性，担负好相应的公共责任，提高公共管理绩效，我国已经建立起一套多元化的、庞大和复杂的公共管理监督体系，以保证公共管理的高效和廉洁。然而，从近些年权力被滥用和腐败现象蔓延的事实中我们发现，庞大而貌似有力的监督体系尚有缺陷。因此，找出我国监督体系中存在的问题，采取相应的措施，应该引起足够的重视。

一、我国现行公共管理监督体系存在的主要问题

(一) 监督机构内在动力不足

公共管理监督工作最终是依靠监督人员来完成的，而监督机构能否有效地实施监督，很大程度上取决于监督人员的主观能动性。这种主观能动性主要决定于三个方面：一是道德规范；二是责任机制；三是激励机制。公共监督人员的道德水平高低决定了他们在监督工作中是否公平，是否有较强的敬业精神。较高的道德修养来自于一个人内在的精神力量，是优秀监督人员极为重要的工作动力。然而，我们不能期待所有的监督人员都始终遵循道德行为规范的约束来实施监督，在新旧体制转轨过程中，在管理人员物质利益补偿不足和权力制约不健全的情况下，道德失范现象大量存在，因此有效的监督不可能仅仅依赖个人内在的精神力量，还应该依靠制度的力量。通过建立严格的责任机制，促使监督人员忠于职守，勤恳工作，这才是维护公共管理监督体系有效运作的强大和持久的内在推动力量。但在我国公共管理监督体系中，责任机制是不健全的，各项监督机构的工作业绩缺乏有效的考核和监督，也没有建立相应的奖惩机制和责任追究制度。事实上，目前我国监督机构的内在动力主要依赖于监督人员的道德水平，自身道德素养高，则开展监督工作积极性高，业绩突出；反之，则监督不力。但是，责任机制的驱动力量却不强，缺少有效的制度力量持久且稳定地推动监督体系的运作。

(二) 监督机构领导体制存在较大缺陷

我国实现的是单一制国家结构，公共管理内部普遍存在双重领导体制，因而在公共管理监督体系中同样也是双重领导体制。目前，在我国公共管理内部监督体系中的专门机

构，如监察、审计等部门，都存在于行政机关内部。在领导体制上，监督机构不仅受上级业务部门的领导，而且也受同级党委、行政的双重领导。在这样的双重领导体制下，通常是本级党委、行政机关发挥了更大的领导作用，而在业务上的领导作用得不到保障，同时监督主体的财政经费、人员编制、人事任免等方面由监督客体控制，监督主体不仅没有与监督客体平等的地位，而且形成一种监督主体受制于监督客体的附属型监督关系，监督客体掌握着监督主体的生杀大权，监督主体往往处于不能监督或不敢监督的尴尬境地，致使监督机构形同虚设，监督不力的现象时有发生。因此，严重削弱了监督的权威性，减弱了监督机构的效能。

（三）监督机构缺乏整体功效

我国公共管理监督体系中，监督主体多、机构多、方式和渠道多，这是一大优点。然而，如果各种监督机构不能组成一个整体，发挥整体功效，则优点就可能变为缺点。在目前的具体运行过程中，一方面，我国公共管理机构及其人员受到多重监督，党的纪律检查委员会有责任对党的公职人员进行监督，政府的监察机关负责对政府官员及政府任命的其他人员的监督，有犯罪嫌疑的公共管理人员还受到司法监督，各级人民代表大会则要对政府组成人员和司法机关的主要领导进行监督。由于不同监督主体拥有的权限不同，职责必然有所区别，工作内容应该各有侧重。但是在我国监督体系中，对各监督主体的职责权限范围缺乏系统的界定，彼此之间的职能交叉重复，整体功能得不到发挥。另一方面，我国各个监督机构分别隶属于不同的管理系统，立法监督属于人民代表大会，司法监督属于法院和检察院，行政监督属于政府。由于各个监督机构在体制上没有形成一个统一整体，因此在监督体系中群龙无首，缺乏必要的沟通和协调，相互之间推诿扯皮事件时有发生，严重影响了监督机构应有的威信，也弱化了我国监督机制的整体效能。

（四）监控机制和功能不健全

首先，对公共权力的监督空间应该是全方位的，凡是有权力运用的地方，都应受到监督。因此，合理的监督机制应该是自上而下、平行制约以及自下而上监督的有机统一，过于偏重哪一方，弱化哪一方，既可能造成监督权力的失衡，又可能造成监督覆盖面不全。我国在公共管理监督实践中，往往上级才是最有权威的监督主体，而同级制约与自下而上的监督则明显不足。其次，公共管理监督立法是建立和完善监督机制的前提和保证。监督主体的监督职能，必须以一定的法律法规为准绳，并通过一定的方式和程序来实现。目前，我国实施监督所必需的法制规范还很不完备，缺乏明确的监督标准和具体的实施细则，难以准确判断和及时纠正监督对象的违法行为。这就难免导致监督的盲目性和随意性。再次，公共管理监督是一项经常性、连续性的活动，从监督过程的角度来看，理应包括事前、事中、事后三个相互衔接的监督阶段，而长期以来，我国的监督工作偏重于追惩性的事后监督，忽略了有效的事前、事中预防和纠正措施，以致造成偏差出现过多、过大，超出了合理的限度，失去了对偏差的控制。

二、完善我国公共管理监督体系的措施

从我国公共管理监督体系中存在的主要问题的分析，可以看出，要提高我国公共管理监督体系的整体效能，维护监督主体的独立性和权威性，必须采取以下的改革与完

善措施：

（一）强化监督机构的动力机制

首先，加强道德自律的教育。一是进行理想、信念教育，进行马克思主义权力观教育，明确权力与责任之间的关系，引导广大监督人员树立正确的世界观、人生观、价值观、权力观；二是大力弘扬先进，加强正面典型的示范导向作用；三是运用反面例子进行警示，严惩道德失范的监督人员。通过道德观念的教育，使监督人员在思想上树立爱岗敬业的奉献精神，形成道德内在约束机制，不断增强监督工作的自身动力资源，即使在制度力量薄弱的情况下，也能自觉、自愿地积极开展监督工作。其次，明确监督责任。这主要是建立和完善责任追究制度，包括责任确定机制和责任奖惩机制，并与晋升任用制度和物质利益分配政策紧密结合在一起。一方面，如果监督主体不负责任使公共利益受到损失，则监督主体的权力和利益就会被剥夺；另一方面，根据监督主体查办违法、违纪案件的业绩优劣和监督对象能否高效、廉洁来开展公共管理活动，并决定对监督主体的奖惩。这些具体追究措施，会给监督主体形成强大的压力和动力，驱使监督主体高效地实施监督。

（二）改革监督机构的双重领导体制

为了保障监督工作的相对独立性，必须要对现行双重领导体制进行合理的权责界定，建立起我国公共管理监督的自上而下的、独立的垂直型的领导体系。例如，我国的监察机关，首先在组织上使现行的监督监察部门从行政机关独立出来，不再隶属于行政部门领导，并提高其地位，使之至少与同级监督对象的地位平等。同时赋予其相称的职权，使其能真正行使监督同级的被监督对象的职责。其次，独立出来的监察机关自上而下实行垂直领导，下级监察部门只接受上级监察部门的领导和指挥，其人事任免由上级监察机关负责，不受行政机关的约束。再次，国家最高监察机关应隶属于全国人民代表大会，并对其负责。各监督机构相对独立后，还可将其整合为统一的监督机构，由人大统一组织、管理和协调各种监督力量，通过多层次的配置、多种类的形式，形成各司其职，又相互配合的权力监督网络系统，从而充分发挥监督体系的整体功效。

（三）健全监督机制与功能

公共权力行为必须在宪法和法律范围内运作，这是权力行使的根本点。因此，权力的监督既要以法律为依据，又要靠法律作保障。健全监督机制，首先就要制定一系列专门用于监督的法律，既要制定实体法规，还要制定公共监督程序法。这些法律中会明确监督的主体、监督的内容、监督的手段和方法，以及可操作的公共管理监督的程序等，使监督纳入法制化的轨道，形成科学、合理而又完善的监督机制。依据监督法，应该在权力授受过程的开始，把好入口关，努力做到防患于未然；应该对公共权力的运行过程进行监督，杜绝管理活动过程中权力的滥用；还应该对权力行使的后果进行监督，使管理活动的最后环节也受到法律的制约，充分发挥监督的功能。

（四）重视社会公众的监督

我国宪法规定："中华人民共和国的一切权力属于人民"。因此，人民群众的监督是公共管理监督机制的基础力量源泉。邓小平说过："要有群众监督制度，让群众和党员监督干部，特别是领导干部。凡是搞特权、特殊化，经过批评教育而又不悔改者，人民就有权依法进行检举、控告、弹劾、撤职、罢免，要求他们在经济上退赔，并使他们受到法律制裁和纪律处分。"邓小平同志谈到的这些民众监督的方式主要是通过以下渠道得以实现的：一是加强人民代表大会的监督作用，通过直接或间接选举的人民代表了解民情、反映民意，熟悉公共组织的运行和决策过程等以实现民主授权、民主委托、民主控制和民主监督。二是进一步提高公共管理机构工作的公开性和透明度，建立更广泛的公开办事制度，使社会各界的民众包括社会团体，切实参与到监督活动中，从多方位直接实施监督。三是不断完善举报制度，依法保护举报人的合法权益，使举报者免受打击报复，维护正义。

（五）完善党内监督体制

执政党内部的监督具有取证方便、快捷，力度大、威慑力大等特点，是公共管理监督体系中的重要环节。据中央电视台 2003 年 8 月 19 日《晚间新闻》栏目报道，中共中央和国务院正式批准中央纪委、中央组织部关于设立专门巡视机构的请示，中央纪委、中央组织部巡视工作办公室和 5 个巡视组随即组建。按照中共中央的指示和要求，这些专门巡视机构主要是对省级领导班子及其成员进行监督。监督的内容主要包括四个方面：一是遵守党的政治纪律、执行党的路线方针政策的情况；二是贯彻落实党风廉政建设责任制的情况；三是贯彻执行民主集中制的情况；四是选拔任用领导干部的情况。计划用 4 年左右的时间，把全国各地巡视一遍，并争取建立起科学有效的巡视制度，进一步完善党内监督体制。

（六）充分发挥舆论监督的作用

我国前总理朱镕基给中央电视台的题词为："舆论监督，群众喉舌，政府镜鉴，改革尖兵。"这充分肯定了舆论监督的重要性。舆论监督是监督体系中的先锋和桥梁，它的优点是时效性强，辐射面广，透明度高，威慑力大，与其他监督主体相结合，会产生无法替代的巨大监督力量。充分发挥舆论的监督作用，除了要营造良好的社会环境外，还要有制度上的保证，如制定新闻法，加强舆论监督的法制建设，使新闻媒体的监督有法可依，有章可循。同时，改革和完善新闻媒体的管理体制，减少行政控制，着重从政策上、方针上正确引导，使社会舆论的监督更具活力。

小　结

政府绩效是指政府在社会经济管理活动中的结果、效益、效能，是政府在行使其职能、实现其意志过程中体现出来的管理能力。政府绩效的基本内容主要包括：政治绩效、经济绩效、社会绩效和文化绩效。绩效管理代表着组织全方位的管理工作。它包括绩效评估、绩效衡量、绩效追踪等活动。衡量政府绩效的一般标准是经济、效率、效能、公平和回应性。根据上述评价标准可设立如下一些具体衡量指标：工作量完成的指标；实际的单位成本与工作量标准的比率指标；效率衡量和效果质量相结合的指标；资源利用指标；生产力指标；成本与收益比率指标和综合性的绩效指标。尽管公共管理存在着许多困难，但这些困难是可以克服的。

公共管理监督是指政党、国家机关、社会团体和公民对公共管理组织机构成员在公共管理过程中是否合法、合理进行的监察和督导活动。公共监督的内容包括：对公共组织管理合法性的监督；对公共组织管理合理性的监督；对公共组织管理有效性的监督。

公共管理监督的方法是指监督主体为达到监督目的而采取的手段和措施，主要的方法有：视察、调查；报告、汇报；考核、奖惩；审查、审批和申诉、控告。

　　公共管理的监督体系划分为内部监督体系和外部监督体系。公共管理的内部监督，是指公共管理组织内部的某些部门和人员对另一些部门和人员进行的检查、督促等自主监督活动。内部监督体系的主要形式有：权力机关监督、一般监督、特种监督和专职监督。公共管理的外部监督，是指公共管理组织以外的各种监督主体对公共组织及人员的管理活动所进行的多渠道的、多种形式的异体监督。外部监督体系的主要形式有：权力机关监督、政党监督、司法机关监督、社会监督和媒体监督。

　　我国现行的公共管理监督体系存在的主要问题：监督机构内在动力不足；监督机构领导体制存在较大缺陷；监督机构缺乏整体功效和监督机制及功能不健全。完善我国公共管理监督体系的措施：强化监督机构的动力机制；改革监督机构的双重领导体制；健全监督机制与功能；重视社会公众的监督；完善党内监督体制和充分发挥舆论监督的作用。

重点名词

　　绩效　政府绩效　绩效管理　绩效衡量　绩效评估　公共管理监督　公共管理的监督体系　内部监督体系　外部监督体系　公共管理监督的方法

复习思考题

1. 绩效管理和政府绩效的主要内容是什么？
2. 公共部门绩效管理的意义有哪些？
3. 公共部门绩效管理面临的主要困难是什么？
4. 探讨提高和改善政府绩效的途径和方法。
5. 公共部门绩效评估的程序如何？
6. 公共部门绩效评估的指标体系是什么？
7. 公共管理监督的意义何在？
8. 公共管理监督的原则和方法是什么？
9. 简述公共管理的监督体系。
10. 我国公共管理中的问题和对策有哪些？

第十四章　公共管理的方法和技术

第一节　公共管理的基本方法概述

公共管理的方法和技术，是指能够保证公共管理活动朝着既定的方向发展，达到公共管理目的的各种方式、手段和措施，是管理活动的主体作用于管理活动的客体的桥梁。公共管理的基本方法是公共管理主体为了实现管理目标而普遍采用的措施、办法或手段。公共管理的方法和技术随着历史的演进和科学技术的发展而变得丰富多彩，其基本方法大致可以分为两类：其一是传统的管理方法，包括行政方法、经济方法、法律方法、思想教育方法、传媒方法、情感方法、社会调查研究方法、统计分析方法等；其二是现代的管理方法，包括系统分析方法、控制方法与技术、决策方法与技术、网络计划方法与技术等。

行政方法是指依靠行政组织的权威性，运用各种行政的决议、决定、命令、规章制度、工作程序、标准、定额等行政手段，以鲜明的权威性和服从性为前提直接左右被管理者行动的管理方式。其根本特点是依靠行政权威，采用强制手段直接指挥下级。在公共管理中主要是通过行政命令和公共政策去实行对特定公共事务的管理。

经济方法是指运用价格、工资、奖金、利率、货币、信贷、税收、成本、利润等经济杠杆去调节和控制某些预期或非预期的公共目标的管理方法。

法律方法是指国家根据统治阶级的根本利益，通过法律、法规、规定、条例和司法去调整公共管理中所发生的各种社会关系，保证和促进社会发展的管理方法。具体过程是先由公共管理部门提出法案，再由立法部门批准，然后形成对某些公共事务的强制性管理。

思想教育方法是通过对被教育对象进行确定的、有目的的和系统的感化与劝导，使受教育者在身心上养成教育者所希望的思想和品质，并使受教育者同心同德地去完成公共管理任务的方法。

传媒方法是指公共管理者通过传播媒介，将管理目标、管理行为、管理信息向大众宣传和解释，以求得理解和支持，从而达到预定的管理目标的方法。

情感方法是通过舆论宣传、表彰先进、树立典型，以榜样的无穷力量调动公众对公共建设的主动性和创造性，实现公共管理目的的方法。

所谓调查是通过对客观事物的考察、度量来收集和反映社会现象及社会事物的数据、资料与信息，从而获得对客观事物的感性认识的过程。研究是通过对感性材料的审查和思考加工，以求得对客观事物本质规律性认识的过程。调查研究是人们有目的、有意识地认识社会事物和社会现象的一种自觉的活动。深入实际调查研究是公共管理的一种重要方法，也是公共管理者应当掌握的一种管理知识与管理技能。社会调查研究的方法是一种古老而又实用的方法，历来被古今中外的人们所推崇和利用，据《后汉书》记载，在大禹治水的时候就进行过人口和土地的调查。当代社会的欧洲国家运用社会调查方法，了解和解决了资本主义发展中的一系列社会问题及管理问题，顺应经济、政治和国家管理的需要，涌现了大量的社会调查公司、调查咨询机构和研究机构。我国政府历来也非常重视调查研究，党和国家领导人还身体力行地进行调查研究，早在民主革命时期，毛泽东就写出了《湖南农民运动考察报告》的名篇，毛泽东还告诫人们："没有调查就没有发言权"。

在进行社会调查研究中应遵循三项基本原则：其一，客观性原则。这一原则要求从事社会调查研究的人员不扭曲事实，不随意编造和修改统计数字和调查资料，应以客观事物和客观现象的真实状况为调查的前提与依据，反映客观事物和客观现象的本来面目。其二，实证性原则。这一原则要求调查研究的结论和与此相联系的所有观点，都必须建立在真实、可靠的数据与资料的基础上。同时，调查研究所得的资料和数据应当有效地说明调查者的观点。其三，整体性原则。这一原则要求社会调查研究要从系统整体出发，把调查研究的事物放在与其发展的客观环境和其所处的大系统中考察，从而得出正确的结论。

统计分析方法。公共管理中经常要进行调查研究，但对调查所得的杂乱无章的材料必须进行统计分析研究，以便得出科学而准确的结论，这样才能对公共管理发挥指导作用。资料的统计分析方法就涉及的变量而言，有单变量统计分析、双变量统计分析和多变量统计分析；就其分析的内容而言，有描述性统计分析和推论性统计分析。

系统分析方法。系统分析产生于20世纪40年代，由美国兰德公司首先提出并加以应用，此后被广泛应用于通信理论、生物学、系统工程、哲学、经济学、公共管理和社会生活各领域。著名科学家钱学森和著名数学家华罗庚为系统分析方法在我国的传播、应用和发展做出了卓越的贡献。

什么是系统？一般系统论的创立者贝塔朗非认为："系统是处于一定相互关系中并与环境发生关系的各组成部分的整体。"钱学森教授则主张把"极其复杂的研究对象称之为系统，即相互作用和相互依赖的若干组成部分合成的具有特定功能的有机整体，而且这个系统本身又是它从属的一个更大系统的组成部分"。中国人民大学的魏娜教授等人则把系统定义为："是由相互作用和相互依赖的若干组成部分按照一定规律结合而成的，具有特定功能的有机整体。"系统有整体性、层次性和环境适应性三个特点。

系统分析方法是采用系统的观点和方法，用定性和定量的工具，对所研究的问题进行系统结构和系统状态的分析，提出各种可行性方案和替代方案及策略，并对其进行分析和评价，帮助决策者提高对所研究问题的认识水平，以便决策者选择行动方案。系统分析是一种决策辅助技术。

系统分析的基本原则。系统分析的基本原则是系统分析活动固有规律的概括，是系统分析活动必须遵守的行动准则。其基本原则有：整体性原则、优化原则、模型化原则和层次性原则。整体性原则就是把研究对象作为一个有机的整体来研究，它是系统分析方法的基本思想和核心，它来源于客观世界的整体性。在系统分析中，整体性原则的基本要求就是从整体出发，局部入手，协调各方，综合考虑，以达到整体优化。优化原则是指从系统的多种可能中选择出最佳的决策方案，使系统处于最佳状态并取得最佳效果。优化原则要求人们研究任何系统都要着眼于系统的最佳功能，即着眼于系统的目标函数在约束条件下所能达到的最大值或最小值。研究任何系统对象，如果整体和局部、长远和眼前的效益都显著优化，则更好；如果它们之间有矛盾，优化原则要求局部效益服从整体效益，眼前效益服从长远效益，即首先要确保系统的整体效益优化，然后再去考虑局部和眼前的效益，当然在执行系统决策方案时，要给受影响方必要的补偿。例如，为了国家的长远利益和整体利益，在举世瞩目的三峡工程建设中，国家对百万移民实行了开发性和补偿性移民政策。优化原则还要求坚持系统优化的绝对性与相对性相结合。优化是进行系统分析所要达到的理想目标，但在现实过程中，由于各方面因素的影响，很难找出一个十全十美的最优方案，往往只能选择一种比较合理的、折中的方案，只要决策方案被大多数人认可就行了，不一定追求方案的绝对优化。模型化原则是指预先设计一个与真实系统相似的模型，通过对模型的研究来揭示和掌握真实系统的特征及规律。模型化原则也是一种模型化方法，这种方法在系统分析中有重要作用，它不仅有助于我们深入研究和深刻把握系统发展的本质及规律，而且有助于系统分析的定量研究，是系统分析方法实现优化的必要途径。层次性原则是指组成系统诸要素是由更低一层要素组成的子系统，而系统本身又是更高一层大系统的组成部分。层次性原则要求人们在运用系统分析方法时，一定要注意整体与层次、层次与层次之间的相互制约关系。

公共管理中的控制，是指对组织和部门内部的管理活动及其效果进行检查与调整，以便更好地实现既定目标或任务的职能活动。现代公共部门具有人、财、物、信息等诸多要素构成的错综复杂的组合关系、内部结构和运行机制，而且还面临着瞬息万变的各种环境系统。要想达到既定目标，进行卓有成效的控制工作是必不可少的。控制工作的意义在于：及时纠正组织内部的错误与偏差，适应复杂多变的环境和实现组织既定的目标。控制工作的目标是：维持组织的正常运转，打开新局面和解决组织存在的问题。控制工作的主要内容有：员工控制，最常见、最有效的办法是直接巡视、检查和对员工的表现进行系统的评估；财务控制，是对所有活动的经费预算、成本、收入和利润进行有效的管理；信息控制，任何组织必须建立起一个科学、灵敏的管理系统，大量收集、分析、综合信息，对信息进行有效控制，形成正确的计划与决策，维持组织的协调运转，确保组织目标的实现；绩效控制，绩效是控制工作的落脚点，也是控制工作的目的所在。控制工作的类型包括：现场控制、前馈控制和反馈控制。现场控制或同期控制，是指控制的纠正措施作用于正在进行的计划执行过程中的一种控制方法。现场控制的内容主要包括监督下级的工作，以保证计划目标的实现；纠正偏差；传达有效的工作指令等。前馈控制是指对实际问题发生前的预测和控制，是一种避免预期性的超前控制，这种控制事先必须获得及时、充分、可靠的信息，而且必须和其他控制方法结合使用，前馈控制方法是一种较难掌握的方法，并不是任何组织任何时候都能做到的。反馈控制是指通过反馈系统了解目标的执行结果，以有利于今后工作的改进和开展。

决策方法与技术，是指在决策过程中为实现决策方案优化而运用的各种智能方法与科学技术的总称。行政决策要民主化、科学化、法制化，但也离不开实用的决策方法与技术。

网络计划方法与技术，是指运用网络图全面反映整个工作的流程、计划内各项工作之间的相互关系和进度，通过时间参数的计算，找出关键线路与机动时间，以对计划进行优化的一种行之有效的科学管理方法。它是关键线路法和计划评审法的综合。网络计划法来源于国家大型工程项目的计划管理，在科研、军事、生产、管理等领域的运用不断扩大，现已推广到政府的公共管理之中，如政府对救灾物资运输的指挥工作，使救灾物资迅速运达救灾地点，政府派出几组检查团去各地检查工作等。

总之，公共管理的方法有很多，限于篇幅本章不可能逐一详述，下面仅介绍几种主要方法和技术。

第二节 社会调查研究方法

一、抽样调查方法

（一）抽样调查的含义及相关概念

抽样调查是从所有研究对象中抽取一部分单位进行调查，并根据调查结果对全部研究对象作出估计和判断。这种方法是社会调查中普遍采用的一种调查方法，其优点主要有：费用低、速度快和应用范围广。与抽样调查密切相关的概念有：总体、样本、抽样框、抽样误差、概率抽样和非概率抽样。总体是指所要研究对象的全体，而组成总体的各个个体被称做总体单位。样本是指抽样时按照抽样的规则所抽中的那部分总体单位所组成的集合体。抽样框即抽样范畴，它是抽取样本的所有抽样单位的名单，是一个抽取样板的框架。抽样误差是指在用样本的统计值去推论总体的参数值时产生的偏差，它是因总体的异质性和样本与总体范围的差异性引起的。概率抽样是使总体内所有个体具有相同的被抽入样本的概率，它的原则是随机原则。所谓随机原则，就是在抽取调查对象时，规定了一定的程序，以保证每一个分析单位都有同等的入选机会，因此概率抽样也称做随机抽样。概率抽样又可分为简单随机抽样、等距抽样、分层抽样和整群抽样等。非概率抽样是根据主观判断或考虑其他操作上的方便，来决定抽取哪些单位组成样本，如重点调查、典型调查，都属于非概率抽样。其优点是成本低、花时间少、回答率高。其缺点是无法对样本结论的精确程度作定量的估计。非概率抽样又可分为偶遇抽样或方便抽样、主观抽样、定额抽样和滚雪球抽样等。

（二）随机抽样方法

1. 简单随机抽样

简单随机抽样或纯随机抽样，是一种最基本的抽样方式，其他概率抽样都是由它派生出来的。设总体的大小为 N，从中任意抽取容量为 n 的样本，每一个样本都有同样的机会被抽中，该方法称为简单随机抽样。在社会调查中，该种方法常常是使用随机数字进行的。随机数字是由数字0~9组成的表由计算机编制而成，是真正随机排列的。例如，美国著名的盖洛普总调查的抽样方法是，首先，从全美国20万个选区中随机抽选了300个选区，再从这些选区中抽选若干住户。虽然分两个阶段抽样，但每个阶段中都采用了简单随机抽样的方法，它不需要对总体或抽样框中的单位进行任何分组或排列，完全按照随机的原则来抽取样本。该种抽样方法特别适用于对调查对象的情况了解很少、总体单位分布没有规律、抽到的单位数分散时也不影响调查进行等情况。

2. 系统抽样

系统抽样或等距抽样，是指对研究的总体按一定的顺序排列，每隔一定的间隔抽取一个单位，并把这些抽取的单位组成样本进行观察用以推断总体的一种抽样方法。其具体过程是，根据抽样比例 $K = N/n$（样本单位数/抽样框所含单位数），首先在前 K 个单位中随机抽取一个单位，然后按单位在抽样框中的排列顺序，每隔 K 个单位抽取一个单位。例如，某居民区有1 200户居民，欲了解他们的生活情况，决定采用系统抽样的方法从中抽出200户，这时的 $K = 1\ 200/200 = 6$。用简单随机抽样的方法在前6户中抽出第一户，以后从第一户开始每隔6户抽出一户，直到抽满样本为止。

3. 分类随机抽样

分类抽样或分层随机抽样，是指将总体中的所有单位按一定的属性或特征分成不相重叠的若干类别，然后在每个类（层）中分别进行简单随机抽样或等距抽样。例如，某公司有职工10 000人，欲抽取1 000人进行调查，首先按工人、技术人员和管理人员分为三层（类），然后在每层（类）中按随机抽样方式进行抽样。分层（类）抽样的作用，主要是为了提高抽样调查结果的精确度，或者是在一定精确性的条件下，减少样本的单位数以节约调查费用。

4. 整群抽样

整群抽样，是将总体单位划分成群，然后采用随机抽样的方法选出若干个群，以这些群所包含和所有单位为样本。例如，进行城镇居民家庭收入调查时，可以在一个城市中抽取10/1的居委会，对其中的所有居民家庭进行调查。

5. 多级抽样

多级抽样或多阶段抽样。上述四个抽样方式都可以称为单级（阶段）抽样，因为那些抽样方式都是一次性直接从总体中抽出样本，多阶段抽样则是把抽取样本单位的过程分成多个阶段来进行。第一阶段先抽取若干个大单位，第二阶段从第一阶段所抽出的大单位中抽出较小的单位，依次类推。例如，进行全国人民对政府领导抗"非典"意见的调查，第一阶段可抽取若干个省，第二阶段在这些省中分别抽取若干个市（县），第三阶段在这些市（县）中抽取若干社区（乡镇），第四阶段在这些社区（乡镇）中抽取一定数量的公民。

二、问卷法

问卷法的含义及优缺点：

1. 问卷法的含义

问卷法是指事先设计问卷题目，然后分发给特定对象回答，以达到收集资料目的的一种基本的社会调查方法。美国社会学家艾尔·巴比特认为问卷是社会调查的支柱。

2. 问卷法的优缺点

其优点有：调查对象的范围广；以匿名方式进行，获得的社会信息真实；能避免少数人的主观偏见，减少人为误差。其缺点有：问卷回收率和回收质量难以保证。

3. 问卷的基本结构

合格的调查问卷的主要内容有：封面信，它的作用是向调查者介绍调查者的身份、调查的内容和目的以及意义等，是一封给被调查者的短信；指导语，即填表说明；问题与答案，问题可分为开放式和封闭式两类：开放式问题是不提供具体答案的，由回答者自由回答问题，类似学生考试中的问答题；封闭式问题是在提出问题的同时，还给出若干个答案要被调查者从中选择，类似学生考试中的选择题。

三、文献调查法

1. 文献和文献调查及文献调查法

文献是指通过一定记录方式，记录在物质载体上的知识和信息。它包括图书馆、教学馆、博物馆、艺术馆、情报中心、资料室乃至私人所收藏的一切以文字、符号、图形、声频与视频等手段记录下来的各种有价值的知识载体。文献调查是收集数据和信息的一种重要方式，据说，马克思写作《资本论》时共查阅了 1 500 多种书刊，列宁写作《帝国主义是资本主义的最高阶段》一书时共查阅了 388 部书籍，国家每一部法律和每一项政策的出台，都离不开大量的文献和数据资料的收集。文献调查法或历史文献法，是通过收集各种文献资料，摘取与调查课题相关信息的方法。

2. 文献调查法的特点

文献调查法主要有历史性、间接性和无反映性三个特点：历史性，是对人类已经取得的知识和信息进行的调查；间接性，是对间接的第二手资料进行的调查；无反映性，调查时不直接接触被调查者，而是直接接触资料和信息的物质载体。

3. 文献调查的方法

查找文献的方法通常有三种：检索工具查找法、参考文献查找法和循环查找法。检索工具查找法是利用已有的检索工具查找文献的一种方法。文献检索工具是指用以积累和查找文献线索的工具，它有两大类：一是手工检索工具；二是机读检索工具。参考文献查找法或追溯查找法，是用著作者本人在文章或专著的末尾所开列的参考文献目录，或文章与专著中所提到的文献目录一步一步地追溯查找所需的有关文献资料的方法。循环查找法或分段查找法，是把检索工具查找法和参考文献查找法结合起来，交替使用，循环不已，以查找所需资料的一种方法。

四、观察法

(一) 观察法的含义及优缺点

观察法是一种依靠研究者的视觉、听觉、嗅觉、触觉和有关辅助工具来收集资料的一种调查研究方法。观察法是收集非语言行为的数据和资料的一种主要方法和技术。在公共管理领域，管理者通过观察管理活动的过程、管理行为的变化来收集管理中的重要信息，从而对管理活动实施有效的控制和对管理政策、管理方式做出及时调整。

观察法的优点是直观性和可靠性。其缺点有：一是对环境难以控制，受时空等条件的限制比较大；二是观察的对象和事物有一定的局限性，某些隐秘的社会现象和事物难以观察到；三是通过观察法获得的资料难以进行量化分析和处理。

（二）观察的基本原则和观察法的基本类型

观察必须遵循的基本原则有：一是客观性原则，即按照事物的本来面目实事求是地进行观察；二是全面性原则，即对事物的观察必须多角度、多方面，由表及里、由部分到整体来观察社会事物的发展变化，防止僵化和犯错误；三是深入持久的原则，即事物的产生和发展有一个过程，只有深入细致地长期观察才能获得全面的、有价值的数据和资料。

观察法的基本类型有：一是实验性观察和非实验性观察，实验性观察是在人为设置的环境中进行的观察。非实验性观察是在自然环境下进行的观察；二是有结构观察和无结构观察，有结构观察是指观察者对所观察的对象有一定的理解，并根据研究的目的，制定出详细的观察计划和规定出规范的观察程序及标准来实施的观察活动。无结构观察一般对观察对象不太了解，没有规范的观察计划和程序，观察采取灵活的方式进行。三是参与性观察和非参与性观察，参与性观察是指观察者参加到被调查对象的活动中进行观察。这种观察可分为隐蔽性观察和非隐蔽性观察；隐蔽性观察是观察者不暴露其身份，在暗中进行观察或卧底进行观察；非隐蔽性观察是指被观察者知道观察者的身份，是公开进行的观察。非参与性观察是观察者不介入被研究对象的活动，是以旁观者的身份进行的观察。

（三）观察的基本程序

观察的基本程序是：确定观察的目的和指导思想——选定观察的对象和范围——选择观察的方法和主要手段——进入现场观察——记录观察的事物和现象——退出观察现场——分析研究观察的数据和资料——撰写观察报告。

五、访谈法

访谈法是调查者通过与被调查者面对面地交谈、讨论来收集信息资料的一种方法。访谈法最大的特点是，在整个访谈过程中是访问者与被访问者互相影响、互相作用的过程，它比问卷法所获得的信息更全面、更直接。访谈法主要有个别访谈和集体访谈、一般访谈和深度访谈、标准化访谈和非标准化访谈几种类型。访谈法是一种难度比较大的调查方法，熟练掌握访谈的方法和技巧对访谈的成功非常重要。

六、调查报告的撰写

调查报告是调查者反映调查结果的一种书面形式的报告。它是在资料收集、整理和深入分析基础上的研究成果，是向社会汇报的重要方式。其类型主要有综合性调查报告、专题性调查报告、应用性调查报告、学术性调查报告等。

调查报告一般由标题、前言、正文、结尾几个部分构成。

第三节　系统分析技术和方法

系统分析作为一种科学决策的辅助技术，既离不开一定方法论的指导，也离不开各种定性和定量分析技术的支撑。从一定意义上说，系统分析过程，就是在系统分析研究方法论的指导下，运用定性和定量分析技术对所研究的问题进行分析和评价的过程。系统分析的研究方法论和技术工具是保证完成系统分析活动的重要工具。

一、系统分析的研究方法论

系统分析的研究方法论包括行为研究、价值研究和规范研究三个相互关联的基本范畴。

（一）行为研究

行为研究是指对现状的研究，它要回答：是什么？什么时候？什么程度？有多少？进行行为研究的前提是人们能够了解到事物的本质，能够认识和掌握客观规律。行为研究的目的就是认识客观事实。行为研究既是科学主张得以建立的基础，也是科学中发现基本事实的手段。行为研究要对决策所设及的事物、事件、各种关系进行描述、观察、计数和测度等。行为研究的基本科学论断是：如果反复观察到某种事实，则一种已知的结果会以确定的概率发生。

（二）价值研究

价值研究是对目标的研究，它要回答：喜欢什么？因为什么？目的是什么？许诺什么？应优先考虑什么？价值研究是通过价值的确认和分析来直接面对价值问题的，它的假定前提是，在人类系统中价值观是所有行动和行为的主要决定因素。它的基本目标是：确认某个目标是否值得争取，采取的手段是否可以被接受，改进系统的结果是否良好等。价值研究中的价值是指偏好的事物或原则。

价值研究在系统分析中具有重要意义，它能够帮助决策人员回答，我们是干什么的和我们希望得到什么等问题。这有利于管理理论的实际应用；有利于分辨出在哪些地方局部价值和整个系统价值有所不同甚至是冲突；在人事安排上，还可以巧妙地使用具有不对系统造成破坏而价值观又不同的人，以增强系统的活力；它还能使人们合乎逻辑地发现问题。

（三）规范研究

规范研究属于认识事物的范畴。它主要是运用演绎推理的方法，从抽象到普遍原则出发，得出有关特定问题的结论。规范研究要回答：应该是什么、应该怎么样等问题。它要寻求政府决策的目标和达到目标的手段。规范研究的基本判断是：如果你想得到某种结果，那么，在一定的条件下采取规定的行动，就会以某种确定的概率获得成功。

总之，在整个研究过程中，行为研究、价值研究和规范研究三个方面的研究不能也不应该孤立地进行。行为研究涉及的是过去和现在发生了什么；价值研究既涉及过去和现在，也涉及将来；规范研究则涉及未来。

（四）可行性研究

可行性研究是对规范研究中所提出的方案进行经济、技术和政治等方面的考察，确认其是否切实可行。它要回答：提出的方案是否行得通，领导、社会团体和公民是否会同意或允许这样做等问题。在可行性研究中最重要的是政治上、经济上和技术上的可行性。在现代民主体制的国家中，政治可行性主要是指特定的政策方案被公民和公民团体理解、认同、支持，并在行动上表现出合作的态度；经济可行性主要是指特定政策方案占有和使用经济资源（主要包括资本、信息、人力和自然资源等）的可能性，进而实现政策目标的可能性。技术可行性是指达到政策目标的科学技术或方法论方面的可能性。任何政策方案的实现都离不开一定科学技术的支撑，没有一定的科学技术或科学技术不能满足决策方案本身的需要，都将导致政策目标不能实现。系统分析的可行性研究是一个整体，三个方面的可行性研究既在系统分析中各自发挥着不可替代的作用，又相互联系、相互作用、相互支持。

二、系统分析的定性分析方法和定量分析方法

任何系统都有一种质的规定性和量的规定性，因此在系统分析中必须运用定性分析方法和定量分析方法。

（一）系统分析的定性分析方法

在系统分析中，运用定性分析方法的主要目的是为了给分析人员和决策者提供合理的方法和指导，从而将定性的并且常常是超理性的因素包括在分析过程中。系统分析的定性分析方法涉及到许多方面，除了上述价值分析和可行性分析与之有密切联系外，还有超理性因素分析、交叉文化分析和未来分析等。

1. 超理性因素分析

现代系统分析理论认为，系统分析过程应该是一种理性的分析和明晰的过程。但是，事实上这一过程经常是非理性和模糊的。这主要在于各种超理性因素对系统分析过程的影响。所谓超理性因素，是指使人脑不经过逻辑思维的作用就直接产生行为和决策的各种因素。典型的超理性因素主要有：判断、直接、灵感、信仰、忠诚、意志、政治、预见能力等，这些因素和行为对决策的产生具有重要影响。超理性活动不等于"非理性行为"，后者引起的原因往往是处于恐慌状态下产生的紧张和焦虑。但是，二者又存在联系，因为不经过理性逻辑思维的活动容易产生非理性的结果。

超理性分析方法是与理性分析方法相对应的一种系统分析技术。理性分析方法认为，严密的逻辑推理是获得最优化方案的惟一合理的方法。但是，用这种过于理想化的纯理性分析方法获得的所谓最优化方案或制定的高质量的政策，在实战中往往缺乏支持。大量事实表明，纯粹由有经验的领导根据判断作出决策，也能制定出高质量的政策，而且这种做法至今仍然是世界上许多系统制定政策的工作规范。因此，超理性分析将来仍然是最有效的方法。在实际的系统分析中，我们既要坚持理论或逻辑分析，也要坚持交叉文化的思维，在某些场合，系统分析主要靠超理性分析做出。

2. 交叉文化分析

交叉文化因素类似于超理性因素，即它们对系统分析人员来讲，是主观的、非定量的因素。在系统分析中，分析结果对这些因素的反映相当敏感，如果忽视这些因素，结果就会产生歪曲，把某种完全错误的观念和事实当做分析工作的基础。在交叉文化分析中，应考虑的因素有：一是某种管理理论，往往与另一种文化和价值观不相容；二是涉及的世界观问题，如社会发展方向、进步、增长、时间感、决策、效率、改革、计划、平均主义等；三是环境因素，如民族意愿和自尊、政治上的稳定与局限、国际经济关系、教育与识字水平、历史、社会和宗教价值观、语言等；四是组织因素，如权威和领导能力、民主与集中、职工满意程度、工作态度、职业安全感、承担责任的意愿、雇员士气以及创造性、流动性等。

3. 未来分析

在系统分析中，未来分析特别重要，因为系统分析的任务就是研究在未来如何改进现有系统，如何获取可用于今天和明天的系统知识。因此，所有好的系统分析都必须包括对未来的考虑，不进行未来分析的领导人和政治家常常被认为是不成熟或无能的。

未来分析的指导原则是：应当创造或确认一系列想象出来的不同环境、未来状况和相应的政策要求，明确规定各种假设和价值标准，并且对未来进行预测；通过灵敏度分析将当前政策和不同的前景联系起来；广泛考虑政治、经济、社会和技术上的可行性；根据过去和当前的趋势，包括那些没有先例的情况，确定重要的政策问题和在将来有可能产生的危机；使用能使政策制定者感到简明扼要、易于理解的文字和口头表述的方法。

（二）系统分析的定量分析方法

系统分析的定量分析方法，是指借助于经济学、数学、计算机科学、统计学、概率论及决策理论来进行逻辑分析。系统分析的定性分析方法固然重要，但是，系统分析不能单凭经验、想象、臆断和直觉。在通常情况下，必须有准确可靠的数字资料的分析作为依据。定性分析只能指出大致的方向和区间范围，不能得出精确的结论。因此，必须将定性分析与定量分析结合起来使用，才能起到互补作用。这是因为：第一，定量分析方法能使有关知识条理化、专门化，使量的比较成为可能；第二，定量分析使系统分析所面临的复杂而又不确定的问题表述更容易把握，为规定系统的输出提供了判断标准；第三，定量分析方法比其他方法更客观、准确和严谨，能直观、具体、明确地反映和发现研究对象的运动变化及所处的状态。

系统分析的定量分析方法与技术，可分为确定型分析和随机型分析两大类。确定型分析方法和技术，是指那些可用于只有一种状态，其变量、限制条件、不同的选择都是已知的、确定的，按一定的统计置信度可以预见问题的方法和技术。表 14-1 列出了在系统分析中，用以获得定量知识的确定型分析方法和技术。

表 14-1　　　　　　　　　　系统分析中确定型定量模型和技术

模型、工具和技术	应　用	基础知识
线形规划	解决在商业、交通、库存、建筑、后勤及网络中的配置、分配和优化问题	计算机科学、敏感性分析、代数解法、单纯形法、经济学
排队论	人或事物或事件的等待服务问题	蒙特卡罗法、模拟、统计学
规划管理技术	生产和建设计划	PERT（成本或时间）、CANTT 图、网络分析（CPM）、决策树
马尔柯夫分析	销售经营、预测	矩阵代数、经济
对抗分析	商业、心理学、国防研究	博弈论
质量保证	工业、国防	科学、技术
损益分析	资源分配	经济学、统计学

随机型分析方法和技术，是指应用于不确定型决策的分析方法和技术。当存在一个以上状态，并且需要估计和确定一种可能的状态时，就要碰到随机模型问题，这就需要计算在每一种状态下用每一种决策选择所得的输出结果。因而可供选择方案的数量将很大，这时就可用数学、统计推论和概率论与学科的方法，在可以接受的假定条件下，减少不确定性。有时，随机的局面可以转化为确定型模型来处理，如选择一种最有可能发生的状态，或只分析最坏或最好的局面等。使用随机模型也可以分析在变动情况下几种状态的相互作用。一些随机分析方法和技术如表 14-2 所示：

表 14-2　　　　　　　　　系统分析中的随机型定量模型方法和技术

模型、工具和技术	应　用	基础知识
动态规划	在生产、配置活动中的多阶段决策	计算机科学和概率论
计算机模拟	系统内部的相互作用	计算机科学和蒙特卡罗法
随机库存论	需求或提前时间是随机的情况	概率论和期望值统计量
随机模型	计算机系统转换的概率	矩阵代数、微积分
取样、回归、指数平滑	大总体的问题解	统计学和概率论
贝叶斯定理	条件概率下的预测、相关和因果分析	代数、概率论以及有关先验概率的知识
损益分析	资源分配	经济学和统计学
决策树	系统行为	代数和统计学

第四节 控制方法和技术

一、一般控制方法和技术

（一）现场观察法

现场观察法是一种最古老、最直接和最有效的控制方法。现场观察的最大优点是可以获得最真实的第一手信息资料，也可以帮助管理者发现员工中的优秀人才，判断组织系统的运转是否正常，从下属的合理化建议中获得灵感或启发，还可以起到对员工的激励作用，营造一种和谐的组织氛围。

（二）统计数据资料分析法

管理者要善于利用组织或部门活动中的统计资料、数据进行控制，以增强控制的针对性、有效性。

（三）专题报告分析法

专题报告是用来向管理者全面、系统地阐述计划的进展情况、存在的问题及原因、措施及效果、潜在的问题等情况的一种重要方式。管理者通过对专题报告的分析，施行对具体问题的控制。

（四）人员管理控制法

管理者在人事管理方面的控制，主要集中在组织或部门内的人力资源管理方面。具体表现在对员工工作中的表现、成绩的评价和主要人事比率的分析两个方面。管理者对员工的表现与绩效进行全面、客观地评价，有利于激励先进，督促后进。对员工控制的内容包括：对员工从事的工作、岗位的情况进行分析；制定工作标准；衡量和鉴定员工的工作表现及业绩，做出相应的评价，并将结果反馈给相关人员；分析组织中各种人员的比率与组织任务、组织目标的关系等。

二、程序控制方法和技术

1. 程序和程序控制。程序是对组织或部门中操作或事务处理流程的一种描述、计划与规定。程序的特征有：第一，计划性。程序是对组织中大量日常工作过程和工作方法的提炼与规范，它规定了如何处理组织中日常问题及处理物质流、资金流、信息流的例行办法，为组织人员提供了简洁、有效、实用、优化的行动计划和方案。第二，系统性。管理者只有认识到程序原本是"系统"，才能充分发挥程序控制的作用。一个复杂的管理程序，常常会涉及许多个职能部门、工作岗位、主管和专业人员以及各种类型的管理活动，如调研、计划、审核等。因此，应将管理程序视为一个系统，用系统的观点和系统的分析方法来分析并设计程序。第三，控制标准性。程序通过文字、格式和流程图等方式，对组织的业务处理方法作出了严格而明确的规定，既便于执行者按程序办事，也便于管理者实行监督和检查。

2. 在管理实践中，管理者通常依据管理学原理，借助业务流程图的工具，进行管理的程序分析（见表14-3所示）。业务流程图是一种利用一些具有特定含义的文字、符号，形象而具体地描述系统业务流程的图表，具有直观、便于记忆与分析对比的优点。

表 14-3　　　　　　　　　　　　　　**常用的业务流程图符号**

类型	符号	含义	符号	含义
基本符号	（圆）	处理（书写、递送、编制等）	（菱形）	检查、确认、审批等
	（倒三角）	暂时保存或下页连接	（三角形）	长期保存
	（票据形）	票据、卡片、报告、账簿等	|	流程线
特殊符号	*A* ◇◇ *B*	核对 *A* 和 *B*	✳	作废、销毁
	（合并符号）	合并	（交叉符号）	流程线交叉
	▭	手写的票据、卡片、报告等	（账簿符号）	账簿
	A ○○ *B*	由 *A* 向 *B* 转记或将 *A* 写成 *B*	*A* ○● *B*	*A* 向 *B* 传达

3. 实现有效程序控制的原则。在管理实践中，管理者要实现有效的程序控制，避免程序"失效"，必须遵循的原则是：第一，将程序视为一个系统。用系统的观点分析，任何一个程序都是一个系统，而且从组织的整体角度分析，程序又是一个更大系统的有机组成部分。将程序视为一个系统，有助于管理者追求组织整体的最优化而非局部利益，促使管理者从整体角度分析并设计程序，使各种程序的重复、交叉与矛盾减少到最低限度。第二，保证程序的计划性。程序也是一种计划，管理者在进行程序设计时，必须服务、服从于组织整体目标的实现和效率的提高，必须充分考虑其必要性、能否收到预期效果以及是否有助于实现计划等。第三，使程序具有权威性。确保程序的有效性，就必须保证程序设计的合理性、科学性和严格执行既定程序，从而确保程序的权威性。第四，控制程序的运行。将有关程序的规定汇编后，发放给组织中的管理员工；指导员工进行正确的程序操作，使员工明确制定程序的必要性和目的；采取有效措施，确保员工及时、正确地接受新的程序，保证员工按照预期的要求工作。

三、计划评审技术

计划评审技术或时间事件网络分析法，作为一套科学的、成熟的计划与控制方法，其基本思路是将工程项目视为一个复杂的系统，用表格、矩阵或网络显示各项具体工作的先后顺序与相互关系，以时间为中心，找出从工程开始至完工所需时间最长的关键线路，并据此对工程系统进行统筹安排、合理规划，对各项具体工作的进度实施严密的监控，以达到在耗时、耗资最少的前提下完成目标。1958 年，美国海军特别规划处首次将计划评审技术运用于北极星核潜艇的建造过程，获得了巨大的成功。此后，该项技术便广泛应用于公共管理领域。

四、全面控制技术

在公共管理领域，大多数控制方法都是针对组织或部门中的某项具体工作和任务而设计的，这些方法在组织或部门整体控制方面有一定的局限性。同时，许多控制方法是以对背离计划的偏差进行评价和分析所获得的信息为依据的。全面控制技术是相对局部控制技术的局限性而发展起来的。而且，全面控制技术还适用于那些实行分权管理或事业部的组织中，可以在不干预其内部管理过程的前提下，实现对那些具有相对独立性的单位和部门的有效控制，以达到组织的预期目标。全面控制技术是通过对经济的指标和财务方面的测量来达到控制目的的。其方法主要有：损益控制法、投资报酬率分析法和管理审计法三种。损益控制法是指根据组织或部门的损益分析表，对其经营状况、管理绩效进行综合控制的一种方法。损益控制的实质是通过对损益表的分析，对组织的利润或直接影响利润的因素进行控制。损益分析有助于发现组织中全局性的问题，使得控制工作更具有针对性；投资报酬率分析法，与损益控制法类似，二者的区别在于：投资报酬率分析法不是将利润视为一个绝对数字，而是将其视为组织运用投资的回报率，它是以投资额与利润之比，从绝对数和相对数两个方面衡量整个组织或组织内部某一部门的绩效并依此进行控制的；管理审计法是指组织或部门全面、系统地评价和分析全部管理工作绩效的一种控制方法。它是一种侧重于管理职能方面的审计，包括对计划、组织、人员配备、指导与领导以及控制工作的鉴定与评价等活动的控制方法。管理审计可分为外部审计和内部审计。

五、面向未来的预防性控制

面向未来的预防性控制的基本内容是：通过培训、考核等途径，培养出素质全面、能力出众的管理者，使他们会熟练地运用先进的管理思想、技术和原理，并能用系统的观点分析经营和管理问题，从而做到预先排除管理不当所造成的种种问题。

第五节　决策方法和技术

决策是指认识和掌握事物的不同方面、不同层次的多种情况，将可能采取的各种行动加以比较，并选择出最有利的方案去贯彻执行。现代公共管理，首要的和基本的任务就是科学决策。就公共事务的管理人员来说，决策的成功与否直接关系到公共管理工作的成效。决策不仅必须借助一定的手段，而且决策程序的每一步及要完成的任务，都需要借助于一定的手段，才能有效地实现。没有科学的决策技术和方法的辅助，就无法作出任何科学的决策。

一、专家决策法

专家决策法或专家评优法，是指借助于专家的创造性思维（如直觉、判断、顿悟等）来获取信息的一种直观型决策方法。其基本内容是组织各领域的专家，运用各自专业方面的知识和经验，根据决策对象的外部环境（包括自然环境和社会环境），通过直观归纳，对决策对象的过去、现在的状况和变化过程进行综合分析与研究，找出决策对象运动、变化和发展的规律，从而对决策对象未来的发展趋势及状况作出判断。根据专家的人数，一般将专家决策法分为个人判断决策法或个人头脑风暴法和集团头脑风暴法或专家会议决策法两大类型。个人判断决策法，是指依靠专家的微观智能结构对决策问题及所处环境的现状和发展趋势、决策方案及可能结果等作出判断的一种创造性思维方法。该种方法的顺序是：先征求专家个人的意见、看法和建议，然后对这些意见、看法和建议加以归纳和整理而得出结论。集团头脑风暴法，是指依靠一定数量专家的创造性思维来对决策对象未来的发展趋势及状况作出集体的判断。它的两种基本形式是，直接头脑风暴法和质疑头脑风暴法。直接头脑风暴法（又称畅谈会法或智力激励法），是指无拘无束、自由发表意见的一种会议形式。该种方法由美国著名的工程学家奥斯本于 1939 年首创，用来形容精神病人的胡言乱语。后来人们将其运用于会议形式上。在该种会议上，会议成员通过相互启发和信息交流，产生思想共鸣，以引发更多的创造性设想。质疑头脑风暴法也是一种集体产生设想的方法。与直接头脑风暴法不同的是，它需要先后召开两次会议。第一次会议与直接头脑风暴法相同，第二次会议则是对第一次会议提出的已经系统化的设想进行质疑。对设想进行质疑，是评价设想实现的可行性的一个专门程序。

专家决策法在现代管理决策中占有极为重要的地位，已经广泛应用于军事决策、公共管理决策等领域中，成为管理决策的一种行之有效的方式。但是该方法也有其局限性，主要表现为：与会者人数受限，代表不充分；权威的影响大，容易产生"乐队效应"；易受表达能力的影响；易受"潮流"思想的影响；发言人受自尊心因素的影响等。

二、德尔斐法

德尔斐是一处古希腊遗址。20 世纪中叶美国兰德公司和道格拉斯公司，在合作研究如何通过有控制的反馈更为可靠地收集专家意见时，以"德尔斐"为代号命名此法，由此得名。德尔斐法是采用函询调查的方式，向与所预测的问题有关领域的专家分别提出问题，而后将它们回答的意见综合、整理、归纳，并匿名反馈给各位专家，再次征求意见，然后再加以综合、反馈，这样经过多次反复循环，最后得到一个比较一致而且可靠性较大的意见。德尔斐法是为了克服专家会议决策法的缺陷，在专家会议决策法的基础上发展起来的一种形之有效的决策方法。它与专家会议决策法相比，有匿名性、信息反馈性和决策结果的统计性（即进行定量处理）三个特点。

一般说来，完整地运用德尔斐法要经过四个步骤：第一步设计函询调查表。既然德尔斐法是借助于函询调查方式来进行的，函询调查表就扮演着极为重要的角色，其设计的好坏直接关系到决策结果的优劣，因此，应该十分注意提高设计函询调查表的质量。第二步确定专家名单。专家的选择具有同等的重要意义，它直接关系到德尔斐法的成败，如果应邀专家不具备与决策对象有关的广博的知识，就不能提出正确的意见和作出有价值的判断。第三步发出和收回函询调查表。在设计好函询调查表和确定好专家名单之后，就要向专家小组成员分别寄出函询调查表，要求他们对调查问题作出解答并及时反馈给领导小组。这是一个需要经过多次往复的过程，往复的次数要视具体情况而定。采用德尔斐法，一般要经过四轮函询。第四步统计分析结果。在函询过程之后，组织者需要对统计结果的价值取向和可信度作出结论，决定是否将其作为政策依据或参考。因评估对象的不同，统计结果的显示与方法也有所不同，经常使用的具体方法有列表、直观图和文字叙述等方式。

德尔斐法是一种费用低、效果好的决策方法，它是系统分析方法在认知领域的一种有益的延伸，它突破了传统数量分析的局限性，为决策者科学决策提供了多方案选择的可能性，特别适用于缺乏客观信息时的长期预测和方案的评估。但是，德尔斐法同其他任何决策方法一样，也存在一些不足或缺陷，例如，受主观因素的影响较大；缺乏深刻的理论逻辑论证；方法论的约束较强；影响重大问题的突破等。这些都有待于进一步完善和发展。

三、决策树法

决策树法是利用图形选择最优方案的一种方法。它把几项可选方案及有关随机因素有序地表示出来形成一个树型。决策者根据决策树所构造出来的决策过程的有序图示，不但能纵观决策过程的全局，而且能在此基础上对决策过程进行合理分析、计算和比较，从而作出正确的决策。决策树法的优点是层次清楚，方便简洁，能形象地显示决策过程，是一种很常用的工具，大多用于风险投资；其缺陷主要是无法适用于不能用数量表示的决策，因此，其适用的范围有限。

小　　结

公共管理的方法和技术，是指能够保证公共管理活动朝着既定方向发展，达到公共管理目的的各种方式、手段和技术措施，是管理活动的主体作用于管理活动的客体的桥梁。公共管理的基本方法是公共管理主体为了实现管理目标而普遍采用的措施、办法或手段。公共管理的方法和技术随着历史的演进和科学技术的发展而变得丰富多彩，其基本方法大致可以分为两类：其一是传统管理方法，包括行政方法、经济方法、法律方法、思想教育方法、传媒方法、情感方法、社会调查研究方法、统计分析方法等；其二是现代管理方法，包括系统分析方法、控制方法与技术、决策方法与技术、网络计划方法与技术等。其中，社会调查研究方法、系统分析技术和方法、控制方法和技术、决策方法和技术是公共管理中采用较多的方法和技术。

重　点　名　词

公共管理的方法和技术　社会调查研究方法　抽样调查　问卷法　观察法　系统分析

技术和方法 控制方法和技术 决策方法和技术 专家决策法 德尔斐法 决策树法

复习思考题

1. 简述公共管理的方法和技术。
2. 简述社会调查研究方法的种类及其在公共管理中的应用。
3. 简述系统分析技术和方法的主要内容。
4. 简述控制方法和技术的主要内容及实现有效程序控制的原则。
5. 简述决策方法和技术的主要内容。

第十五章　新公共管理

第一节　新公共管理概述

　　自 20 世纪 70 年代末 80 年代初开始，伴随着全球化、信息化、市场化以及知识经济时代的来临，西方各国掀起了一场声势浩大且旷日持久的政府改革运动，世界进入了公共部门管理尤其是政府管理改革的时代。无论是英美、欧洲大陆国家，还是澳大利亚、新西兰、日本和一些发展中国家，都相继掀起了政府改革的浪潮。尽管各国改革的起因、议程、战略、策略以及改革的范围、规模、力度有所不同，但都有一个相同或相似的基本取向，这就是"新公共管理"。这场"新公共管理"运动对西方公共部门管理尤其是政府管理的理论与实践产生了重大而深远的影响。

一、新公共管理的内涵

（一）新公共管理的内涵

　　新公共管理运动是 20 世纪 80 年代西方各国特别是经合组织国家政府为解决自身面临的问题和困境而采取的一系列改革措施的统称。它既是指导行政改革的理论又是行政改革的实践结果，但更重要的还是行政改革的实践结果。随着行政改革实践的深入和理论上的完善，"新公共管理"模式已经成长为日益取代旧的公共行政管理模式的公共部门管理的模式。

　　作为政府管理研究领域的一种新理论以及新的实践模式，新公共管理是个多纬度的概念。它既指一种试图取代传统公共行政学的管理理论，又指一种新的公共行政模式，还指在当代西方公共行政领域持续进行的改革运动。例如，波立特在《管理主义和公共服务：益格鲁和美国的经验》一书中认为，新公共管理主要是由 20 世纪初发展起来的古典泰勒主义的原则构成的，即它强调商业的理论、方法、技术和模式在公共部门中的应用；瓦尔特·基克特在《荷兰的行政改革和公共部门管理》一书中把"新公共管理"界定为一种强调商业管理风格、顾客至上和市场竞争的改革取向；胡德把"新公共管理"看做是一种强调明确的责任制，产出导向和绩效评估，以准独立的行政单位为主的分权结构，采用私人部门管理、技术、工具、引入市场机制以改善竞争为特征的公共部门管理新途径。所以，在绝大多数时候，"新公共管理"是作为包含不同模式的概念出现的。

　　"新公共管理"也有不同的名称，如新公共管理、管理主义、以市场为基础的公共行政学、后官僚制模式、企业化政府理论等。尽管这些名称不同，但基本上都表示同一种现象，即由传统公共行政理论及实践向新公共管理理论及实践的转变，并被人们描述为公共管理尤其是政府管理研究领域的转移。

尽管各个流派对新公共管理的内涵和名称都有自己的观点，在公共部门的管理中确实出现了一些新的变化。新公共管理以现代经济学和私营企业的管理理论与方法作为自己的理论基础，不强调利用集权、监督以及加强责任制的方法来改善行政绩效，而是主张在政府管理中采纳企业化的管理方法来提高管理效率，在公共管理中引入竞争机制来提高服务的质量和水平，并强调公共管理以市场或顾客为导向来改善行政绩效。[①]

（二）新公共管理的特征

西方公共管理学者及实践者们作了不同的概括和描述：胡德在其担任伦敦经济学院院长的就职演说中将"新公共管理"的内涵及特征表述为七个方面：（1）向职业化管理的转变；（2）标准与绩效测量；（3）产出控制；（4）单位的分散化；（5）竞争；（6）私人部门管理的风格；（7）纪律与节约。英国学者温森特·怀特认为，"管理主义"（新公共管理）强调职业化的管理、明确的绩效标准和绩效评估；以结果而不是以程序的正确性来评估管理水平；看重金钱的价值；对消费者而非公民的需要保持敏感，强调公共服务的针对性而非普遍性。罗德斯指出，"新公共管理"有如下几个中心学说：以管理而非政策为焦点，以业绩评估和效率为焦点；将公共官僚机构分解成各种建立在使用者付费基础上的处理事务的机构；准市场的使用和合同承包以培育竞争；一种强调产出目标、限制性项目合同、金钱诱因和自由裁员的新管理风格。经合组织 1999 年度的公共管理发展报告《转变中的治理》一文中把新公共管理的特征归纳为如下八个方面：（1）转移权威，提供灵活性；（2）保证绩效、控制和责任制；（3）发展竞争和选择；（4）提供灵活性；（5）改善人力资源管理；（6）优化信息技术；（7）改善管制质量；（8）加强中央指导职能。

根据上述学者的概括以及其他新公共管理文献资料，国内有很多学者也提出了自己对新公共管理的看法，主要有以下几个方面：

1. 社会、市场管理与政府职能的优化

（1）新公共管理主张对某些公营部门实行私有化，让更多的私营部门参与公共服务的供给，即通过扩大对私人市场的利用以替代政府公共部门。需要说明的是，许多新公共管理的拥护者和支持者也认为，公营部门的私有化并非新公共管理的必不可少的特征。

（2）引入竞争机制。长期以来政府被当做校正市场制度、弥补市场缺陷的主体，现在反过来，"新公共管理"主张用市场的力量来改造政府，在公共部门中引入市场机制，在公共部门与私人部门之间、公共部门机构之间展开竞争，以缩小政府规模，提高公共物品及服务供给的效率。竞争机制的引入带来了公共部门服务的一系列变化尤其是形成了市场检验、优胜劣汰的局面。

2. 社会力量的利用和公共服务社会化

新公共管理改变了传统公共模式下的政府与社会之间的关系，重新对政府职能及其与社会的关系进行定位：政府不再是高高在上、"自我服务"的官僚机构，政府公务人员应该是负责任的"企业经理和管理人员"，社会公众则是提供政府税收的"纳税人"和享受

---

① 朱海江，孙广厦：《新公共管理的理念、实践及其对中国的借鉴》，琼州大学学报 2001 年 6 月 28 日。

政府服务作为回报的"顾客"或"客户",政府服务应以顾客为导向,应增强对社会公众需要的响应力。近年来,英、德、荷兰等国政府采取的简化服务手续、制定并公布服务标准、在某一级行政区域和某些部门或行业开办"一站商店"服务等,就是在这种新的政府与社会关系模式下所施行的一些具体措施。

3. 政府部门内部的管理体制改革

(1)新公共管理更加重视政府活动的产出和结果,即重视提供公共服务的效率和质量,由此而重视赋予中、低级文官以职、权、责,如在计划和预算上,重视组织的战略目标和长期计划,强调对预算的总量控制,给一线人员在资源配置、人员安排等方面的充分的自主权,以适应变化不定的外部环境和公众不断变化的需求。

(2)新公共管理反对传统的公共行政提倡遵守既定法律法规、轻绩效测定和评估的做法,主张放松严格的行政规制(即主要通过法规、制度控制),而实现严明的绩效目标控制(即确定组织、个人的具体目标),并根据绩效指标对目标完成情况进行测量和评估,由此而产生了所谓的"三E",即经济、效率和效果三大变量。

(3)新公共管理强调政府广泛采用竞争机制和私营部门成功的管理方法和手段,如成本与效益分析、全面质量管理、目标管理等,取消公共服务供给的垄断性,例如"政府业务合同出租"、"竞争性招标"等。新公共管理认为,政府的主要职能固然是向社会提供服务,但这并不意味着所有公共服务都应由政府直接提供。政府应根据服务内容和性质的不同,采取相应的供给方式。

(4)改善人力资源管理。新公共管理重视人力资源管理,提高在人员录用、任期、工资及其他人事管理环节上的灵活性,例如以短期合同制取代常任制,实行不以固定职位而以工作实绩为依据的绩效工资制等。

二、"新公共管理运动"的兴起

(一)新西兰的新公共管理运动

新西兰的行政改革被许多国家誉为改革的典范。几乎新西兰政府行政管理的每个方面都受到了根本性的评估和改革。不同国家间的比较还表明,除新西兰外,没有任何一个国家的改革是按照内在一致性的框架进行的,新西兰的改革框架被公认为最具有内在一致性。

1. 公司化与私有化

1984 年以前,新西兰政府的商业活动占全部经济活动的 12% 和投资的 17%。[①] 负责经济政策的新任部长及其顾问们认为,由于政府过分地介入到生产领域中,使得整个经济状况表现不佳,宏观经济政策严重失衡,而其中非常重要的一点就是:他们认为,中央集权型管理的失败是问题的关键所在。

新西兰对政府的商业活动的改革经历了三个发展阶段:第一阶段,即所谓的公司化阶段,从 1986 年开始,将从事商业活动的政府部门改组成国有企业,并将之置于得力的董事会和管理者手中。这些企业以盈利为运营目的,不再享有各种保护和特权,还要像其他

---

① Graham C. Scott, Government Reform in New Zealand, International Monetary Fund, Washington D. C.,

私有企业那样交纳税金和红利。政府不再对商业性企业附加非商业性目标，如果确有必要，则要通过明确的协议和补贴独立地予以完成；第二阶段是私有化阶段，从 1989 年开始，私有化追求的目标是：进一步的效率和创新、偿还债务以及避免更多的财政补贴和不当投资。新西兰的私有化方式有两种：出售资产和出售股份。到 1991 年底，私有化已达 130 亿新西兰元，占其 GDP 的 16%。私有化并不是反对公司化，而是公司化的补充和深入。从 1990 年起，公司化进入了第三个阶段，这一阶段的主要问题是，如何加强对具有复杂的经济和社会目标的政府事业单位与自然垄断型企业的监督和管理。

2. 政府部门的职责分立与功能调整

新西兰从 1988 年开始，对从事非商业性活动的绝大多数的政府机构进行了重大改革。这些改革基本上遵循的是同一模式，这一模式主要包括以下四项基本内容：第一，政策与执行分立。即政策建议与执行这一政策的机构相分离。通常，行政机构由于具有实践经验而被认为是政策建议的最好提供者，但是它们也是在提供服务的过程中有着直接的切身利益的一方，因此两者应分开；第二，公共服务的出资、购买与供应分立。其目的是在向政府内部其他机构和公众提供特定服务的过程中，要在政府的出资者、购买者和供应者的角色之间，形成一种类似手与足的合同性安排；第三，服务供应者之间相互竞争。通过竞争可对提供公共服务的政府机构保持一种压力，使其有动力提高自己活动的效率和效能，这就要求废除政府的垄断性保护和引入市场调节的价格机制；第四，重新分配政府各部门的职责。为了促进更为有效的管理，新西兰对政府各部门的职能进行了重大调整。其改革目标是：合并相同职能；避免利益冲突；拆散那些难以管理、缺乏重心、惯于隐瞒信息的大型组织。

3. 对政府进行绩效管理与产出控制

新西兰政府试图通过改进其原有的管理机制，来增强职能部门及其他非商业性政府机构的工业效率和效能。1988 年和 1989 年，新西兰在各政府部门引入了一种新的管理机制。新管理体制的基本内容是：作为政治家的各部部长不再介入部门管理，其主要的管理职责就是提出本部门的绩效目标，如何达到这些目标则由作为部门最高管理者的执行主管负责。根据 1988 年的《国家部门法》和 1989 年的《公共财政法》，执行主管在法律上享有部门事务的决策权、人事任免权、确定报酬和与工会进行谈判的权力，而这些权力以前都是由部长或其他中央机构控制的。与此相适应，执行主管的主要任务就是达成有关的绩效目标，并要使自己的言行符合公共机构的价值、道德和政府更广泛的集体利益。

新管理机制的实现主要依靠的是三种机制：第一，面向"产出"的拨款制度；第二，阐明部门绩效目标的自主化计划；第三，执行主管与主管部长之间的绩效协议。在这三种机制中，绩效协议是整个责任链条上最为重要的一环。贯穿于新管理机制的核心观点是：将政府管理的重点由"投入"转向"产出"和"结果"。这三个概念都是正式的法律概念，投入是指政府所使用的全部资源，产出是指由政府部门生活的物品和服务，结果是指政府的产出和活动对公众所产生的实际影响。政府活动的目的是产出令人满意的结果。

4. 高级文官管理制度改革

为了提高政府工作业绩，从 1988 年开始，新西兰对高级文官的管理制度也进行了重大改革。经过改革，新西兰高级文官的管理制度主要由以下几个方面的内容构成：第一，绩效协议和绩效评估。绩效协议是评价高级文官工作业绩的主要依据，绩效评估工作主要由相对独立的国家机构委员会来承担。第二，任期制。经过改革，新体制下的执行主管的任期为五年，并没有自动续补任期的权利，即使是那些成绩优异者也只能再任职三年或去申请其他政府部门的职位，如果年度的业绩评估令部长感到不满，部长有权中止合同的执行。第三，浮动工资制。新的工资结构中增加了绩效工资这一内容，能否得到这部分报酬及得到多少都要依据其业绩表现而定。第四，任命私企精英进入公共机构高层任职。其目的是把社会上最新的思想、观念和方法引入政府，从而促进政府在管理上的革新。第五，建立人力资源开发计划。其目的是培养高级管理人才，该计划包括了一系列不同等级的管理培训课程，但更强调工作培训和日常工作经验的积累；同时，还强调在公、私各种部门任职和学习外国的先进经验。

5. 财政体制改革

1989 年通过的《公共财政法》与 1994 年的修正案《财政责任法》为政府进行财政改革提供了法律保证。根据上述法案，新西兰的财政管理制度主要包括以下几个方面的内容：（1）财政管理权下放。许多行政控制被取消了，各部门的资产负债表与整个政府的资产负债表独立开来，各部门及其主管有了更多的财政管理自由。在人力和资金的投入方面，各部门被赋予了采购和配置的自由。（2）应计会计制。在会计制度上，新西兰由现金制转变成了应计制。应计制是一种企业常用的记账方法，能较真实地反映该部门的财务状况和经营成果。许多国家都坚持在公共部门实行特殊的会计标准，而新西兰则认为，除特殊问题外，公共部门与私人部门的会计标准应是相似的。在政府部门实行应计制，就是要能精确地反映某一期间该部门全部资金的流动状况，从而实现真正的财政监控，并强化部门的成本与收益观念。（3）财政报告制。财政报告制是确立政府对议会责任的主要机制，它由部门层级开始，到 1992 年开始扩散到整个政府活动中。新西兰政府认为，政府是各个部门的所有者，所以，它们要求各部门要像私人企业的经理对其股东所作的那样，向政府进行财政报告，以便政府能够了解各部门管理者控制下的资产和债务情况，从而能够对资源的使用效率进行评估和判断。1994 年的《财政责任法》在政府财政透明和决策责任方面有了更高的要求，并对信息和政策文件进行了区分。

（二）英国的新公共管理运动

在 20 世纪 70 年代以来兴起的这场新公共管理运动中，英国因为其改革的广泛性和全面性，也成为当代西方各国政府行政体制改革的先驱和主导性力量。在整个 20 世纪 80 年代，英国采取了一系列的行政改革措施：发起反对浪费和低效益的运动，成立了一个效率工作组；实行大规模的私有化，将包括英国石油、英国电信、英国钢铁、英国航空等著名公司在内的 40 多家大型国有企业卖给私人；对地方政府的预算开支实行总量控制；要求所有的地方建筑和公路建设项目实行公共部门与私营部门公开竞标。更引人瞩目的是，根据效率工作组 1988 年提出的《改善政府管理：下一步行动》报告，英国政府开始将提供公共服务的职能从政府各部门分离出来，成立专门的半自治性的"执行局"来承担这些职能。到了 1996 年，英国成立了 126 个这样的执行局，将近 75% 的公共服务由这些局承担。①

工党领袖布莱尔上台后，修正了保守党政府在推行新公共管理过程中的一些过于激进的做法，提出了推行政府现代化运动。英国推行政府现代化的核心内容有两个：一是顾客导向，即政府工作一切要为服务对象着想；二是电子化政府，即采用全新工作方式的 "e 政府"。提高公共服务质量，似乎已成为英、法等国家行政体制改革的一个重心。比如说，在改革过程中，英国政府要求各公共部门之间加强合作，引入更多的 "一站式办公"，类似于我国的便民服务中心；在全国随机选出 5 000 名人民监督员来评估监督公共部门的服务质量，帮助改进工作；建立政府电子走廊和提供网上服务，使公民在网上享受快速、高质量的服务等。目前，英国公众已经能从网上获得住房、医疗、出境旅游、政策新闻等方面的政府服务，其他服务如退税、职业介绍、车辆管理等也将陆续上网。技术和政策完善之后，公众将可在政策允许的范围内在网上与政府部门进行交流。

布莱尔亲自挂帅，自上而下地大力推行电子政府计划。18 个政府部长、40 个高级的跨部门官员和地方政府首脑被任命为 "电子特使"，分头负责有关建立电子政府的工作。政府各部都制定了电子业务战略目标书呈报首相。所有公共服务组织都要进行信息化改革。为了保证任务的按时完成，布莱尔要政府各部门预先交一大笔 "押金" 给财政部，达到 "电子业务战略目标" 后，再返还各部。英国议会还专门通过了电子通信法案，规定电子签名的合法性，保证了网上公共服务的合法效果。

（三）美国的新公共管理运动

美国的 "新公共管理" 改革尽管不像英国那样，有明确的起点和目标，但似乎开始得更早（可以从 1978 年卡特政府的 "文官制度改革法案" 的实施算起），并且带有更明显的管理主义或 "新泰勒主义" 倾向。里根政府大规模削减政府机构和收缩公共服务范围，当时负责推行改革的格鲁斯委员会的基本职责是将私人部门成功的管理方法（"最好的实践"）引入公共部门管理领域之中，以提高政府效率。格鲁斯委员会诊断出的美国公共部门的低效率及失败的主要原因是：（1）国会对联邦政府机构的日常管理的过多干预；（2）人事尤其是高层人事缺乏连续性；（3）缺乏追求高效和经济的诱因；（4）会计和管理信息系统不完善；（5）缺乏强有力的中央财政和会计管理。布什政府则全面推行质量管理。1993 年克林顿政府提出把建立一个 "工作得更好而花费得更少" 的政府作为其优先目标之一，并于 1993 年提出了国家绩效检评。随后，各项行政改革措施在州、市、县各级地方政府大范围地悄然展开。到 20 世纪 90 年代中期，已有 39 个州实施了公共服务质量计划，29 个州开展了政府部门绩效测评，30 多个州简化了人事制度，28 个州就公共服务向作为 "顾客" 的公众征求反馈意见。与此同时，加拿大、荷兰、法国、德国、瑞典等经合组织的其他成员国也都采取了类似的改革措施。20 世纪 90 年代之后，一些新兴的工业化国家和发展中国家，如韩国、菲律宾等国也开始加入这一全球性的公共行政改革的大潮。

---

① 于阳：《论 "新公共管理运动" 的兴起》。

第二节　新公共管理的理论基础

"新公共管理"突破了传统公共行政学的学科界限，把当代西方经济学、工商管理学（私人部门管理学）、政策科学（政策分析）、政治学、社会学等学科的理论、原则、方法及技术融合进公共部门管理的研究之中，大大丰富和完善了公共管理的理论知识体系。

一、传统公共行政模式的内在理论缺陷

传统的公共行政理论是在特殊的工业发展时期发展起来的，它的系统和方法也适应早期的发展要求。在传统公共行政理论形成后，虽然对提高当时的政府管理水平有很大的作用，但是其赖以立足的两大理论基础就已经遭到了包括政治学行为主义和人际关系学派的激烈批判。行政学者罗伯特·达尔和沃尔多都曾指出，威尔逊提出的"政治与行政二分"实际上是做不到的，传统行政模式的不切实际之处就在于，政治与行政必然是相互关联的，一个不含任何价值判断的公共行政只是一个神话而已。行政学者彼得斯也指出："行政管理与政策并非呈现出互不相关的离散现象，而是相互关联的。无论是通过主观方式还是通过客观方式，行政体系的属性都会影响到政治体系的政策产出。"时至今日，大多数的学者对这个问题已经达成共识。尽管实际工作者中的一些人依然固执地坚持二分法的观点，但传统的行政模式必须依赖于一个无法成立且长久被认为是不能实现的理论，至少说明这个模式肯定也存在着一些问题。面对韦伯的"官僚制"理论，学者们也认为，由于官僚制的理性形式、不透明性、组织僵化以及等级制的特点，使得它不可避免地会与民主制发生冲突。实际上，韦伯自己也只是把官僚制当做是一种理想状态。在他看来，官僚组织的完善，必然使人们进入"铁的牢笼"，"哪里彻底实现了行政的官僚化，哪里所确立的权力关系的类型实际上是不可摧毁的。"要对付发达的官僚机器、一般个人、官僚机构中的官员甚至掌握最高权力的统治者实际上都是无能为力的。显然，这一切并不是现代人所向往的。另外，官僚制在实践中的应用也与韦伯的设想有些出入，特别是官僚制在人事制度中的实践所产生的僵化、形式主义较之韦伯的设想有过之而无不及，但其精英主义的特征又远不能达到韦伯的设想，这直接导致了该体系效率的降低。这些理论都从根本上动摇了传统公共行政赖以立足的理论基础。

二、新公共管理的理论基础

"新公共管理"的出现构成了对传统的公共行政学的严峻挑战，它改变了传统行政学的研究范围、主题、方法、学科结构、理论基础和实践模式，日益成为当代西方公共管理尤其是政府管理研究领域的主流。新公共管理理论建立在多门学科理论的基础上，将西方经济学、私人部门管理学、政策分析、政治学、社会学等学科的原理、方法都纳入了自己的研究范围。其中经济学理论和私人部门管理学被公认为是新公共管理的主要理论基础。这些思想可以追溯到20世纪70年代的奥斯托姆，他认为新公共管理有两个主要的理论：一个是以市场为基础，采用公共选择理论、代理理论和交易成本理论；另一个是改革官僚组织管理。他认为组织管理有两种对立的形态：一种是官僚结构；另一种是市场结构。官

僚结构与市场结构相比效率不高，缺乏竞争性，没有消费者的监督。他认为同时代的公共部门的经济学家们所做的工作是以经济学理论为基础的。

（一）经济学理论支持

现在各国的政府中出现了大量的经济学家，他们所具有的理论似乎比传统的公共行政的模糊概念更精确、更有效、更具有一致性。经济学假设个人具有理性，也就是个人总是趋利避害的。个人理性假设使其后来研究中的模式得以成立，并可以将其高度抽象，依据此模式可预期人们的总体行为。在此意义上，经济学理论解决了方法论问题。

1. 公共选择理论

公共选择理论为那些认为政府过于庞大，效率低下的理论家们提供了有力的武器来支持他们的观点。公共选择理论是将微观经济学运用于政治和社会领域的经济思想的一个分支，于20世纪70年代进入"公共管理"领域。

公共选择理论的主要假设以完全理性为基础，公共选择理论家认为人类社会由两个市场组成：一个是经济市场；另一个是政治市场。在这两个市场上活动的是同一个人，都是自利和理性的人。也就是说，政府公职人员与普通市民一样，都是以自己利益的最大化为目的的。至于政府，由于人民对其所有权分散且不可让渡，故缺乏加以监督的诱因，再加上没有市场竞争的机制予以有效制约，因而自利的官僚得以不顾社会公益，专注于追求个人的权力、名望和利益，最终造成政府效率不高。基于这一认识，公共选择理论认为，失败的是政府而不是市场，要解决公共管理的危机，应减少政府的职能，尽量交由更有效率的市场来调控物品和服务的供应，以达到最有效率的资源配置。他们还认为，传统公共行政强调的统一规制和监控，极大地抑制了公职机构和文官的创造力，已陷入形式化和僵化；代表国家意志的政府管理和服务，忽视公共保障和服务的多样性，对市场信息和消费者需求的反应不灵敏，已经不再适应当今世界的需要，是"工业社会的政府组织模式"、"十九世纪的行政技术"。由此，他们认为市场可以取代政治或行政成为管治社会的主导机制，只有将"经济效率"奉为最高标准，通过市场这只"看不见的手"的作用，才能使众多自利的个体走到一起，增加社会福利。

公共选择理论产生并运用到实践中的30年来，结果比较复杂。市场并非在所有的环境下都起好的作用。有人认为，关于个人理性的假设过于宽泛，并且忽视了公务员的无私和奉献精神。另外还存在着如何划分公共和私人之间界限的问题。然而，公共选择运动指出了官僚制组织的问题，提出了一种可供选择的方法。它为公共部门退出某些活动领域提供了理论依据。政府在其保留的某些活动领域中制定公共政策时，运用理性选择方法可以通过对结果的预测使人们更好地把目标定在支出问题上。

2. 委托人与代理人理论

该理论旨在说明私人公司中管理者（代理人）和股东（委托人）的目标之间经常发生偏差。该理论在公共部门中的运用结果与在私营部门中的运用结果相比较，在责任机制方面有一定的难度。难以确定谁是委托人或难以发现他们的真正愿望是什么。公共服务的委托人是选民，但他们的利益非常分散，以至于不可能有效地控制。对于代理人来说，在任何情况下都难以确定每一个委托人可能希望他们做什么。如果委托人没有适当的手段确保代理人实现他们的愿望，代理人极少可能付诸行动。如果说私营部门中也存在着代理问题，在公共部门中则更严重。

3. 交易与成本理论

该理论的学者认为公司可能会偏好市场检验或签订合同的方法而不仅仅局限于在公司内部完成某些工作。这种情况同样适用于公共部门。在公共部门中，如果采用对外签约的形式来降低行政费用并且造成某种竞争，将有可能使某些交易只付较低的费用。但是，如果按照交易与成本理论的逻辑进一步分析，对于某些公共部门来说，由于市场检验已经成为强制性的事情，内部完成的效果可能实际上会更好。

新公共管理理论把交易成本分析和代理理论引入公共服务中，通过新的激励制度安排缩减官僚机构，通过承包和准市场的运作方式实现更有效的竞争以及消费者选择。交易成本理论与代理理论有密切的联系，但两者关注的重点不同。代理理论关注的是代理人的选择和激励，而交易成本理论则主要关注开展各种交易的最优管理结构，特别是物品的生产与交换的最佳组织方式。同代理理论一样，交易成本理论也假定委托人与代理人即交易的双方都会设法寻求自我利益。然而，双方能否获取私利则取决于一系列的结构条件和环境因素，包括不确定性程度、信息失衡状况、是否存在有限理性制约、交易双方是否拥有别人所没有的或很难拥有的特异性资产；在某一领域是否存在少数议价的情况，即潜在的买方或买方很少，因而在讨价还价时由于缺乏竞争而占有优势。这些条件和因素直接影响到哪些公共服务可以利用市场机制，而哪些领域的公共服务利用政府机构更好。具体地说，当提供服务的不确定性低、所需的物品或服务数量或质量易于衡量、潜在的供应商数量多时，将公共服务承包出去最好；而条件相反时，特别是当保持所供物品或服务的质量特别重要时，由政府内部机构提供则会更好。在利用市场机制、承包公共服务、界定政府职能等方面，新公共管理显然是借鉴了交易成本与代理理论。

（二）私营部门管理

私营部门曾一度与任何政府部门一样采用官僚制的管理形式，不过它较早地朝更具有弹性的管理形式转变。在公共部门管理模式占主导时私人部门的管理模式一度被认为没有多少作用。但随着科技的进步，人们对高效率的追求，公众越来越对政府部门的官僚体制感到不满。虽然公共部门在对待顾客时必须考虑公平和公正，但是这并不意味着公务员必须中立或者有终身的职业。或许衡量公共部门的绩效是困难的，但是这不能说我们不应该不做努力。公共部门的本性决定了公共部门不同于私人部门，但不能认为所有的行为都是行政性的，或者所有的行政行为都应该由政府官员执行。公共部门的管理变革也就势在必行。

可能从私营部门引入的最重要的观点是注重产出。相比之下，传统的管理模式更注重的是结构和过程，而这正是被新公共管理学者们所批评的。将结果作为首要的目标，把其他的放在第二位，这是人们在态度上的一个重大转变。同时，官僚体制并不是像早期讨论的那样有最大的效率。私营部门运行另外一套组织结构，以利润为中心，员工的具有流动性、分散性等是新公共管理者们所提倡的。私营部门追求弹性的做法现在已经被公共部门所采纳。目前，公共部门日益重视的战略计划和战略管理也出自私营部门。私营部门的人事管理制度在某种程度上也为公共部门所采纳，包括在组织中推行激励机制和其他不同的制度，例如多劳多得，少劳少得，或者减少对人员解雇的严格规定。又例如，改善信息系统以提供其他的数据等做法，公共部门更多地采用正式评估的方法也根源于私营部门。

其中关键也最具有号召力的口号是用企业家精神的政府来代替受统治结构羁绊的官僚政府，以企业家精神的政府推动服务提供者之间的竞争。其基本的理论框架大致如下：（1）把控制权从官僚手中转到社群手中并授予公民；（2）推崇市场机制而不是官僚机制；（3）驱动政府管理者前进的是自己的目标——部门和角色的使命，而不是文本的规则和规定；（4）公共管理者重新把自己的公众定义为消费者，并且为它们提供选择的机会；（5）把问题解决在萌芽状态而不是简单地提供事后服务；（6）把精力放在盈利而不是简单地支付财政拨款上；（7）实行分权制度，主张参与式管理；（8）公民评估自己的代理者的绩效时，关注的不是投入而是结果；（9）关注的目标不仅仅是公共服务的提供，还包括激励所有的部门和公民，为解决他们社群中存在的问题采取行动。显然，新公共管理的这些观念和低级政治、规劝政治及复合政治都关心竞争、市场、消费者以及结果，公共部门围绕这些主题的转变就是脱离统治政治的、更小的政府，而另一方面则是更多的治理。①

D. 奥本斯和 T. 盖布勒在《改革政府——企业精神如何看公共部门》一书中详细、生动地叙述了美国政府在行政改革中是如何应用私营部门的管理经验的："政府在运作过程中引入创新精神、想象力和创造力，放弃了老的计划和方法。它敢于冒险。它把政府的职能机构变成挣钱者而不是大把支出的预算者。它回避那些只提供'生命维持系统'的传统选择方案。它同私营部门一起工作。它遵从讲求实际的扎实作风。它实行私有化。它开办企业和实行收入的运作制度。它以市场为导向。它注重业绩的衡量。它论功行赏。

大多数企业化政府都促进在服务提供者之间展开竞争。它们把控制权从官僚机构那里转移到社区，从而授权给公民。它们衡量各部门的绩效，把焦点放在结果而不是投入上，它们的行为的动力不是来自规章条文，而是来自它们自己的目标和使命。它们把服务的对象重新界定为顾客，让顾客们有所选择，例如选择学校、选择职业培训计划、选择住房。它们防患于未然，而不是在问题成堆之后才来提供各种服务。它们把精力集中于挣钱而不单单是花钱。它们下放权力，积极采用参与式管理。"

第三节　新公共管理的模式

一、单一模式论

对于新公共管理是否存在统一的模式现在还存在着争论。有的学者认为新公共管理具有单一统一的模式概念，比如奥斯本和盖布勒在《改革政府》（或译《重塑政府》）一书中提出的"企业化政府"模式（即"新公共管理"模式）是一种单一模式，这一模式包含如下十大基本原则或基本内容：（1）起催化作用的政府：掌舵而不是划桨；（2）社区拥有的政府：授权而不是服务；（3）竞争性政府：把竞争机制注入到提供服务中去；（4）有使命的政府：改变照章办事的组织；（5）讲究效果的政府：按效果而不是按投入

---

① 孔繁斌：《走向公共管理的治理理论》。

拨款；（6）受顾客驱使的政府：满足顾客的需要，而不是官僚政治需要；（7）有事业心的政府：有收益而不是浪费；（8）有预见的政府：能够预防而不是治疗；（9）分权的政府：从等级制到参与和协作；（10）以市场为导向的政府：通过市场力量进行变革。

二、多模式论

另外一些学者则认为不存在单一的模式，新公共管理存在好几种模式。英国学者 E. 费利耶等人在《行动中的新公共管理》一书中认为，在当代西方政府改革运动中，至少有过四种不同于传统的公共行政模式的新公共管理模式，它们都包含着重要的差别和明确的特征，代表了建立新公共管理理想类型的几种初步的尝试。根据 E. 费利耶的论述，这四种模式及其特征分别是：

（一）效率驱动模式

这是当代西方政府改革运动中最早出现的模式，往往被称为撒切尔主义的政治经济学。它在 20 世纪 80 年代初期和中期居于支配地位，但目前受到了挑战。这种模式代表了将私人部门管理的方法和技术引入公共部门管理的尝试，强调公共部门与私人部门一样要以提高效率为核心。效率驱动模式的基本内容及特征有：强烈关注财政控制、成本核算、钱有所值和效率问题，关心信息系统的完善；建立更强有力的一般管理中心，采用层级管理和"命令与控制"的工作方式，要求明确的目标定向和绩效管理，权力向资深管理者转移；发展正式的绩效评估方法；强调对顾客负责，让非公共部门参与公共物品的提供，以市场为基础和顾客导向，以及在边际上进行类似于市场的实验（准市场）；解除劳动力市场的规制，加快工作步伐，采用绩效工作制以及短期聘用合同；雇员自我调节权力的减少，权力向管理者的转移，吸收部分雇员参与管理过程，采用更透明的管理形式；增加更具有企业管理色彩而较少官僚色彩的授权，但更强调责任制；采用公司治理的新形式，权力向组织战略顶层转移等。

（二）小型化与分权模式

这种模式在 20 世纪 80 年代虽然没有像效率驱动模式那样处于支配地位，但其影响力正在不断增强，地位日益重要。它与 20 世纪组织结构的变迁密切相关。它派生于这样一个论证，即在 1900~1975 年间组织结构向大型化、合理化、垂直整合等级（科层制）的历史转变已走向它的反面，20 世纪最后的 25 年出现了组织发展的新趋势，包括组织的分散化和分权化，对组织灵活性的追求，脱离高度标准化的组织体制，日益加强的战略和预算责任的非中心化，日益增加的合同承包，小的战略核心与大的操作边缘的分离等。这些趋势既出现在私人部门，同样也出现在公共部门。从历史上看，公共机构提供大众服务和大规模提供标准化产品以及控制市场都可看做是一种"福特主义"的生产方式——它在第二次世界大战后达到了顶峰。用组织理论的术语来说，福特主义的企业也可以看做高度官僚化、有着办公室的层级、规章制度和非人的、正式的关系气候，它与公共部门具有同样多的官僚主义的症状。从 20 世纪 70 年代末期以来，无论是在私人部门还是在公共部门，都出现了向"后福特主义"组织结构模式迅速转变的趋势。这种新的组织形式以垂直整合组织形式的解体和组织灵活性的日益加强作为特征，大型的组织缩小规模，合同承包越来越多被采用，并分散为更具自主性的商业单位。

作为当代公共部门组织结构变迁趋势反映的小型化和分权模式的要点是：从早期强调以市场为中心向更精致和更成熟的准市场的扩展，从计划到准市场的转变成为公共部门配置资源的机制；从层级管理向合同管理的转变；较松散的合同管理形式的出现；小战略核心与大操作边缘的分离，市场检验和非战略职能的合同承包；分权和小型化——公共部门领取薪金者的大量减少，向扁平型组织结构的转变，组织高层领导与低层职员的减少；公共资助与独立部门供应相对分离，购买者和提供者分离组织以及作为一种新组织形式的购买型组织的出现；从"命令与控制"的管理方式向诸如影响式管理、组织网络形式相互作用一类的新风格的转变，对组织间的战略日益重视；从标准化的服务向灵活多样的服务系统转变等。

（三）追求卓越模式

这种模式与20世纪80年代兴起的企业文化的管理新潮相关——特别是受《公司文化》（Deal and Kennedy 著）和《追求卓越》（Peters and Waterman 著）两本畅销书的影响，也部分反映了那种强调组织文化重要性的人际关系管理学派对公共部门管理的影响。该模式拒绝了理性化的 NPM 模式，强调价值、文化、习俗和符号等在形成人们的实际行为中的重要性，它对组织及管理的变迁与革新具有强烈的兴趣。这种模式可以分为从下而上和从上而下两种途径。前者强调组织发展和组织学习（20世纪80年代末的"学习型组织"运动是其新近的表现）；后者强调将已经出现的东西看做是可塑造的、可变化的公司文化，引导一种公司文化的发展，强调魅力的影响或示范作用。

追求卓越模式的要点是：在由下而上的形式中，强调组织发展和组织学习，将组织文化看做是一种组织发展的粘合剂；强调由结果判断绩效，主张分权和非中心化。在由上而下的形式中，努力促进组织文化的变迁，管理组织变迁项目；重视领导魅力的影响和示范作用（并在新型的公共部门中，应用魅力型的私人部门角色模式，要求更强有力的公司培训项目）。

（四）公共服务取向模式

这是目前最不成熟的模式，但仍展现出无穷的潜力。它代表了一种将私人部门管理观念和公共部门管理观念的新融合，强调公共部门的公共服务使命，但又采用私人部门的"良好的实践"中的质量管理思想。它赋予新型的公共部门——它们既与以往旧的公共组织决裂，又保留了明确的认同感和目标使命——合法性。这种模式的基本内容及特征是：主要关心提高服务质量（如应用质量诱因，采用全面质量管理方法），强调产出价值，但必须以实现公共服务使命为基础；在管理过程中反映使用者（而不是一般的顾客）的愿望、要求和利益，以使用者的声音而非顾客的退出作为反馈回路，强调公民权理念；怀疑市场机制在公共服务中的作用，主张将权力由指派者转移到民选的地方委员会；强调对日常服务提供的全社会学习过程（如鼓励社区发展、进行社会需要评估）；要求一系列连续不断的公共服务的使命与价值，强调公民参与和公共责任制等。

美国著名公共管理学者 B. 盖伊·彼得斯在《政府未来的治理模式》中也提出了当代西方行政改革及公共管理实践中正在出现的以新公共管理定向的四种治理模式，即市场化政府模式、参与型政府模式、弹性化政府模式、解制型政府模式。他从组织结构、管理过程、政策制定和公共利益四个方面来刻画和比较这四种模式的特征。

1. 市场化政府模式

市场化政府模式的基本假设是，提高政府组织效率的最佳方法是用某种建立在市场基础上的机制代替传统的官僚体制。通过对常见的官僚体制缺点的分析，他们还认为由于政府职员对自身利益的关心，导致了政府官僚体制倾向于以令人难以接受的速度膨胀，而且以为公众服务为由向其经费提供者索要更多的经费。该模式的理论基础是，组织和激励人员的机制不仅可运用于私人部门，同样也适用于公共部门。

市场化政府模式的倡导者们设想，传统的公共部门结构存在的主要问题在于它依赖庞大、垄断的部门，而这些部门对外界的环境不能作出有效的反应。解决公共组织存在问题方法的主要原则是分散决策和政策执行的权力。打破政府垄断的最基本的方法就是利用私人组织或半私人组织提供公共服务，将大的部门分解成若干小的机构。

如果公共部门的职员被认为和私人部门的一样，那么在私人部门使用的管理方法也应该运用于政府机关。这就意味着传统政府的人事管理、财政管理等方面都面临着改革。

市场化政府模式的内容是如何制定公共政策，尤其是职业公务员在公共政策制定中的适当作用等。该模式与官僚体制之间存在着不可避免的矛盾。一方面，该模式提倡将官僚体制的职能分散给多个"企业型"的机关，另一方面，该模式的实际工作者期望这些拥有半自主权的组织遵守上级部门制定的政策和意识形态方面的命令。因此虽然经济理论给新公共管理制定政策提供了许多经济方面的理论和依据，但是市场和经济理论只是一时的主流，其胜利也许只是暂时的。

至于市场化政府模式的公共利益方面，是应该根据政府提供公共服务的成本是否低廉来评价政府。市场化政府模式要求政府施政成本低而且效率高。

2. 参与型政府模式

参与型政府模式提倡的用以证实其思想的政治意识形态是反对市场的，并致力于寻求一个政治性更强、更民主、更集体性的机制向政府传递信息。虽然这种参与型政府模式与市场化政府模式在观念上存在差异，但如同市场化政府模式一样，该模式也把公共部门中常见的层级化、规则化组织视为有效管理和治理的严重障碍。

这种模式的基本假设是，大量有能力、有才华的低级员工不能得到很好的使用，而且员工和顾客与公共部门所提供的产品及服务关系最为密切，对于相关的计划，他们认识较深、掌握的信息也较多。这种模式进一步假设，那些被埋没的思想与才华如果能得到适度的发挥，那么政府将会表现得更好。因此，要使政府的功能得到更好地实现，最好的方法就是鼓励那些一向被排除在决策范围之外的政府组织成员，使他们有更大的个人和集体参与空间。

参与型政府模式认为公共组织的结构应该更为扁平，且应缩减高低之间的层级。如果低级职员感觉到在决策中可以发挥更多的洞察力和专业能力并因此受到刺激而提供优质服务，那么，控制性的层级节制只能阻碍组织产生良好的绩效。

该模式认为政府组织能否良好运转的前提是其低级职员和服务对象能否直接参与管理决策。这种模式强调的是全面的质量管理，团队的力量。在政策的制定过程中，与自上而下相比，该模式更倾向于由下而上。组织的低级员工对政策制定会有相当的（但不是决定性的）影响力，而组织本身在作出与其休戚相关的决策时，也更具有控制力。

该模式的倡导者设想，公共利益可以通过鼓励员工、顾客和公民对政策和管理决策进行最大限度的参与来体现。这种参与至少可以通过四种机制来实现。第一种就是，如果公民和员工认为政府服务不佳或制度运行不当，他们有权申诉。为了使这种权利有效，首先必须要让公民和员工了解公共部门。第二种就是，通过增强员工独立决策和影响组织政策方向的能力来实现有效参与。第三种具有更多的政治色彩，参与式国家的倡导者主张，公共决策应该让有政策影响力的公众通过对话过程来作出。参与式国家的第四种参与机制有赖于公民本身能够投入政策选择及提供服务的过程。

3. 弹性化政府模式

政府的永久性问题引来了批评者的注意，他们对这个问题产生了各种各样的看法。一方面，政府永久性不仅被看做是保守政策的根源，而且也成为员工服从组织的原因。员工更关心预算期间能否保住工作以及组织是否存在，至于政策能否有效执行就另当别论。另一方面，组织的永久性也可以使以前那些宽大的社会计划得以制度化。

虽然政府的永久性具有吸引力，但在主张弹性治理的人眼里，恒久不变的政府结构却是有效治理的障碍。弹性化政府模式被看做是政府及其机构应该有能力根据环境的变化制定相应的政策，而不是用固定的方式回应新的挑战。他们主张建立临时性的组织，当社会的组织形态、经济状况、任务要求等发生变化时，政府公共部门也响应进行自身的调整。用不断撤销现有组织来替换自认为拥有政策永久权力的传统部门和机构。在这种弹性化的组织下，大量的工作都是临时性的，而且会出现兼职。这样就会削弱员工的工作责任感和追求卓越的动机。

针对弹性化政府模式下的政策制定，一些学者提出了实验性的政策概念。比如，坎贝尔一直在提倡"实验社会"。在这个社会中，政府必须勇于尝试创新的政策，而不是知道是否应该去做。同时，也不能断言某一项计划就是解决问题的方法。坎贝尔认为，所有的政策（包括既有的政策）本质上都是一种关于"政府是否有能力改变行为和结果"的理论，因此值得以实验的态度来处理。

对于弹性化政府模式下的公共利益的主要观点是，经常变动的政府组织要雇用较多的临时员工，就降低了政府的成本，而组织因为永久性程度降低，也可以避免大型计划浪费经费。

4. 解制型政府模式

解制型政府模式的基本设想是，如果取消一些限制和制约，政府机构就可以将目前的工作处理得更有效率，而且还可能从事新的创造性的工作，以促进社会的整体利益。里根政府的高级官员霍纳认为"公共部门的解制与私人部门的解制一样重要，而且也是基于同样的理由，即为了释放员工的创新活力，我们需要坚决果断的公务员，有能力作出决定与开展行动，而不是一味地等待和观望。"

解制有助于废除内部人事控制的许多其他机制，而且解制的部分原因是为了发挥管理者的创造力。管理者必须在组织内部能够做到行动一致，而层级节制或许是做到行动一致的最切实可行的办法。因此解制型政府模式的倡导者认为传统的层级结构是可以接受的，在某些情况下是可取的。

解制后的政府要求公共组织内部的管理者承担起更多的实现目标的责任，公共管理者不仅应具备市场化政府模式所要求的企业家创新精神，而且也应具备参与型政府模式所要求的民主领导人的某些品质。他们也必须是有道德的领导者。如果能够成功地取消许多事前的控制，那么这些公共管理者也应该能够在组织内部创造出诚信、致力于公共服务、有责任感的组织文化。

关于政策制定，解制型政府模式认为应该赋予官僚组织更强的决策角色。他们认为，既然这些组织是思想和专业知识的总汇之处，那么就应该允许它们有更多的决策权。这也就暗示了组织中的低层员工具有专业知识并与周围环境直接发生关系，因此应该拥有更大的影响力。

解制型政府模式提倡在政府部门内部建立责任制取代法令规章并且认为公务员大都是具有奉献精神和有才干的人组成，他们愿意为公众提供尽可能好的服务，强调自身的公务员的创造力和能动性。①

第四节　新公共管理的评价与借鉴作用

一、西方学者对新公共管理理论的质疑

对新公共管理的理论评价，新公共管理模式作为当代在西方各国影响较大的一种公共行政模式，在得到广泛传播的同时，也受到西方学者们的批评。

（一）黑堡学者的评价

黑堡学者认为新公共管理理论中注重市场机制，主张小而美的政府，将企业管理方式引进公共部门的做法不宜推崇。黑堡学者认为资本主义与市场经济虽是追求公共福利的必要条件，但不是充分条件。仅靠市场是不够的，必须依靠政府代表公众整体的利益，掌握公共权威，才能把握社会发展方向，促进公共利益的实现。黑堡学者认为公共行政不同于企业管理。政府行政部门与私人企业是"根本不同的两种组织机构"，正如前者是公共机关，其合法性在于为全体国民谋求公共利益，而后者是私人部门，在其顾客自由挑选购买其商品和劳务中追求利润最大化是天经地义之举；前者存在的本质在于垄断，后者的动力通常来自竞争等。也就是说，两者之间有一定不可泯灭的界限。同时他们也注意到政府行政部门在政策管理、规章制度、保障平等、防止歧视、保持全社会的凝聚力等方面所起的作用，是企业无法替代的。因此他们引证彼得·德鲁克的话说，"我们需要一个有活力的、强大的和非常活跃的政府"，"一个能够治理和实行治理的政府"。而这样一个政府，如果不是按照官僚制范式组织起来并进行管理，是不可想象的。在政府行政体系及其运行机制中可以引进"企业家精神"，但是却绝对不能使政府等同于企业。其次，正如韦伯早就注意到的那样，"官僚制本身纯粹是一种精密仪器"，"由于它内部的彻底理性化结构，使对它的'革命'愈来愈不可能"。因此，当代西方发达国家进行的行政改革，只不过是要消除政府行政体系的官僚制过度发展带来的弊病，而根本谈不上废除或准备废除官僚制。

---

① ［美］B. Guy Peters：《政府未来的治理模式》，中国人民大学出版社 2001 年版。

20 世纪 70 年代以来一系列发达国家针对官僚行政体制进行了接连不断的行政改革，这些改革给不在这些国家里生活的人们造成了很多误解，好像在发达国家里官僚制行政管理已经、正在或将要被送进历史博物馆。官僚制范式在发达国家的现实生活中仍是活生生的现实，而且具有顽强的生命力。

（二）哈伯尔和格林教授的评价

美国怀俄明大学政治系教授哈伯尔·劳伦斯和格林·理查德在其合著的《论治理和重塑政府》一文中指出，将企业管理模式引入政府，并且成为任何公共组织和公务员可以仿效的行为准则，这是对美国政府及治理模式的极大偏离。这些偏离会影响"三权分立"体系中的制度关系、法治、分配效率等的稳定与平衡。由于政治领域内的需求和组织行为与市场的不同，把市场驱动和市场刺激应用于公共部门的管理和组织原则，将会对行政体制的稳定和平衡造成危害。

（三）查尔斯·古德塞尔的评价

与前几位学者的评价相比，曾是黑堡学者之一的美国学者查尔斯·古德塞尔对新公共管理理论的抨击更加强烈。他在其文章中就提出反驳：难道我们需要一种体制而不惜毁坏现存的公共制度吗？难道我们需要一种参与而不惜削弱政府的责任？难道我们需要一种竞争而不管是否造成了重复和浪费？难道我们需要一种财务自由而不怕招致公众的怀疑？难道我们要把美国人看做是顾客而非公民？难道我们要以市场机制来取代公共利益？难道我们要把纳税人的钱放到私人企业的腰包里吗？他还具体提出了与新公共管理理论完全相反的十大原则。

尽管新公共管理受到了各种指责和批评，但在西方公共行政领域，已成为一种不可逆转的时代潮流，20 世纪 80 年代以来西方许多国家开展的一系列的行政改革便是这一潮流的集中反映。从美国的"重塑政府"运动到英国的"宪章运动"，以及其他西方国家普遍实行的市场导向和顾客导向的行政改革措施，都在不同程度上实践着新公共管理，体现出新公共管理的诸多特征。

二、新公共管理理论对我国公共管理发展的借鉴作用

新公共管理理论是西方国家针对西方国家特殊的社会环境、经济状况、人文文化等因素，几十年来的公共行政改革所形成的思想。在一定程度上体现了公共管理的发展趋势，对发展中国家公共管理的实践与理论的发展都有一定的借鉴作用。

中国是发展中国家，正处于由计划经济向市场经济转轨的过程中。自 20 世纪 70 年代末以来，我国普遍开始了政治、经济、文化、教育、科研体制等各个领域的全方位的改革。其中经济体制的改革步伐非常快。中国市场经济建设虽起步时间不长，已获得了经济高速增长，人民生活水平不断提高等举世公认的成就。但是社会的发展需要的是均衡的发展，在经济快速发展的情况下，政治体制的改革就显得比较滞后了，这会阻碍社会的发展。如何进一步发挥政府在完善我国社会主义市场经济建设中的作用，政府如何运用市场的方法来管理公共事务，提高公共行政服务的质量和效率，实现公共行政管理的现代化，是摆在国人面前的现实而又紧迫的问题，有必要进行深入地研究和探索。

我国目前面临着与西方国家相同的国际背景，处于经济全球化、信息化、市场化的大

趋势以及世界性的政府改革浪潮之中。在现阶段，紧密跟踪国外尤其是发达的市场经济国家的公共管理以及政府改革实践的新趋势，分析西方"新公共管理"运动的经验教训，借鉴其理论、方法及模式中的合理因素，其实践意义是不言而喻的。西方国家公共行政管理改革的理论与实践，显然可以为我国的公共行政管理改革提供一定的经验，起到一定的借鉴作用。

（一）引入竞争机制

新公共管理学者们倡导将竞争机制引入政府公共服务领域，打破了政府独家提供公共服务的垄断地位以提高公共服务的效率和质量，缓解政府财政压力。为了提高我国政府在公共服务领域，特别是基础设施行业的管理效率和水平，更好地发挥市场机制的作用，我们可以借鉴新公共管理理论，在加强对提供公共服务的宏观管制的同时，将竞争机制引入公共服务领域，开放一些公共服务的市场，在一定范围内允许和鼓励私营部门进入提供公共服务的领域。例如，在具有自然垄断性质的电信、电力、铁路运输、自来水和燃气供应等基础设施产业中便可以进行这些方面的改革，从而改变我国长期以来在基础设施建设中存在的"瓶颈"现象。这有利于形成公共服务供给的竞争机制，提高公共服务的有效供给，从而产生更好的经济效益和社会效益。

（二）创新政府组织

鉴于我国与西方发达国家在政治制度、公共行政发展水平方面的差异，完全照搬新公共管理以企业式为取向的政府组织改革是不可取的。但是，这种改革模式适应变化了的经济社会形态，努力提高政府工作效率和质量的追求目标，可以为我国的行政组织改革所借鉴。迄今为止，我国的政府机构改革仍然没有脱离集权性的韦伯式的官僚体制的基本准则，这是符合我国具体国情的。但同时，我们也应以前瞻性的目光来勾勒我国的政府机构改革。这不仅要立足于转变政府职能，力求运转协调、行为规范，也要兼顾提高效率、质量。也就是说在从等级行政向网络行政，从精英行政向大众行政，从官僚式行政向企业式行政发展方面我们应作出一些勇敢的试探。这不仅会提升政府机构改革的质量，而且也是一种与国际接轨的世界性的战略眼光。

（三）加强法制建设

新公共管理从注重遵守既定的法律和规章制度，向注重实际工作绩效，注重提供优质服务的方向发展。我国目前尚处于法制不健全，制度供给不足的阶段，因此建立健全的法制、完善的规章制度仍将是今后一个时期我国行政改革的一项重要任务。但是必须看到，制度毕竟是手段，它是为政府完成公共管理的目标和任务服务的。因此在制定法律法规和管理制度时，应该同时考虑如何将法律法规及管理制度落到实处，而这一点恰是目前我国行政管理工作尤其应该加强的一个方面。如果有法不依、执法不严、有令不行、有禁不止的现象得不到有效的控制，即使法律法规和管理制度再完善，依法行政也是一句空话。

（四）提高工作效率

新公共管理把一些科学的企业管理方法，例如目标管理、绩效评估、成本核算等引入公共行政领域，对提高政府工作效率是有促进作用的。尽管政府公共管理与企业管理或私营部门的管理在各自的目的、对象和方法上有种种差异，完全采用企业管理特别是私营企业的管理方法来管理公共事务并不完全合适，但企业管理的科学性、重视市场需求和顾客的反馈这些方面则可以为公共管理所借鉴。通过将企业管理的讲求投入和产出、讲求成本核算的精神引入政府公共管理之中，可以提高政府管理人员的责任感，同时还可以更为科学地衡量管理人员的工作业绩。

（五）重视政治对行政、对公务员的影响

行政管理体制改革需要与政治体制改革的其他方面结合起来进行。公共行政管理体制的绩效与政治体制的基本格局有着密切的关系，如果政治体制不能有效地保证健全的政治责任制度，不能使政府保持一定的政治权威，那么公共行政就有政治失控的危险。在一个缺乏政治权威和政治责任的体制里，政府制定政策和执行政策的质量是不能得到制度保证的。因此，尽管政府机构改革的直接目标可以是改善行政绩效，但也要与政治体制改革结合起来。要让行政人员认识到行政工作所负有的政治责任，增强对政治的敏感性，保持对政策的自觉响应性，从而达到忠实地履行行政职责的目的。

（六）新公共管理强调合理划分政府的决策职能和管理职能

新公共管理明确提出了政府的职能是掌舵不是划桨，进而将政策制定和提供服务分开，从而调整和优化了政府职能。作为社会主义国家，我们不能够简单地照搬西方国家的做法。但是这种优化政府职能的二分法，对于我国正在进行的行政改革，无疑具有特别的启发意义。这是因为实践证明，不论东西方，在当今社会瞬息万变，社会需求多元化的情况下，政府的中心工作已经不再是向社会提供各种垄断性服务而是应集中进行决策。这样政府可以居高临下，用政策吸引竞争者，以保持最大的灵活性来扮演好自己的角色；又可以让公民管理自己的事情，提高公民的自信心和能力，避免公民对政府的严重依赖心理。因此，在我国以转变职能为中心的行政改革中，完全可以吸收其有益的成分，为建设适应市场经济内在要求的行政管理体制服务。

最后还要强调的是，西方的公共行政和公共管理主要是面向西方政府的管理问题和管理实践，因此它在许多方面是"特殊知识"，而不是"普遍知识"。中国的公共管理研究必须从理解中国政府在公共领域中所面对的真实问题出发，不能被别人的思想"殖民化"。为此，公共管理的研究者应该认认真真地收集政府在公共管理实践中的数据（定性的数据和定量的数据），构建并检验理论。政府的工作人员在制定政策，进行政治体制改革时，应该更多地考虑当地的实际情况，将理论与实际情况相结合。在科学的学习与发展过程中，某种程度上的借鉴是不可避免的，但不能满足于永远只是复制别人的理论和实践经验，尤其不能满足于仅仅复制国外的"传统"的公共行政方法。

小　结

新公共管理运动是对传统的行政体制进行改革的实践和理论。它是以经济学和私人部门的管理理论作为自己的理论基础，提出政府公共部门应该重塑政府与公众之间的关系，重视政府活动的产出和结果，放松严格的行政规制，采用私人部门的管理方法，引入竞争机制，改善人力资源。

虽然目前新公共管理理论还不是很成熟，对它的模式存在着各种争论，有的学者认为只存在一种模式，有的认为存在多种模式，并且新公共管理是发生在西方各国的政府改革运动，并且还存在着很多批评意见，但是新公共管理理论对我国的行政改革有很好的借鉴作用。

重 点 名 词

新公共管理

复习思考题

1. 新公共管理理论的内涵是什么？
2. 新公共管理的特征是什么？
3. 新公共管理的多模式理论有哪些？
4. 新公共管理对我国进行政府部门改革有什么建设性的意义？

主要参考文献

1. 欧文·E. 休斯：《公共管理导论》，中国人民大学出版社 2001 年版。

2. ［美］戴维·奥斯本，特德·盖布勒：《改革政府：企业精神如何改革着公共部门》，上海译文出版社 1996 年版。

3. 汪玉凯：《公共管理》，中央党校出版社 2002 年版。

4. 张良等：《公共管理导论》，上海三联书店 1997 年版。

5. 陈振明：《公共管理学》，中国人民大学出版社 1999 年版。

6. 陈振明：《公共管理学》（第二版），中国人民大学出版社 2003 年版。

7. 向涛、马金城：《公共管理学概论》，中国商业出版社 2001 年版。

8. 孙荣、徐红：《行政学原理》，复旦大学出版社 2001 年版。

9. 竺乾威：《公共行政学》，复旦大学出版社 2000 年版。

10. 李世英：《行政管理学新编》，中国人民公安大学出版社 2002 年版。

11. 沈亚平：《行政学》，南开大学出版社 2001 年版。

12. 周志忍：《当代国外行政改革比较研究》，国家行政学院出版社 1999 年版。

13. 张立荣：《论有中国特色的国家行政制度》，中国社会科学出版社 2003 年版。

14. 金太军等：《政府职能梳理与重构》，广东人民出版社 2002 年版。

15. 夏海：《中国政府架构》，清华大学出版社 2001 年版。

16. 高鸿业等译：［美］萨缪尔森、诺德豪斯：《经济学》，中国发展出版社 1992 年版。

17. 卫兴华：《市场功能与政府功能组合论》，北京经济科学出版社 1999 年版。

18. ［美］沃尔夫著，谢旭译：《市场或政府——权衡两种不完善的选择》，中国发展出版社 1994 年版。

19. 刘东：《微观经济学新论》，南京大学出版社 1998 年版。

20. 北京国际城市发展研究院：《学习型政府》，中国时代经济出版社 2003 年版。

21. 钱振明：《论现代西方政府公共管理职能的变化：轨迹与特征》，中国行政管理 1998 年（12）。

22. 丛志杰：《当代西方国家政府公共管理职能的转型及启示》，内蒙古大学学报（人文社会科学版）2002 年（9）。

23. 蔚智前：《重新塑造政府》，中国行政管理 1994 年（5）。

24. 陈振明：《走向一种"新公共管理"的实践模式》，厦门大学学报（哲社报）2000 年（2）。

25. 王乐夫：《论公共行政与公共管理的区别与互动》，中国行政管理 2003 年（5）。

26. 高会宗、樊增强：《市场经济中的政府失灵及其防范》，政治学研究 1998 年（1）。

27. 张成福、党秀云：《公共管理学》，中国人民大学出版社 2001 年版。

28. 张康之、凌岚等：《公共管理导论》，经济科学出版社 2003 年版。

29. 俞可平：《治理与善治》，社会科学出版社 2000 年版。

30. ［美］瑞尼：《理解与管理公共组织》，清华大学出版社 2002 年版。

31. ［美］杰伊·M. 谢夫利兹：《政府人事管理》，中共中央党校出版社 1997 年版。

32. 孙明：《市场、政府、国家公务员》，东方出版社 1997 年版。

33. 徐理明、彭兴业：《国家公务员制度》，高等教育出版社 2002 年版。

34. 王伟：《行政伦理概述》，人民出版社 2001 年版。

35. ［美］特里·L. 库伯：《行政伦理学》实现行政责任的途径，中国人民大学出版社 2001 年版。

36. A. 普雷姆詹德著，周慈铭、何忠卿、李鸣译：《预算经济学》，中国财政经济出版社 1989 年版。

37. B. J. 理德、约翰·W. 斯韦恩著，朱萍、蒋洪等译：《公共财政管理》，中国财政经济出版社 2001 年版。

38. 高培勇主编，马海涛、徐焕东、李燕、崔军编著：公共管理学系列教材《政府采购管理》，经济科学出版社 2003 年版。

39. 高培勇主编，王雍君编著：公共管理学系列教材《公共预算管理》经济科学出版社 2003 年版。

40. 杰克·瑞宾、托马斯·D. 林奇著，丁学东等译：《国家预算与财政管理》，中国财政经济出版社 1990 年版。

41. 马国贤：《中国公共支出与预算政策》，上海财经大学出版社 2001 年版。

42. 麦履康、黄挹卿：《中国政府预算若干问题研究》，中国金融出版社 1998 年版。

43. 萨尔瓦托雷·斯基亚沃—坎波、丹尼尔·托马西著，张通译：《公共支出管理》，中国财政经济出版社 2001 年版。

44. 托马斯·林奇著，苟燕南、董静译：《美国公共预算》，中国财政经济出版社 2002 年版。

45. 王金秀著：《政府预算机制研究》，中国财政经济出版社 2000 年版。

46. 项怀诚：《中国财政管理》，中国财政经济出版社 2001 年版。

47. 亚洲开发银行著，财政部财政科学研究所译：《政府支出管理》，人民出版社 2001 年版。

48. 郑功成：《社会保障学——理念、制度、实践与思辨》，商务印书馆 2000 年版。

49. 邓大松：李珍：《社会保障问题研究》，武汉大学出版社 2001 年版。

50. 李珍：《社会保障制度与经济发展》，武汉大学出版社 1998 年版。

51. 金丽馥、石宏伟：《社会保障制度改革研究》，中国经济出版社 2000 年版。

52. 齐海鹏、金双华、刘明慧：《社会保障》，东北财经大学出版社 2000 年版。

53. 郑秉文、和春雷：《社会保障分析导论》，法律出版社 2001 年版。

54. 俞传尧：《社会保障理论与实务》，中国财政经济出版社 2000 年版。

55. 张彦、陈红霞：《社会保障概论》，南京大学出版社 1999 年版。

56. 成思危：《中国社会保障体系的改革与完善》，民主与建设出版社 2000 年版。

57. 左敏、朱德云、李森：《社会保障学》，经济科学出版社 2001 年版。

58. 赵成根：《民主与公共决策研究》，黑龙江人民出版社 2000 年版。

59. 刘列励：《信息时代的电子政务与电子政府》，瞭望 2002 年（14）。

60. 甘仞初：《信息资源管理》，经济科学出版社 2001 年版。

61. 朱仁显：《公共事业管理概论》，中国人民大学出版社 2003 年版。

62. 袁建宏：《电子政府》，中国致公出版社 2001 年版。

63. 张成福：《电子化政府发展及展望》，公共行政 2000 年（5）。

64. 宁浩：《政府网站的作用与信息利用》，情报资料工作 2001 年。

65. 西蒙：《管理行为》，北京经济学院出版社 1998 年版。

66. 周建：《开放政府信息》，人民日报 2000 年 3 月 22 日。

67. 甄阜铭：《电子商务基础教程》，东北财经大学出版社 2001 年版。

68. 陈庆云、王明杰：《电子政务行政与社会管理》，电子工业出版社，2002 年版。

69. 徐晓林、杨兰蓉：《电子政务导论》，武汉出版社 2002 年版。

70. 朱庚申：《环境管理学》，中国环境科学出版社 2000 年版。

71. 于秀娟：《环境管理》，哈尔滨工业大学出版社 2002 年版。

72. 汝宜红：《资源管理学》，中国铁道出版社 2001 年版。

73. 李金昌等：《资源经济新论》，重庆大学出版社 1995 年版。

74. 陈焕章：《实用环境管理学》，武汉大学出版社 1997 年版。

75. 马中：《环境与资源经济学概论》，高等教育出版社 1999 年版。

76. 何增科：《公民社会与第三部门》，社会科学出版社 2000 年版。

77. 李亚平、于海：《第三域的兴起》，复旦大学出版社 1998 年版。

78. 里贾纳·E. 赫兹琳杰：《非营利组织管理》，中国人民大学出版社 2000 年版

79. 陈昌梅：《非营利机构管理》，团结出版社 2000 年版。

80. 王名：《中国的非政府公共部门》（上）、（下），中国行政管理 2001 年（5）、（6）。

81. 俞可平：《治理与善治》，社会科学文献出版社 2000 年版。

82. 赵黎青：《非政府组织与可持续发展》，经济科学出版社 1998 年版。

83. 赵黎青：《非政府组织与联合国体系》，欧洲 1999 年（5）。

84. 王名、刘国翰、何建宇：《中国社团改革：从政府选择到社会选择》，社会科学文献出版社 2001 年版。

85. 赵黎青：《非营利部门与中国发展》，香港社会科学出版社 2001 年版。

86. 吴锦良：《政府改革与第三部门发展》，中国社会科学出版社 2001 年版。

87. 吴忠泽：《社团管理工作》，中国社会科学出版社 1996 年版。

88. 王韶光：《多元与统一——第三部门国际比较研究》，浙江人民出版社 1999 年版。

89. 邓国胜：《非政府组织评估》，社会科学文献出版社 2001 年版。

90. 魏娜、张璋：《公共管理中的方法与技术》，中国人民大学出版社 1999 年版。

91. ［美］史蒂文·科恩、罗纳德布兰德：《政府全面质量管理》，中国人民大学出版社 2002 年版。

92. ［美］史蒂文·科恩、威廉埃米克：《新有效公共管理者》，中国人民大学出版社 2001 年版。

93. 段甲强、李积万：《公共部门机关管理》，中国国际广播出版社 2002 年版。

94. 赵国俊、陈幽泓：《机关管理的原理和方法》，中国人民大学出版社 1999 年版。

95. ［美］德鲁克：《管理：任务、责任、实践》，中国社会科学出版社 1989 年版。

96. 黄土：《目标管理的要诀》，光明日报出版社 1985 年版。

97. 晓枫：《浅谈目标管理》，湖北财经高等专科学校学报 2001 年（4）。

98. 永杰：《论行政组织的目标及目标管理》，甘肃政法学院学报 2001 年（4）。

99. 余启军：《新公共管理理论的市场取向及其理论评析》，山东财政学院学报 2001 年（6）。

100. 黄新华：《新公共管理：面对市场失灵与政府失灵的新选择》，理论与现代化 2001 年（5）。

101. 赵景来：《"新公共管理"若干问题研究综述》，国家行政学院学报 2001 年（5）。

102. 于阳：《论"新公共管理运动"的兴起》，中国社会科学出版社 2001 年版。

103. 陈振明：《评西方的"新公共管理"范式》，厦门大学学报 2000 年（2）。

104. 金太军：《新公共管理：当代西方公共行政的新趋势》，国外社会科学 1997 年（5）。

105. 赵景来：《"新公共管理"若干问题研究综述》，国家行政学院学报 2001 年（5）。

106. ［美］David G. Mathiasen，张庆东译：《新公共管理及其批评家》，北京行政学院学报 2001 年（1）。

107. ［美］B. Guy Peters：《政府未来的治理模式》，中国人民大学出版社 2001 年版。

108. Thompson J. , Strategy in Action, London：Chapman and Hall, 1995.

109. Barzelay Michael, Breaking Through Bureaucracy：A New Vision for Managing in Government. Berkeley and Los Angeles：University of California Press, 1992.

110. Eadie, Douglas C. , Identifying and Managing Strategic Issues：From Design to Action, New York and Basel：Marcel Dekker, 1989.

111. Methe, David T. and Perry, James L. , Incremental Approaches to Strategic Management, New York and Basel：Marcel Dekker, 1989.

112. Olsen, John B. and Eadie Douglas C. , The Game Plan：Governance with Foresight. Washington, D. C. : Council of State Planning Agencies, 1982.

113. Osborne, David and Gaebler, Ted, Reinventing Government：How the Entrepreneurial Spirit is Transforming the Public Sector. Reading MA：Addison-Wesley, 1992.

114. Bozeman and J. D. Straussman, Public Management Strategies, San Francisco：

Jossey-Bass, 1990.

115. Nutt, Paul C. and Backoff, Robert W. , Strategic Management of Public and Third Sector Organizations: A Handbook for Leaders, San Francisco: Jossey-Bass, 1992.

116. Donald Axlrod, Budgeting for Modern Government (2nd ed), New York: St. Martin's, 1995.

117. Government Finance Officers Association, Governmental Accounting Auditing and Financial Reporting, Chicago: Government Financial Officers Association, 1994.

118. Harry Robert Page, Public Purchasing and Material Management, Mass. D. C. Heath & Company, 1998.

119. Irene S Rubin, The Politics of Public Budgeting (2nd ed), Chatham, NJ: Chatham House, 1993.

120. Committee for Economic Development, Improving Management of the Public Work Force, New York: Committee for Economic Development, 1978.

121. Kraemer, K. L. , Managing Information Systems, In Handbook of Public Administration, ed. J. L. Perry CA: Jossey Bass, 1996.

122. Nicholas Henry, Public Administration and Public Affairs, Renmin University Press, 2001.

123. Steven Chen, William Eimicke, Achieving Success in a Changing Government, Renmin University Press, 2001.

124. Paul C. Nutt, Rovert W. Backoff, Strategic Management of Public and Third Sector Organizations: A Handbook for Leaders, Renmin University Press, 2001.

125. Owen. E. Hughes, The Current Position of New Public Management, Renmin University Press, June 2002.

21世纪经济学管理学系列教材

图书在版编目(CIP)数据

公共管理学/王德高主编.—2版.—武汉:武汉大学出版社,2014.4(2019.7
重印)
　21世纪经济学管理学系列教材
　ISBN 978-7-307-09615-8

Ⅰ.公…　Ⅱ.王…　Ⅲ.公共管理—高等学校—教材　Ⅳ.D035

中国版本图书馆 CIP 数据核字(2012)第 037020 号

责任编辑:范绪泉　　　责任校对:刘　欣　　　版式设计:马　佳

出版发行:**武汉大学出版社**　(430072　武昌　珞珈山)
　　　　(电子邮箱:cbs22@ whu.edu.cn　网址:www.wdp.com.cn)
印刷:武汉图物印刷有限公司
开本:787×1092　1/16　印张:18　字数:419 千字　插页:1
版次:2005 年 5 月第 1 版　　2014 年 4 月第 2 版
　　2019 年 7 月第 2 版第 2 次印刷
ISBN 978-7-307-09615-8　　定价:29.00 元